云冈学概论

主　编　李珍梅　石凤珍
副主编　解廷月　董　培

天津大学出版社
TIANJIN UNIVERSITY PRESS

图书在版编目（CIP）数据

云冈学概论 / 李珍梅，石凤珍主编 ； 解廷月，董培副主编. -- 天津 : 天津大学出版社，2024. 10.

ISBN 978-7-5618-7882-8

Ⅰ. K879.224

中国国家版本馆CIP数据核字第2024PQ8485号

云冈学概论

YUNGANGXUE GAILUN

出版发行 天津大学出版社

地　　址 天津市卫津路92号天津大学内（邮编：300072）

电　　话 发行部：022-27403647

网　　址 www.tjupress.com.cn

印　　刷 天津泰宇印务有限公司

经　　销 全国各地新华书店

开　　本 787mm×1092mm　1/16

印　　张 16.75

字　　数 418千

版　　次 2024年10月第1版

印　　次 2024年10月第1次

定　　价 58.00元

《云冈学概论》编委会

主　编：李珍梅　石凤珍

副主编：解廷月　董　培

编　委：（按姓氏笔画排序）

马咪咪　王志芳　王秀玲　王婧雯　牛翠珍　白松梅
兰晓虹　朱　丽　乔丽桃　任　倩　刘兴利　刘美云
刘彩霞　许宁宁　许宏芝　李　波　李　渊　李　静
李美荣　李海林　杨晓荣　吴彦芳　吴晓丽　吴雅玲
张　倩　张月琴　张玉英　张亚伟　张庆捷　张志梅
周　翔　赵　华　赵海荣　贺雅琴　袁翠清　高泽康
康敬亭　梁　啸　蒙应来　翟　鑫　樊艳清　薛　晋
薛海霞　冀雁龙

前　言

在中华民族伟大复兴的历史进程中，文化自信的构建尤为关键。云冈石窟，作为中华文明的瑰宝，中西文化融合的典范，不仅承载着千年的历史记忆，更是我们与世界对话的文化符号。云冈石窟自古以来便以其独特的艺术魅力和深厚的历史内涵吸引着无数人的目光，21世纪之初，云冈石窟更是成功入选了《世界文化遗产名录》。

2020年5月11日习近平总书记在山西大同云冈石窟考察时强调，云冈石窟是世界文化遗产，保护好云冈石窟，不仅具有中国意义，而且具有世界意义。历史文化遗产是不可再生、不可替代的宝贵资源，要始终把保护放在第一位。发展旅游要以保护为前提，不能过度商业化，让旅游成为人们感悟中华文化、增强文化自信的过程。要深入挖掘云冈石窟蕴含的各民族交往交流交融的历史内涵，增强中华民族共同体意识[①]。云冈石窟不仅是中国的宝贵财富，也是全人类共同的遗产。作为世界文化遗产，它的价值和影响力已经超越了国界。

《云冈学概论》的编写，正是基于这样的政治背景和文化自觉，我们不仅关注石窟本身的艺术价值，更要通过对这个学科的深入研究，理解其在促进民族团结、增强中华民族共同体意识方面的重要作用。这也是对石窟文化的一种更深层次的理解和传承。

本书是首部从多学科的视角综合阐释云冈学的著作，采用历史学、考古学、建筑学、艺术学、佛学、旅游管理等多学科交叉融合的全方位研究视角，着重考查了云冈学的学科内涵、价值与特性，通过对云冈学多学科知识内涵展开全面、详细的论述，全方位呈现云冈学的文化魅力，揭示了该学科产生的一系列深远的国际、国内影响与深切的现实意义。全书共分为三篇，上篇（承前启后 孜孜学风）综合讲述云冈学的内涵及其研究对象，讨论云冈学的研究方法，梳理云冈学学术发展线索、形成脉络，探求云冈学的研究范式。中篇（世界遗产 巍巍云冈）主要从历史学的视角讨论云冈石窟建造的政治、文化背景，又从考古学的视角还原石窟的营造现场，分析石窟的造像风格及其蕴含的艺术美学。下篇（传承保护 绵绵文脉）从文物保护的视角阐述了云冈文化的保护理念与策略，分析论述了云冈文化的传承与保护价值，由点及面，深化对云冈学研究范式的全面理解。

本书的编写旨在贯通古今、融合中外，通过跨学科的研究视角，全面展示云冈学的丰富内涵和时代价值。《云冈学概论》的编写，是我们对云冈文化价值的一次深入挖掘和全面展示，也是我们为传承和弘扬中华优秀传统文化贡献的一份绵薄之力。希望本书能够为读者提供一个新的视角和思路，共同推动云冈学研究的深入发展。

编者
2024年7月
山西大同大学云冈学学院

① 光明日报调研组：《守护艺术瑰宝　增强文化自信——山西加强云冈石窟保护的实践与启示》，《光明日报》，2024年7月19日，第5版。

目　　录

下篇　传承保护 绵绵文脉

上篇

承前启后　孜孜学风

第一章　云冈学及学科内涵

从清朝至今，云冈学经历了较长时间的沉淀与推进，终于成为独立的科研对象与目标。综合而言，云冈学是以云冈石窟佛教遗存、艺术题材为核心，以北魏平城历史与文物、云冈模式、北方石窟寺变迁、民族交融、中西文化交流为研究对象的综合性学科。云冈学研究的时间范围可以定格在5世纪后半叶到7世纪前叶，云冈学的空间范围可以囊括整个北方与佛教石窟寺有关领域的研究。实地调查、记录、测绘、拍照和后期整理文献是应用较为广泛的研究方法。

第一节　云冈石窟的由来

云冈石窟位于山西省大同市区西部武州（周）山南麓，属于大同市云冈区云冈镇。云冈石窟是北魏皇室集中全国人力、物力所兴造的大型佛教石窟，集佛教雕刻、建筑和绘画艺术为一体，体系庞大，内容精深，涉及世俗社会诸领域，是中国公元5—6世纪佛教石窟艺术的代表。

公元386年，鲜卑拓跋部首领拓跋珪自立为代王。398年，迁都平城，定国号为“魏”，为区别三国“曹魏”，史称“北魏”“后魏”“拓跋魏”或“元魏”。北魏是一个从草原丛林走出来的政权，初以游牧狩猎为生，后逐渐学习农耕。北魏皇帝多推崇佛教，拓跋珪初都平城，便下诏：“夫佛法之兴，其来远矣。济益之功，冥及存没，神踪遗轨，信可依凭。其敕有司，于京城建饰容范，修整宫舍，令信向之徒，有所居止。”同年，“始作五级佛图、耆阇崛山及须弥山殿，加以缋饰。别构讲堂、禅堂及沙门座，莫不严具焉。太宗践位，遵太祖之业，亦好黄老，又崇佛法，京邑四方，建立图像，仍令沙门敷导民俗。”到太武帝拓跋焘时，一度发生灭佛事件。文成帝拓跋濬登基（452年）后，随即恢复佛教地位，和平元年（460年），他任命高僧昙曜为沙门统，“于京城西武州塞，凿山石壁，开窟五所，镌建佛像各一。高者七十尺，次六十尺，雕饰奇伟，冠于一世”。今称其为“昙曜五窟”。后又经献文帝、孝文帝和平城信众权贵陆续修建，形成规模巨大、气象万千、内容宏富的石窟寺，至今保存着大小洞窟254个，大小造像59 000余尊，具有丰富的佛教内容和犍陀罗佛教艺术风格。《水经注·㶟水》描述其“武州川水又东南流，水侧有石祇洹舍并诸窟室，比丘尼所居也。其水又东转，迳灵岩南，凿石开山，因岩结构，真容巨壮，世法所希。山堂水殿，烟寺相望，林渊锦镜，缀目新眺。”石窟成为佛教东传的历史丰碑，也是西来佛教思想、艺术和本土汉、鲜卑诸民族文化交融的结晶。明代，因山顶设云冈军堡，武周山石窟易名为云冈石窟。

第二节　云冈学的形成

云冈学依据学科发展，大致分为三个阶段。

第一阶段是清代至民国，云冈石窟的考察和研究渐次展开。康熙六年（1667年），朱彝尊撰写《云冈石佛记》，篇幅不大，是篇游记。明清地方志对云冈记载较详细，如明正德《大同府志》，清顺治《云中郡志》、乾隆《大同府志》和道光《大同县志》等。清代后期，一些外国学者来中国考察，发现云冈石窟。1902年，日本工学博士伊东忠太为研究建筑学考察云冈，撰写了《云冈旅行记》，随后于1906年正式发表了《北清建筑调查报告》和《支那[①]山西云冈石窟寺》，首次在日本学术界公布了云冈石窟。将云冈石窟介绍到欧洲的，是法国汉学家沙畹（E. Chavannes）。1907年，他慕名赴云冈石窟考察，并于两年后出版法文版《华北考古记》（又译为《北中国考古图录》《华北考古考察图谱》）。该书以图片为主，将云冈石窟公布于欧洲学术界，云冈石窟步入图像表达的时代。

随后，大批学者奔赴云冈石窟，1920年，木下杢太郎调查云冈，以日记体形式配大量图片出版了《大同石佛寺》。1921年，山本赞七郎（山本明）出版了精美的云冈石窟照片集《云冈石窟》。1925年，中井宗太郎编撰、外村氏摄影的《大同石佛大观》出版。另外，瑞典学者喜龙仁编撰《5—14世纪中国雕塑》，日本学者常盘大定、关野贞合著《支那佛教史迹》，小野玄妙的《远东的三大艺术》等，皆关注云冈，对云冈石窟的地位予以充分肯定，掀起云冈研究热潮。1938—1944年，日本学者水野清一和长广敏雄等，对云冈石窟做了全面调查、记录和实测工作，同时对部分窟前遗址和窟顶佛寺遗址做了小规模发掘，是该阶段对云冈石窟最详尽的调查测量。

中国亦有多位学者投身云冈石窟考察和研究工作。1918年，陈垣首先到云冈石窟考察，发表《记大同武周山石窟寺》一文，开中国学者研究云冈石窟之先河。1933年，梁思成、林徽因、刘敦桢等营造学社同人考察云冈石窟，在合著的《中国营造学社汇刊》中，刊发了《云冈石窟中所表现的北魏建筑》。1936年，周一良撰写《云冈石佛小记》，文章全面论述了云冈石窟名称、石窟开凿、石窟数目与名称。其他学者的成果有白志谦《云冈石窟寺记》、汤用彤《汉魏两晋南北朝佛教史》等。该阶段中外学者的研究成果成为云冈学的前奏，为云冈学的形成奠定了基础。

第二阶段是新中国成立以后，云冈石窟研究得到进一步重视。1950年7月21日，由中央人民政府文化部及文物局负责组织成立的雁北文物勘查团，对大同云冈石窟等七地的文物做了新中国成立后的第一次调查，内容含石窟、遗址、墓葬、古建、石器、陶器、铜器等多项。勘察团以裴文中为团长，成员16人，有宿白、阎文儒、陈梦家、王逊、傅振伦等。1951年3月，勘查团印发了新中国第一个文物调查报告《雁北文物勘察团报告》，其中王逊《云冈一带勘察记》记录了云冈石窟造像、吴官屯造像、云冈山顶北魏遗址、焦山等几处地方的情况。

云冈研究成果不断涌现：1951—1956年，京都大学人文科学研究所陆续刊布了16卷32册考古学报告《云冈石窟——西历五世纪中国北部佛教窟院的考古学调查报告》，1975年，又编撰了《云冈石窟：续补·第十八洞实测图》。2013年，京都大学人文科学研究所又与中国

① 注：近代日本侵略者对中国的蔑称，随着新中国的成立，该称呼已消失，此处为尊重原文献史料故保留。

社会科学院考古研究所合作，将原报告翻译为中文，并续补了《云冈石窟》17~20卷，在中日两国正式出版。此外，冈村秀典的《云冈石窟：山西省北部における新石器·秦汉·北魏·辽金时代的考古学研究》与《云冈石窟的考古学》，八木春生的《云冈石窟文样论》，衣丽都的《云冈石窟：艺术、历史、考古和仪式》都是研究云冈石窟的专著。

以往云冈研究专著多出自外国学者，近几十年来，中国学者后来居上，成果丰硕，如刘汝醴《伟大的雕刻艺术——云冈》（1954），刘玉英《云冈图案》（1959），宿白、李治国《云冈石窟》（1991），宿白《中国石窟寺研究》（1996），王建舜《云冈石窟艺术审美论》（1998），赵一德《云冈石窟文化》（1998），阎文儒《云冈石窟研究》（2003），张焯《云冈石窟编年史》（2006），王恒《云冈石窟辞典》（2012），彭明浩《云冈石窟的营造工程》（2017）等。2019年，张焯主编，王恒、赵昆雨副主编的20卷本《云冈石窟全集》面世。这套浩繁巨著用图12 710张，收录造像59 265尊，是一套全面反映云冈石窟不同时期、不同洞窟、不同艺术风格与艺术特点的全集性图典，成为迄今为止最完整、最权威的云冈石窟影像谱系资料，体现了“云冈学”研究的成就高度。2021年，张庆捷主编，刘建军、刘雁卿副主编的《云冈石窟山顶佛教寺院遗址发掘报告》出版，通过五年山顶考古发掘资料，展示了云冈石窟山顶寺院的历史面貌。

该时期云冈石窟研究论文不断涌现，最重要的论文是宿白先生于1956年发表的《〈大金西京武州山重修大石窟寺碑〉校注——新发现的大同云冈石窟寺历史材料的初步整理》，以及1978年发表的《云冈石窟分期试论》，不仅是对以往研究的重要突破，而且将云冈石窟研究带到一个全新高度，对于云冈学研究具有长远的指导性意义。2005年，大同市人民政府召开云冈国际学术研讨会，会后云冈石窟研究院出版云冈研究专集《2005年云冈国际学术研讨会论文集》。

明确将云冈学作为一个学科建设目标提出来的，是曾任中共中央华北局第一书记的李雪峰。他于1984年7月重游云冈石窟时，曾题“努力建立云冈学，继甲骨学、敦煌学，争取创办此学的中坚地位，我党政和社会各界历史艺术学界从各方面予以支援，以示中华民族社会主义伟大的创造力量”。他将云冈学和甲骨学、敦煌学并列提出。之后，多位学者呼吁正式建立云冈学，如韩府《“云冈学”的创建势在必行》、王恒《云冈学：从自发到自觉》。云冈学渐成气候，呼之欲出。

第三阶段是2020年5月11日习近平总书记视察云冈至今，云冈学机构相继成立。习近平总书记在山西大同云冈石窟考察时强调，云冈石窟是世界文化遗产，保护好云冈石窟，不仅具有中国意义，而且具有世界意义。历史文化遗产是不可再生、不可替代的宝贵资源，要始终把保护放在第一位。发展旅游要以保护为前提，不能过度商业化，让旅游成为人们感悟中华文化、增强文化自信的过程。要深入挖掘云冈石窟蕴含的各民族交往交流交融的历史内涵，增强中华民族共同体意识[①]。

从此，“云冈学”迈上新的高度，大同市委、市政府迅速组织云冈石窟研究院和有关专家起草《关于加快创立云冈学加强云冈石窟历史文化遗产研究保护的实施意见》。2020年9月9日，山西大同大学成立云冈学学院和云冈文化生态研究院；同年10月30日，山西大学

① 光明日报调研组：《守护艺术瑰宝　增强文化自信——山西加强云冈石窟保护的实践与启示》，《光明日报》，2024年7月19日，第5版。

组建成立云冈学研究院暨北京大学-山西大学云冈学研究中心，同时创办了《云冈学研究通讯》。同年11月，山西大同大学创办全国性学术期刊《云冈研究》。2021年2月19日，云冈石窟研究院规格升级，更名云冈研究院。以上机构的成立与刊物问世，是云冈学正式建立的标志。

第三节　云冈学的内涵与定义

云冈学的内涵是云冈石窟本体，具体指云冈石窟遗存至今的所有文物和文献，如云冈石窟的地貌环境、窟龛形制、造像样式、建筑布局、佛教艺术、碑刻题记、寺院遗址、考古出土资料以及有关各类古籍等。这些内涵涉及佛教、考古、美术、乐舞、建筑、历史、地理、民族、民俗及文物维修保护等多个学科。

“云冈学”因地得名，但其内涵不囿于一地，并非仅指对云冈石窟本体的研究，而是指从云冈石窟研究出发，进一步探讨古代佛教传播的过程、特征和缘由。

云冈学的内涵非常丰富，大致分为核心内容和外延内容两部分，前者以云冈石窟佛教、历史、艺术、古建园林、保护传承、地理环境等为主。后者的范围更加宽泛，首先是与平城的关系。云冈石窟是平城政治文化的产物，其兴建发展，与北魏皇室及平城兴衰同步，出资者和信众香客多来自平城，这就决定了云冈学内涵的外延，不能不包括平城各阶层以及平城各民族交流交融的历史文化遗存。《魏书·释老志》记载了云冈石窟开凿前佛教的传播情形和平城著名佛寺的相关情况，对研究云冈石窟的重要意义不言而喻，另如《北史》《南齐书》《水经注》《齐民要术》等史籍，也记载了诸多《魏书》缺载的内容。

山西省考古工作者在平城范围发掘过北魏宫殿遗址、寺院遗址和数以百计的北魏墓葬，出土诸多建筑构件、木石葬具、陶俑和不计其数的器物、佛像、佛塔或墓葬壁画，考古资料中的民族特色非常明显，反映了北魏各民族的生活方式，展现了以鲜卑民族为主的北地少数民族从游牧走向农耕，主动融入汉文化的历程。此外，考古资料也反映了鲜卑文化信仰、民族汇聚融合的过程和平城的城市建设、人口的迁徙、各种文化的碰撞与互动，这都是值得关注的研究对象。例如平城出土的伎乐俑手持琵琶、箜篌等乐器，可与云冈石窟所雕乐器媲美，折射出丝绸之路乐舞在平城的传播与影响。平城遗址至今还留存着一些北魏遗迹，如方山北魏永固陵、吴官屯石窟、鲁班窑石窟、焦山石窟和鹿野苑石窟，均是参照研究云冈历史内涵的珍贵资料。

与云冈石窟有关的文献资料丰富，散见于正史、地方志和历史地理等著作。历史文献的整理研究，也属于云冈学范畴。文献研究从古籍整理开始，经过系统梳理，编印云冈的史料丛刊、图录，以期全面认识云冈学术史，夯实云冈学的研究基础。

古代文学作品也是云冈学的重要内涵之一，如《乐府诗集》，收录诸多北魏作品，较著名的有《真人代歌》《簸逻回歌》《土谷浑》《慕容可汗》《阿干歌》等，最有代表性的是《木兰辞》。《隋书·音乐志》《旧唐书·音乐志》和宋代编著的《乐府诗集》所记述的乐器来源、用途和流传，对于研究云冈石窟和考古发现的乐舞壁画和石刻，皆有极大的参考价值。

鉴于云冈石窟的广泛影响，中国著名考古学家宿白敏锐地发现云冈石窟在中国北方的独特地位，提出“云冈模式”，指出“它（云冈石窟）所创造和不断发展的新模式，自然成为魏国领域内兴造石窟所参考的典型。所以，东自辽宁义县万佛堂石窟，西迄陕、甘、宁各地的北魏石窟，无不有云冈模式的踪迹，甚至远处河西走廊西端、开窟历史早于云冈的敦煌莫高窟亦不例外”。

云冈模式概念的提出，指明了中国佛教石窟演变的传承关系，打开了有关研究者的视野，云冈模式自然成为云冈学的重要内容。

云冈学与敦煌学的研究内涵虽有相似之处，但差异也非常明显，云冈研究院院长杭侃曾指出两者的差异。

敦煌学的研究内容是区域性的，云冈学的研究内容是全域性的，敦煌位于边关，而云冈位于都城。敦煌学的研究内容侧重微观，云冈学的研究内容在做微观研究的同时，需要对中国北方地区的早期石窟和宗教遗存做宏观的研究。云冈学和敦煌学都研究石窟，云冈石窟尤其是其迁都洛阳前的第一期和第二期洞窟，是皇家意志的艺术化表现，出资开凿者为皇室和上层统治者；敦煌石窟多中小型洞窟，其出资开凿者多为地方官员和僧侣。敦煌学的特色研究内容是其出土的文书，云冈学的研究内容除了正史，还有考古发现，以及在云冈模式影响下中国北方地区出现的佛教遗迹和碑刻题记。

这些差异是客观存在的，研究者应该求同存异，取长补短，从敦煌学研究中汲取更多营养。

在探讨云冈学内涵的基础上，本书尝试提出云冈学的定义，即：云冈学是以云冈石窟佛教遗存、艺术题材为核心，以北魏平城历史与文物、云冈模式、北方石窟寺变迁、民族交融、中西文化交流为研究对象的综合性学科。

第四节　云冈学的时空范围

探讨云冈学的时间范围，上限当和佛教东渐联系起来，也要注意北魏太武帝灭佛前佛教在平城的传播规模和影响。

宿白在讨论云冈石窟的重要性时谈道：“云冈石窟影响范围之广和影响延续时间之长，都是任何其他石窟所不能比拟的。这种情况，恰好给我们石窟研究者提供了对我国淮河以北的早期石窟（5世纪后半叶到7世纪前叶）进行排年分期的标准尺度。因此，云冈石窟就在东方早期石窟中占有极重要的地位，对它的研究在很大程度上成了研究东方早期石窟的关键；对它研究的深入与否，直接影响一大批石窟的研究工作。”

这段话不啻点明云冈学的重要性，而且大致划清了云冈学的时空范围。根据宿白的观点，云冈学研究的时间范围，即“5世纪后半叶到7世纪前叶”，时间跨度不足200年，却包括北魏、东魏、西魏、北齐、北周、隋和唐前期（高宗时期）。

佛教石窟寺遗存是云冈学的核心内容，研究云冈石窟，不能不考察佛教传入初期在中国的流传情况，特别是佛教石窟在中国的传播历史。据文献与考古资料，佛教传入中国的时间是两汉，但作为体现佛教艺术的石窟寺来讲，东传时间晚于两汉。佛教艺术从西向东传播，首先是西域和河西地区，宿白把新疆以东地区的石窟形制和造像组合称为“凉州模式”，时间是北凉时期，这应该是云冈学时间范围的上限。再看它的时间下限，宿白把它定在“7世纪前叶”，即唐高宗时期，是有一定道理的，因为该阶段，正是佛教石窟在北方建立发展的繁盛时期。当然，之后各时代的有关文物也不容忽视，如云冈金代碑刻对研究早期云冈就有很大意义。同理，其他地方的石窟碑刻也或多或少涉及各地石窟的建造历史和规模。

再看云冈学的空间范围。宿白指出在“淮河以北”，具体是“东自辽宁义县万佛堂石窟，西迄陕、甘、宁各地的北魏石窟，无不有云冈模式的踪迹，甚至远处河西走廊西端、开窟历史早于云冈的敦煌莫高窟亦不例外”。该观点概括的云冈学空间范围，可以细分为三个层次。

第一个层次是，云冈石窟及其周围同时期的石窟寺院，如吴官屯石窟、鲁班窑石窟、焦山石窟及鹿野苑石窟。

第二个层次是，云冈学是一个地域特点和文化特点均很明显的学科，与区域文化学密切相关，因此不能不注意到它的地缘关系。由于云冈石窟的开凿发展与平城盛衰息息相关，甚至其服务对象主要是平城诸阶层，因此探究云冈学的空间范围，应当涵盖平城。

第三个层次是，探讨云冈学的空间范围，需要围绕佛教及其艺术在北方的发生发展，北魏迁都洛阳后，云冈模式发挥了很大影响，所以追究来龙去脉，不能没有龙门石窟和北方各地陆续雕凿的石窟。因此，探讨云冈学的空间范围，整个北方与佛教石窟寺有关领域都应该囊括在内。

第五节　云冈学的研究对象与目标

云冈学是一门综合性学科，内容丰富。云冈学的研究对象是云冈石窟本体，具体如云冈石窟寺院及其佛教艺术、云冈石窟与印度以及犍陀罗艺术的关系、云冈地区的历史、地理、遗产保护、周边石窟寺考古、云冈相关历史文献和碑志材料等。简言之，有关云冈石窟的人、事、物，均是其研究对象。

云冈模式是云冈学的主要内容，云冈模式的产生及其背景、云冈模式的丰富内涵、云冈模式在北方的形成与发展、云冈模式的深远影响等，都是云冈学的重点研究对象。这就要求云冈学的研究对象不能局限于云冈一地，更不能局限于个别窟像或遗物的微观研究，需要放开眼界，对北方中国地区早期石窟遗存的现状和演化做系统研究。

云冈学的研究对象，还应包括石窟的保护和传承。皮之不存，毛将焉附。云冈石窟和其他石窟的保护技术，在研究领域占据着重要位置。云冈石窟被破坏的历史可分为人为破坏和自然破坏两种。人为破坏原因很多，其中被盗卖是一个重要原因，展陈在国外各大博物馆的云冈石窟造像，均是盗卖的明证。自然破坏的原因主要是地下水侵蚀和风化，导致石窟许多雕刻悄然消失。因此石窟保护的环境监测、环境整治，石窟病害调查防治、石窟保养加固，防渗水、防风化、窟檐修缮等，都成为文化传承所面临的重大挑战。类似石窟监测、保护、维修、包括数字化保护，皆属于云冈学研究领域。举例而言，上海大学联合中国地质大学（北京）、云冈研究院、北京原真在线监测技术有限公司获批的山西省重大科技项目“云冈石窟石质文物内部凝结水监测与治理关键技术研究”，就是比较典型的支持性研究项目。

通过以上排列，大致得出云冈学研究对象的范围，归纳为 5 个方面，一是以云冈为代表的佛教石窟寺院及其佛教思想艺术；二是北魏平城遗址、墓葬和平城史地；三是以鲜卑、汉两个民族为主，众多北地民族交往、交流、交融的历史，包括丝绸之路文化互动；四是云冈模式内容及其影响;五是石窟的保护技术和科技考古。

云冈学研究的目标是与研究对象紧密相连的,具体来看,首先需明晰云冈石窟的内涵及其开凿前后的社会历史;然后是尽量借助平城留存的建筑遗迹、考古出土资料和北魏文献,明确平城诸阶层生活状态与佛教信仰的广度;最后根据云冈模式在北方传播发展的途径和阶段,再现北朝到唐代佛教在北方传播的概况。其中,极重要的一点是做好石窟本体保护工作,解决洞窟的渗水、风化和危岩体问题,竭尽全力维护现状,减少损害,以利于洞窟留传后世。总而言之,云冈学研究的总目标是围绕云冈石窟的开凿、内涵、影响和保护,利用遗迹、遗物与古代文献,发挥科技考古作用,探究北朝至唐代中国北方的佛教石窟的传播、社会变革、民族交融等方面的议题。

第二章　云冈学的性质与意义

云冈学以云冈石窟为核心研究对象，是一个糅合了诸多学科在内的一个庞大的研究体系。云冈学本身便涵括极高的学术价值，对于深入了解中国石窟造像、文化、艺术的历史演变过程、促进中外文化交流合作、丰富人类的精神世界和审美体验、促进当代文化建设等，有着重要的意义。同时，对于开展学科交叉研究、促进知名学术高地的形成、挖掘平城地域的文化内涵有着切实的现实意义。

第一节　云冈学的学科性质

学科的性质决定于该学科的研究领域，顾名思义，云冈学以云冈石窟为核心研究对象，是一个集宗教、雕刻、美术、音乐、舞蹈、建筑、文物保护、民族、民俗等内容，政治、经济、文化、历史、地理诸学科于一体的庞大系统。云冈学博大精深，且和多个学科交叉，对云冈的研究，要求研究者对云冈石窟由浅到深、由纵到横、由宏观到微观、由佛像到供养人、由宗教到民俗等，做到多视角、多层次的综合研究，其中还要涵括云冈学理论和云冈学发展史等相关的研究内容。

云冈学以云冈石窟艺术、云冈考古成果与平城遗址考古成果、云冈有关历史文献（包括石刻文献，如墓志、碑刻、题记）、云冈模式在北方的发展、民族交融、文化互动、云冈学理论为主要研究内容，探索途径主要依靠考古学、艺术史、历史学、佛教史等学科，与理工科也有联系，如科技考古、石质文物保护、年代测定和数字技术。依照这个主次关系，云冈学既不属于传统人文学科，更不是纯粹的理工学科，而是一门独特的，综合考古、历史、佛教、建筑多个领域的特殊学科。因此，可以看到云冈学具有综合学科的显著特征，是一门介于自然科学和社会科学之间的综合学科。

基于这种客观情况，建立云冈学学科体系，应包括云冈考古学、云冈石窟史、云冈学理论、云冈造像学、云冈建筑学、石质文物保护、云冈纹饰学、云冈模式、平城史地、平城考古、平城多民族聚合与文化交流等重要的内容。

云冈学的学术研究已经起步，并取得很多成果，如石窟调查、诸窟分期、造像样式、历史资料归纳整理等。下一步，云冈学理论、云冈石窟考古报告、云冈模式研究、云冈与民族文化融合、云冈与凉州石窟比较、云冈石窟寺建筑艺术、北方佛教造像艺术等层面，也都需要进一步开拓和深入探索。

第二节　云冈学的学术价值

云冈石窟开创了中原地区石窟寺雕凿的先河，因其融汇了中西方文化的精髓，被学术界誉为“云冈模式”，其影响遍及大江南北，在中国石窟寺雕塑艺术中具有突出的地位和重要的学术价值。大量学者从各自专业角度出发对云冈学进行探讨、研究、分析。杨筱以“云冈石窟”为媒介，通过对梁思成等人撰写的《云冈石窟中所表现的北魏建筑》中内容的分析得出云冈石窟“建筑”价值的分析是营造学社以“结构理性主义”建构中国建筑史叙事的重要成果，展现了20世纪初现代建筑史学勃兴阶段中国学人的民族意识和文化自觉。杨泓通过对云冈石窟、洞窟形制的变迁，“从穹庐到殿堂”的造型分析了除去艺术史的“样式学”、宗教学之外，其形制变迁背后的“历史”原因。除此之外，其他学者还从云冈石窟在中国古代艺术和文化中的地位和影响，云冈石窟的纹样、修复措施、保护传承等方面展开了深入的分析与讨论。

随着学者们对云冈石窟研究的不断深入，云冈学的范畴逐渐扩大，研究内容也从最初以云冈石窟寺为主转向为包含历史、宗教、考古、艺术、建筑、社会等多个方面。一直以来，考古界与学术界认为一个云冈石窟足可以支撑起一个学科，“云冈学”已然成为一门综合性学科，具有极高的学术价值。云冈学的学术价值具体包括以下几个方面。

一、深入了解中国石窟造像、文化、艺术的历史演变过程

云冈学的核心“云冈石窟”是中国文化遗产的重要组成部分，也是中国古代石窟造像、石窟艺术、石窟文化的重要载体。作为文化遗产，它是古人智慧的结晶，洞窟中形态各异的造像在见证历史的同时，也随着历史的河流悄然地发生着变化，它既是时代变迁的见证者，亦是时代变迁的参与者。在不同历史时期，云冈石窟的造像风格截然不同，如早期所呈现的是豪放的皇家气派，中期是飘逸、清秀的胡人风貌，而到了晚期则变成纤细、俊朗的汉族风格。王朝兴衰，时代变迁，文化交融，错落的窟龛造像见证了一段又一段历史，研究云冈学，不仅可以了解石窟造像、石窟文化、石窟艺术的特点及其历史的演变过程，还可以帮助人们更好地了解中国古代社会、政治、文化等方面的内容。

二、促进中外文化交流合作

文明因交流而绚丽，文化因互鉴而丰盛。云冈石窟所展现的佛教文化与艺术风格，在具备中国本土特色的同时还受到了印度、中亚等地文化的影响，它不仅是中华文化深度融合的结晶，也是中国传统文化与南亚、中亚、东南亚文化成功融合的典范。云冈学作为一门涵盖了北魏文化、鲜卑文化、北方文化、游牧文化、宗教文化、美术文化、建筑文化等内容的综合学科，不仅是中国古代艺术和文化研究的重要阵地，也是世界艺术史和文化史研究的重要组成部分。深入研究云冈学，不仅可以帮助人们了解中国古代文化、探究世界文化多样性和复杂性，还可以促进中外文化交流合作，推动中华文化的发展和传播。

三、丰富人类的精神世界和审美体验

作为举世闻名的世界文化遗产，云冈石窟散发着无穷的艺术魅力。云冈石窟作为中国北方石窟艺术的代表，在造像方面线条流畅、色彩鲜艳、形象逼真、构图严谨，雕刻技艺高超、表现手法丰富，是中国古代艺术的珍品；在内容方面，主题丰富，涉及佛教故事、传说、神话、历史、人物等多个领域，是中国佛教文化的丰碑。云冈石窟以其独特的艺术风格、深刻的文

化内涵和精湛的技艺，赢得了广泛的赞誉。云冈学不仅可以为研究中国古代文化提供不可或缺的资料，还可以在艺术修养和审美素质方面提供宝贵的教化功用。

四、对当代文化建设有借鉴意义

云冈学是多文化交融产生的伟大艺术。源浚者流长，根深者叶茂，云冈石窟作为不可再生的文化遗产，在云冈学的建设过程中，不仅要发掘其历史价值与文化内涵，找到过去与现在的衔接点，将历史脉络与文化内涵巧妙结合。建构宏大的云冈学学科，还要充分发挥云冈石窟的文化传承、社会教育以及公共服务功能。新时代，研究云冈学不仅可以增强中华民族的凝聚力，激发人们的民族自信心和文化向心力，还可以为当代文化创新提供理论基础，增强人类命运共同体意识，推动人类文明的发展。

云冈学作为中国古代石窟艺术和文化的重要研究领域，具有极高的学术价值。通过对云冈石窟的研究，可以更好地了解中国古代文化和艺术的历史演变，丰富人类的精神世界和审美体验，探讨东西方文化交流和融合，为当代文化建设提供借鉴和参考。

第三节　云冈学的研究方法

学科的性质决定学科的研究方法，云冈学是包括考古、历史、艺术、宗教、建筑、文物保护、数字技术等在内的综合学科，这就决定了云冈学的研究方法也是多种多样的，针对不同课题，需利用考古学、历史学、艺术史、宗教学、民族学、文物保护等学科的理论和方法。笼统来看，考古学的类型学，历史学分析法，民族学与社会学的田野调查、专题调查、分类比较、实验测试、个案研究，美术史的图像解读等，均是惯用的研究方法。具体以哪种方法为主需要视课题确定。

实地调查、记录、测绘、拍照和后期整理文献是应用较为广泛的研究方法。在云冈学研究领域，最有影响力的两套多卷本著作，即日本学者调查编撰的《云冈石窟——西历五世纪中国北部佛教窟院的考古学调查报告》和中国学者调查编撰的《云冈石窟全集》，这两套书目均为云冈石窟调查研究的代表性成果。面对复杂问题，可以联合攻关，发挥多学科交叉研究的优势。

做云冈学课题，应力求做到室外调查与室内研究相结合。走出书斋，实地考察遗址古迹，在调查和阅读中发现问题，使用古文献与遗物对比印证的两重证据法，才能取得相辅相成之效。宿白《平城实力的集聚和“云冈模式”的形成与发展》，论述了云冈石窟与平城实力集聚的关系，阐发了云冈石窟在东方石窟群中所处的地位，提出“云冈模式”，正是运用两重证据法的典范。

实地考察与室内查阅史书结合，才能充分利用实物与史籍两类资料。在掌握各种资料的基础之上，分类分期，比较分析，互补互证，由表及里，厘清关系，即可获得预期成果。研究文化遗产如此，研究历史也是如此，都需从文物或文献出发，追根究底，层层递进，揭示事件的来龙去脉，阐明事物发展变化的真实过程、结果和影响。

北朝是一个多民族、多文化的时代，探索该时期的事物，要注意民族与文化问题。考察北朝历史，必将涉及民族问题，梳理诸民族之间的交往、交流与交融，贯穿于北朝历史研究始终。交往、交流与交融，是民族融合的三部曲，交往是第一步，交流是第二步，交融是第三步，过程是由浅入深，由互相排斥升华为相互依存，最后融为多元一体的中华民族共同体。研究北朝民族，不能忽视文化背景。同一个民族，发展阶段不同，文化面貌也不相同。该历史阶段多民族汇聚北方，文化交流比较活跃，南北文化、东西文化都在碰撞、互动。各民族之间，因为文化趋向认同，文化差异逐渐缩小，所以要注重鲜卑族与汉族交流、交融的历史脉络。

云冈学的建构涉及云冈学的核心内涵、研究方法、学科建设及其多重价值等诸多主题。其中，云冈学是以云冈石窟现有文物为依托，包括宗教、考古、美术、音乐、舞蹈、建筑、民族、民俗、文化保护、历史、地理等诸多学科在内的一门综合性学科，涉及面极广，具有明显的多学科、跨领域以及强地域的背景。此外，云冈学的建构需要依托多学科研究方法。一方面，需要将云冈石窟和其他石窟进行对比研究，以田野调查以及考古学方法作为入门研究方法，厘清云冈石窟相关资源禀赋与布局特征；另一方面，综合运用“考古+”的相关方法，从丝绸之路、中西交通、游牧与农耕的相关历史节点入手，并从历史学、社会学、民族学等多方面寻找切入点，探究与云冈石窟相关的北魏历史、城市建设、人口迁徙、治国方略等内容，这也是云冈学研究方法论的构建。

云冈学建构综合了考古、历史、艺术、宗教、文物保护等多学科内容，需要搭建交叉学科平台，既要有对云冈学建构的理解，又要对多学科交叉融会贯通，体现在对中国中古史的深入研究上。云冈学建构的学术价值更为突出，通过对云冈石窟现有文物的研究，拓展其艺术美学、文化内涵以及历史意义等多重价值，成为云冈学研究的功能指向。因此，回归到云冈学研究的本质特征与功能指向多重意蕴的逻辑起点，云冈学建构有助于多学科的交叉与发展，对于学科交叉大有裨益。

云冈学研究应该像敦煌学研究一样走出国门。学术上加强云冈石窟与古代犍陀罗艺术，与印度佛教艺术，与中亚、南亚佛教历史文化关系的研究；加强与丝绸沿线国家学术界、文化界的文化交流与合作，召开相关国际学术研讨会、合作举办艺术展览等；还要吸纳国外优秀的理论与方法，借助国外现有研究成果，开拓新的学术研究领域。

第四节　云冈学的现实意义

云冈石窟体现了中华文化的特色和中外文化交流的历史，这是人类文明的瑰宝，要坚持保护第一，在保护的基础上研究利用好。为贯彻习近平总书记考察云冈石窟时，关于云冈石窟保护与开发的重要指示精神，建设有本土特色与地域优势的专业性学科体系，云冈学的构建显得非常必要。一方面，山西大同大学乘势而上，以原历史与旅游文化学院为基础，于2020年8月成立云冈学学院，9月9日正式挂牌，立足打造云冈学研究高地，为云冈学研究提供学术基地；另一方面，云冈学研究涉及的范围比较广，除了考古学，还涉及历史、美术等多学科领域，其建构对于云冈石窟相关学术的深入具有重要的现实意义。

一、云冈学的建构有利于开展学科交叉

杭侃教授提出：“开展多学科交叉研究，既要顶层设计，又要联合攻关。目前云冈学是在考古学一级学科下自主设置的二级学科先行建设，发展目标是交叉学科门类下的一级学

科，必须联合考古学、历史学、哲学、科技史学、汉语言文学、美术、音乐、生物与医学、旅游、计算机等多个学科进行交互与融合，逐步推进云冈学的科学研究、人才培养、服务社会、文化传承等学科内涵式发展。”而交叉学科研究是整合两个及两个以上学科的视角、概念、理论、工具、技术等，针对超越单一学科的重大前沿复杂问题所实施的多学科交叉研究行为，本质上是一种跨越传统学科无形“疆界”的研究活动。

首先，云冈学建构成为交叉学科研究缺乏组织载体。云冈学建构有利于打破学科间森严的组织壁垒，加快开展跨学科交流与合作，加快诸多高校科研资源的整合以及交叉学科研究的开展，使学者对交叉学科研究产生认同感和归属感。

其次，云冈学建构可以适配交叉学科研究的制度缺位。在内部制度方面，云冈学建构的交叉学科研究不同于传统的单一学科研究模式，而是一种新型的知识生产模式，具有多主体、跨学科、应用导向等鲜明特征，使得研究行为、研究成果易于评价，可以发挥交叉学科研究的优势；在外部制度方面，“云冈学”建构的科学研究能够与行业企业的实际需求相对接，提高科研成果转化率，致使行业企业向高校投入科研资源、协同开展科研的积极性提高，有助于科技、教育与产业之间的互动衔接。

最后，云冈学建构鼓励交叉学科研究的组织文化形成。云冈学建构加强高校不同学科组织（院系）之间彼此联系，加快学科间互动的动力与机制，鼓励跨越学科界限的研究活动，强调高校多学科力量的充分整合，无形中促进着交叉学科研究文化的形成，也加强了交叉学科研究的顺畅开展，形成综合性的学科平台。

二、云冈学的诞生有利于形成知名学术高地

目前，随着云冈学研究的深入，云冈石窟研究业已成为学界关注的重点，研究内容逐渐从云冈石窟在宗教、美学上的地位转向其背后文化交流与民族融合等深层次问题，相关成果不断涌现，以云冈石窟为依托的知名的学术高地正在逐渐形成。

然而，尽管云冈学是一门有着鲜明地域色彩和研究界限的新学科，在文物界、考古界，类似的学派已经有不少，但是研究成果尚未形成体系。此外，同敦煌、龙门两大石窟相比，云冈石窟的研究成就、研究进展尚存在差距。其中，敦煌学因其自身特点，研究重点在于藏经洞出土的写本文献，然后扩展到壁画、汉简乃至周边地域出土的文献和遗存的文物，其研究可以较多参考和借鉴吐蕃史、匈奴史、西夏史以及印度佛教、密教的研究成果；而龙门学的相关研究因其所处的地理位置，河南洛阳位于中原腹地，基本上以汉民族文化为基础，留下较多文献记录与文物遗存，虽然龙门学尚未提出明确的建构框架，但是现有研究已经初具规模，形成了比较深厚的学术史料与成果。相比较，云冈学的文化主体以鲜卑族为主，形成掺杂少量汉民族及其他民族组成的特殊文化体，具有与敦煌与龙门不同的文化特质。与此同时，有关鲜卑族的相关史料较少，未能铸就云冈学研究的基础，导致云冈学诞生的原生动力不足。

因此，云冈石窟虽与敦煌莫高窟、龙门石窟齐名，但龙门与敦煌均已“开宗立派”，而云冈学的诞生有助于弥补该不足。有理由相信，以云冈石窟为中心，诸多科研院所为支撑，科研人员广泛参与，未来定会形成云冈学研究的学术高地。

三、云冈学的发展有利于挖掘文化内涵

习近平总书记指出："中国人民在实现中国梦的进程中，将按照时代的新进步，推动中华文明创造性转化和创新性发展，激活其生命力，把跨越时空、超越国度、富有永恒魅力、具有当代价值的文化精神弘扬起来，让收藏在博物馆里的文物、陈列在广阔大地上的遗产、书写在古籍里的文字都活起来，让中华文明同世界各国人民创造的丰富多彩的文明一道，为人类提供正确的精神指引和强大的精神动力。"[①] 云冈文化作为一种大同本土地域文化，见证了北魏王朝的兴衰，展现了一方劳动人民的智慧。此外，云冈文化有着"大云冈"与"小云冈"的理念。其中，狭义上的"小云冈"专指云冈石窟，广义上的"大云冈"即大同地方特色优秀文化。云冈文化需要将两者相结合，突出云冈文化彰显地域特色的追求。

云冈学的建构与发展有利于云冈文化的传承与发扬，云冈文化的独特之处在于生活的根植性，具有陶冶情操、提升审美情趣、丰富心灵世界等精神导向作用。一是文化价值。依托云冈石窟，云冈的核心人文精神以"多元包容、尚德求新、大气祥和、务实高效"为主要内容，突出了精神层面的本真性。二是审美价值。随着人民群众的审美需求不断提升，云冈石窟作为中国四大石窟之一，其蕴藏的独特审美价值，更加契合当前人民群众的审美需求。三是导向价值。云冈文化是具有大同地域特色的本土文化，蕴含着丰富的精神特质。其精神风貌对于大同城市建设、经济发展、人文改善等方面均具有深远影响。实际上，"中国古都，天下大同"的理念就是最好的体现，这也是云冈文化发展的至高追求。

四、云冈学的建构有利于彰显新时代价值

云冈学建设是一个综合性、系统性的工程，必须站在系统思维的高度去思考构建云冈学学科体系、学术体系、科研创新体系、社会服务体系，进而增强云冈学的话语权、影响力，形成中国特色、中国风格、中国气派的云冈学，这是云冈学建设的最为突出的新时代价值。

云冈学建构是构建中国特色哲学社会科学话语体系的需要。云冈石窟作为北魏少数民族政权留下的文化瑰宝，是中国多民族文化交流互渗形成的历史见证和缩影，体现出中华文化兼容并蓄的特质和价值取向。通过云冈学研究，可以更好地展示中国文化多民族融合、兼容并蓄的发展过程和特色，也有助于从中提炼出中国特色的学术体系及哲学社会科学话语体系。云冈学建构与构建人类命运共同体思想高度契合。以云冈石窟为代表的云冈文化，融合了鲜卑文化、儒家文化、佛教文化的多元要素，是中华文明、印度文明和希腊文明相互碰撞交流的智慧结晶，承载着人类的终极关怀和对真善美的价值追求，是人类共有价值的集中显现，彰显出文化共同体、命运共同体、精神共同体等意识。云冈学建构是对考古学传统价值认知体系的重塑。云冈学建构背景下的考古学，迫切需要改变传统价值认知体系，要突破单一的石窟文物考古和保护，要有更为广阔宏大的坐标视野，将云冈石窟的考古从地域考古上升为人类文明考古，从线性思维走向系统思维，推动多元考古与保护，让古代文化遗产折射出现代意义的"中国范儿"。

---

① 习近平：《在联合国教科文组织总部的演讲》，见《论坚持推动构建人类命运共同体》，中央文献出版社，2018，第 83 页。

第三章　云冈学术简史

清代至民国时期云冈学的研究学者主要有朱彝尊、陈垣、吴新吾、瞿兑之、梁思成、林徽因、刘敦桢、蒋唯心、周一良、周肇详、汤用彤等。在此期间的成果虽然数量较少，但是科研价值极高，为云冈学的发展奠定了坚实的基础。新中国成立后云冈学的研究视角逐渐丰富，主要聚焦于云冈石窟的考古调查研究、云冈历史文化研究、云冈艺术风格研究以及云冈文物保护研究等四个方面。2020 年以来，云冈研究进入蓬勃发展的阶段，云冈学建设也呈现出了系统化、多元化的态势。

第一节　民国时期云冈学术史

民国时期云冈学术史，专指中华民国时期中国本土学者对云冈石窟的研究情况。

此间，关于云冈石窟的研究成果主要有《记大同武州山石窟寺》（1919 年，陈垣）、《大同云冈游记及其感想》（1923 年，吴新吾）、《云冈石窟寺之译经与刘孝标》（1929 年，陈垣）、《大同云冈石窟志略》（1929 年，瞿兑之）、《云冈石窟中所表现的北魏建筑》（1933 年，梁思成、林徽因、刘敦桢）、《云中访经礼佛记》（1934 年，蒋唯心）、《云冈石佛小记》（1936 年，周一良）、《云冈石窟后魏比丘尼惠定造像记》（1936 年，周肇详）、《汉魏两晋南北朝佛教史》（1938 年，汤用彤），等等。

一、陈垣：《记大同武州山石窟寺》

陈垣开中国本土学者研究云冈石窟之先河。1918 年，陈垣考察云冈石窟，于 1919 年发表《记大同武州山石窟寺》，从史料方面较为全面系统地考证了云冈石窟。

《记大同武州山石窟寺》开篇介绍云冈石窟，指出其相较龙门石窟开凿时间要早 50 余年，“凿山为岩，因岩镌佛，岩高者二百余尺，可受三千许人；佛高者六七十尺，雕饰奇伟，冠于一世”。

石佛寺仅三楹，寺修于清顺治八年总督佟养量，建筑不得法，故光线不足，黑暗异常，影响观瞻。石像有剥蚀，敷以土垩，尽失原形。佛寺东西诸窟，有窟无寺，栉比数里者，皆为石窟寺。未经修饰诸窟，剥落严重，然而远望缥缈，容态转真。石窟各具其形，并无雷同。洞窟诸飞天神女，振翮凌空，宝相庄严，拈花微笑，则极画像之奇观，尽显人工之能事。可惜古洞荒凉，荆榛满目，亦为村民占居，断瓦颓垣，横阻挡路。佛像或为土埋，或被盗取。如不重视，不久便会湮灭不存。

陈垣对于涉及云冈石窟记载的文献做了详细梳理，计有《魏书》的《显祖纪》《高祖纪》《肃宗纪》《出帝平阳王纪》《释老志》，以及《水经注》《续高僧传》《大唐内典录》《朔平府志》，为后世学者进一步研究云冈石窟提供了宝贵线索。

二、吴新吾:《大同云冈游记及其感想》

《大同云冈游记及其感想》是吴新吾发表于《晨报五周年纪念增刊》上的一篇游记性质的文章。文中,吴新吾以云冈石窟第 24 洞洞顶飞天雕像为例,认为云冈石窟的雕像直接渊源应是唐代的画佛像。龙门石窟、敦煌石窟虽然也是佛教美术的总汇处,但龙门石窟残毁太甚,雕刻较粗,敦煌石窟壁面较粗,只有云冈石窟佛像大而精巧,且多完整,这是云冈石窟最为可贵的地方。

《大同云冈游记及其感想》共六部分内容。第一部分为云冈石窟之分区。第二部分为云冈石窟之现状。第三部分为云冈之地理。第四部分为云冈石窟之历史。第五部分为云冈石窟诸佛像之优美点。第六部分为云冈石窟著作。

吴新吾将云冈石窟与欧洲文艺复兴时期的雕塑相较,认为有过之而无不及,这是他独具慧眼的认知。在谈及云冈石窟现状时,吴新吾所提及的一些措施虽是一家之言,但仍有借鉴参考价值。

三、陈垣:《云冈石窟寺的译经与刘孝标》

陈垣撰写的《云冈石窟寺的译经与刘孝标》一文,首次论及云冈的译经活动。

文章首先指出云冈石窟寺的创筑者为沙门昙曜,认为昙曜不单是石窟寺开山的创始者,还是石窟寺译经的创始者。昙曜译作《付法藏传》不存,今所存者,为《付法藏因缘传》六卷,亦云冈石窟寺沙门吉迦夜所译。自吉迦夜译本行,而昙曜译本遂废。吉迦夜译笔受人为南朝著名文学家刘孝标。

陈垣通过对《梁书》《魏书·献文纪》《南史》《文选·重答刘秣陵沼书》《大唐内典录》等文献的梳理,认为称孝标不称法武,盖从孝标改名以后追称的原因。孝标逃还江南后,有两大著述:其一为《世说新语注》,引书一百六十余种,至今士林传诵。其一为《类苑》,一百二十卷,隋唐三志皆著录。南宋末陈氏撰《书录解题》时,始说不存。以今日观之,孝标之注《世说》及撰《类苑》,均受其在云冈石窟寺时所译《杂宝藏经》之影响。刘孝标对于译经的保存贡献很大。

刘孝标名峻,以字孝标行,平原人。《梁书》《南史》皆有传。他既是南朝人,如何会在北魏都城外云冈石窟寺作译经事业,此事说来极有趣,但前人多未注意。

四、瞿兑之:《大同云冈石窟志略》

《大同云冈石窟志略》源于瞿兑之昔日游记。文中指出大同云冈石窟创始于北魏,是中国历史上最悠久、最伟大的工程之一。相较长城,云冈石窟之完美,且其建筑原委、工师姓名都可考证,实为罕见。可惜佛像被盗事件屡见诸报端,恐怕一千五百年的遗迹,不毁于天然而毁于人力。

第一部分为"概说"。瞿兑之指出古无"云冈"之名,只称武州山石窟。云冈者,其地一堡名,习俗以此相称。并对其所见之云冈石窟做了简要介绍。

云冈石窟不为人所知,瞿兑之认为原因在于地处塞上游踪鲜至之故。明代虽见诸吟咏,只是止于流连风景,却无文献传世。清代京绥线通车以后,随着交通条件的改善,京师去大同游人渐多。民国以来,中外人士关于云冈之记载公布问世者逐渐增多。

第二部分为“历史上之位置”。瞿兑之梳理了大同的由来,指出至魏道武帝天兴元年(398年)迁都平城,至孝文帝迁都洛阳之前,长达90多年的时间,是北朝统治最强盛的时期。云冈石窟的出现,正是基于此种背景。

瞿兑之认为云冈石窟第一可贵之处在于其建筑年代确切可考。第二可贵之处在于建筑师确凿可考。

五、梁思成、林徽因、刘敦桢:《云冈石窟中所表现的北魏建筑》

《云冈石窟中所表现的北魏建筑》是梁思成、林徽因、刘敦桢合著的一篇针对云冈石窟中体现出来的北魏时期的建筑的调查成果。主要观点如下。

第一,中国艺术固有的血脉中,忽然掺杂旺而有力的外来影响,应予以充分重视。且西域所传入的影响,其根可远推至希腊古典的渊源,后迤逦波斯,蔓延印度,更推迁至西域诸族,又由南北两路犍陀罗及西藏以达中国。云冈石刻是这种现象极明晰的实证,自然也就是近代治史者所最珍视的材料。

第二,根据云冈诸窟雕饰花纹的母题及刻法,佛像的衣褶容貌及姿势,断定中国艺术大约由这时期起,走入一个新的时期。

第三,云冈雕刻中,“非中国”的元素表现甚多。或显明承袭希腊古典宗脉,或掺杂印度佛教艺术影响。其主要各派元素多是囫囵并包,不难辨认。因此又与后魏迁洛以后所建伊阙石窟(龙门石窟)诸刻稍不相同。

第四,结构原则上,云冈石刻中的中国建筑,确是明显表示其应用构架原则的。构架上主要部分,如支柱、阑额、斗拱、椽瓦、檐脊等均应用于后代,其形式均为后代同样部分的初型无疑。在结构根本原则及形式上,中国建筑两千年来保持其独立性,不曾为外来影响所动摇。

六、蒋唯心:《云中访经礼佛记》

《云中访经礼佛记》是蒋唯心赴大同实地考察后写作的一篇游记。文中阐明此次田野调查的由来,以详细的笔触描写初到大同的见闻,尤其对大同华严寺、南寺等佛教寺院的建筑、塑像等描绘非常专业细致。

蒋唯心所见石佛寺存正殿大佛阁三间,寮房、佛堂俱存。佛寺有警察借住,前面屯兵,寺僧反而侧居其旁小屋。民国二十年前,石窟表面上有人员看守,实则名存实亡。以后,政府责成巡官保管,寺僧辅佐,互相监督。凡有人企图盗窃的地方,即用标记“内置炸弹,诸君勿近”的泥丸填塞。洞窟内部凡是已经涂泥的,刨去涂泥。洞顶墙门有倾坏的,以钢筋水泥接补,但不能影响壁画。现各洞窟日渐损坏,如50年以后不加修缮整理,后辈子孙将再不能瞻仰此稀有艺术珍品。

文中将云冈石窟分为三区。第一区为寺东,起自东面第一小桥渠,此区岩层极薄,不宜雕刻,可断定此处从未有过雕像。佛寺中区起于佛寺左沟右之山上小庙,包括四个洞窟。佛寺西区包括五个洞窟,学者均认为此五洞是昙曜主持雕造的,是云冈石窟精华所在。

七、周一良:《云冈石佛小记》

《云冈石佛小记》是国内较早关注云冈石窟研究的一篇力作。周一良认为云冈石佛是我国雕刻艺术的精英代表,其壮伟后世罕及。只是其地处边塞,故为人所不知。

周一良指出明代之前无“云冈”之称,更非源自北魏旧称。其引《魏书·释老志》《续高僧传》,认为昙曜开凿石窟应在兴安二年(453年)至和平元年(460年)这8年之间,并且根据《贞元释教录》记载昙曜已在石窟内译经的事实,认为当时必然已有雕刻完成的石像。云冈石窟前壁留有孔洞,起着插入檩木的作用,用以修建木质楼阁,因此亦有木构寺院。

周一良认为《魏书·本纪》中所言的石窟寺并非指诸窟为一寺。《水经注·㶟水》中所指是灵岩山,因之称寺。其结合《续高僧传》《广弘明集》,指出并非每一石窟前必有一独立寺院。北魏时云冈只是一个僧寺,名为灵岩寺。《朔平府志》中所记载的“十寺”之说,并非实指。

《魏书·释老志》中记载云冈石窟的开凿有西域僧人或工匠参与,但于文献均无可考。比较可信的观点有三种,即“来自印度”说、“杂糅印度”说、“松本氏”说。日本学者伊东忠太认为后魏雕刻艺术源自于阗,于阗文化又受犍陀罗、迦湿弥罗影响。此说早有定论,周一良同意伊东忠太的观点。

根据《续高僧传》《内典录》等记载,后世于云冈石窟共发现5通碑铭。内容都是记载僧尼或民间信士在石窟内造像,与洞窟开凿、石佛建造并无关系,不能据此推断石窟建造时代的先后。

八、周肇祥:《云冈石窟后魏比丘尼惠定造像记》

《云冈石窟后魏比丘尼惠定造像记》记述了云冈石窟女尼惠定造三尊释迦多宝弥勒佛像一事。文中说明云冈造像为后魏沙门昙曜所创始,奇伟冠绝当世。前人访求石刻铭文,只有大和七年邑义信士女等五十四人造像一尊。1936年夏,周养庵先生赴云冈石窟,在石窟西部,发现惠定女尼造像三尊,厥功甚伟。又有“大茹茹可敦”造像残刻、吴氏忠伟为亡息冠军将军华□侯吴天恩造像记,皆在数丈悬崖之上,拓取不易。

九、汤用彤:《汉魏两晋南北朝佛教史》

汤用彤在中国佛教研究方面最著名的成果就是出版了《汉魏两晋南北朝佛教史》一书。其中涉及云冈的内容主要分布在书中第十二章“传译求法与南北朝之佛教”、第十四章“佛教之北统”、第十九章“北方之禅法净土与戒律”。

(一)求证佛教“传来之道路”

汤用彤认为佛教为异域宗教,根据自在传译。故印度中国之交通道路,其通塞改易,均与我国佛教有关系。北路与北魏平城成为当时佛教重镇,联系甚为紧密。继而认为中印间交通路线,与我国佛教关系极为密切。

（二）“西行求法”运动

佛典是佛教重要的物质载体。佛典传入中国，主要通过走出去、引进来两种方式，“一由于我国僧人之西行，一由于西域僧人之东来”。北魏僧人道荣、惠生等在向西求经过程中起到了重要作用。

（三）北朝译经

汤用彤在考证北朝佛经传译时，明确提到了魏灭凉、太武帝灭佛、文成帝兴佛等事件，尤为可贵的是记载了昙曜在武周石窟集诸德僧对天竺沙门译经三部。

北魏统治者初始对于佛教并未特意加以提倡。关于佛教在北方取得统治地位，其间颇多波折，亦不乏诸如太武帝灭佛这样的重大事件。其主要体现在书中第十四章“佛教之北统”部分。

（四）太武帝信道灭佛

魏太武帝于太延五年（439 年）灭北凉，期间“徙沮渠牧犍宗族及吏民三万户（或作十万户，见《通鉴考异》）于平城。《续高僧传 • 僧朗传》，谓魏军东归，掳掠沙门与之俱还。”针对这则文献记载，汤用彤认为：“按魏太武帝曾遣使求昙无谶。可见其徙沙门至平城，固不必全因僧人曾充军役也。太武献文之世，沙门特知名者，有玄高，昙曜，师贤，与元魏佛法之兴衰，并有重大关系，则均自凉州至平城者也。”

魏太武帝拓跋焘信道灭佛，对于佛教在北方的传播、发展影响深远。一般认为魏太武帝灭佛毁法，是当时佛道斗争之结果。汤用彤认为太武灭佛毁法具有伸张中华王道正统之义。其事非简单之佛道斗争，而且北朝于其开始，即用威力，作宗教之斗争，与南朝纯用笔舌，以义理较长短大有不同。

（五）昙曜复兴佛法

继太武帝灭佛事件后，昙曜复兴佛法成为另一个重要事件。自此，佛教终于在北方站稳脚跟，佛像经论，又得再显。昙曜复兴佛法最大的功绩主要在经济上，《魏书·释老志》有载。佛教在北魏平城的兴盛、云冈石窟的开凿，都与昙曜有着直接的关系。《汉魏两晋南北朝佛教史》第十九章在谈到北方之禅法净土与戒律时，曾记载了昙曜开凿禅窟的过程。

汤用彤根据《魏书 • 释老志》所载，对北魏寺僧数目作了说明。孝文帝太和元年（477 年），平城寺庙约百所，僧尼数二千余人，可谓盛极一时。从文成帝复兴佛法，限制出家人数，历经孝文帝太和十六年（492 年）诏限、胡太后熙平二年（517 年）令常度僧依限、孝文帝限止，前后数次，均未达到预期效果。

北魏统治者虽屡加限制，但始终不能得到有效的贯彻，可见佛教在当时的中国北方已是根深蒂固，不是轻易能够改变现状的。

第二节　新中国云冈学术史

新中国成立后，云冈的学术研究逐渐步入高潮，在考古调查基础上针对云冈石窟积极开展宗教、旅游、地质、音乐和舞蹈等研究，研究方向也逐渐由对云冈石窟佛教造像艺术特点、分期等单一内容类方向，逐渐向内容和云冈文物保护并重方向发展。

一、云冈考古调查

徐苹芳以 20 世纪 50 年代为分界点，将对中国石窟寺的研究分为前后两个时期。这两个研究时期本质区别在于在调查和研究过程中是否运用了现代科学的考古学方法。宿白认为，运用考古学的知识和方法对石窟寺进行研究可分为四大方面：一是运用考古学方法，对现场进行清理并记录；二是对石窟寺洞窟及其中的造像、壁画进行研究，包括类型组合与题材等方面；三是有关石窟寺区域及时期的研究；四是以石窟寺为切入点，对其中所涉及的社会史、宗教史和艺术史进行研究。

1950 年文化部、国家文物局组成雁北文物勘查团，对山西北部的历史文物，包括云冈石窟进行调查。这是新中国成立后首次由国家出面组织的文物遗址综合调查，具有重要意义。从此，云冈石窟的研究进入新阶段。随着考古地层学的发展，越来越多的学者开始利用这一理论来探索云冈石窟的布局，诸多重要发掘报告在这一时期发表。

二、云冈历史文化研究

云冈石窟不仅是佛教艺术的展示，更是一部中国历史的缩影。从中我们可以看到从北魏到隋唐中国社会文化乃至政治的变迁以及社会结构和宗教信仰的转变。

（一）云冈历史研究

云冈石窟历史文化方面的研究，以宿白发表的《〈大金西京武州山重修大石窟寺碑〉校注——新发现的大同云冈石窟寺历史材料的初步整理》最具代表性。宿白关于云冈石窟历史方面的研究成果还包括《中国石窟寺研究》《东汉魏晋南北朝佛寺布局初探》《平城实力的集聚和“云冈模式”的形成与发展》《云冈石窟分期试论》等。其中《平城实力的集聚和“云冈模式”的形成与发展》一文，提出“云冈模式”这一概念，强调了云冈石窟在中国石窟寺研究中的特殊地位，说明了云冈研究的重要性。此外，杨泓、张畅耕、王恒等学者均就云冈石窟历史相关问题开展了有益探讨。

（二）云冈宗教研究

20 世纪学者多从佛教发展史的宏观角度切入，关注云冈石窟的开凿、题材等问题。进入 21 世纪，学者们的视角多转向微观，从佛教造像、图像雕刻等内容入手论述其背后宗教意义。对北魏宗教发展的研究都离不开对云冈石窟造型及题材的关注。

三、云冈艺术风格

从整体探讨云冈石窟艺术风格的研究主要以刘汝醴和王建舜两位学者的成果为代表。此外，学术界多从造像、乐舞、服饰、装饰纹样等角度对云冈艺术风格特色开展相关研究。

（一）造像艺术研究

造像艺术的研究主要集中于20世纪80—90年代。1988年建舜、向东在《云冈石窟的艺术象征》一文中提出云冈早期雕刻受外来影响非常广泛。1993年凡奇在《论云冈石窟犍陀罗艺术风格之演变》一文中对云冈石窟早、中、晚三期造像艺术进行了系统的分析。针对昙曜五窟，赵一德和杭侃分别从五窟帝王特征和布局设计角度进行探讨。《云冈石窟造像的鲜卑特色与文化多样性》一文，则关注了造像背后所折射出的多民族文化交融问题。亦有学者持续关注二佛并坐等云冈石窟中的经典造像题材。

（二）乐舞艺术研究

1981年肖兴华《云冈石窟中的乐器雕刻》一文指出云冈石窟乐器雕刻丰富多彩，可分为弹拨乐器、吹管乐器和打击乐器三类，为研究北魏音乐艺术提供了重要依据。1988年《云冈北魏伎乐雕刻探微》按早、中、晚三期对云冈石窟伎乐雕刻表现形式进行了分析。而后赵昆雨就日本学者著《云冈石窟》中所载230件乐器的名称进行了补充质疑。此外，亦有学者为云冈石窟所见乐器雕刻的辨识作了介绍。

（三）服饰艺术研究

20世纪50年代以来，很多学者就佛像服饰风格及样式开展了深入而广泛的研究。以较早在这一领域深耕的学者阎文儒和杨泓为代表。阎文儒针对云冈石窟第6窟佛像的服饰特点，最早提出“褒衣博带式”佛像服饰的概念，这一称呼至今仍被广大学者使用。杨泓则于1963年发表了最早专门论述佛像服饰的文章《试论南北朝前期佛像服饰的主要变化》，该文对于研究佛教服饰具有重要启示。20世纪70—90年代云冈服饰研究较为少见。21世纪以来，学界重新将目光聚焦于这一课题。

（四）装饰纹样研究

20世纪50—90年代针对云冈装饰纹样的研究少见，最早有1959年刘玉英《云冈图案》一书中对云冈石窟出现的图案进行了搜集。1986年，苏州丝绸工学院工艺美术系编绘《云冈石窟装饰》对具体石窟内装饰纹样进行了系统研究。20世纪90年代，李雪芹对云冈石窟中动物雕刻图案进行了研究。亦有学者就具体纹样的形制特征及源流问题展开探讨。

四、云冈文物保护

20世纪50年代以来，为加强对云冈石窟的保护，在国家的支持下，裴文中对云冈石窟进行了详细调查，对规划云冈石窟保护方案起到了重要作用。60年代，国家文物局在京召开云冈石窟保护会议，如何运用科学方法保护云冈石窟成为科研部门关注的重点，云冈石窟的保护已正式提上日程。自改革开放以来，石窟保护工作获得巨大进展，学术研究从理念向实践保护侧重，关注文物的保存环境、病害机理和保护材料的运用与研究，涵盖石窟、摩崖、墙壁、彩塑等众多学科领域，获得丰硕研究成果。

20 世纪 80 年代以来，越来越多的学者开始关注文物所处环境和文物病害研究。如解廷凡、黄克忠和苑静虎等从环境污染风化角度研究云冈石窟保护。此外，各大科研机构也在积极探索云冈石窟的保护措施。

20 世纪 90 年代云冈石窟保护逐渐向检测分析和病害机理等方向深入。周国信、李海等学者对云冈石窟壁画开展了采样和数据分析，以确定壁画所用颜料类别。黄继忠利用生化分析方法和现代仪器数据分析的方式，对窟中大气尘埃中的多种无机分子和金属元素开展了深入研究。

20 世纪末，黄继忠、史变青和解廷藩应用 PIXE 和 ICP 技术，对石窟大气尘埃中的各种金属元素开展了定性和定量测定，以期更好地了解粉尘污染对石质文物的影响。为了有效控制上层滞水沿裂隙的渗透，黄继忠和张俊芳提出了一种新的电法勘探方法，能够更加精准地调查窟区裂隙的分布、发育和延伸情况，有助于更好地解决问题。

1997 年 9 月山西省第八届人大常委会第三十次会议批准公布《大同市云冈石窟保护管理条例》，至此，云冈石窟的保护工作进入依法有效保护的新阶段。2007 年，云冈石窟委托中国建筑设计研究院编制《云冈石窟保护总体规划（2008—2025 年）》，加强顶层设计。2018 年 8 月 1 日，《云冈石窟保护条例》正式施行。这一时期，云冈石窟的保护研究在防水保护、防风化治理、环境污染、壁画及彩塑保护修复等课题的研究上不断取得新突破，为文物保护的实践工作提供了强有力的理论支持。

从新中国成立至 20 世纪末，前贤学者脚踏实地、潜心案头的研究成果，直接推动和充实了云冈石窟的研究，奠定了进一步开展云冈学研究和学科构建的基础。

第三节　2020 年以来云冈学术史

21 世纪之初，云冈石窟成功入选《世界文化遗产名录》，云冈研究也随着新世纪的到来进入蓬勃发展的阶段。2020 年 5 月 11 日习近平总书记考察云冈石窟时就云冈石窟保护与开发及云冈学建设作出重要指示，至此，云冈学建设进入系统化、多元化发展的新时代。

新时代下，我国学者对云冈学研究的内涵进行了新的思考与界定，云冈研究的内容也逐步从传统佛教石窟寺及其宗教艺术研究拓展为涵盖了大同、山西乃至全国其他地区与云冈相关的文化遗存和历史文化以及云冈学学术史和云冈学理论的研究，扩大了云冈学研究领域，进一步完善了云冈学学术体系。研究者也在延续传统题目、传统研究方法及范式的同时，不断尝试用新范式和新视角拓展云冈学研究的外延。与此同时，国内外学术交流进一步加强，多方合力，稳步推进云冈学在研究深度和广度上的扩展。

一、云冈历史文化研究

此类研究成果多从云冈石窟本体出发，结合历史文献及佛教典籍，对云冈石窟开凿与设计中反映出的宗教及历史问题展开讨论。《昙曜译经与早期云冈石窟建造——以〈杂宝藏经〉为例》则结合《杂宝藏经》,对昙曜主持开凿云冈石窟的理念及设计思路进行了论述。员小中则结合佛教经典,分析了第6至11窟表达的宗教意义。

此外,国内学者对云冈石窟的开凿与营建问题持续保持关注。研究多从营造工程的视角出发,结合洞窟内的遗迹现象,考察云冈石窟各类工程活动的关系,分析论述了云冈石窟的规划设计理念及施工开凿过程。如韦正《昙曜五窟的营造次序和理念》论述了云冈石窟的建造次序和雕刻理念。

二、云冈艺术风格研究

(一)建筑艺术研究

从建筑学角度审视云冈石窟,是云冈研究的重要课题之一。2020年以来,云冈石窟建筑的研究重心仍主要集中在洞窟形制、重要佛教建筑形式及典型建筑式样等问题之上。值得注意的是,近年来有学者尝试从建筑空间与视觉艺术等角度探讨云冈石窟的发展演变进程,为传统石窟寺建筑研究开辟了新的思路。

洞窟形制研究方面,《从穹庐到殿堂——漫谈云冈石窟洞窟形制变迁和有关问题》与《云冈石窟洞窟形制的多民族文化交融特征》,分别梳理了云冈石窟不同时期的洞窟形制特征和三种主要洞窟类型,讨论了洞窟形制发展演变规律背后折射出的民族融合与文化交流问题;郭建娜、韦正具体探讨了昙曜五窟洞窟形制与国内外其他洞窟的关系。

佛龛与佛塔是备受研究者关注的两类典型佛教建筑。这一阶段针对云冈石窟佛龛、佛塔的研究,多采用考古类型学的研究方法,梳理建筑形制特点及其发展演变规律,并探讨形制来源问题。如王雁卿便结合考古学打破、避让等关系,识别了83座昙曜五窟中早期开凿的圆拱龛,随后又对其进行了类型学分析。张善庆探索了北朝圆拱形龛、曲尺形龛和屋形龛的起源,认为圆拱形龛、曲尺形龛深受西北印度和中亚的影响,而屋形龛则可能发端于汉画像石中的“西王母+殿堂”构图模式。《形制、图像与布局:云冈石窟浮雕塔的流变》一文则提出了层柱并非佛塔的观点,同时对佛塔进行了类型学分析及分期研究,梳理了每一期别下佛塔形制及布局的典型特征。

建筑式样研究领域,学者多对云冈石窟内典型建筑式样的形制进行梳理,认为石窟内部诸如脊饰、瓦顶、檐角等构件均为中国传统建筑与佛教雕刻艺术结合的产物,对研究北魏时期建筑式样提供了重要的实物参考。

(二)造像艺术研究

这一时期针对云冈石窟造像所开展的研究,延续了传统课题及研究范式,以造像题材及风格特征、造像思想功用等作为切入点,讨论了背后反映出的佛教传播与本土化演变、民族文化融合及宗教信仰等问题。研究方法趋于多样,考古学、美术史的研究方法运用广泛。

韦正《云冈石窟核心题材探源——云冈与犍陀罗之一》,概览了三佛、七佛、双佛等云冈石窟造像核心题材,通过与犍陀罗地区材料对比,提出中国北方石窟源头在犍陀罗,传入中国后又发生本土化演变的观点。《云冈石窟释迦多宝二佛并坐研究》一文利用考古类型学方法对其进行型式分析,并探讨了该类题材的来源及兴盛原因。

（三）雕刻艺术研究

云冈石窟是佛教雕刻艺术的宝库，历代学者均对相关问题有所关注。进入新时期后，研究继续在传统问题上深入，提出了诸多具有价值的观点。

第一类是针对云冈石窟雕刻图像的研究，其下大致又可分为图像内容及图像配置研究两类。图像内容研究方面，赵昆雨关注了维摩诘图像，认为云冈石窟开创了维摩诘图像的新样式，并对北朝诸石窟寺产生了深远影响。谭浩源对第6窟胡服维摩诘形象进行了分析，并讨论了北魏时期维摩诘信仰及经变图像的形成来源和思想观念等问题。《云冈石窟第6、38窟"天人骑兽图"研究》则提出云冈"天人骑兽图"具有鲜明地域特色，是域外与本土以及胡汉文化融合的产物。此外亦有学者关注了飞天、睒道士本生等雕刻图像，或使用文化因素比较研究的方法，对佛经故事雕刻展开全面探讨。《云冈石窟第七、八窟图像内容与组合特征研究》聚焦第7、8窟，对图像内容的内涵和两窟图像布局规律及组合特征进行了分析。高平传、石尚两位学者则对彩绘背光进行了调查研究，发现其多集中于北魏第三期窟龛之中，轮廓形状和纹饰组合展现出鲜明的时代特征。

云冈石窟佛像服饰研究多从整体对云冈所见的不同佛像服饰类型进行梳理，有学者对佛衣开展了类型学分析，归纳不同时期佛衣的特点，并探讨了造型来源问题。

第二类从乐舞相关雕刻切入，对其进行分类分析，归纳特点并探讨图像源流、佛教音声理念、佛教音声伎乐及民族融合等问题。此外亦有学者识别了乐舞雕刻中呈现出的不同文化因素。

第三类装饰纹样雕刻亦是云冈石窟艺术研究领域的重要关注对象。此类研究或对云冈所见纹饰进行系统梳理，部分研究者也尝试从整体探究云冈石窟美学价值或就具体洞窟的艺术性装饰特征及风格流变问题进行讨论。相关论述有《云冈石窟中期洞窟雕刻艺术溯源——以第1、2窟为例》《云冈石窟第6窟美术装饰与故事雕刻》等。

三、文物保护

2020年以来，云冈石窟的保护工作开启了全新局面。相关重要论述有《云冈石窟砂岩水汽扩散特性研究》。这一阶段，云冈石窟的风化病害形成机理及其防治研究仍是文物保护研究领域的重要课题之一。《云冈石窟顶部土层水盐分布特征研究》《云冈石窟盐类析出物与石雕表面风化破坏形式的关系研究》等研究聚焦水和盐对石雕的影响机理，研究成果对揭示云冈石窟砂岩风化病害形成机理和开展相关预防性保护工作具有重要的科学价值。《砂岩质文物风化机理研究——以云冈石窟为例》一文从矿物蚀变的角度揭示了云冈石窟砂岩的风化机理。其他相关论述有《具有预测功能的云冈石窟空鼓病害太赫兹无损检测研究》等。

新时代以来，随着文物保护技术的不断发展，部分学者亦对相关科学技术在石窟寺保护领域的应用进行了探讨。如由苑静虎完成的国家级科研课题《云冈石窟泥塑加固方法研究》，为云冈石窟泥塑壁画的修复提供了主要的理论依据。此外还有《超声波无损检测技术在世界文化遗产地云冈石窟保护中的应用》《云冈石窟第3窟后室顶板加固治理与监测》等论述。

四、其他研究

其他研究多为针对云冈石窟开展的一些综合性研究。《云冈石窟第39窟探讨》对第39窟洞窟形制、雕刻装饰、佛龛布局等问题进行了整体论述。有部分研究者观察云冈石窟，深入挖掘了其背后折射出的文化传播、民族融合及北魏社会状况等问题，如《云冈石窟的对外影响问题》《云冈石窟所体现的北魏科学技术》等。

新时期的到来为云冈学研究提供了良好的契机，这一阶段重要学术成果不断涌现，学术交流持续加强，云冈学研究呈现出蓬勃发展的新面貌。

第四节　海外云冈学术史

一、20世纪上半叶海外学者对云冈石窟的调查研究

（一）云冈研究的发轫

日本著名建筑史学家伊东忠太是近代以来从学术意义上调查和研究云冈石窟的第一人。1902年6月，伊东偶然发现大同云冈保存着壮观的北魏石窟建筑群。之后，他于同年9月在日本《建筑杂志》189号上发表了《云冈旅行记》一文，并在《北清建筑调查报告》中根据第6窟内所立泰昌元年（1620年）《游石佛寺记碑》，初步判定云冈石窟的雕像凿于北魏时期。1906年10月、11月，他又在东京《国华》197、198号上发表报告《支那山西云冈石窟寺》，论述了犍陀罗的印度-希腊样式经中亚传入中国，以及云冈造像的影响波及日本推古朝的佛像等问题。该报告最早向世界专题介绍了云冈石窟，对其后的调查研究发挥了重要的引导作用。由此，云冈石窟开始走进国内外研究者的视野。

在伊东报告发表的翌年（1907年），法国著名的东方学家沙畹就对云冈石窟进行了考察，拍摄收集了大量建筑与雕刻的照片和图录。1909年至1915年间，由其摄影编著的《华北考古记》由法国远东学院出版。该书第二册登载了沙畹1907年拍摄的云冈石窟照片78幅，首次以图片的形式向世人揭示了云冈石窟的清晰风貌。此后，云冈石窟声名鹊起，遂成为海内外学者和美术家的巡礼之地。

（二）海外学者的早期云冈研究

在沙畹之后，欧洲来华人士纷纷踏足云冈，记述和研究云冈石窟的著述也陆续出版问世。德国的著名汉学家卫礼贤在《中国心灵》一书中记录下他对于云冈石窟开凿原因和艺术价值等问题的思考。瑞典的东方美术史学家喜龙仁在1925年出版的《5—14世纪中国雕塑》一书中公开发表了61幅云冈石窟照片，并对石窟雕刻的艺术风格进行了深入论述。

相较于西方学者，东方的日本学者俨然已成为这一时期调查云冈石窟的主力军。1908年，伊东忠太的同僚冢本靖与同为建筑史学家的关野贞、美术史学家平子铎岭一同考察了云冈石窟。此后，关野贞于1918年再度调查云冈，运用建筑学测量法绘制了整个云冈石窟的配置图和代表性石窟的平面图。1920年，东京大学的佛教学家常盘大定考察云冈后，与关

野贞共同编著了《中国佛教史迹》，其第 2 卷收录了云冈石窟照片 119 幅，并在解说中附有关于云冈石窟的详细研究报告。特别是云冈石窟原本没有统一编号，常盘大定与关野贞经过多次考察，最终确定了通用至今的洞窟编号，对后世云冈研究产生了重大影响。

日本佛教学、美术史学的研究者也相继前往云冈。1915 年，美术史学家大村西崖在其《中国美术史雕塑篇》一书中以大量篇幅探讨了云冈石窟像式的艺术源流。1919 年，京都大学的佛教学家松本文三郎在《中国佛教遗物》一书中主张，大同的佛像源于中国学派的笈多式。1922 年由木下杢太郎与木村庄八合著的《大同石佛寺》则认为云冈风格是犍陀罗风格的延伸，同时也受到中国本土的影响，是石窟寺的中国化。而佛教学家小野玄妙则在 1924 年出版的《远东的三大艺术》中将中国云冈石窟、新罗庆州石窟庵释迦像与日本法隆寺壁画并称一脉相承的东亚三大艺术形式，并认为云冈造像是犍陀罗风格的演变与发展，经由西域而形成了所谓的大陆系统。

日本学者的大讨论让云冈石窟受到了国内外学者的广泛关注。云冈石窟为外来艺术形式与中国传统文化诸要素的混杂融合，渐为学界所共识。

（三）水野-长广的云冈石窟调查

1938—1944 年，日本东方文化研究所（今京都大学人文科学研究所简称京大人文所）组成以水野清一、长广敏雄为首的调查队，对云冈石窟进行了长达七年的全面性学术调查。调查期间，水野清一等人还对云冈石窟历史源流、艺术风格等进行了探究。1939 年水野出版了《云冈石窟及其年代》一书，展现了云冈石窟艺术的发生、发展与衰落的历史进程；1944 年水野又出版了《云冈石佛群》一书，对云冈石窟作了较为全面的介绍。小川晴旸则于 1941 年出版了《大同的石佛》一书，对云冈佛像所受埃及、希腊、印度以及中国诸种风格的影响进行了探究；1944 年，小川又出版了《大同云冈的石窟》一书，对云冈所有石窟均作了详细介绍。调查结束后，长广敏雄又于 1946 年出版了《大同石佛艺术论》一书，着重阐释了云冈石窟的艺术表现。

水野-长广的云冈石窟调查是 20 世纪上半叶学界对云冈石窟进行的规模最大、历时最长、考察最为全面、取得成果最为丰富的调查活动。日本学者通过对云冈石窟的细致调查、记录与实测，并辅之以小规模发掘，获取了包括照片、拓本和手绘实测图在内的大量珍贵的第一手资料。而这些宝贵的资料，直接构成了战后日本云冈研究的出发点。

二、20 世纪下半叶日本学者的云冈研究

调查结束后，水野清一和长广敏雄将主要精力集中于对收集到的数量庞大的云冈资料进行整理、研究以及编写调查报告。最终，以京都大学人文科学研究所研究报告的形式，历经 1951 年到 1956 年六年时间，陆续刊布了全 16 卷 32 册的《云冈石窟：公元五世纪中国北部佛教窟院的考古学调查报告》。该书卷帙浩繁，内容广博，全面总结了过去的研究成果。每卷还附有专题的研究论文，涉及云冈所处的历史地理环境、开凿石窟的历史背景、装饰纹样、调查概要、谱系、所展现的佛传雕刻、云冈与龙门样式对比、开凿者昙曜等，在许多问题上均有新的突破，可谓 20 世纪下半叶云冈研究集大成者，代表了当时海内外研究云冈的最高成就。其一直影响至今，不仅为后来的云冈研究奠定了扎实的基础，并且对于中国石窟寺的

深入探究具有极其重要的意义。而此后日本学者的云冈研究,也大多以这部著作作为主体研究资料。

在完成这一巨著后,长广敏雄继续致力于云冈研究,于1964年出版《云冈与龙门:中国的石窟美术》,着重探究了北魏佛教艺术从云冈到龙门的艺术表现;1976年出版《云冈石窟:中国文化史迹》,在概述和探讨16卷本《云冈石窟》主要内容的同时,提出了新的思考和观点。长广认为,北魏皇帝很可能亲临石窟落成大会或佛像开光法会,因此《魏书·帝纪》中的皇帝行迹可以作为判断石窟营造年代的线索。他据此推测昙曜五窟的开凿工程分为三个阶段,并对各阶段工程所需时间做了推算。1988年,长广又出版了《云冈日记:战争时期的佛教石窟调查》,作为在世的唯一当事者记录了日本东方文化研究所调查队对云冈石窟的调查活动。该书中译本于2009年出版。

三、21世纪以来日本学者的云冈研究

(一)八木春生与石松日奈子的云冈研究

进入20世纪90年代后,云冈研究无论在深度和广度,还是在方法论上皆有了新的拓展。在日本学界,涌现出了如冈村秀典、八木春生、石松日奈子、熊坂聪美等一批新生代学者,从石窟纹样、佛教美术、造像史、文物考古等多方面更加深刻地探究了云冈石窟,将云冈研究推向了新的高度。

21世纪伊始,筑波大学的佛教美术史家八木春生集20世纪90年代对云冈纹样的研究成果出版了《云冈石窟纹样论》一书,试图厘清北魏佛教美术从云冈石窟到龙门石窟的流变趋势。2021年,八木又以中文形式出版著作《纹样与图像:中国南北朝时期的石窟艺术》,其中涉及云冈石窟的有三篇:《南北朝摩尼宝珠纹样》《云冈石窟藤座式柱头纹样》《云冈石窟第二期山岳纹样》。总体而言,八木对云冈石窟装饰纹样特别是摩尼宝珠的细致分析,在方法论上是对样式学的一种发展;重视云冈石窟与河西诸窟、西域乃至南朝佛教美术的比较研究,考察其所表现的佛教思想以及对北朝佛教美术的影响;在考察石窟造像时,注重探究能够体现工匠特点的细部装饰纹样,以此来探讨不同工匠系统理解吸收佛教美术的差异。

同为佛教美术史家的石松日奈子2005年出版的《北魏佛教造像史研究》是一部系统研究北魏造像发展演变历程的著作。全书共七章,其中对云冈石窟的研究主要集中在第五章。在该部分石松探讨了北魏平城时代的佛教造像,认为这一时期的佛教造像反映了国家对佛教集团的控制以及"皇帝即如来"思想的贯彻和实践,也是太武帝灭佛导致的佛教信仰和皇帝崇拜的完美结合。石松的研究,在方法上运用以作品为中心的美术史研究方法,同时结合历史文献学、民俗学等研究方法,考察造像体现的鲜卑族文化的影响、北魏佛教的国家性质、教团领袖势力的消长对石窟造像的影响等问题,特别是对胡服供养人像和邑义造像的关注,为云冈研究提供了不同的视角。该著作的中译本于2012年出版。

(二)京都大学人文科学研究所的云冈研究

京都大学人文科学研究所在进入21世纪后仍然是日本国内云冈研究的重镇。继水野清一、长广敏雄之后,考古学家冈村秀典成为京大人文所云冈研究的领军人物。在其主导

下,京大人文所对20世纪30、40年代在云冈及其周边地区考古发掘采集到的瓦片、陶瓷器等出土品进行了整理和研究,最终形成了两部研究报告:《云冈石窟:山西北部新石器·秦汉·北魏·辽金时代的考古学研究》与《北魏方山永固陵研究:以东亚考古学会1939年收集品为中心》。

2008年,京都大学综合博物馆又举办了“丝绸之路发掘70年:从云冈石窟到犍陀罗”秋季策划展,展示了包括云冈石窟在内的犍陀罗相关遗址的考古资料,并出版了总括京都大学海外调查的展示图鉴《丝绸之路发掘70年:从云冈石窟到犍陀罗》,发表了大量照片与实测图。此后,京大人文所将原汉字信息研究中心改组为东亚人文信息学研究中心,并将公开与云冈石窟相关的学术资料作为该中心的重点课题之一。该中心共完成了万余张照片以及近800张拓本的数字化工作,并将16卷32本的《云冈石窟》全部数字化,于2011年在京都大学学术信息数据库免费公开。

鉴于这部《云冈石窟》所具有的重要学术价值和史料价值,免费公开半年后,中国社会科学院考古研究所与京大人文所开始合作整理编译出版中文、日文版的《云冈石窟》。在前16卷32册的基础上,新版《云冈石窟》又增补4卷9册,刊载中日学者的最新研究论文及原报告未收录的1400余幅照片和拓本。全书共20卷42册,日文版于2013年至2017年由科学出版社东京分社与日本国书刊行会联合发行,中文版于2014—2018年由科学出版社刊布,标志着两国学者合作研究云冈新局面的展开。

综合来看,从民国到21世纪,云冈学研究已经在图片公布、考古调查、历史文化、艺术风格与文物保护等方面取得了丰硕的研究成果,这些皆为云冈学的继续开展打下了坚实的研究基础,但到目前为止,学界还未汇总相关研究成果,整理出版关于云冈学的专门性著作,以系统解答云冈学的学科内涵、云冈学产生的历史背景、云冈学的佛教文化内涵、艺术特性及其文物保护等相关问题,故而山西大同大学云冈学学院,以云冈学为对象,汇总了学界相关成果,并推陈出新,编写了《云冈学概论》,以期为云冈学建设提供一部系统的专门性著作,为云冈学的发展奉献出一份力量。

中篇

世界遗产 巍巍云冈

第一章 北魏平城时代与佛教东传

拓跋鲜卑的崛起经历了漫长的发展阶段,嘎仙洞为拓跋鲜卑的原始发源地,拓跋鲜卑经过两次迁徙,在迁移过程中完成了社会变革,父权制开始确立。神元帝拓跋力微奠定了王业的初基,拓跋禄官分拓跋领地为三部,拓跋部的影响力不断扩大。拓跋什翼犍即代王位,拓跋代国走上了复兴的道路。最终,拓跋珪创建北魏。随后拓跋鲜卑从蒙古草原一路南下,经过道武帝拓跋珪、太武帝拓跋焘的连年征战,统治北方达百余年之久。凉州曾为中国北方佛教圣地和传播中心,随着民众从河西、凉州地区来到平城,北魏皇室推行崇佛政策,使中原产生了佛教石窟和石窟艺术,云冈石窟因此得以在北魏及其后的60年中持续开凿,直至迁都洛阳。综合来看,平城佛教思想的精神内核主要有皇帝即当世如来思想、三佛思想、七佛思想、法华思想等。

第一节 拓跋鲜卑部的起源与北魏王朝的建立

一、鲜卑拓跋部的起源与两次大迁徙

鲜卑是起源于我国东北地区的少数民族,可以分为东部鲜卑、北部鲜卑。东部鲜卑发源于蒙古草原的东南部,东汉时期曾经在首领檀石槐的带领下发展壮大为统治蒙古草原的部落大联盟。北部鲜卑发源于蒙古草原的东北部,鲜卑拓跋部就来源于北部鲜卑。

关于鲜卑拓跋人的原始居住地,有发源于"大鲜卑山"一说,《魏书》中曾有提及,称其国家西北有先帝的"旧墟石室"。近代学者根据这一线索,不断进行探索、研究、推断以及实地探寻,内蒙古自治区呼伦贝尔文物管理站从1979年开始,经过几年的反复调查,1980年7月30日终于在大兴安岭北段找到了嘎仙洞,并且在洞内墙壁上找到了太平真君四年的石刻祝文。

嘎仙洞是一个天然山洞,位置在内蒙古自治区呼伦贝尔市东北部鄂伦春自治旗阿里河镇西北10千米,大兴安岭北段的东麓,嫩江西岸支流甘河上游。嘎仙洞在一道高达百米、巍然陡立的峭壁上,洞口朝西南。洞内南北长92米,东西宽28米,穹顶最高处20多米,面积约2000平方米,宏伟如大厅,可容纳数千人。石刻祝文在距洞口15米的西侧墙壁上。刻辞为竖行,共19行201字,汉字魏书,古朴苍然。全文如下:

维太平真君四年癸未岁 七月廿五日
天子臣焘
使谒者仆射库六官 中书侍郎李敞 傅㝹
用骏足一元大武柔毛之牲
敢昭告于皇天之神
启辟之初 佑我皇祖 于彼土田

历载亿年 聿来南迁 应受多福
光宅中原 惟祖惟父 拓定四边
庆流后胤 延及冲人 阐扬玄风 增构崇堂
克揃凶丑 威暨四荒 幽人忘遐 稽首来王
始闻旧墟 爰在彼方 悠悠之怀 希仰余光
王业之兴 起自皇祖 绵绵瓜瓞 时惟多祜
归以谢施 推以配天 子子孙孙 福禄永延
荐于皇皇帝天
皇皇后土
以皇祖先可寒配
皇妣先可敦配
尚飨
东作帅使念凿

考古发现的石室以及祭文和《魏书·乌洛侯国传》中所记载的内容："世祖真君四年来朝，称其国西北有国家先帝旧墟石室，南北九十步，东西四十步，高七十尺。室有神灵，民多祈请。世祖遣中书侍郎李敞告祭焉，刊祝文于室之壁而还"基本相同。从而证实了大鲜卑山即大兴安岭，嘎仙洞即拓跋鲜卑先世的旧墟石室，这里就是拓跋鲜卑的发源地。

这一带层峦叠嶂，林海苍茫，原始的山林里生长着獐狍鹿，这样的生态环境决定了拓跋先人的经济主业只能是射猎。这一点和嘎仙洞堆积物中出土的很多射猎工具，如骨镞和石镞相互印证。在长期的狩猎劳动中，原始的鲜卑先民们逐步学会了驯养野生动物，产生了畜牧经济，这一新的经济因素会导致他们生活方式的变革，而茂密的原始森林狭窄潮湿，生活空间不足，也不适合畜牧业的发展。在魏晋时期，随着气候不断转寒，拓跋鲜卑先人们的生存压力越来越大，他们只有离开这里，寻找和转移到开阔的、更适合生存的草原地带去。

（一）第一次大迁徙

拓跋鲜卑第一次迁徙的时间大约在东汉前期，当时匈奴力量衰弱，南北分裂、东部鲜卑趁机发展，向南扩张，拓跋鲜卑人在首领推寅的带领下，由大兴安岭北段向西南方向移动，迁居到今内蒙古自治区的呼伦贝尔大草原。史载推寅"南迁大泽，方千余里，厥土昏冥沮洳。谋更迁徙，未行而崩"。大泽即今天的呼伦湖，拓跋人在呼伦湖一带安顿下来，生活了百年左右。由于推寅在迁移中做出的突出贡献，他后来被北魏尊为"宣皇帝"，历史学上称之为"第一推寅"。

呼伦湖时期的拓跋鲜卑人仍处于血缘部落阶段，但其内部结构已发生变化，进入原始公社后期。相关的考古发现是内蒙古的完工墓和扎赉诺尔墓。其中完工墓的时间要早于扎赉诺尔墓。扎赉诺尔墓出土的织有"如意"字样的锦片和木胎漆奁都来自东汉王朝的统治区，各种动物形象的铜饰品明显具有匈奴的风格，说明部落生产力的进步，且明显和外界有了更多的接触。随着生产力的不断发展，呼伦湖已经不能满足拓跋鲜卑人的需求，他们图谋更大的生存空间。

(二)第二次大迁徙

到献帝拓跋邻统治的时候,拓跋鲜卑进行了第二次大迁移。迁移的方案是由拓跋邻制定的,由其儿子拓跋诘汾领导实施。史载“圣武皇帝讳诘汾。献帝命南迁,山谷高深,九难八阻,于是欲止。有神兽,其形似马,其声类牛,先行导引,历年乃出,始居匈奴之故地”。这次迁移大约在东汉后期桓帝、灵帝时,正是东部鲜卑檀石槐的战骑席卷蒙古草原的年代。

第一推寅有远略,指导族人从森林走向草原,推寅便成了“肯钻研”的代名词。拓跋邻指导族人走向更广阔的天地,使拓跋部获得了更大的发展,族人爱戴他,也称之为推寅,历史学上称为“第二推寅”。

第二次迁移的最终目的地是阴山一带。在到达阴山之前,拓跋鲜卑中途曾在两个地方做过停留。他们先是在大兴安岭的南段东冲西撞,进进出出,因而有了“九难八阻”一段故事。后拓跋鲜卑又在乌尔吉木伦河一带稍作憩息,辗转出山,继续迁移。他们横穿蒙古草原,经过辽远的跋涉,达漠北蒙古西偏哈拉乌斯湖的科布多一带,在这里又暂居下来。这时檀石槐的部落军事大联盟正统治着蒙古草原,拓跋鲜卑也加入檀石槐集团,拓跋邻成为檀石槐联盟的西部五大人之一。

拓跋人在科布多居住不久,檀石槐军事联盟破裂,他们便从漠北迁移到漠南的匈奴故地阴山一带,完成了第二次大迁移的全部历程。这里已与中原汉族地区毗邻,拓跋鲜卑人从此进入一个新的发展时期。

在这两次大迁移中,拓跋鲜卑还完成了社会变革,父权制开始确立。

二、神元帝力微的王业初基

继承诘汾事业的,是其子神元皇帝力微。公元220—278年,力微担任拓跋部的首领,他带领拓跋部,对内改造氏族机关,不断走向国家化,对外实行睦邻友好的政策,拓跋部获得了长足的发展。北魏朝廷认为他是北魏政权的奠基人,为始祖,称之神元皇帝。

神元皇帝力微统治期间,做了诸多影响深远的大事。一是迁居盛乐,并且在盛乐举行祭天大会。这一举动确定了拓跋鲜卑的第一个政治中心——都城盛乐,且树立了拓跋部在部落联盟中的权威。二是改造了氏族机关,形成了“帝室姓”“内人诸姓”“四方诸姓”这三层渐远关系圈,使各种机关的职能和性质朝着国家机关转变。三是长远地处理了和中原政权的关系。他曾多次派遣长子沙漠汗前往洛阳学习,以拓跋太子之尊定居洛阳。沙漠汗成为联系拓跋鲜卑和中原的纽带。但非常可惜的是,在力微晚年的时候,与沙漠汗的权力交接并不顺利,沙漠汗死在了回国的途中。

三、禄官划分三部与猗㐌的统一

力微死后,其子章帝拓跋悉鹿继位,在位9年(277—286年)。悉鹿死后,弟平帝拓跋绰继立,在位7年(286—293年)。接任的思帝拓跋弗是沙漠汗的少子,在位仅1年(294年)。

章、平、思这17年间,拓跋鲜卑由于自己的内乱,没有获得大的发展。悉鹿是在力微死后各部叛离散走的情况下接任首领的,9年中国家内部纷纷扰扰,他始终不能控制局面。拓跋绰雄武有智略,逐步恢复威信,并积极展开外交活动,到他临死时终于通过联姻方式与活动在辽东一带的鲜卑宇文氏建立关系。宇文氏这时比较强大，以濡源为界，西与拓跋鲜卑为邻，拓跋绰把女儿嫁给其大人普拨之子丘不勤，获得有利的外部环境。拓跋弗聪哲大度，为政宽简，诸父兄都器重他。可是他做首领时间过短，没有大的作为。

公元 295 年，力微之子昭帝拓跋禄官即位。禄官为了发展力量，模仿匈奴冒顿单于、东部鲜卑檀石槐的做法，分拓跋领地为三部：禄官为大酋，自领一部居东，统治上谷（今河北怀来东南）以北，濡源（今河北丰宁滦河上游）以西，东接宇文部；以沙漠汗长子桓帝拓跋猗㐌统中部，居代郡参合陂（今内蒙古凉城东北）；以猗㐌之弟穆帝拓跋猗卢统西部，居定襄郡盛乐故城。

三部时期，这三部分别获得了一定的发展，拓跋部的影响力不断扩大。禄官三年，桓帝猗㐌率兵远征漠北，由漠北向西发展，经过 5 年的征讨降服 30 余国。公元 304 年，晋惠帝被成都王司马颖逼留于邺（今河北临漳西南），匈奴人刘渊反于左国城（今山西离石），十六国大乱爆发。刘渊出兵支持司马颖，并州刺史东嬴公司马腾向猗㐌乞师击刘渊救驾。猗㐌率十余万大军，与其弟猗卢合兵前往支援，大破刘渊军于西河、上党，与司马腾盟于汾东而还。第二年，刘渊攻击并川郡县，司马腾再次请救，猗㐌以轻骑数千往赴，击斩渊将綦毋豚。司马腾上表奏闻，晋朝加猗㐌"大单于"号，金印紫绶。这是拓跋鲜卑人受封于晋朝的开始。

这年猗㐌死去，隔一年禄官也死去，三部时代结束。

公元 308 年，为了集中管理拓跋部，猗卢以盛乐为中心，将原来禄官划分的三部又重新统一起来。猗卢统一后在位 9 年，前 5 年进行了两次援晋战争，受晋封为代公；后 4 年主要是建设内部，受晋封为代王。

四、什翼犍代国的盛衰

公元 317 年，晋建立这一年，平文帝拓跋郁律继立。郁律雄壮有威略，在位 5 年，破走朔方铁弗部首领刘虎，西兼乌孙故地，东吞勿吉以西，控弦上马将有百万，声势浩大，雄踞北方草原。

公元 321 年，惠帝贺即位。公元 329 年烈帝拓跋翳槐即位。这是拓跋鲜卑的中衰时期。此间政权更迭频繁，社会混乱动荡。公元 338 年，昭成帝什翼犍即代王位，拓跋代国从混乱中摆脱出来，走上复兴的道路。什翼犍在位 39 年，立年号为"建国"，杜士铎先生在《北魏史》中将什翼犍代国分为建设、出巡、征讨、衰亡四个前后衔接的阶段。实际上就是什翼犍代国的建设、巩固、强盛、衰亡的阶段。

（一）建国元年至十年为什翼犍代国的建设阶段

政治体制建设。什翼犍幼年生活在后赵，受汉文化影响，学得不少中原的典章制度和统治经验，即位以后，立即开始体制建设。行政制度方面，"始置百官分掌众务，以代郡汉人燕凤为长史，许谦为郎中令，余官杂号，多同于晋朝"。这一时期拓跋部的势力扩大，拓跋鲜卑把四方来附的杂人统称之为"乌桓"，其中也包括汉人在内。什翼犍把非鲜卑人分为二部，各置大人监领，弟拓跋孤监北部，子拓跋寔君监南部。从此拓跋氏具有政府的形制，确立起国家体制。

①法律制度。规定了反逆、杀人、奸、盗等罪的各种刑罚。

②营建盛乐。惠、炀帝时拓跋本部迁徙无定所，建国三年春天什翼犍迁都云中盛乐宫，次年在盛乐旧城南八里修建一座新城，从此确立了比较稳定的政治中心。

③军队建设。拓跋部先前用于作战的军队是部落兵，部落成员既为牧民又是战士。建国五年实行新制，秋七月七日，“诸部毕集，设坛埒，讲武驰射，因以为常”。从此拓跋军具有正规部队的性质。

④外交举措。对什翼犍代国来说，东晋、前凉太过遥远。但东北方向的前燕，东南方向的后赵，距离近，威胁大。什翼犍区别对待两国，后赵方面采取的策略为防御。前燕方面，采取的是联系和拉拢策略。什翼犍几次向前燕求婚，先娶慕容皝妹为妻，不久死去，又娶皝女为妻。什翼犍还向前燕还婚，以烈帝女做慕容皝的妻子。什翼犍和后赵、前燕之间保持此种关系，十年中同这些政权没有发生任何武装冲突，有利于代国的和平建设。

（二）建国十一年到二十五年为什翼犍代国的巩固阶段

这一时期黄河流域又一次陷入混乱，后赵崩溃灭亡，前燕、前秦对峙，东晋趁机北伐。在这种形势之下，什翼犍也希望有所作为。他下令各部纠集兵马，扩大声势，但是拓跋鲜卑部在这一时期氏族社会的残余还非常严重，王权还不足以控制整个部落，各部大人依仗权势，不同意什翼犍的计划，反对出兵，什翼犍的计划不得实现。建国十二年什翼犍开始西巡，至黄河而还；十九年再次西巡，再次抵达黄河岸边；二十二年东巡，至桑干川；二十五年内巡，至君子津（今内蒙古清水河西北浑河），顺便到代（平城，今大同市）去了一趟，所以在这 15 年中，什翼犍以出巡各地为策略重心，以巩固代国内部安定。

（三）建国二十六年至三十三年为什翼犍的征讨阶段

这一时期前秦着力于国家内部建设。前燕政权交替，幼主上位。东晋桓温最后一次北伐失败，失去了收复中原的希望。整体上看，四方政权相对安稳，代国在这一时期却活跃了起来，什翼犍在这个阶段的头一年和最后一年，对漠北的高车部进行了两次远征，中间几年又对西邻铁弗部开展了两次空前的大讨伐。

在征讨高车部、铁弗部的同时，建国二十七年，什翼犍攻破没歌部，二十八年又出兵袭击行军经过盛乐的前燕军，创造了什翼犍代国在军事上最辉煌的战绩，但是什翼犍的活跃也引起了前秦苻坚的关注。

（四）建国三十四年以后为代国的衰亡阶段

首先，代国内部出现了混乱。这年春天，帝室十姓之一的长孙斤谋反，这一事件反映了代国核心统治层的矛盾重重。民族集团势力过重，统治权力不集中是早期拓跋政权一直存在的突出问题，这势必会导致拓跋代国的衰落。其次，这一时期北方军事形势发生了变化，前秦开始发力，攻灭前燕，将西北、华北地区连成了一片，将斗争矛头直指前凉、代国。在灭前凉的同一年，苻坚以应刘卫辰求救为由，命幽州刺史苻洛率兵十万，另派邓羌率兵二十万，一起北征代国。什翼犍先后命白部、独孤部、南部大人刘库仁抵御前秦，但皆失败，什翼犍被逼无奈北走阴山，而高车部也在此时叛变，代国腹背受敌，什翼犍只得回到漠南，并看准前秦军稍退，返回云中郡盛乐的都城。此时，拓跋斤挑拨什翼犍儿子拓跋寔，令其起兵杀死父亲及诸弟。前秦闻讯亦立刻出兵云中，在内忧外患之中，代国崩溃，为前秦所灭。

五、拓跋珪创建北魏

北魏缔造者道武帝拓跋珪是前代王什翼犍的孙子，父拓跋寔，早亡，后追赠献明帝。母为献明贺皇后。拓跋珪是献明帝的遗腹子。幼年阶段经历了什翼犍代国的覆灭，早年经历非常坎坷。

公元383年淝水之战后，前秦苻坚实力大衰，原来在苻坚控制下的各族上层分子纷纷割据一方，建立政权，黄河流域又一次陷入分裂的局面。鲜卑慕容部贵族在今河北、山东及山西地区先后建立过后燕、西燕、南燕。后燕的汉人将领冯跋在辽西地区还建立过北燕，羌族豪帅姚苌在今陕西关中地区建立后秦，势力一度发展得很大。匈奴族赫连氏在今陕西北部和内蒙古的鄂尔多斯地区建立了大夏。今青海海东、西宁一带和甘肃的河西走廊，当时多民族杂居，情况最为复杂，先后建立过五个短命的小王国：鲜卑乞伏部建立了西秦，鲜卑秃发部建立了南凉，氐人吕光建立了后凉，卢水胡沮渠部建立了北凉，汉人李暠建立了西凉。

就在前秦瓦解、各族上层分子纷纷复国割据的形势下，拓跋珪的弟弟拓跋建及从曾祖拓跋纥罗，连同诸部大人，在贺兰部首领贺纳的支持下，共推拓跋珪为主，复建代国。

公元386年春正月，拓跋珪大会各部于牛川（今内蒙古乌兰察布境内塔布河），即代王位，年号登国，以长孙嵩为南部大人，叔孙普洛为北部大人，分统其众。又以上谷张衮为左长史，许谦为右司马，广宁王建、代人和跋、叔孙建、庾岳为外朝大人，奚牧为治民长，都掌宿卫及参军国谋议。长孙道生、贺毗等侍从左右，出纳教命。建立起鲜卑人、汉人共同组成的新代国。新生的北魏政权在拓跋珪的统治下展现出宽远的前景，但道路刚刚铺开，前途仍旧艰险曲折。

第二节　北魏统一北方与凉州佛教的东传

一、北魏统一北方

北魏统一北方，是在其南下中原后，北方十六国处于诸侯纷争的历史条件下进行的。面对北方存在的诸多对手，这时的政权审时度势，通过先后打击，灵活机动的战略战术，成功各个击破。拓跋鲜卑从蒙古草原一路向南进攻，经过道武帝拓跋珪、太武帝拓跋焘的征战，终于统一北方。

（一）大破柔然

拓跋焘即位不久，北魏开始进行统一北方的战争。北魏统一北方面临的重要敌人为柔然。柔然的侵扰牵制了北魏力量，使其无力进一步征服其他割据政权，更无力南进，与刘宋王朝争强。拓跋焘也清楚地认识到这一点，提出如果不先征服柔然，就会腹背受敌，陷入困境。他不顾太后和众多大臣的反对，在崔浩等的支持下，决定北征柔然。拓跋焘远赴河套抗击柔然的入侵，把边塞军务整顿得有声有色。始光元年（424年），柔然牟汗纥升盖可汗大檀率六万骑兵进犯云中（今内蒙古托克托东北），拓跋焘率轻骑赴击，被柔然军包围达五十重，拓跋焘声色刚毅威严，不为所动，稳定了军心。后北魏军射杀柔然大将于陟斤，柔然乃退。始光二年(425年)，拓跋焘整顿兵马，突袭柔然，大破柔然军队主力。

接着北魏对柔然展开了战略大反攻，神䴥二年(429年)，拓跋焘分兵两路，取道黑山和大娥山(今内蒙古和林格尔一带)，大举攻打柔然。拓跋焘亲自率领轻骑军长途奔袭，出奇制胜，很快抵达栗水(今蒙古国翁金河)，俘虏敌军甚众。这次的战果十分辉煌，被称为北魏破柔然之战。从始光元年(424年)至太平真君十年(449年)的25年间，拓跋焘13次率军进攻柔然，击溃高句丽等柔然附属部落，扩地千余里，后设六镇抵御柔然入侵。终于使柔然"怖成北窜，不敢复南"，"边疆息警矣"。从此之后，柔然一蹶不振。这也是继汉武帝重创匈奴之后，对北方游牧民族取得的又一次重大胜利。

(二)歼灭夏国

拓跋焘对夏国的军事部署，分兵二路，一路攻长安，一路趋统万城。始光三年(426年)九月，拓跋焘遣司空奚斤等人率四万余人袭浦坂(今山西永济)，指向长安。十月，拓跋焘自率主力攻统万。十一月，奚斤一路尚未至浦坂，夏守将赫连乙升即弃城西逃长安。奚斤轻取浦坂后，进抵长安，夏长安守将赫连昌的弟弟赫连助兴与乙升等弃长安西奔安定(今甘肃泾川北)。十二月，奚斤占领长安。但拓跋焘进攻统万，以其城坚固，未克，遂掠牛马十余万，徙其民万余家而还。

五月，拓跋焘亲自离都西进。六月初，拓跋焘率轻骑两万日夜兼程抵达统万城下，马上分军埋伏。时夏主赫连昌坚守不战，企盼长安赫连定来援，以便实施内外夹攻的计划。拓跋焘为诱之出战，伪作退却以示弱，又遣军士诈降谎报说，魏军粮尽，兵力单薄。赫连昌信以为真，开城以步骑三万列阵，与魏军对抗。及战，拓跋焘亲临战场，不顾马倒身伤，镇定指挥。时值风起东南，飞沙扑迎魏军，有人建议收兵避风，大臣崔浩斥而阻止，指出决胜在于一日之中，建议分兵夹击。拓跋焘接受崔浩计策，分兵两侧，夹击夏军。结果，夏兵大溃，赫连昌带数百骑逃至上邽(今甘肃天水)，拓跋焘率军入统万，掠获牲畜珍宝无数，俘夏王、公、卿、将、校及后妃、宫人等万数，又获马三十余万匹、牛羊数千万头。

(三)歼灭北燕

北燕系汉人冯跋所建，在今东北辽宁一带。冯跋原籍长乐信都(今河北衡水冀州区)，祖父时迁居上党(今山西长子)，父仕西燕为将军。西燕亡，冯跋东徙和龙(又称龙城，今辽宁朝阳)，仕后燕。后燕主慕容熙暴虐无道，苛取于民，冯跋与高云杀之，并推高云为主。高云被臣下刺杀，冯跋遂自立，称燕天王，建都和龙，史称其国为北燕。冯跋废除苛政，"乃下书省徭薄赋"，社会经济渐有发展。冯跋死后，其弟冯弘夺位，杀冯跋诸子百余人，国势日衰。延和元年(432年)六月，拓跋焘亲征北燕，同时遣使与刘宋通和，以防其北上。七月，魏帝率军经濡水(今滦河)，至辽西，进围和龙。冯弘严兵固守，但燕属州郡纷纷降魏。魏军又分兵攻占四周燕土，孤立和龙。九月，因久攻和龙未下，拓跋焘引军西还。延和二年(433年)六月，拓跋焘遣永昌王拓跋健、尚书左仆射安原等诸军续攻和龙。延和三年，魏以冯弘拒绝以子入质为借口，再攻和龙，芟其禾稼，徙其民，以此进一步困之。太延元年(435年)正月，北燕遣使求救于南方的刘宋王朝，刘宋赐冯弘燕王封号，但无力援救。六月，拓跋焘遣乐平王拓跋丕等五将率骑四万，又攻和龙。燕主冯弘深感孤立无援，遣使于高丽，欲往避之。太延二年（436 年）二月，拓跋焘拒绝北燕的求和，又遣将与辽西诸路魏军会攻和龙，同时遣使通谕高丽等各方，进一步孤立北燕，但高丽仍派兵迎冯弘。五月，冯弘弃和龙奔高丽（居二年后被杀），北燕亡。这时北方的割据政权就剩下北凉了。

（四）消灭北凉

北凉据河西（今甘肃一带），系匈奴族卢水胡沮渠蒙逊所建。蒙逊祖上是卢水（今甘肃黑河）部落西帅，父仕前秦苻坚，死后，蒙逊继统其部曲，雄踞一方。蒙逊起兵反后凉吕光，拥立京兆人段业，后又杀段业，自称大都督、大将军、凉州牧、张掖公，改元永安，先都于张掖（今甘肃张掖西北），后迁都于姑臧（今甘肃武威）。蒙逊之时，灭西凉，尽有酒泉（今甘肃酒泉）、敦煌（今甘肃敦煌西）等地，西域三十余国向其称臣，强盛一时。蒙逊死后，其子牧犍继位，不几年，北魏即兵临其境。

太延五年（439 年）五月，拓跋焘治兵于平城西郊。六月，率兵西讨北凉，以永昌王拓跋健等督诸军与常山王拓跋素两道并进，为前锋，乐平王拓跋丕等另督军为后继。魏军进展顺利，北凉军望尘退却。八月，拓跋焘率魏军进抵姑臧城下，牧犍的侄子沮渠祖降魏，魏军即展开围城之战。九月，沮渠牧犍率左右文武五千人面缚降于北魏军前，魏军占领姑臧，又分兵追击北凉残余势力于张掖、酒泉等地，北凉亡。

拓跋焘先后将夏、北燕、北凉这三个小国消灭，结束了十六国纷争的混乱局面，将柔然、吐谷浑以外的北方诸胡统一于魏朝大旗之下。

二、凉州佛教东传

在北魏建国之际，佛教思想在国内得到了广泛传播，这与凉州佛教的东传有着莫大的联系。

（一）古凉州地位

凉州，古称姑臧、雍州、休屠、武威，位于甘肃省河西走廊东端，现为武威市下辖的一个区，为共建“新丝绸之路经济带”的重要节点城市。古凉州之地是河西最大的堆积平原，地势平坦辽阔，南部横亘着巍峨绵延的祁连山，北部是苍茫壮阔的腾格里沙漠和巴丹吉林沙漠，它东接兰州，西通新疆，城中有石羊河流穿行而过，凉州面积最大时，占据了大半个甘肃，还涉及周围一些地区，在古代一直是西北“通一线于广漠，控五郡之咽喉”的军事要地和交通要道。

1. 河西走廊重要商贸驿站

凉州位于河西走廊东端，是中原通往西域的必经之路，是河西地区主要的商品贸易转运中心，东汉时，凉州的中西商品交易已活跃，“时天下扰乱，惟河西独安，姑臧称为富邑，通货羌胡，市日四合”，当时姑臧被称为富邑，与羌胡贸易，由于贸易繁盛，一日四合，每天有四次集市（按古时集市交易，通例为一日三合），从事商品贸易者数月即可致富。在《后汉书·西域传》中也明确记载：“驰命走驿，不绝于时月，商胡贩客，日款于塞下”，可见凉州与西域贸易的蓬勃发展。1984 年武威东关出土的一枚汉龟二体五铢铜钱，为西域龟兹铸造，证实了凉州是西域商品流通的一个主要贸易点。魏晋南北朝时，北方长期陷入战乱割据，中原商品经济发展出现严重衰落和滞后，但凉州依然是中原通往河西走廊的第一个交通重镇和商品集散地，就像当地民谣中的“秦川中，血没腕，惟有凉州依柱观”。

2. 东西方文化汇聚和整合之地

凉州文化兴于西汉时期，汉武帝击败匈奴，开始经营和发展凉州之地文化，尤其是丝绸之路打通后，希腊、罗马、印度多地文化接踵而至，这里成为东西方文化汇聚、融合、整合之地，到东晋十六国南北朝时凉州文化形成大繁荣。

（1）河西儒学的繁荣之地

汉武帝击败匈奴，设立河西四郡，内地大批民众迁徙于河西，许多经学大儒随之而来，河西地区开始兴起儒学，现武威磨嘴子和旱滩坡墓葬出土了大量简牍，有《礼仪简》《法令简》《医简》等，反映了两汉时儒家典籍已在凉州传播和盛行。到魏晋南北朝凉州儒学出现大发展，当时许多士庶因中原战乱爆发避难凉州，他们居于凉州，是凉州儒学文化的主要传播者，“永嘉之乱，中州之人士避地河西，张氏礼而用之，子孙相承，衣冠不坠，故凉州号为多士”。

（2）边塞诗创作中心

北凉灭亡以后，凉州大多文人学者也被东迁，又将凉州文学传播到中原，推动了北魏文学的产生，促进了北魏文学和人文发展。到隋唐时，凉州词又成为唐代流行的曲调，唐代诗人多用此调作诗，李白 、王翰 、王之涣 、高适 、岑参 、王维 、元稹等诗人写出许多脍炙人口的凉州词，这些诗歌具有浓郁的边塞风味，为大唐诗歌注入新鲜血液。

（3）凉州为中国北方佛教圣地和传播中心

凉州佛教传播早于中原，大约在秦汉之际，佛教由大月氏人传到西域，此时西域各地开始接触佛教，然后西域胡僧又将佛教带到河西走廊，这是中国文化与域外文化第一次大规模的交流与融合。凉州佛教传播从东汉可寻其活动轨迹，武威出土的《凉州御山石佛瑞像因缘记》中有凉州白马寺的记载，反映了凉州在东汉时开始了佛教传播活动。两晋南北朝时凉州佛教发展到全盛，佛教活动空前兴盛。

3. 民族大融合中心

河西走廊因其特殊的地理优势，在经济贸易、文化繁荣、民族融合方面发挥着桥梁作用。从秦汉到明清，凉州在河西走廊地区一直是文化交流、国际贸易、民族互市和区域性商品经济最为发达的地区之一，这种多元性特点构建了河西民族文化的整体结构。

（二）凉州佛教东传

佛教诞生于公元前 5 世纪左右的古印度，从孔雀王朝（约公元前 324 年到约公元前 187 年）开始，佛教越过开伯尔山口，进入中亚，一路东行，经巴基斯坦、阿富汗，传到西域，然后沿着河西走廊东行，经凉州进入中原。佛教沿着这条“丝绸之路”向东传播，被史学家称为佛教东传。而位于河西走廊的凉州，是佛教东传进入中原的中转之地，特别是在十六国后期，姑臧成为佛教中心，凉州对于佛教向中原传播具有重要作用。

1. 石窟和艺术东渐

十六国后期，佛教文化与佛教建筑逐渐向中原传播和推广，给中原带来了佛教石窟艺术。公元 439 年北魏灭北凉，结束了河西地区 140 余年的佛教繁荣局面，曾经盛极一时的凉州佛教及其艺术逐渐衰退,凉州僧人被迫分散,迁徙到各地。一部分向西迁往敦煌,发展了敦煌佛教,使敦煌成为继凉州之后又一个佛教中心。另一部分迁往平城。北魏灭北凉后,凉州僧人,尤其是天梯山大量石窟工匠迁到平城,他们不仅将佛教传播到平城,也将石窟艺术带到平城,为石窟开凿提供了人员和技术的支持。例如,北凉人昙曜主持开凿的云冈石窟,从寺院、石窟选址到内容设计都做了总体规划,其所用能工巧匠基本是凉州僧徒,他们成为云冈石窟的主要建设者,可以说凉州的石窟传播至平城武州山,云冈石窟是与凉州石窟直接对接传承的产物。同时昙曜主持开凿的云冈石窟,即著名的昙曜五窟,最早的第 16~20 窟,还直接承袭了凉州佛教石窟中的艺术文化。研究表明,云冈石窟从窟制设计、龛形、造像服饰、装饰到题材内容等都是凉州天梯山石窟的翻版和嬗变,与武威天梯山石窟有明显的传承关系,武威天梯山石窟是云冈石窟造像的母体之一,因此被宿白先生称为"凉州模式",这是宿白先生在对中国佛教石窟源流考察后提出的见解。

宿白先生在综合武威天梯山石窟第 1、4 窟,酒泉、敦煌、吐鲁番所出的北凉石塔和肃南金塔寺、酒泉文殊山前山石窟等考古资料基础上,认为在新疆以东地区存在一种早期佛教造像模式,为该地石窟开凿提供了一种范本,形成了在我国石窟寺艺术中独树一帜的"凉州模式",这是对云冈石窟的发展艺术文化作出的高度概括。凉州佛教艺术传播过程中创造了多元体佛教融合的文化,为佛教艺术文化的发展提供了更丰富的内容。日本学者长泽合俊也认为,凉州佛教文化深受犍陀罗美术的影响,创造出了绚烂的佛教艺术,然后由北凉的工匠带到云冈,这一过程基本上概括了佛教东传的全部文化。因此,凉州石窟及一批高僧和工匠的东去,直接影响了中原佛教的传播,推动了中原佛教石窟的发展。

2. 凉州僧侣大量东迁

凉州僧侣东迁是随同北魏统一北方的过程进行的。太延五年(439 年)六月,北魏拓跋焘进攻北凉,九月到达姑臧城外,沮渠牧犍开城投降,北凉灭亡。拓跋族将北凉之地百姓、僧人以及能工巧匠都迁到平城,据《晋书》载,北魏迁徙了姑臧城内的僧人工匠三千人,以及百姓三万户(约十万人)到平城,其中僧侣三千多人,他们正是凉州天梯山石窟的建造者,也成为北魏云冈石窟开凿的中坚力量,这些僧侣携带锤子、凿子,还有大量的佛教经卷和文化典籍来到平城。始光三年(426 年),北魏大举攻夏,克长安,兵临统万城,这次掳掠的僧人,据《释老志》载,"世祖初平赫连昌,得沙门惠始。……统万平,惠始到京都",掠万余家迁到平城,其中包括僧人"白脚师"沙门惠始(昙始)。他来到平城之后,便在平城八角寺传教。公元 446 年,太武帝废佛后,又有长安两千多工匠被转移到平城,长安长期受弘法影响,为中原地区的佛教重镇,因此迁徙的人员中应该包含为数众多的佛教人员。此后在北魏王朝的统治之下,平城成为各地僧尼向往之地,西域人、粟特商人和汉人不断从河西、凉州地区来到平城,他们构成了平城僧人群体。大致估计,迁徙到平城的佛教僧徒有十万之多,这些僧人中有技术工匠、建筑工人,还有不少高僧,如法果、惠始、师贤、昙曜、道进、僧超、法存等,他们以平城为中心宣传佛教,成为平城佛教文化的传播者和建设者。这时"京都之内能工巧匠云集,丹青妙手会聚,群师名流各显其技"。

3. 佛教禅宗的传入

凉州佛教在长期的发展、演变过程中,主要流传净土宗、三论宗、华严宗、禅宗、临济宗、密宗诸派。其中禅宗对凉州佛教影响巨大。著名史学家范文澜先生认为,凉州自从张轨以来，一向是西北方佛教中心……凉州是禅学最盛行的地方，魏文成帝兴佛后，先后任沙门统的师贤、昙曜，都是凉州禅师，作为北朝佛学主流的禅学，以及规模巨大的佛教艺术，都导源于凉州，凉州在接受西方文化时所起的作用是值得重视的。北魏深受凉州影响，禅宗成为北魏主要的佛教思想，也是中国佛教主要宗派之一。

（三）佛教东传的意义

凉州佛教的发展与传播为云冈石窟的开凿奠定了深厚的文化基础，特别是为云冈石窟和龙门石窟的开凿，提供了建设范本和人员技术的支撑，宿白先生在“凉州模式”概念中指出，凉州佛教东传是云冈第一期石窟中文化因素的主要来源，为中国北部地区的早期洞窟形制、造像题材、造像组合、装饰纹样和造像特征提供了典范，为之后“平城模式”“龙门模式”“长安模式”“邺城样式”等不同地区的造像模式概念提供了先例。

凉州佛教东传，使中原和江南一带佛教发展聚集了大量僧人、学者，他们以传播佛教为宗旨，不断壮大佛教在社会上的影响，也正是由于他们对佛教的推广，使佛教文化传播开来，因此，佛教东传对佛教发展产生了难以估量的影响。不仅使拓跋鲜卑族与其他民族构建起一种信仰趋同，也加速了以鲜卑族为主的少数民族的封建化过程。

第三节　平城政局动荡与文成帝复法

拓跋焘凭借祖父和父亲留下的基业，加之自己的雄才大略、军事胆识，经过近20年的统一战争，最终实现了“饮马长江”的志愿，统一了北方，结束了北方长期分裂割据的局面。统一北方后，拓跋焘便以其卓越的政治才能开始建立和健全北魏社会制度，重用汉族士大夫，发展经济。但拓跋焘毕竟是封建帝王，没有突破民族的界限，更没有停止过对北方各族人民的残酷掠夺。农民四处逃亡，田地荒芜，十室九空，陇东、关中尤甚。因此，在拓跋焘统治时期，民族矛盾和阶级矛盾仍然十分尖锐。

一、平城政局的动荡

（一）盖吴起义

卢水胡本是一支聚居于河西张掖卢水一带的杂胡，是匈奴别部，因居于卢水而得名，自东汉以来聚居于湟中，其后渐分布于秦、陇、杏城（今陕西黄陵县）等地。北魏平定关中后，在这里设置军镇，加强对卢水胡的控制，迁徙卢水胡人，对其强征赋税，结果造成卢水胡首领盖吴的起义。

太平真君六年（445年）九月，北地卢水胡人盖吴在杏城发动起义。起义爆发后，魏长安镇副将元纥率军前往镇压，被击败。杂居于今陕西北部、甘肃南部和山西西部的汉、氐、羌、蜀等族人民纷纷响应，短时间内，起义军就发展到十万余人，声势浩大。后起义军兵分三路，一路由白广平率领向西南攻取新平（今陕西彬州市）、安定（今甘肃临泾）；一路向东南攻取临晋（今陕西大荔南），从东面威逼长安；盖吴自领一军攻取李润堡（今陕西大荔北），直插渭北，准备进攻长安。拓跋焘急忙调发高平镇（今宁夏固原）敕勒骑兵赶赴长安，又令将军叔孙拔调集并、秦、雍三州之兵屯守渭北，阻击起义军南下。

与此同时，聚居于河、汾间的河东蜀人在薛永宗领导下于太平真君六年（445年）十一月袭击北魏在河东的牧场，夺取马匹，组织了一支三千余人的骑兵，在汾曲发动起义。盖吴派人和薛永宗取得联系，薛永宗接受盖吴的任命为秦州刺史，先后攻取闻喜（今山西闻喜）、弘农（今河南灵宝），逼近潼关，队伍亦发展到五万余人。

两支起义军连衡相应，结成掎角之势，声威大震，北起杏城，南至渭北，西抵金城（今甘肃兰州），东及河东，以陕西中部为中心，包括甘肃东部、宁夏东南部、山西西南部、河南西北部的广大地区都处于起义军的控制和影响之下。盖吴还屡次遣使臣到江南，呼吁刘宋王朝出兵。

在关中统治摇摇欲坠的情况下，拓跋焘亲自领军征讨，他采取分兵牵制、各个击破的策略，由殿中尚书乙拔领兵三万骑讨盖吴，西平公寇提领兵万骑讨白广平，自领主力到东雍州（今山西新绛）围攻薛永宗。

太平真君七年（446年）正月，大军兵临汾曲，利用当地豪强建立壁垒，隔断薛永宗和盖吴的联系，随后在起义军没有戒备的情况下发起突然袭击，镇压了这支起义军。二月，拓跋焘率军渡过黄河，至洛水桥（今陕西大荔）。盖吴闻讯后北撤，在杏城遭到魏军包围，被诸军乙拔等打败，损失惨重，起义军暂时失败，盖吴逃出。五月，盖吴又在杏城收集散部，重举义旗，号称“秦地王”，五月至八月，坚持与围剿的敌军顽强战斗。最后，由于起义军内部下属反叛，盖吴被叛徒所杀，起义军被镇压。在镇压盖吴起义的过程中，拓跋焘对沿途响应起义的各族人民进行了残酷杀戮。

这场起义历经一年时间，沉重地打击了北魏政权的统治。

（二）太武灭佛

拓跋焘即位后除了继续开拓疆土之外，曾大力推崇佛教事业。《魏书·释老志》记载：“世祖初即位，亦遵太祖、太宗之业，每引高德沙门，与其谈论。于四月八日，舆诸佛像，行于广衢，帝亲御门楼，临观散花，以致礼敬。”于是，佛寺日隆，名僧辈出。

太武帝在十年内先后平定了长安（于431年）、北燕（于436年）、凉州（于439年），并将掳掠的凉州僧徒三千人，宗族吏民三万户迁到平城，使当时的北部中国统一于北魏王朝之下。这也使得凉州佛教东传且中国北部所有佛教发展汇于平城一地，使得“沙门佛事皆俱东，像教弥增”，佛教开始在北魏盛行。

由于佛教势力发展过于迅猛，社会上出现了众多寺院和僧尼，导致寺院经济急速膨胀，严重影响了北魏王朝的经济收入和发展，甚至妨害了国家扩充兵源，拓跋焘在军事战争中日益感到军力的缺乏；而佛教进入中原后也逐渐吸收了谶纬学说，搞一些神秘理论，妨害了皇帝的权威。太延四年（438年），太武帝平定凉州后，“以沙门众多，诏罢年五十以下者”，“以其强壮，罢使为民，以从征役”，解决翌年西伐北凉所需的人力问题。统一的渴求压倒了对佛教的尊重，再加上崔浩的劝谏，遂改信薛谦之天师道。太延六年（440年），太武帝下令改年号为太平真君。

太平真君五年（444年），太武帝禁止私养沙门，下诏曰：“愚民无识，信惑妖邪，私养师巫，挟藏谶记、阴阳、图纬、方伎之书；又沙门之徒，假西戎虚诞，生致妖孽。非所以壹齐政化，布淳德于天下也。自王公已下至于庶人,有私养沙门、师巫及金银工巧之人在其家者,皆遣诣官曹,不得容匿,限今年二月十五日,过期不出,师巫、沙门身死,主人门诛。"太平真君六年(445年),太武帝亲率大军西伐镇压盖吴起义,大军驻扎长安时,无意中在一所寺院发现弓矢矛盾等兵器,太武帝怀疑沙门与盖吴通谋,盛怒之下诛杀了全寺僧人,抄没寺庙财产。在清查寺产的过程中,又发现酿酒器具和州郡牧守富人所寄藏的万件物品,更发现藏匿妇女的窟室。崔浩借机上奏太武帝,要求悉诛天下沙门,尽毁经像。在崔浩的劝说下,整个长安城的佛寺受到破坏,太武帝将长安一地的灭佛政策推广开来,下令上自王公,下至庶人,一概禁止私养沙门,并限期交出私匿的沙门,若有隐瞒,诛灭全门。"自今以后,敢有事胡神及造形像泥人、铜人者,门诛",督饬"有司宣告征镇诸军、刺史,诸有佛图形象及胡经,尽皆击破焚烧,沙门无少长悉坑之",将这场灭佛行动推向北魏全境。诏书一下,境内僧尼统统被勒令还俗,稍有违抗即遭诛杀,许多有名的佛教寺院被损毁,一时间,"土木宫塔,声教所及,莫不毕毁矣"。颁布灭佛诏令时,太武帝还在关中,对全国其他地方,特别是京师平城等地佛教的禁毁是由在平城负责留台事务的监国太子拓跋晃来监督执行的。拓跋晃信奉佛教,反对禁毁佛教,虽然他的上表未被接受,但却有意将灭佛诏推迟发布。当然,北魏政府禁毁佛教的意向可能已经通过有关渠道传给各个寺院,为京师及各地佛教僧侣赢得了宝贵的保全生命及保存圣物的时间。尽管监国太子拓跋晃缓宣诏书保护僧人逃离,但土木宫塔、泥塑金人,尽皆焚烧毁坏。"一境之内,无复沙门",朝野间怨声载道。太武灭佛的手段十分残暴,对佛教文化造成了很大的损失。

(三)国史之狱

在统一北国,励精图治的过程中,拓跋焘重用汉族士人,倾心汉化。拓跋焘的汉化倾向日益引起鲜卑贵族们的不安,汉族地主与鲜卑贵族之间的矛盾日益激化。崔浩不顾汉族地主与鲜卑贵族之间的矛盾,试图按照汉族世家大族的传统思想,整理和规定氏族高下。于是遭到鲜卑贵族的不满,引发北魏第一大案——国史之狱。

北魏开国初期,道武帝拓跋珪就曾效法中原王朝的惯例,命邓渊等史臣修撰拓跋部早期事迹的史书。后来,邓渊被拓跋珪所杀,修史工作停滞不前。拓跋焘平定北凉后,命司徒崔浩担任主编继续主持编修北魏国史,将君臣的功业加以记载,以彰显于后世,并提出了修史的原则,即"务从实录"。《魏书·崔浩传》载:"初,太祖诏尚书郎邓渊著《国记》十余卷,编年次事,体例未成。逊于太宗,废而不述。神䴥二年,诏集诸文人撰录《国书》,浩及弟览、高谠、邓颖、晁继、范亨、黄辅等共参著作,叙成《国书》三十卷。"太武帝下诏之后,"浩于是监秘书事,以中书侍郎高允、散骑侍郎张伟参著作,续成前纪。至于损益褒贬,折中润色,浩所总焉。及恭宗始总百揆,浩复与宜都王穆寿辅政事"。

崔浩按照这个要求,采集了魏国上代的资料,编写了一本魏国的国史。当时,拓跋焘编国史本来只是留给皇室后代看的。但是《国书》修毕后,参与其事的著作令史闵湛、郄标建议把《国书》刊刻在石上,以彰直笔,同时刊刻崔浩所作的《五经注》。他们的建议被崔浩采纳,经请示太子拓跋晃,拓跋晃也表示支持。于是,在天坛东三里处,营造了一个《国书》和《五经注》的碑林,方圆一百三十步,用工三百万才告完成。由于《国书》秉笔直书,尽述拓跋氏的历史,详备而无所避讳,其中直书了拓跋氏一些不愿为人知的早期历史。而石碑竖立在通衢旁，引起往来行人议论。鲜卑贵族看到后，无不愤怒，先后到太武帝前告状，指责《国书》“尽述国事、备而不典”“播扬国恶”。太武帝下令收捕崔浩及秘书郎吏，审查罪状。崔浩被捕后承认自己有受贿行为。太平真君十一年(450年)，大兴国史之狱，崔浩宗族及其姻亲、高门士族范阳卢氏、太原郭氏、河东柳氏也因此皆遭株连，并受族诛，崔浩的学生宗钦、段成根等都被赐死。

北方士族在国史之狱中遭到了沉重打击。宋人刘攽等言：“拓跋氏乘后燕之衰，蚕食并、冀，暴师喋血三十余年，而中国略定。其始也，公卿方镇皆故部落酋大，虽参用赵魏旧族，往往以猜忌夷灭。”鲜卑贵族与赵魏大族的矛盾是显而易见的，而崔浩正是这种矛盾的牺牲品。国史之狱激起的胡汉矛盾，对北方造成了极大的影响，直到北魏孝文帝之后才获得改善。

(四)太子之死与正平事变

拓跋焘晚年，太子拓跋晃总摄国政。拓跋晃聪明干练、为政精察，将国家大事处理得井井有条。拓跋焘晚年猜疑心重，只信任宦官宗爱，此人“天性险暴，行多非法”，又与太子部属给事仇尼道盛和侍郎任平城互有嫌隙，拓跋晃厌恶宗爱，常常批评他。宗爱见拓跋晃日得拓跋焘的信任，担心拓跋晃登上帝位对己不利，便在拓跋焘面前挑拨太子为了早日登基，有密谋杀父之嫌。拓跋焘一怒之下，便将十几个帮助太子处理政务的大臣全部处斩，致使拓跋晃整日担惊受怕，卧病不起，正平元年(451年)六月病殁。

拓跋晃死后不久，拓跋焘查知并无反叛之事，知道太子无罪，便追谥拓跋晃为景穆太子，又封拓跋晃之子拓跋濬为高阳王，对其格外钟爱。宗爱见拓跋焘对此事非常后悔，担心拓跋焘追究其诬告之罪，于正平二年(452年)暗自设计，趁拓跋焘酒醉独卧永安宫之际，将其勒杀，立吴王拓跋余为帝。宗爱大权在握，作威作福，不久宗爱又杀拓跋余。拓跋濬即位，诛宗爱，夷三族。

二、文成帝复法

正平二年(452年)，太武帝之孙文成帝即位为帝。为了缓和社会矛盾，安抚信教民众，他一反太武帝所为，立即下诏恢复佛法，诏书中历数佛法之功德，并允许各州郡县，选择民众聚居之地，各建一所佛教塔寺，任凭其募捐和使用钱财，不要加以限制。对于那些喜好佛教，想出家为沙门的人，不论长幼，只要出自善良之家，性格与品行素来善良，并且没有前科过恶，受到乡里认可的人，皆允许出家，并规定大州允许出家五十人，小州四十人，边远地区的州郡十人。一时“天下承风，朝不及夕，往时所毁图寺，仍还修矣。佛像经论，皆复得显”。文成帝还亲自为师贤剃发，任命其为道人统，并诏令有司在京师“五级大寺内，为太祖已下五帝，铸释迦立像五，各长一丈六尺”(五帝即道武帝、明元帝、太武帝、景穆帝和文成帝)。和平初，师贤卒，文成帝把太武灭佛中幸免于难的高僧昙曜和尚请至平城，并任命昙曜为沙门统，负责管理全国的宗教事务。据《魏书·释老志》所记：“和平初，师贤卒。昙曜代之，更名沙门统。初昙曜以复佛法之明年，自中山被命赴京，值帝出，见于路，御马前衔曜衣，时以为马识善人，帝后奉以师礼。”至此，在统治者大力扶持下，佛教发展被纳入国家管理的轨道，社会影响日益扩大，原本在民间便有深厚根基的佛教很快恢复了元气，获得了前所未有的发展。

文成帝的复佛，给予佛教再次兴盛的机会。昙曜针对灭佛时寺庙、佛像被毁的教训，为了创造出一番"与天地而同久"的佛教永业，使佛教不再因政治因素而被打压，让佛的形象在百姓心中打下永恒的烙印，他建议文成帝凿山刻石，塑造永恒佛像。文成帝在和平初年（460 年）接受高僧昙曜的建议，沿平城西的武州山开凿大石窟寺。金代曹衍在撰写《大金西京武州山重修大石窟寺碑》中说"然而，虑不远不足以成大功；工不大不足以传永世。且物之坚者莫如石，石之大者莫如山，上摩高天，下蟠厚地，与天地而同久。是以昔人留心佛法者，往往因山以为室，即石以成像，盖欲广其供养，与天地同久，虑远而功大矣。与夫范金、合土、绘丝者，岂可同日而语哉！"云冈石窟超越河西、西域早期小型坐禅窟的格局，创建出如此辉煌、气势赫赫的大供佛窟，既有"石室"遗风，又有万世长存之意。那种大气派、粗犷豪放、顶天立地、不可一世的风格，正是鲜卑人豪气万丈、扩地千里的表现。当昙曜五窟建成之时，云冈石窟便开始进入极盛期。正如《水经注》描绘的那样"凿石开山，因岩结构，真容巨壮，世法所希。山堂水殿，烟寺相望，林渊锦镜，缀目新眺"。其壮观景象，前所未有。云冈石窟，在北魏及其后的 60 年中，一直在持续开凿，直至迁都洛阳。

第四节　北魏佛教的思想改造

佛教在汉朝时进入我国，至今已经有 2000 余年的历史。佛教在传播初期，对社会的影响力并不大。在长期纷争的社会背景下，当权者有目的地在意识形态领域推广佛教，使其与玄学和儒学融为一体，从而达到把持政权、稳定人心的目的。在此期间，佛教更是超过了道教，在当时的世界上产生了巨大的影响。其后，十六国、北朝等少数民族政权在与汉族融合的同时，也对其进行了积极的吸收，从而加速了各民族间的相互交流。

一、北魏平城地区佛教的传播

（一）佛教传入的原因

平城地区佛教遗存反映的是自道武帝拓跋珪迁都平城之后，平城地区先后经历的信佛、灭佛、重新信佛、佛教大盛，再到孝文帝迁都洛阳，佛教又逐步衰落的历史过程。盛乐地区佛教遗存反映的是佛教在平城地区兴盛后，佛教文化传入盛乐地区，并对盛乐地区造成巨大影响的历史。平城地区的佛教遗存完整地将佛教与北魏政权的关系表现了出来。经历了太武灭佛和国史之狱后，道家天师寇谦之知晓独立的宗教、单一的信仰可能无法长久得到统治者的支持和老百姓的信奉，于是嘱咐弟子们修建悬空寺，将佛儒道文化融合在一起，这也是悬空寺在数百年来香火不断的原因之一。

北魏太武帝死后，文成、献文、孝文三朝都大力推动佛教的发展，于是开凿了云冈石窟，由于特殊的历史背景，北魏冯太后在文成帝死后独揽政治大权，这也使云冈石窟的二、三期石窟中出现了大量的二佛并坐龛。冯太后死后，孝文帝大力推动北魏汉化改革，穿汉服、改汉姓、说汉语，与汉族通婚等措施，也使得云冈石窟的洞窟建造风格逐渐汉化，出现了"褒衣博带"和"秀骨清像"的风格。伴随着北魏孝文帝迁都洛阳，皇家对云冈石窟的修建也告一段落,民间老百姓和平城地区官员在云冈西壁上雕刻了大小不一,零星不规则的石窟,为云冈的第三期工程。

佛教能传入平城地区,主要有以下四个方面原因:一是人口的迁徙政策,包括北凉高僧和工匠的大批迁入;二是北魏统治者的支持;三是佛教的教义具有安慰性质,生前忍受苦难,死后能早登西方极乐世界,转世轮回等思想给平城下层百姓带来希冀;四是北魏时期动荡不安的政治背景,为佛教的发展提供了有利条件。正是因为如此,曹天度九层千佛石塔的愿文中有了祈福国泰民安,远离战乱,愿家人能早日转世轮回等文字。

佛教传入平城与北魏道武帝迁都平城、北魏太武帝灭北凉这两个事件息息相关,北魏拓跋氏居极北,非佛教势力所能及。道武帝迁都平城,拓跋氏才真正接触到佛教,道武帝拓跋珪也逐渐被中原先进的儒家、道家文化所吸引,这一方面与拓跋珪早年受汉族大臣燕凤的教育有关,另一方面与拓跋鲜卑早期的文化水平相对落后有关。在攻略黄河北岸之时,道武帝对攻略之地的僧人礼遇有加,并且主动学习佛法,接受佛法的熏陶和教化。究其根源,主要是此时佛教已经产生较大的社会影响力。前秦皇帝苻坚也曾派大将吕光灭龟兹国以请高僧鸠摩罗什,所以北魏建国后的第一件事就是礼遇佛教,企图借助佛教的社会影响力安抚民心,以稳定大业。

拓跋鲜卑建立北魏之后,作为一个游牧民族,难以从思想文化上与其统治地区的汉族百姓建立联系,更难以得到汉家大族的支持与拥护。这种文化上的落后动摇了北魏的统治根基,北魏统治者迫切需要一种文化来取得统治地区广大人民的认同,这时佛教适应了北魏统治者控制统治地区百姓思想的需要。由于社会动荡不安,礼崩乐坏,传统的儒家等级观念逐渐被世人所弃,虽然这一时期玄学泛滥,但是道家的清静无为思想不符合北魏建国后的实际国情,只有佛教的因果轮回、普度众生的思想才符合北魏统治的需要,因此北魏统治者大力推崇佛教。北魏统治者信佛崇佛,既能满足自身对于先进文化的需求,争取汉族贵族的支持,又能安抚百姓,稳固统治。但是由于北魏统治者过于崇尚佛教,也造成了佛教的反噬。这突出表现在佛寺侵占国家土地,造成农田减少,百姓苦不堪言;僧人享有免税特权,大批百姓出家,导致国家财政收入减少;僧人利用信仰,煽动百姓起义,动摇北魏统治。为了解决过于推崇佛教出现的问题,北魏太武帝拓跋焘听从崔浩、寇谦之的建议,下诏灭佛,史称“太武灭佛”。这次灭佛事件沉重打击了佛教,使佛教思想逐步沦为政治的附庸。之后佛教虽在文成帝的推崇下再次兴起,但其教义上的独立性已丧失,高僧法果为了讨好文成帝甚至提出“皇帝即当今如来”的观点。至此,来自印度的佛教在教义方面开始了中国化的历程。

(二)佛教在平城的传播与发展

佛教在文化交往中起到了重要的推动作用,而这一时期的政治变化又促进了佛教向北部地区的传播。在北魏一统北方之前,北部地区的佛教传播主要集中在凉州、关中、幽燕。鸠摩罗什及其门徒是关中地区佛教徒的主要组成部分,凉州有昙无谶、玄高等名僧,幽燕聚集了昙无竭、法度、昙弘等僧人。北魏统治者鲜卑族在汉化的同时接受了佛教,道武帝曾致书泰山僧朗,并赠以礼物,“见诸沙门、道士,皆致精敬”。太武帝即位之初,亦信奉佛教,常与高德和尚论道,还曾派使者赴凉州,延请昙无谶,后来因崔浩之言,改信天师道,对佛教加以排挤,最终于太平真君七年(446 年),发动了一场清剿,佛教元气大伤。太武帝驾崩后,文成帝登基，颁布了恢复佛教的旨意，认为佛教“助王政之禁律，益仁智之善性。排斥群邪，开演正觉。故前代以来，莫不崇尚，亦我国家常所尊事也”。

文成帝下令在州郡设立寺院，规定民众皆有出家的自由，还把师贤定为“道人统”，把昙曜定为“沙门统”。应昙曜之请，对云冈石窟进行了开凿。之后，大部分的北魏君主皆信奉佛教，大力支持修建寺庙、宝塔、石窟，以及举办其他的佛教活动。献文帝曾在平城建造了庙宇、塔楼，为推动北魏庙宇经济，还应昙曜之请建立了“佛堂”。他对佛教思想的重视，为佛教思想传承创造了极为有利的环境。从孝文帝开始，对佛教学说的研究逐步展开。佛教在统治者的推崇之下，得到了飞速的发展。魏（含东魏、西魏）朝，皇家建庙 47 所，王侯建庙 839 所，民间建庙 30 000 余所，出家人达 200 万之众。除北魏的太祖武帝、北周武帝两次对佛学的打击之外，其余的几位帝王均对佛教展开了积极的宣传。佛教寺院遍及整个国家，僧侣的数目也令人惊叹。与此同时，多人西进取经，大量的佛经被翻译成汉文。据统计，这一时期翻译佛经 1 000 部，3 734 卷。外国僧人也纷纷来到中国。单是洛阳一地，就有 3 000 多名西域高僧。朝廷专门营建了永明寺，还建造了 1 000 多间佛堂。印度著名僧人菩提如芝、昙玛如芝、梵达尔佛、勒拿摩提曾在永宁寺和白马寺做过佛经翻译，对中外文化的交流起到了很好的促进作用。

佛教在南北朝时期的迅猛发展与皇室对其的大力提倡密不可分。彼时，佛教已被当作维护统治的一种手段。在崇佛的形式上，北方的佛教偏重于禅学，即偏重于修习禅定；南朝沿袭东晋重佛教义学之传统，佛教理论在那时多有建树。在南北朝时，汉地佛教有南义北禅的差异，即佛教思想的南统与北统。平城留存诸多佛教遗存，思想当属北统。以云冈石窟为核心，集中反映了佛教思想在平城的变迁和本土化。这类佛教思想经过不断演化和改造，形成了平城云冈的核心佛教思想体系，主要包括“皇帝即当今如来”“三佛”“七佛”“双佛”以及法华思想等。

二、平城的佛教思想

公元前 6 世纪，古印度释迦族人乔达摩·悉达多，也就是后世人称“佛陀”的释迦牟尼创立了佛教。之后佛教便开始了向外扩张之路。早在西汉时期，佛教便通过丝绸之路传入中原地区，但那时的佛教被称为“胡教”，被汉人看作方术的一种，只流行于汉朝的西域人士之中。

“少数民族南下”是佛教发展的一个重要契机。当时少数民族进入中原之后，面临的是“小族凌驾于大国之上”的局面。因文化落后，无法统治文化发达、人口众多的汉族。所以，身为胡族之王，自然地亲近胡教（佛教），并有意识地依赖佛教进行统治。

后来，由游牧部落发展起来的鲜卑拓跋，在历朝历代的不懈努力下，终于实现了对北方的统一。也就是在这一时期，佛教在中国的传播达到空前的高度，并为佛教融入中华文化打下了坚实的基础。

随着鲜卑统治者对佛教的推崇，佛教理念也逐步成为一种主流理念。北魏政权对佛教的“护持”，导致佛教在魏晋南北朝异常兴盛。从首位“沙门统”大和尚法果开始，佛教便以极为活跃的姿态接近了皇权，以佛教理念重新肯定了皇权的至高无上，并以此为契机，祈求更高层次的君王庇护，佛教很快在北魏王室中生根。其后，佛教僧侣亦借此获得朝廷的信赖,并由此奠定了佛教日后正式被确立为国家宗教的基石。佛教在北魏的发展,与其所处的政治环境密切相关。为了迎合帝王对权威的渴求,满足当权者们的政治需求,佛教把帝王与“佛”相比拟。同时,帝王也乐于以宗教信仰来实现皇权的神圣化,以此来促使民间文化水平低下的民众服从,以巩固其统治。

总之,宗教在当时是帝王向民众灌输知识、维护社会稳定的工具。在普通民众看来,佛教承载了他们对美好人生的憧憬与渴望,于是愿意接受与统治者同样的信念,同时,在民众看来,皇帝的神圣地位使得他们对于佛教的信奉更为虔诚。这一切促使佛教快速地在北方各民族中生根,并得到了长足的发展。

(一)皇帝即当今如来思想

佛分三世佛、五方佛、七方佛、十方佛,这是一种区域和空间的观念。所谓三世佛,即过去佛、现在佛、未来佛,佛有三个身体,分别为应身、报身和法身。五方佛中,一般法身居佛中,即毗卢遮那佛,左手第一位是南方宝生佛,左手第二位是东方阿閦佛,右手第一位是西方阿弥陀佛,右手第二位是北方不空成就佛。云冈石窟第 18 窟佛像造型奇特,作为大日如来,中央毗卢遮那佛是有道理的,那么“昙曜五窟”的排列应是:第 20 窟,北方不空成就佛;第 19 窟,西方阿弥陀佛;第 18 窟,中央毗卢遮那佛;第 17 窟,南方宝生佛;第 16 窟,东方阿閦佛。其对应的北魏“五帝”应是:第 16 窟高宗文成帝,第 17 窟恭宗景穆帝,第 18 窟世祖太武帝,第 19 窟太宗明元帝,第 20 窟太祖道武帝。

《魏书·释老志》对此有明确记载:兴光元年(454 年)秋,“敕有司于五级大寺内,为太祖已下五帝,铸释迦立像五,各长一丈六尺,都用赤金二十五万斤。”是年,兴安元年(452 年)“诏有司为石像,令如帝身”。铸金铜像,五佛的高低、金铜用量基本保证一致。而雕凿石像,洞窟高低,石像大小就很难保持一致了。

太祖“好黄老,颇览佛经”,天兴元年(398 年),下诏:“夫佛法之兴,其来远矣。济益之功,冥及存没,神踪遗轨,信可依凭,其敕有司,于京城建饰容范,修整宫舍,令信向之徒,有所居止。”“是岁,始作五级佛图、耆阇崛山及须弥山殿,加以缋饰。别构讲堂、禅堂及沙门座,莫不严具焉。”初,皇始中,太祖闻其赵郡沙门法果名,“诏以礼征赴京师”。太宗皇帝“践位,遵太祖之业,亦好黄老,又崇佛法,京邑四方,建立图像,仍令沙门敷导民俗”。太武皇帝“即位,亦遵太祖、太宗之业,每引高德沙门,与共谈论。于四月八日,舆诸佛像,行于广衢,帝亲御门楼,临观散花,以致礼敬”。太延中,“凉州平,徙其国人于京邑,沙门佛事皆俱东,像教弥增矣”。后太武帝灭法,但晚年颇为“后悔”。恭宗景穆帝“为太子监国,素敬佛道”。频上表,反对灭法。“恭宗言虽不用,然犹缓宣诏书,远近皆豫闻知,得各为计。四方沙门,多亡匿获免,在京邑者,亦蒙全济。”平城的沙门几乎得以保全,如沙门师贤、昙曜等。文成帝即位,下诏复法。“天下承风,朝不及夕,往时所毁图寺,仍还修矣。佛像经论,皆复得显。”

“凡太祖皇帝在平城,首唱佛教于魏,功不可无。太宗继统,复行佛法,良无愧也。”太武帝释老并重,后崇道灭法,晚年忏悔,于佛功过相半。但兴复北魏,遂使有魏之业,光迈百王,“其为功也大矣”。“太武皇帝,五帝之中兴也。景穆皇帝,英年早崩,护法有功。以保护沙门发自心感,为活观音菩萨,不为过矣。文成复法,养威布德,怀缉中外。可谓在世活佛矣。”

昙曜等沙门对此心领神会,感想颇多,不敢违旨。从对第 16 窟佛像的直接观察中,可以看出此像为人像，年轻英俊，两眼有神，颧骨高突，体格健壮，身穿鲜卑服，胸前饰领结，一副鲜卑人模样。而文成帝仅活了26岁，因此，把第16窟像视作文成帝的象征，大致是不会错的。如果把第16窟的主佛像视作文成帝的化身，那么向西依次推辈第17窟应象征景穆帝（文成帝之父），第18窟应象征太武帝（景穆帝之父），第19窟应象征太宗帝（太武帝之父），第20窟应象征太祖道武帝（太宗帝之父）。

从这个角度来看，昙曜五窟的佛名和帝王象征既符合佛理关于五方佛的解释，也是符合历史的。无独有偶，在第20窟的考古发掘中，也发现了石碑残片上残留几个文字，“妙兴西北方主”。西方主人应该是佛教主，北域之主应是北魏的皇帝。最重要的就是“妙”。这六字一语中的，指出了“五窟”的主题，即神与人，佛与帝的完美结合。

（二）三佛思想

三佛可狭义地理解为三世佛。与三佛密切关联的是十方佛、千佛。三世说是佛教业感缘起和因果理论的必然产物，在部派佛教时期已经确立。十方佛和千佛是三世说的必然推论，属于佛教的宇宙论，在部派佛教时期尚未被各方所接受，但在大乘佛教中是共识。

云冈石窟的三世佛非常突出，而且充分利用了石窟空间，以三壁三佛的形式加以强调。关于云冈三世佛的盛行，以往的研究强调鉴于太武帝灭佛之痛，佛教方面力图用三世佛来证明佛法不可灭，这自然非常有道理，但也不能小觑中国传统意识形态的作用。除“积善之家必有余庆、积恶之家必有余殃”的承负思想之外，世袭思想影响更深重。世袭制是中国古代社会的基本特点，这与三世思想暗合。还需要注意的是，三壁三佛式造像可能最早出现于麦积山石窟。麦积山所在的关中一带曾是受三世思想影响较大的地区，后秦君主姚兴与鸠摩罗什讨论三世问题为中国佛教史著名事件。云冈石窟的三世佛当是关中影响下的产物。但是，云冈石窟的佛像具有更深层次的含义，毕竟昙曜五窟的大佛像皆象征着帝王。北魏僧人所言“皇帝即当今如来”一语，便道明三世佛思想所蕴含的双重含义。从秦始皇建立帝制开始，皇祚永传成为中国历代王朝永恒不变的定律，因此，三世佛的思想也正中北魏皇帝下怀。所以说，云冈石窟是三世思想与“皇帝即当今如来”思想的巧妙糅合。云冈石窟中可能还存在转轮王思想，这与“皇帝即当今如来”思想不矛盾，且转轮王思想在平城时代的背屏式造像中也有表现。这些思想与犍陀罗既形成了联系，更有着明显的区别，可见这是佛教中国化的深层次表现。

（三）七佛思想

七佛形象源远流长，阿育王时代桑奇大塔北门即用象征手法雕刻七塔与七圣树表现七佛。据考证，真正的七佛——弥勒造像起源于公元3世纪左右的犍陀罗地区，该地区已发现六列这样的组合。其佛像排列和造型样式已相当成熟。既有巴基斯坦白沙瓦博物馆所藏八身立姿均持无畏手印的形式，也有拉合尔博物馆帝释窟说法浮雕下层并排而坐、均着通肩式佛衣、禅定印与无畏印交替出现的形式。公元3世纪左右的克孜尔千佛洞第80、97和114窟也分别在主室正壁或正壁对面（正壁主像为弥勒）的“降服六师外道”画面中绘制七佛，形式为七身等大的小禅定佛与弥勒菩萨遥遥相对。第47窟主室与后室的左右壁或塑或绘有七佛立像和坐像，第77窟后室左右壁原塑有七尊立像，像间绘菩萨，但没有弥勒。关于七佛信仰,古印度原始佛教基本经典的各类阿含经中已有记载,并在佛教初传时进入中国,从最早出现的西晋竺法护翻译的《贤劫经》,到北魏平城时期,与七佛相关的佛经,目前已发现十余种,后世亦不断译出相关佛经。经文主要讲述过去六佛与现在释迦佛、未来弥勒佛共同构成过去、现在、未来的三世佛信仰。

目前,内地公认最早的此类造像实例为北凉石塔上的七佛——弥勒造像组合, 14 座佛塔中共发现 16 组雕刻,造像大多为坐佛,印相有禅定印和无畏印,佛衣一般为两种交替,主要有通肩、袒右肩、半袒右肩与包裹右肩臂几种不同形式。其中前两式出现较早,后两式出现较晚。

云冈也重视七佛,这与犍陀罗所传递的佛教思想是一致的,但显然云冈的七佛思想更盛,这有多方面的原因。从教理上来说,无数劫本有无数佛,七佛与此间因缘甚深,为见证深定的诸佛,名实俱在,因而七佛之事迹容易令人起信。虽然七佛与小乘佛教关系紧密,但从北魏佛教现实状况看,禅定非常盛行,下起普通僧人,上至北魏皇帝,皆不惮禅修之苦,重视七佛有其必然。再者,七佛与三佛的含义有重合之处,容易受到僧俗的欢迎。北魏祭天仪式中有立"木主七"的习俗,文成帝以后又有七庙之说,这些皆与七佛产生联想。在背屏式造像或金铜造像中见不到七佛的身影,但发愿文中不乏"七世父母"之语,这大概是受佛教与鲜卑旧俗的影响。不过,云冈早中期盛行七佛,三期就很少见到七佛了,这是受龙门石窟传来的南方佛教影响的结果,表明中国佛教不仅在实质上,而且也在表面上,与犍陀罗的关系正在不断疏远。

(四)法华思想

日本学界多数学者认为云冈早期洞窟体现的是法华思想。首次全面对云冈石窟进行发掘调查的水野清一认为,云冈石窟最能体现《法华经》的信仰。佛教史学家冢本善隆在《中国佛教史研究》中也说:"毫无疑问,二佛并坐像为法华经中多宝、释迦二佛,根据造像记,交脚菩萨像为弥勒。从平城时代到洛阳时代,《法华经》的信仰十分盛行,云冈石窟和龙门石窟的开凿即为有力的证明。"小山满对《法华经》在云冈石窟早期洞窟的体现展开了细致的阐释,关于云冈早期洞窟所反映的佛经思想,主要在于华严思想与法华思想之争。其中以第 18 窟的相关争论最多。如松本荣一《華厳教主盧舎那仏図》中曾提出第 18 窟衣物上无数化佛表现的是华严教的卢舍那佛。

中国石窟文化的发展,大体遵循的是一条从西方到东方的发展道路。《魏书·世祖记》记录了太武帝执政期间的两次徙民运动:一是"(太延元年)二月庚子,蠕蠕、焉耆、车师诸国各遣使朝献。诏长安及平凉民徙在京师,其孤老不能自存者,听还乡里";二是"(太延五年)冬十月辛酉,车驾东还,徙凉州民三万余家于京师"。这两次迁入,对云冈石窟初期的造像风格产生了直接的影响。

云冈石窟在最初的开凿过程中,对凉州样式有一定的传承,例如,在早期的"飞天脚"与"身姿"上,便有凉州"飞天"的显著特征。

在法华信仰和形象方面,也遵循自西向东的发展脉络。日本学者山田胜久考察了中亚-中国西部-北路、南路-楼兰-敦煌的文物,梳理了法华思想的传播路线。炳灵寺第 169 号窟(420 年)比云冈石窟更早出现二佛并坐雕像。从这一点可以看出,法华的宗教和艺术在大乘佛教发达的北方已经有了一定的体现，而且已经蔓延到了平城一带。

经过一段时间的积淀，中原地区发展起来的法华艺术和思想，又反向影响了西北佛教的发展。如敦煌北魏之后洞窟中法华艺术表现出诸多与当时内地同类题材的共同的特点。可见北魏时期，“释迦、多宝”为代表的法华艺术在中原地区备受推崇，得到了大力发展。长安佛教对平城佛教的影响，虽鲜有实例，但从文献来看不容置辩。明元帝“亦好黄老，又崇佛法，京邑四方，建立图像，仍令沙门敷导民众”。当时，法果为道人统，约为鸠摩罗什在长安译经期间。鸠摩罗什于长安译《妙法莲华经》(409 年)，边译边讲，听者“虽复霄云披露，阳景俱辉，未足喻也”。罗什译的《妙法莲华经》，成为两宋佛教文化中的一部重要经文，对两宋时期的僧侣们禅修，以及信徒开洞求福等皆产生了较大的影响。例如云冈石窟第十七窟明窗东面的碑文，便是太和元年《法华经》流传最广的证明。

相较注重义理的南统佛教，北统佛教注重禅修等宗教行为。《法华经》通篇阐述“一切众生皆有佛性”之意，是大乘佛教重要经典之一。作为北方的统一政权，北魏奉行法华思想，沿袭了西北和北方地区的佛教传统，以此保证了北方的稳定局面。在石窟图像中反映盛行的法华思想也是佛教传播的重要手段。北魏时期法华思想的盛行应先于华严思想，而法华艺术在北朝时期已趋于成熟。

北魏时期平城人的佛教信仰，既揭示了佛教对本土人民固有观念的改变，也揭示了以儒家道德为核心的传统文化的高度整合性。任何文化，包括宗教，无论是本土的还是外来的，都会被中国儒家道德这个核心的力量所吸收，逐渐改变其外部和内部的品质，使之基本符合中国传统文化的规范。

造像的流行表明，平城的信徒已经找到了适配的信仰佛教方式，这意味着佛教在实践层面上的中国化。佛教被引入平城社会，主要是以一种精神文化的形态出现，但根本的生产方式、人与人之间的交流方式并未发生质变。佛教的引入，对本地人的生产、生活、思想，并没有产生强烈的冲击，当地文化的基本地位也没有受到动摇，因此，本地文化的根基仍在。

第二章　云冈石窟的营造与分期

云冈石窟属工期较为集中的皇家工程，开凿工程与部族政权联系十分紧密。平城自秦汉以来，从军事聚落转变为中国北方地区的中心聚落，人口与物资的集聚成为拓跋鲜卑营建代京的主要措施。“平城实力的集聚”成为重要的历史进程，而石窟寺开凿与营建便是“集聚”的工程成果。由于拓跋皇室对佛教的不同态度再到一以贯之的推崇，云冈石窟得到了皇家的集中支持，这种历史的支持阶段成为石窟考古分期的主要线索。

第一节　云冈石窟的开凿

一、平城实力的集聚

平城是北魏王朝前期的都城，在北魏历史上占有重要的地位。建都平城前，道武帝拓跋珪东征西讨，借助战争俘获大批人口和财物，为壮大北魏政权和定都平城做了积极准备。建都平城后，道武帝及其继任的帝王不断开疆拓土，剪灭北方割据政权，大肆掳掠人口和财物，使平城集聚了雄厚的人力、物力和财力，一跃成为北方的政治、经济、文化中心，这为云冈石窟的开凿提供了必要的条件。

（一）拓跋珪建都平城前人财集聚

公元 383 年，统一北方的前秦因淝水之战战败瓦解，北方各民族纷纷脱离了前秦的统治。公元 386 年，曾被前秦灭国的鲜卑拓跋部贵族拓跋珪恢复代国，改国号为魏，史称北魏。从复国伊始至北魏建都平城前，拓跋珪东征西讨，借助战争俘获大批人口、财物，不断发展壮大北魏政权。

这一时期，拓跋珪对外征战十余次。在这些战争中，既有大规模的人口迁徙，也有对财物的大肆掠夺。如登国三年（388 年）十二月，西征高车解如部，大破之，“获男女杂畜十数万”。登国六年（391 年）十二月，平定黄河以南诸部，获“名马三十余万匹，牛羊四百余万头”。皇始二年（397 年）二月，大败后燕慕容宝，获“器仗辎重数十万计”。天兴元年（398 年）春，“徙山东六州民吏及徒何、高丽杂夷三十六万，百工伎巧十万余口，以充京师”。通过这些对外战争，拓跋珪将俘获的大批人口和财物，不断充实到平城及其周围地区，为下一步定都平城做了必要的准备。

（二）拓跋魏建都平城后人财集聚

平城地处游牧民族与农耕民族的交错地带，是鲜卑拓跋氏长期经营的战略要地。早在西晋时，穆帝拓跋猗卢就以平城作为南都，迁徙数万鲜卑部众于平城，拉开了拓跋氏建设平城的序幕。公元 398 年秋七月，道武帝拓跋珪正式建都平城，“始营宫室，建宗庙，立社稷”，作为永久性都城。此后，迄孝文帝太和十八年（494 年）迁都洛阳，平城作为北魏都城近百年。在此期间，为了巩固和发展拓跋氏政权，把平城建设成统治中心，道武帝及之后的几位君主开疆拓土，借助战争、强徙等手段不断扩充京师的人口和财物。

这一时期，有史可稽的人口迁徙、财物掳掠有二十余次，为平城发展提供了数量庞大的人口和财物。如天兴二年（399 年）二月，道武帝攻破高车三十余部，“俘众七万余口，马三十余万匹，牛羊百四十余万”。泰常三年（418 年）四月，明元帝“徙冀、定、幽三州徒何于京师”。始光四年（427 年）六月，太武帝攻破大夏统万城，“获马三十余万匹，牛羊数千万”。延和元年（432 年）六月，太武帝伐北燕，“徙豪杰三万余家以归”。太延五年（439 年）八月，太武帝灭北凉，获姑臧“城内户口二十余万，仓库珍宝不可称计”，十月车驾东还，“徙凉州民三万余家于京师”。正平元年（451 年）三月，太武帝南伐，“以（淮南）降民五万余家分置近畿”，等等。

由此可见，不管是从被北魏灭亡的各个政权区域内强制迁徙，还是从南北战场上俘获和掳掠的人口和财物，其数量都是庞大的。就财物而言，掳掠的马牛羊等辎重不计其数，其他珍宝玩物也数目可观，为北魏政权的巩固奠定了雄厚的物质基础。就人口而言，最保守的估计，迁入平城的人口在百万人以上。大量的汉族、鲜卑族及北方其他少数民族人民被迫迁往平城地区，其中来自山东（指太行山以东）六州、河西凉州、关中长安、东北龙城和东方青齐（淮河以北）等经济、文化发达地方的人民，为平城地区的发展注入了生机和活力。

在拓跋氏政权发展的过程中，北魏诸帝皆认识到人才的重要性。一方面通过征战网罗人才，如道武帝时收罗后燕人才，明元帝时吸纳姚秦人才，太武帝时征用夏、南燕、北燕、北凉人才，献文帝时内徙青齐人才，孝文帝时擢举河表人才等。另一方面还频频下诏求贤，搜求各地人才，力图使有识之士都充实到平城的政权中来。如明元帝永兴五年（413 年）二月下诏，凡“有文武才干、临疑能决，或有先贤世胄、德行清美、学优义博、可为人师者，各令诣京师，当随才叙用，以赞庶政”。太武帝神䴥四年（431 年）九月也下诏求贤，号令州郡举荐人才，“遂征（卢）玄等及州郡所遣，至者数百人，皆差次叙用”。这些被访求来的有识之士，“志竭其忠，才尽其概”，在北魏政权中发挥了重要作用。总之，无论是战争俘获还是下诏求贤，都使得京师平城集聚了许多人才，在他们的辅佐下，拓跋氏政权最终剪灭群雄，实现北方统一，成为中原第一个强大的、存在时间较长久的少数民族政权。

（三）平城实力集聚的影响

平城地区人口和财富的不断聚集，使北魏政权的发展得到了充足的人力和财力保障，对北魏王朝的强盛产生了重要的影响，这主要体现在以下三个方面。

1. 政治方面

一是拓跋氏强制迁徙和笼络各族上层人物，扩大了北魏政权的统治力量。

拓跋氏在统一北方的过程中，为了防止被剪灭的地方割据政权东山再起，强制迁徙所灭政权区域内的地方官吏和豪强地主至平城。如天兴元年（398 年）十二月拓跋珪“徙（山东）六州二十二郡守宰、豪杰、吏民二千余家于代都”；延和元年（432 年）六月，太武帝讨伐北燕，“徙豪杰三万余家以归”；皇兴三年（469 年）五月，献文帝平定青齐，“徙其族望于代”；等等。对这些官吏、豪强等上层人物，拓跋氏采取了“羁縻”政策，对其中有才能的人委以重任，借以扩大平城政权的统治基础。如北凉的江氏三代,被迁徙至京师后都受到重用,委以中枢要职。再如青齐薛氏一族迁入平城,薛安都及其子侄皆被封侯,授予高官。其他像刁雍、王慧龙、袁式、严棱、毛修之等皆被待以上客,委以官职,以示信任。此外,拓跋氏对一些世家大族还采用联姻的办法,大加笼络。这样就形成了以拓跋氏为首的鲜卑贵族与汉族及其他各族上层的联合政权,从而稳定和巩固了拓跋氏政权。

二是拓跋氏重用战俘或征召各地汉族士人,增强了北魏政权的治国能力。

道武帝为了巩固北魏平城的统治,在剪灭北方各割据政权的过程中,对俘获的汉族饱学之士大加擢用,建立和完善平城各项制度,推动了北魏政治的发展。如出身于清河大族的崔玄伯,道武帝平定后燕后,听说崔玄伯有"王佐之才",随即委以重任,"命有司制官爵、撰朝仪、协音乐、定律令、申科禁,玄伯总而裁之,以为永式"。再如邓渊、贾彝、贾闰、晁崇等,都是从俘虏之中选出来的饱学之士,道武帝令他们"与参谋议,宪章故实",参与国家制度的创建和完善。在这些汉族士人的协助下,北魏仿照汉制,定朝仪、制律令、建曹省、设百官,逐步建立起一套适应中原统治需要的国家制度。太武帝为了实现统一北方的大业,积极任用汉族士人作谋士,在对外战争中取得了一系列胜利。如崔浩,才华横溢,谋略过人,深得太武帝倚重。每遇军国大事,太武帝都征求崔浩建议。太武帝始光三年(426 年)讨伐大夏,神䴥二年(429 年)出击柔然,皆采纳崔浩的建议,大获全胜。除了崔浩外,李孝伯、卢玄、崔绰之流,皆受到太武帝重用,被委以军国要职。正是在这些人的辅佐下,太武帝最终得以统一黄河流域,北魏的国力大大增强。

2. 经济方面

首先,大规模的人口迁徙为平城地区提供了大量的劳动力,许多荒芜土地得到开垦耕种,农业生产获得长足发展。鲜卑族拓跋部在塞外时,以游牧经济为主,基本上没有农业经济。进入中原后,拓跋氏逐渐认识到农业经济的重要性,仿照中原"劝课农桑""计口受田",把被征服的各族人民大批迁徙到平城地区从事农业生产,走上了以农耕为主的经济发展之路。当时迁入平城的农民主要来自南朝宋、齐及后燕、北燕、前赵各国的"降民",约占整个平城地区迁徙人口的三分之一,他们掌握着中原地区丰富的农业生产经验和先进的耕作技术,是平城土地开发和农业生产发展的主要劳动力,为繁荣平城的农业经济立下了汗马功劳。正是在被迁徙的"新民""奴婢"的辛勤耕耘下,平城地区农业生产很快恢复,为北魏政权的稳定奠定了经济基础。

其次,大规模的人口迁徙为平城地区提供了众多的匠人,手工业得到迅速发展,呈现出繁荣兴盛的局面。被强制迁到平城地区的各族人民,为平城手工业的发展提供了劳动力、智力、物力和技能。在这些匠人的苦心经营下,平城地区的手工业如建筑、纺织、木作、铁作、采矿、冶炼、酿造等呈现出一派生机勃勃的景象。以建筑业为例,根据史籍记载,平城分布着数量众多的宫殿、苑囿、宗庙、窟寺等建筑。这些建筑雄伟壮观、错落有致,与平城迁徙者的辛苦劳作密不可分。值得一提的是,令后世叹为观止的平城建筑,皆是来自不同地区的各族人民的智慧杰作。如城南永宁寺,"构七级浮图,高三百余尺,基架博敞,为天下第一",其精美可以说举世无双。南郊明堂,"上圆下方,四周十二堂九室,而不为重隅也。室外柱内,绮井之下,施机轮,饰缥碧,仰象天伏,画北道之宿焉,盖天也",具有独特的天象演示功能,可谓稀世之作。坐落于城东的大道坛庙则是当时平城建筑艺术的又一典范,庙阶三层,构造精巧,坛之东北静轮宫,“台榭高广,超出云间,欲令上延霄客,下绝嚣浮”。据考证,北魏之大道坛庙后徙于浑源,即今悬空寺景观。以上足可见北魏平城时期高超的建筑技艺,这些建筑的主要技术人员就是来自山东六州及长安迁徙者中的“百工伎巧”,加上这里长期迁徙集聚的大量劳动力和从北方征调来的巨大财富,平城内外能够筑造这么多奇伟壮观的建筑,就不是稀奇事了。

3. 文化方面

迁徙平城的各族人民对北魏文化的发展,起到了积极的传播和推动作用,儒学、佛教、天文学、算学、文学、史学等都得到了一定发展,其中尤以佛教为最。

道武帝时,赵郡(今河北赵县)的沙门法果因佛法造诣精深,被征召赴京师。道武帝任命法果为“道人统”,统领僧徒,将佛教徒纳入官方行政系统的管理。为了迎合北魏统治者的需求,法果有意识地向皇权靠近,尝谓“太祖明睿好道,即是当今如来,沙门宜应尽礼”。除亲自礼拜外,更谓“能鸿道者即为人主,我非拜天子,乃礼佛也”。这一“皇帝即如来”之说,使佛教在北魏境内发展很快,迅速地成为一种官方宗教。

太武帝时,从凉州迁徙数量众多的僧人到平城。《魏书·释老志》记载:“太延中,凉州平,徙其国人于京邑,沙门佛事皆俱东,象教弥增矣。”凉州僧人的到来,为北魏佛教的发展注入了新鲜血液。凉州僧人在北魏平城的活动十分耀眼,有的贵为帝师,有的担任国家佛教事务的最高官职,其中著名的人物如释玄高、释慧崇、师贤、昙曜等。释玄高是太子拓跋晃的老师,释慧崇为北魏尚书韩万德的门师,师贤在文成帝复法时,被任命为北魏最高的僧官。昙曜作为师贤的继任者,对北魏佛教的发展做出了重大贡献。他向文成帝请命,在平城西边的武州塞开凿石窟,史载“凿山石壁,开窟五所,镌建佛像各一,高者七十尺,次六十尺,雕饰奇伟,冠于一世”。这不仅使刚刚经历致命打击的佛教在北魏王朝中迅速得到恢复与发展,也为后世留下了弥足珍贵的艺术瑰宝。之后,平城逐渐取代了北方各地,成为当时佛教的中心。

综上所述,平城地区人口和财富的汇聚,使北魏王朝呈现出政治稳定、经济繁荣、文化昌盛的局面。这些迁徙至平城的各族人民不仅为北魏社会发展提供了充足的劳动力,而且为北魏国家建设提供了众多杰出人才,他们或者运筹帷幄,安邦定国;或者身怀技艺,建功奇伟;或者学有所长,独领风骚……为北魏王朝的发展发挥了重要的作用。正是依托平城雄厚的人力、物力、财力,北魏皇家工程——云冈石窟应运而生。

二、云冈石窟的开凿

北魏云冈石窟规模宏大,气势雄浑,这样的大型工程在当时是怎样规划设计,又是如何施工开凿的。本书以考古学研究方法为理论基础,分析石窟内外所遗留的施工痕迹,回溯当时的营造过程,以整体、整体和局部之间、局部三个维度来阐释云冈石窟选址和营造工程。

(一)云冈石窟选址及其特点

北魏皇室在统一北方过程中,掠夺了大量的财富,同时又征服了当时许多的富庶之户、工艺技术高超的匠人和僧徒,让他们随拓跋鲜卑一起迁徙至平城。这一切都为开凿云冈石窟打下了基础。

云冈石窟的选址经过精心考量。其所在地距河流(武周川)只有十几米,考古发掘的官道离石窟更近。这条古道正是当时的交通、边防要道,从北魏一直沿用到明清。可以想象石窟前的车水马龙,与佛教禅修的静谧状态并不相衬(图 2-2-1-1)。

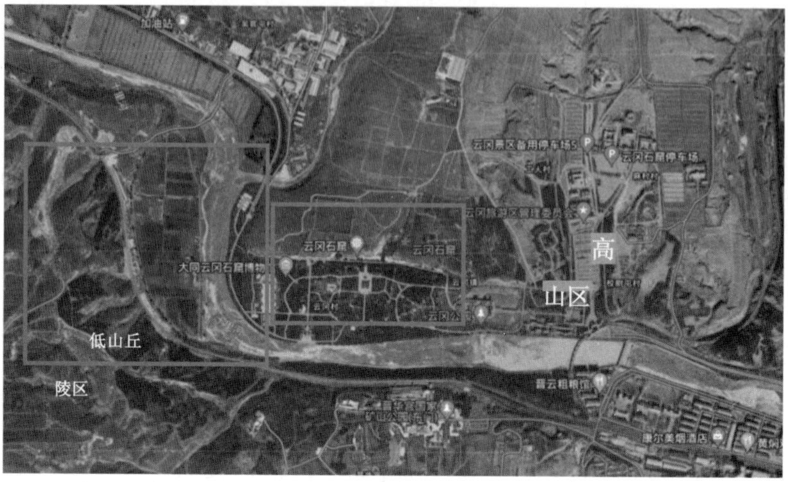

图 2-2-1-1　十里河流域(云冈石窟)地形示意图

通过这些可以了解到,云冈石窟并不是能满足僧人禅修和日常生活需要的场所,所以相关的一些功能空间,就只能在石窟的外面来寻找。在云冈石窟的山顶处,一共进行了三次考古发掘工作:

第一次是在 1938 年、1940 年由日本人发掘;

第二次是在 1993 年云冈山顶佛塔基址发掘;

第三次是在 2010—2011 年窟顶寺院遗址发掘。

经过对云冈山顶窟顶寺院遗址的三次考古发掘,考古人员找到了适合僧人日常修行和生活的山寺、禅房遗址(图 2-2-1-2)。山下石窟与山顶寺院结合,形成了完整的宗教场所。

云冈石窟开凿的主要目的是为皇家服务,供世人礼拜,起到宣传、教化作用,而僧众主要居于山体腹地的地面寺院,这种选址及功能布局,开大型皇家石窟的先河,并对北魏之后的大型石窟开凿产生了深远影响。

(二)山体崖面的利用和布局

一般而言,石窟崖面或利用自然直壁,或人为斫山开凿。云冈石窟的壁面普遍存在斫山的痕迹。观察云冈石窟的侧壁痕迹,可以意识到云冈石窟崖面形成的复杂性。斫山的工程会耗费巨大的人力和时间,为了减少工程量,会选择利用部分自然断崖。

在云冈石窟中要仔细区分自然断崖和人工斫山。以云冈西区崖面为例,观察昙曜五窟向西的崖面,有很多小窟随着起伏的崖面排列,再往西,崖面还在延伸,却没有石窟分布,证明这是一条断崖自然带。这条自然断崖延续到昙曜五窟明窗所在的位置,其下部窟门位置才是明确进行斫山的区域(图 2-2-1-2)。

中区崖面也是如此,其上的自然断崖延续到龙王沟,沟上的断崖很大,又有左右延续,在上面分布有很小的石窟,不可能为了小型石窟开凿了如此大的崖面,而应该是利用断崖开凿的。以此为依据,可以恢复武州山周边石窟开凿前的状态,是一个明显的二级阶地。石窟前临河道路利用了一级阶地，昙曜五窟的开凿利用了二级阶地，在一二级阶地之间进行斫山，节省了很多工期。

图 2-2-1-2　云冈石窟西区崖面及斫山面示意图

（三）石窟开凿和佛像制作的空间层次

石窟从上往下开凿，洞窟空间分阶段地向下拓展，容易形成不同高度的工作面，而借助这些工作面，人们可以进行开龛造像活动，在洞窟各壁面上留有不同阶段的龛像，龛像整体布局也可能随之改变。因此，分析洞窟空间层次具体有三种方法。

1. 空间形状整体变化

石窟若分层施工，各层工作存在一定的阶段性，在两阶段工作衔接不顺畅时，即容易出现窟形的整体变化，也可能残留过程工作面，表现在工程结果上就可能出现石窟壁面的阶梯状凸起或凹陷、壁面走向的整体转折等。

2. 壁面龛像造型整体布局

大型石窟施工往往经历较长时间，在这一过程中，若壁面龛像分阶段雕凿，则容易表现出样式的整体变化，标示出空间层次的先后。而样式的早晚判断，依赖于龛像的考古类型学研究。由于过于细微的分期有可能影响整体趋势的分析，且容易因研究者主观倾向造成类型早晚的不同认定，因此，本书只采用造像服制改革这一较为明确的判断标准，将造像分为旧式（通肩、袒右）和新式（褒衣博带）两类，并只对壁面龛像新旧式总体变化趋势进行考察，而不将其细化为判断个体龛像之间早晚关系的硬性标准。

3. 壁面龛像的空间关系

北京大学彭明浩对在有限的洞窟壁面上进行龛像布置，有深刻的见解。他认为龛像大多不是相互独立的，而常常发生组合、打破、避让等空间关系。这些空间关系能直观地说明龛像间共时或异时的关系，进而反映洞窟壁面空间经营的先后，与洞窟空间层次的分析相结合，可以更具体地分析洞窟空间的开凿过程。

（1）组合关系

组合关系指的是不同龛像同时设计、开凿，表达一个共同的主题。以 11 窟东壁上部太和七年龛为例，通过题记可知它是一个集合不同形式、大小的龛像构成的组合龛群，它们之所以成为组合，从空间关系上看有以下几个基本特点：①总体范围呈规整的方形；②龛像布局呈中心对称；③各龛像有共同的边界；④有共同的附属装饰。

（2）打破关系

打破关系指的是后期龛像的开凿，破坏了之前的龛像。例如12窟后室明窗西侧一处打破关系，壁面原为树下禅修像，后凿除了原像再补凿二佛对坐龛，因此补凿龛面较原像表面有明显的凹陷（图2-2-1-3）。

图2-2-1-3　第12窟明窗西侧打破关系

（3）避让关系

避让关系指的是后期的龛像开凿为了防止对原有龛像造成破坏，而对自身空间进行了调整，避让出一定空间。在云冈石窟中，避让关系较为常见，需要从立面和剖面两个维度来考察。

在洞窟与洞窟之间，避让关系也大量出现，例如开凿第11窟明窗东侧的11-16窟，为防止打破11窟东壁，西壁明显内收，导致正壁宽度不够，因此将本应设置在正壁两侧的胁侍菩萨安排在了东西两侧壁的北端，洞窟空间也开凿得极为不规则，这都反映了11-16窟为避让11窟开凿而进行了特别的设计和施工调整（图2-2-1-4）。

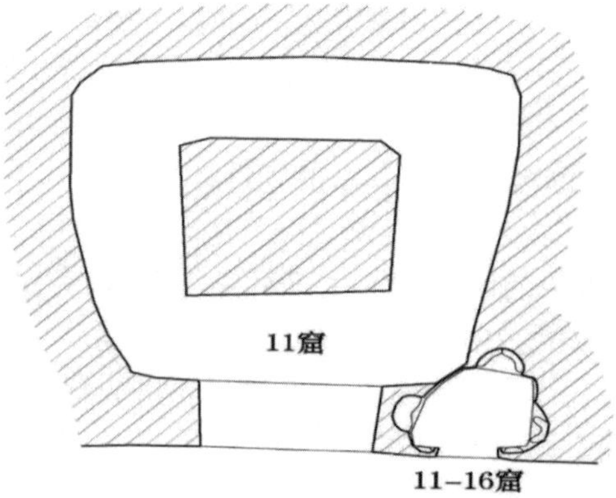

图2-2-1-4　第11-16窟对第11窟的避让关系

（4）依附关系

龛像间的依附关系，指的是后期龛像开凿，借助于较早的龛像开凿所形成的壁面。例如19窟前壁明窗两侧，向壁面内消减留坯再雕凿出立佛，这导致立佛周边壁面内陷，而立佛左右的千佛，则顺应壁面这一内陷的趋势开凿，龛面整体呈弧形，由此可认为千佛依附于立佛开凿，其开凿的时间不早于立佛（图2-2-1-5）。

图2-2-1-5　第19窟千佛龛与立佛之间的依附关系

石窟中的空间关系并不限于龛像与龛像、洞窟与洞窟之间，还可以扩展到洞窟开凿条件（如岩层、开裂、坍塌等）以及其他工事（如道路、窟檐建筑等）与洞窟、龛像之间。如龛像避让裂缝和坍塌开凿，则说明在石窟开凿时就出现了这样的工程问题，又如开龛顺岩层分布，则说明工匠考虑到了岩层的走向问题。

三、云冈石窟的地形地貌与地质特征

（一）地形地貌

云冈石窟地形成波状起伏，北高南低。石窟东侧为冲沟，西侧、南侧为河谷，窟顶北部为低山丘陵。窟区内有东谷、西谷两个南北向南倾大冲沟。

云冈石窟保护范围内地貌类型简单：窟顶部高台地与构造剥蚀低山丘陵、河流侵蚀地貌。石窟就是开凿在三级基座阶地的砂岩透镜体中。石窟区可见的地层有：第四系地层，以河流冲洪积为主的全新统主要分布在沟谷；上更新统冲洪积层以及由上为黄色砂土层、下为卵石层构成的中更新统主要分布于窟顶北部的高台地上；含六个砂岩岩性段的云冈组，厚度为四五十米。

（二）地质构造

云冈石窟位于山西台背斜大同-平鲁拗陷区东北端的一个北北东向的箱形向斜构造的轴部。区内岩层产状平缓，一般倾角 3°~4°，倾向多为北西、南东向。与石窟关系密切的较大规模断裂为吴官屯断裂和大同西弧形断裂带，前者走向 N10°—15° E，断面近直立，为正断层；后者为弧形，由北段走向 N30° W、倾向 NE、倾角 75°~80° 向南转到南段变为走向 N30° E、倾向 SE、倾角 60°，带宽 10~20 m，属于压（扭）性断裂。区内正断层分布在石窟的西墙外，该断层走向北东 50°，出露长度 45 m，断层面倾向 320°，倾角 67°，断距约 4~5 m，断层带中充填有破碎的砂岩岩块和方解石细脉。区内裂隙有：构造裂隙（三类：近直立的东西向张节理，窟区东部发育，西部少；近直立的南北向压节理，主要分布在石窟区东段；“X”形剪节理，主要出现于石窟区西段，近直立，走向 N45° E 和 N60° W）、卸荷裂隙（一组东西向，裂隙面较直立，由东西向构造裂隙发展而来；一组裂隙面与外壁面相关，走向随外壁面，裂隙面倾斜）、风化裂隙（发育在岩石表面附近，分布广，多呈“V”形，分布常与岩层层理面相关）。

四、云冈石窟的水文条件

大同市河流的发源地，一般为土石山区，穿越黄土丘陵沟壑区或阶地区进入冲积平原区或盆地。大同市主要河流有桑干河、御河、十里河、淤泥河、口泉河、浑河、南洋河、壶流河、唐河。在全市众多的河流中，除了东南部唐河、壶流河等少数河流具有少量基流以外，大部分河流属于时令河，汛期洪水暴涨暴落，枯水期河水锐减直至断流。

十里河为云冈石窟区域内唯一较大季节性河流，年平均径流量为 0.4 亿 m^3，历年最大径流量为 1.47 亿 m^3，最小径流量为 0.1 亿 m^3，年平均降雨量约 423 mm。云冈石窟窟底（高程在 1136 m 以上）高于河水位 10 m 以上，地下水位明显低于云冈石窟底板，对石窟不会产生影响。

十里河主流流向基本与地层走向垂直，河水补给地下水。山西省第十地质工程勘察院研究表明河谷中含水岩系主要为碎屑岩类裂隙水含水岩系和松散岩类孔隙水含水岩系。前者的含水层岩性为侏罗系云冈组粗砂岩，含孔隙裂隙潜水或承压水，上下两部节理、裂隙发育不均匀，2001 年测得渗透系数为 5.9×10^{-5}~9.26×10^{-4} cm/s，中等-弱富水性。水位埋深 11.30~24.40 m，单位涌水量 0.026~0.37 L/（s·m）。水化学类型为 SO_4·Cl·HCO_3-Ca·Na·Mg，矿化度 1.780~1.907 g/L，pH 值 7.5~7.8。地下水主要接受大气降水的垂直入渗补给。

云冈石窟区地下水包括孔隙水与裂隙水两种类型。对云冈石窟有影响的孔隙水主要是砂岩孔隙水，是由表面张力或毛细力吸附在砂岩孔隙中的水分，在湿度梯度、温度梯度作用下迁移或呈气态水形式运动。 裂隙水包括风化裂隙水与构造裂隙水，是存在裂隙中的水，是石窟渗水的主要来源。大气降水入渗或地表径流入渗在裂隙中，加快石质文物风化的速度。

五、云冈石窟的气候

（一）气候总体特征

云冈石窟所在的大同市云冈区为大陆性半干旱气候，受大陆气候和季风气候的双重影响，一年四季分明且温差较大，干燥多风，雨雪较少。春季雨水少，多风沙天气，气温回升较快；夏季时间短，雨水集中，盛行东南风，高温酷暑天气较少；秋季气候凉爽，天气晴朗，气温迅速下降，9 月底 10 月初出现霜冻；冬季漫长，气候寒冷干燥，盛行西北风。

（二）气候要素

云冈区年平均气温 6.5 ℃。全年 1 月最冷，最低温度-29.1 ℃（1967 年 1 月 15 日）；7 月最热，最高温度 37.7 ℃（1966 年 7 月 7 日）。昼夜温差大，日变化幅度最高可达 24 ℃。

该区年平均降雨量约 400 mm，降水季节分布不均，雨季雨水充沛，主要集中在 7—9 月。月最高降雨量达到 100 mm 以上，雨水 pH 值偏酸性；雨水蒸发量较大，大概是降水量的 3~4 倍。年积雪在 20 mm 左右，冻结期为 10 月下旬到次年 4 月，标准冻结深度为 1.5 m，全年无霜期约 130~140 天，最长达 188 天，最短为 128 天。该区为多风地区，年平均风速 2.2~3.1 m/s，一般情况下，夏季风向多偏南，冬季风向多偏北。风速存在季节性变化，一般冬春季风速较大，尤其是春季，风速最大，高达 3.8 m/s，且常伴有风沙或雾霾天气。

该区全年日照时数平均为 2821.6 小时，日照充足。冬季太阳高度角最低，日照时间最短，从 11 月到次年 2 月，各月日照时数均不足 200 小时。5—6 月，太阳高度角大，云量较少，日照时数最多，超过 255 小时。

云冈石窟窟内温度与窟外温度变化都具有明显的周期性。冬季，白天窟内温度低于窟外温度，夜间恰好相反；夏季，窟内昼夜温度均低于窟外温度。云冈石窟洞窟内，特别是有窟檐的洞窟内的温度变化较小，并且较为平缓。

该区的相对湿度较低，云冈石窟窟内空气湿度的变化呈季节性趋势，1 月的窟内相对湿度比窟外相对湿度低；6 月的窟内相对湿度比窟外相对湿度高。6—9 月降水较多，窟内相对湿度可达 70%左右，而冬季的相对湿度基本在 60%以下。夏季，封闭性较好的洞窟相对湿度明显高于开放性较好的洞窟。

第二节　气势恢宏的早期洞窟

著名考古学家宿白先生曾提出“云冈模式”的理论架构，其中将魏文成帝时期开凿的昙曜五窟视为云冈模式的第一期。昙曜五窟是魏文成帝时期最早开凿的五个皇家洞窟，编号为 16 至 20，位于云冈石窟群西区东部。据《魏书·释老志》记载：“和平初，师贤卒。昙曜代之，更名沙门统。初昙曜以复佛法之明年，自中山被命赴京，值帝出，见于路，御马前衔曜衣，时以为马识善人，帝后奉以师礼。昙曜白帝，于京城西武州塞，凿山石壁，开窟五所，镌建佛像各一，高者七十尺，次六十尺，雕饰奇伟，冠于一世。”在 20 世纪初，日本学者关野贞和常盘大定经过实地考察和文献研究，提出了“昙曜五窟”的概念，并得到了学术界的广泛认可。

第一期洞窟（昙曜五窟）是云冈石窟的开山之作，不仅是北魏王朝规模最大的文化工程，也是北魏帝都文化的重要象征。正因如此，宿白先生指出，云冈石窟第一期的洞窟模式在南亚、中亚乃至我国新疆、甘肃地区都没有发现相似的先例，因此可以认为它是 5 世纪中期平城僧俗工匠在云冈创造出的新模式。

一、第一期洞窟的窟室形制

昙曜五窟属于北魏时期“凿山石壁”统一规划建造的五个洞窟群。昙曜五窟的形制基本相同。整体来看,各洞窟窟室呈平面马蹄形,顶部为穹隆状,前壁上方设有明窗,下方为入口(图 2-2-2-1)。

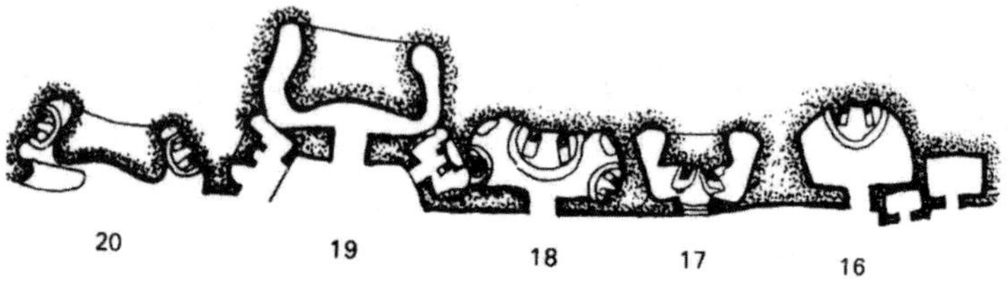

图 2-2-2-1　昙曜五窟(第 16 至第 20 窟)平面图

据最近几十年平城考古发掘所示,昙曜五窟的洞窟形制与鲜卑民族的毡帐样式有关。毛毡帐篷(或称帐房)在我国古代北方游牧或半游牧民族中广泛使用,因其轻便、隔热,以及便于搬迁而备受青睐。在大同北魏墓葬中,出土了陶质毡帐模型和毡帐图形壁画。

2000 年,大同城东雁北师院北魏墓发掘出三件陶制毡帐模型,其中两件为方形,顶部收分;另一件则是环壁、圆顶,近似大半球体。这种围壁之上覆以穹隆顶、中央开门的毡帐模型,可能是普通鲜卑家庭居住的帐房。北魏的大型帐房,见于《南齐书·魏虏传》,北魏太和十六年(492 年),孝文帝举行西郊祭天大礼,其宴息之处,“以绳相交络,纽木枝枨,覆以青缯,形制平圆,下容百人坐,谓之为‘伞’,一云‘百子帐’也”。

这种临时搭建的圆顶大帐,也当属于鲜卑民族传统的建筑形制。因此,杨泓先生认为,北魏时鲜卑拓跋族选用本民族的传统居室穹隆的形貌,来创造佛的居室,应是顺理成章的事。

从建筑力学角度看,云冈早期采用的椭圆形穹隆顶大窟比中期的方形殿堂式洞窟更加稳定、坚固且承重性更强。可以猜想,当昙曜五窟初创之时,人们对于云冈砂岩山体的稳固性缺乏经验,因此选择一种既安全可靠又体现民族风格的洞穴式窟型是明智而稳妥的。

二、第一期洞窟的布局与主要造像

昙曜五窟的洞窟规模宏大,洞窟布局相似性较高,都是以北壁上的主尊大像为中心的大型佛像洞窟。洞窟内主尊佛像庄严威武,高大挺拔,占据了洞窟的大部分空间。其他壁面上则装饰有胁侍佛、菩萨、弟子的造像,或是千佛,或是分层排列的造像。

昙曜五窟开凿于同一石壁延展面上,处于同一水平面,前方平坦宽阔,如图 2-2-2-2 所示。这五座洞窟按照东西方向排列,跨度约 100 米,各洞窟的高度相当,距离地面均在 15 米以上。在外壁面上曾经雕刻了千佛,但是现在很多都已风化。以主像以及石窟布局为标准,昙曜五窟可以分为两组。其中以第 18、19、20 窟为一组。该三窟主像为三佛或三世佛。第

19 窟是这一组合的中心窟。再者，以第 16、17 窟为一组，第 16 窟的主佛是释迦立像，第 17 窟的主像是交脚弥勒菩萨。

昙曜五窟的营造次序与各位皇帝的地位有关。北京大学的韦正教授指出：对于每一个洞窟的建造次序，则主要以洞窟主佛为准，即洞窟主尊是首先设计和完成的部分。在洞窟主尊方面，题材和姿势是首要考虑和确定的部分，而佛装和背光则是相对次要和可以改变的部分。因此，昙曜五窟的营造次序主要分为前后两个阶段，第一阶段为第 20 窟，第二阶段为第 19 窟到第 16 窟。昙曜五窟从西向东依次排列，分别对应着道武帝（第 20 窟）、明元帝（第 19 窟）、太武帝（第 18 窟）、景穆太子（第 17 窟）、文成帝（第 16 窟）。昙曜五窟的具体营造次序为第 20、17、19、18、16 窟，遵循了西方居上的营造理念。

图 2-2-2-2　昙曜五窟（第 16 至第 20 窟）立面图

第 16 窟是昙曜五窟东端的一座石窟，清末称之为立佛洞或接引佛洞（图 2-2-2-3）。该洞呈马蹄形平面，四壁向上逐渐收分，形成穹隆顶，东西宽约 125 米，南北进深约 8.7 米，高约 15.2 米。洞窟北壁主尊立佛高约 13.5 米，壁上雕刻着千佛，而下壁、明窗和窟门处则是北魏不同时期雕凿的龛像。相比昙曜五窟的其他洞窟，第 16 窟北壁向北凹进呈弧形，且主佛像身躯相对较薄，占用空间较小，因此该洞空间相对宽敞。

第 17 窟是昙曜五窟中唯一的交脚菩萨大像窟，东接第 16 窟，西邻第 18 窟。第 17 窟的洞窟平面呈椭圆形，具穹隆顶，前立壁上开明窗、下辟窟门。洞窟东西向最大宽度约 14 米，南北向最大进深约 7.5 米，上下高约 16 米。第 17 窟的窟内地面低于窟外地面，下掘约有 1 米深，留存着北魏开凿时的糙面痕迹。第 17 窟主佛的东西两侧，分别为大型坐佛像（图 2-2-2-4）和立佛像（图 2-2-2-5），由此构成整体的三世佛组合。此外，在东西大龛的上方，整齐地排列着千佛（图 2-2-2-6），与南壁千佛相连接，组成了环绕主像的千佛带，表达出佛教十方三世一切诸佛的主题。第 17 窟的佛像，是云冈最早出现的弥勒菩萨造像，也是北魏弥勒信仰的最初表现形式。

第 18 窟是云冈早期开凿的昙曜五窟之一，在清代，它被俗称为“立三佛洞”或“阿閦佛洞”。洞窟明窗宽大，从窟外便可看到主尊的上半身。洞窟内部为平面椭圆形，穹隆顶，主要造像组合完整，对称严谨。北壁中央是高约 15.5 米的立佛像，身披千佛袈裟，气宇轩昂(图 2-2-2-7);东西壁的胁侍佛像相对而立,端庄肃穆,各高约 9.5 米,与主尊共同构成了三佛或三世佛的格局。主佛与胁侍佛之间,是围绕主佛左右的胁侍菩萨和十大弟子(图 2-2-2-8)。两个菩萨站立在高座之上,通高约 8.5 米。弟子像雕刻在菩萨头肩之上,每面五弟子,上三下二。这种以主尊大佛为中心,两侧胁侍佛、菩萨、弟子的对称布局、大小区分、成双成对的组合方式,形成了一幅尊卑有序、构图完整的经典画面,营造出神圣庄严的宗教氛围。

图 2-2-2-3　第 16 窟主佛像

图 2-2-2-4　第 17 窟三世佛(东)

图 2-2-2-5　第 17 窟三世佛(西)

图 2-2-2-6　第 17 窟千佛像

图 2-2-2-7　第 18 窟主佛像（东半部）

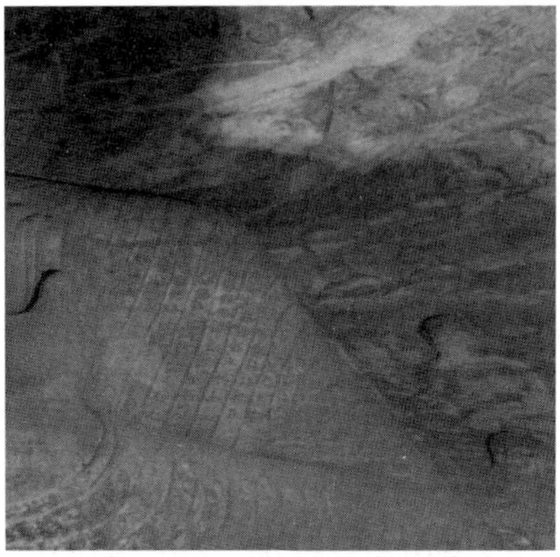

图 2-2-2-8　第 18 窟弟子像

第 18 窟内配套的是壁面上层的千佛，分别环列于东、西、南三面，代表着所有的佛陀，这个造像理念早在创造窟洞的时候就已经表达出来了。之后，在各个壁面雕刻的单佛龛、二佛并坐龛和千佛龛中，同样融入了宇宙时空的概念，表现出了十方三世所有的佛陀。南壁相对来说比较复杂：上方开设明窗，下方开设窟门，由于窟门比明窗狭窄，因此在门侧设置了内收斜面（类似于第 19 窟的山墙），更加强调了空间布局的对称性。然而，门窗两侧的壁面龛像因为是不同时期补刻的，虽然遵循了分层造像的原则，但整体上并非严格对称设置。窟门西壁上方留有《大茹茹造像记》的题铭，曾经引起学术界的关注。

第 19 窟位于云冈西部窟区，东邻第 18 窟，西接第 20 窟。这组三窟，以第 19 窟为中心，均以三佛或三世佛为主像，是昙曜五窟中率先开凿的洞窟，也是云冈石窟的开山之作（图 2-2-2-9，2-2-2-10）。

图 2-2-2-9　第 19 窟主佛像

图 2-2-2-10　第 19 窟左侧外景

第 19 窟由中央主窟和两侧附洞共三个洞窟组成，清末民初名为“大佛三洞”或“宝生佛洞”。该窟外壁斜凹，中央主窟的外壁宽度为 11.72 米，东西两侧约以 130° 展开，分别向东南和西南方向延伸出约 6.5 米。主窟由中央崖壁向内开凿，下辟窟门，上开明窗，窟内呈平面椭圆形，向上为穹隆顶。在两侧八字形的崖面，约距地面 4.5 米以上，各开凿一座与主洞窟形制相同的较小洞窟，即所谓“附洞”。由此，形成了具有对称结构的洞窟布局，成为昙曜五窟中规模最大、洞形制最特殊的洞窟。在现行石窟编号中，中央主窟编为第 19 窟，东西附洞分别编为第 19-1 窟和第 19-2 窟。

第 20 窟是云冈早期开凿的昙曜五窟之一，也是其中的大像窟，位于五窟的西端（图 2-2-2-11）。由于前立壁坍塌，使得北壁的佛像暴露在外，因此俗称“露天大佛”，在清末民初时期又被称为“大露佛”或“白佛爷洞”。“白佛爷”这个俗称据说源于大佛上身的砂岩表面发白。根据对窟前的考古推断，前立壁的崩塌大约发生在北魏时期。

第 20 窟的露天大佛像高约 13.7 米，端坐于石台座之上（图 2-2-2-12）。佛首具素面肉髻、广额丰颐、五官秀朗。佛陀眉眼细长、鼻梁挺直、大耳垂肩，眉间施白毫，嘴唇略薄，唇上下皆有胡须，眼中镶嵌釉陶，大约在辽代安装。佛身挺拔壮硕、两肩宽厚，着袒右肩式袈裟。大佛神情庄严、慈祥泰然、跏趺坐，双手于腹间相叠，结禅定手印。可惜手部与双腿久经风雨侵蚀，雕饰全无。造像姿态雄伟、气宇轩昂、生气勃勃，融合东西方雕塑艺术于一体，是体现佛陀“三十二相、八十种好”的艺术珍品，也是云冈石窟大型雕像最具代表性的旷世佳作；将拓跋鲜卑剽悍与强大、粗犷与豪放、宽宏与睿智的民族精神表现得淋漓尽致、出神入化，给人以心灵的震撼。

图 2-2-2-11 第 20 窟主佛像与左胁侍佛

图 2-2-2-12 第 20 窟主佛像

三、第一期洞窟的造像形制与装饰纹带

第 16 窟的主尊佛像身材修长、面形长圆，螺髻如波，深目高鼻，面容清秀，穿着褒衣博带式服装（图 2-2-2-13）。他显得年轻英俊，展现出北魏帝王的气度（图 2-2-2-14）。与昙曜五窟其他主尊佛像的雄浑气象不同，第 16 窟的主尊佛像面相和身形清秀，衣着华美，颇具秀骨清像之神韵，呈现出北魏云冈中期的特点，即孝文帝太和服制改革后的样式。据此推测，尽管该窟是在北魏云冈早期开凿的，但大像的雕刻一直被推迟到太和年间。

图 2-2-2-13　第 16 窟主佛上半身

图 2-2-2-14　第 16 窟主佛头部

第 17 窟被称为“弥勒三尊洞”或“阿閦佛洞”，在进入洞窟后，人们会被巨大且严重风化的主像（图 2-2-2-15，2-2-2-16）所吸引，它与东西壁大型佛龛形成鼎足之势，互相辉映。仔细观察，可以看到众多造像龛的零碎与堆砌，如同美术家的调色盘，杂乱而丰富。由于历史上窟顶岩石裂隙的透水作用，交脚菩萨大像的胸颈以上风化变形、面目模糊，腰部出现蚀空，特别是舟形大背光几乎全部消失。手臂的断裂可能是由于层岩性质和悬空的重力过大导致的。东西壁盝形龛内的佛像保存得相对较好，但龛外两侧及下部分散的小型龛像，多已因水蚀风化而残缺。南壁雕刻的保存情况最好，但整体也都是后来添补的龛像。南壁东西两侧的坐佛圆拱龛，可能是最初设计布局的残留。这对龛像相似，雕刻细腻，带有浓郁的古风。明窗周围的龛像数量较多，分布不规则，多采用北魏孝文帝太和年间（477—499 年）优雅俊逸的造像风格。东壁的《比丘尼惠定造释迦多宝弥勒像记》有清晰的纪年：太和十三年（公元 489 年）。窟门下方的壁画则显得更为零散，时间也更晚。总之，第 17 窟的建造时间跨度较长。最初可能是随着交脚大像一起雕刻，然后增加了大像背光、上壁的千佛和东、西两个盝形龛佛像的装饰，以及南壁东西两侧对称出现的坐佛圆拱龛等。接下来，从民间开始兴起的造像浪潮，带来了大量私人捐款的内容，最终拼凑成了整个窟的雕刻。因此，第 17 窟的建造过程贯穿了整个北魏云冈工程的始终。

第 18 窟的主佛身姿高大，展现出宏伟、庄严的佛陀形象，也是北魏某位皇祖的象征。主佛身上穿着独特的化佛袈裟（图 2-2-2-17），周围有表情各异的闻法弟子、高大的胁侍佛与菩萨，以及重点刻画的阿输迦施土因缘等佛经故事图像。这些图像的存在，充分体现了“法华授记”的佛教传承思想。

第 19 窟的三佛形象与昙曜五窟中的其他四个窟不同，它们被分别设置在三个不同的洞窟中。主窟中央的宽度约为 19 米，南北深度约为 10 米，上下高度约为 17.6 米。主尊佛像高达 16.8 米，着衣右肩裸露（图 2-2-2-18），结跏趺坐。右手高举于胸前，呈现施无畏印相，左手则握法衣于膝上，表达佛法的强大无畏和传承不断的精神。该佛像仅次于第 5 窟高达

17.4 米的主尊佛像，是云冈石窟中第二大的佛像，也是昙曜五窟中最宏伟的佛像，象征着北魏皇权的强大。

图 2-2-2-15　第 17 窟主佛头部

图 2-2-2-16　第 17 窟主佛胸前龙形饰

图 2-2-2-17　第 18 窟主佛左肩衣纹

图 2-2-2-18　第 19 窟主佛右肩

第 20 窟佛像袈裟质地厚重，衣褶自然流畅，内衣轻薄贴身，衣饰设计疏密得当，雕刻工艺十分精湛。大佛身后雕刻圆形头光与舟形大背光，皆以火焰纹装饰，规范有序、丰富华美（图 2-2-2-19）。虽然俱系浮雕，但莲花、化佛、供养、飞天、火焰等纹饰朴质而写实。背光外上隅的飞天菩萨装束，手捧供物、身段微屈，双腿并拢、两脚赤裸，姿态端庄沉稳，形象稚拙古朴，是云冈石窟早期飞天的代表作。背光内外捧物的胡跪供养菩萨，戴花冠、耳饰，胳膊略细、衣纹密集，表现出虔诚敬奉的姿态，具有浓厚的异域气息。

图 2-2-2-19　第 20 窟的圆形头光与舟形大背光

第 20 窟大佛两侧，原本各有立佛、立菩萨，呈三佛或三世佛（五尊像）布局，可惜今天仅有东壁一佛独立。东立佛高约 9.5 米，素面肉髻、圆脸大耳、深目高鼻，着通肩式衣。右手举在胸前，为施无畏印，左手握法衣下垂，跣足立于莲台之上。其衣纹雕刻与造像特征，具西域艺术神韵。西壁立佛，大约当年与东立佛相对而立，可惜早已坍塌，现仅残留圆形头光、赤裸的双足及莲台。

第 20 窟在主尊坐佛和东西立佛之间，可以看到两个身形残毁的胁侍菩萨像遗迹。西菩萨高逾 6 米，头部失形而头光尚在，左胸上部残存，可见其斜披络腋，项圈缀联珠纹边饰，下缘悬垂一宝坠，格内雕刻不清。其小腿以下基本保留，腿部衣纹清晰，跣足呈外八字形站立。足下低台的立面，雕刻横排莲花纹。东菩萨与西菩萨高度相当，但其所处的空间狭窄。为了缩减其身形，在菩萨的八字形脚下，雕出一米多高的托举地神。

云冈石窟的昙曜五窟以十方三世诸佛为主要题材，其中主佛居中而设，身躯高大，姿态各异，或坐或立，神情不同。左右二佛居于仆从位置，身材低矮，形制不定，与后世佛殿所见的三世佛格局有着很大的区别。第 20 窟的主尊为禅坐大佛像，两侧为站立佛像。第 19 窟的主尊为手作施无畏印的大坐佛，独自占据主窟，胁侍二佛分别倚坐于东西耳洞之中。第 18 窟的三大佛皆为立姿，主尊身披千佛袈裟，三佛手印各有特点。第 17 窟的主佛为交脚弥勒大像，东壁胁侍佛跏趺而坐，西壁胁侍佛举手站立。第 16 窟的主尊大佛则穿着褒衣博带式服装站立，胁侍立佛雕刻在窟门两壁之上，体形大为缩小。在昙曜五窟的外壁上，大约北魏中期便雕满千佛，与窟内佛菩萨的巨像共同构筑了一个宏大的场景，表达出佛法无边的宗教意义。此外，云冈石窟的窟龛造像始终以十方三世诸佛为主导，充分表达了大乘佛学思想。释尊与弥勒是最主要的塑造对象，而释迦与多宝二佛并坐、过去佛授记、七佛并列、千佛满壁、阿弥陀佛等都有重要的表现。其他菩萨、天人、供养人等佛教人物形象则是为了服务主题而设。

昙曜五窟中，三佛主像是最显著的造像，其次是与之共存的千佛形象。除第 20 窟因前壁崩塌而未能完全呈现，其余各窟（包括第 19 窟的东西耳洞）都在瓠形四壁的上部雕刻了大量的千佛，甚至昙曜五窟的外立壁也被整齐排列的千佛造像所覆盖（图 2-2-2-20，图 2-2-

2-21）。这些洞窟造像具有明确的“十方三世一切诸佛”的观念，主题思想鲜明。此外，在云冈中晚期的许多洞窟中，也出现了各种形式的千佛图像。

关于昙曜五窟中的千佛像，第 18、19、19-1 窟壁面顶部以及第 18 窟主佛袈裟上半部分都是无龛式千佛像。这些千佛像应该是早期云冈的设计，与主像相配合雕刻而成。第 16 窟和第 19 窟的环壁上层，千佛龛像排列整齐，龛形较大，龛棚方圆（龛额上缘与拱部略呈直线）。千佛龛内的佛像姿态稚拙、衣饰多样、富有变化（第 19 窟中还有袒左肩衣的佛像），这也是早期云冈的千佛形式。在第 19 窟南壁，出现了龛楣尖上攒以及左右上隅的供养人千佛龛，这可能是稍晚期的千佛形式。值得注意的是，由于雕刻时间、位置、信仰和投资等因素的不同，千佛像的布局大小、龛形、佛像姿态、服装和穿着等方面也会有所差异。

云冈石窟的第 16、17、18、19、19-1 等洞窟的下层、第 19-2 窟的周壁上的千佛龛像，以及各窟门窗壁面上的千佛，一般为坐佛小龛，穿着通肩式袈裟，衣纹较少，很多还有打破上层佛龛的现象，应该是晚期补刻的千佛。此外，云冈石窟中常见的圆拱龛龛棚上的千佛列坐像，都是无龛式的，一般为 7、9、11 或 13 尊等，以中央坐佛为中心，两侧对称排列。早期的龛楣坐佛间距不均，而中晚期的列佛排列则更加平衡。佛像的背光上也常出现千佛，力求均衡分布。

云冈石窟所刻的昙曜五佛是代表性的作品，也是西域雕像艺术向东传播的最高成就。大佛的袈裟厚重，或披或敞，仿佛毛织品一般，这无疑体现了中亚山区游牧民族的服装特点。大佛的发髻高耸，方额丰颐，鼻高眉长，嘴角上扬，两耳垂肩，身材挺拔，庄严而睿智的神态令人敬畏。正如唐代大师道宣所说：雕像的面相，从宋到齐，都是唇圆鼻隆、目长颐丰，是挺拔壮硕的男子相。昙曜五窟的艺术效果突出了造像的雄浑、宏伟和独一无二的气势，体现了佛法传承的永无止境，和一个民族壮志凌云、顽强不屈的精神。

图 2-2-2-20 第 19 窟千佛龛

图 2-2-2-21 第 19 窟佛龛像

第三节　富丽堂皇的中期洞窟

北魏献文帝即位后，武州山石窟工程被相关部门进行重新建设部署，使得建设规模逐步扩大，洞窟造型以及图像内容也逐渐多元化。这一时期被认为是云冈石窟的第二期。谈及云冈石窟建设达到顶峰的时间，可以追溯到太和十八年（孝文帝迁都洛阳时期）。在这一时期内建设的洞窟总共有 12 个，包括第 1、2 号洞窟，第 5、6 号洞窟，第 7、8 号洞窟，第 9、10 号洞窟即四组双窟。第 11、12、13 号洞窟即一组三窟，以及未完成的第 3 号洞窟。

一、第二期洞窟的窟室形制

在洞窟形制上，不仅有穹庐顶形，还有方形中心塔柱洞窟，以及前后殿堂式洞窟。在佛龛造型上，既有圆拱龛、尖拱龛、盝形龛、宝盖龛，又增加了屋形龛、帷幕龛和复合形龛等。第 4 窟主窟坐北向南，为中心塔柱式洞窟。西侧并列的一个敞口洞窟，被列入其附属洞窟，窟门上方东西两侧各开明窗，窟门和二明窗呈倒“品”字形结构（图 2-2-3-1）。作为云冈最大的平面椭圆形、穹隆顶洞窟，第 5 窟具有较大的窟内空间。洞窟平面方形、平顶、中央塔柱直抵窟顶。塔柱平面呈方形，塔身分为上下两层。下层含基座、四面雕圆拱、盝形重叠大龛，南北两龛分别为坐佛和二佛并坐，东西两龛分别为交脚菩萨和倚坐佛，构成过去、现在、未来“三世佛”序列（图 2-2-3-2）。上层顶部为仿木构屋檐，上雕瓦垄、莲花瓦当，檐枋下刻椽头。殿身用方形塔柱分成三开间，明间雕坐狮子座的交脚佛，两侧梢间各雕立菩萨和飞天。金翅鸟踞正脊中央，左右为三角火焰纹，屋脊两端饰鸱尾；两侧垂脊上各栖一凤鸟。檐部饰圆椽，屋顶刻瓦垄，檐下雕一斗三升拱和人字形叉手。

图 2-2-3-1　外景

图 2-2-3-2　南壁东西两端大象驮塔

第 11 窟明窗东壁壁面整体上可分为 3 层，可见大小佛龛 16 座，以圆拱龛和盝形龛为主，也有上下组合龛式（图 2-2-3-3）。其布局上缺乏计划性，但北侧较完整保存的纵向龛式似有秩序。下层北侧龛下的“太和十九年题记”是云冈分期断代的重要标尺。第 11 窟明窗东壁北侧第 1 层第 1 排圆拱龛是在统一构思下雕凿的，结构严谨、刻画细致，是云冈石窟有明确纪年的造像龛之一，其造像特征具有石窟分期断代上的标尺作用（图 2-2-3-4）。第 12 窟前室西壁中层屋形龛是为仿庑殿顶建筑。角柱将屋面辟为三间，柱顶置皿板，上坐栌斗，斗上置普拍枋。枋上置人字拱与一斗三升拱，并用兽面装饰，再上置檐枋，枋上出檐，上饰瓦垄屋脊。明间内雕一交脚佛，二梢间内各雕一倚坐佛，构成一交脚佛、二倚坐佛、二胁侍菩萨的组合关系（图 2-2-3-5）。反映了北魏太和时期平城地区弥勒下生思想的流行发展趋势。

图 2-2-3-3　第 11 窟明窗东壁

图 2-2-3-4　第 11 窟明窗东壁北侧第 1 层第 1 排圆拱龛

图 2-2-3-5　第 12 窟前室西壁上层交脚佛屋形龛

二、第二期洞窟的布局与主要造像

第 3 窟后室在宽约 10 米，高约 13.1 米的面积中，雕刻了一佛二菩萨大型造像（图 2-2-3-6）。人物造型丰满，塑造的应是“西方三圣”形象，即中央主尊为阿弥陀佛，左侧为观世音菩萨，右侧为大势至菩萨。观世音菩萨，高约 6 米，头戴兽面宝冠，辫发丝丝分明，面相圆润饱满，五官清晰秀丽，身姿挺立，左手臂下垂，屈右手臂抚胸（图 2-2-3-7）。此像身体上下均风化严重，但可见其为袒上身，斜披络腋，阶梯式衣纹轻薄贴体，小腹微凸、下身着裙、脚踏莲座。大势至菩萨高约 6 米，头戴宝瓶宝冠，身姿挺立，右手抚胸，手背丰满，拇指与食指持供养物，左手臂下垂。此像上半身保存较好，但双腿风化严重，可见斜披络腋，阶梯式衣纹轻薄贴体，小腹微凸，下身着裙，脚踏莲座（图 2-2-3-8）。菩萨秀发厚密、发髻高耸、纹理清晰，鬓角发丝层层梳向耳后，冠后束发隆起下垂至肩。

图 2-2-3-6　第 3 窟后室三尊

图 2-2-3-7 第 3 窟后室东侧龛内左胁侍菩萨

图 2-2-3-8 第 3 窟后室主尊右胁侍菩萨头部

第 5 窟北壁和东西两壁各雕坐佛和立佛大像，形成洞窟三佛主题（图 2-2-3-9）。佛像头部由肉髻顶至下颌总高度 5.16 米，其中肉髻高 1.81 米，面部高 3.35 米，面部横向宽度（两耳廓外缘）达 4.25 米。佛像依北魏风格敷泥塑造：螺式肉髻、双眉和眼角施绀蓝色；双眼珠施黑色；眉中白毫和嘴唇施红色；其余部分敷金箔。佛像面部五官端正、容颜慈祥肃穆，发髻整齐高耸，面容端正俊俏，神态温柔善良（图 2-2-3-10）。

图 2-2-3-9 第 5 窟南壁与西壁

图 2-2-3-10 第 5 窟北壁主佛面部

第 5 窟窟门内东壁上层，两尊袒右肩禅定印坐佛，一左一右端坐于枝叶繁茂的菩提树下。对称、优美、稳定、肃穆的，画面给人留下深刻的印象（图 2-2-3-11）。与云冈大量出现的根据《妙法莲华经·见宝塔品》塑造的多宝、释迦二佛均作无畏、与愿手印的并坐像不同，这里塑造了一对履行《大般涅槃经·圣行品》之律，在树下坐禅修行的佛像：身着袒右肩袈裟、呈禅定手印的二佛，分坐于枝叶茂盛、树冠巨大的菩提树下。树干的沧桑、树枝的繁茂、树叶的朝气、树冠的优美，佛教的圣树来源于自然而不同于自然。天空上舞动身姿的紧那罗，已然与飘飞的莲花化生一起，迎候着芸芸众生的光顾。

图 2-2-3-12 所示佛像褒衣博带坐于高台上，衣襞纹饰层叠有序、繁缛华丽，铺陈于台前，庄严而富有艺术美感。佛像背后光芒已然延伸至窟顶，两侧既有胁侍菩萨，又有供养弟子，庄严肃穆。佛像右侧壁面因坍塌与第 5 窟相通，尽管缺失了右胁侍菩萨身体部分等形象，但这种残缺，并未使艺术美感受损，反而呈现了千年石窟的沧桑。

图 2-2-3-11　第 5 窟窟门东壁二佛树下禅坐图

图 2-2-3-12　第 5-11 窟北壁

第 7 窟“文殊问疾品”图像是中国佛教石窟寺较早的石雕维摩诘像。窟门西头顶宝冠、身向右侧、神态自若者，当是遵从佛旨来到维摩诘居所前来“问疾”的文殊菩萨（图 2-2-3-13）。

图 2-2-3-13　第 7 窟后室南壁窟门左右文殊维摩对坐像

第 8 窟鸠摩罗天五头六臂，上双手分别举托日月；中间左手执弓，右手残余半臂，手应持箭；主臂右手放腿上，手腕向上翻转，左手擎鸡于胸前（图 2-2-3-14）。摩醯首罗天像三头八臂，右侧四手臂保存完整，左侧仅存一臂，其余残毁（图 2-2-3-15）。飞天乐伎眉目修长，双手持横笛吹奏。身上佩饰纹线刻自然简洁。

图 2-2-3-14　第 8 窟窟门西壁鸠摩罗天

图 2-2-3-15　第 8 窟窟门东壁摩醯首罗天

第 11 窟中心塔柱南面左右胁侍菩萨造像具有唐辽风格。菩萨头戴冠，窄额大鼻鼓腮，颈饰圆形项圈，着低胸内衣，外搭帔帛，下着长裙而裙腰下翻，裙带在腿间打结下垂，左手置于胸前，右手持物，立于莲台上（图 2-2-3-16）。

图 2-2-3-16　第 11 窟中心塔柱南面左右胁侍菩萨

第 11 窟东壁南端上层太和七年造像龛是由佛教“邑社”组织开凿的造像单元，分 4 排雕刻内容（图 2-2-3-17）。由下至上第 1 排中央为太和七年造像题记及三大菩萨像，两侧为多层供养行列。第 2、3、4 排分别雕刻二佛并坐、禅定坐佛及交脚菩萨龛像，两侧千佛龛排列有序。由题记内容看，发愿者自感“往因不积，生在末代”“遭值圣主，道教天下”，愿以此福，上为皇帝、下为七世父母敬造佛像 95 尊。碑文所记的 54 人敬造石像 95 尊，与造像数目相吻合。

第 12 窟前室西壁中层屋形龛明间内雕一交脚佛，二梢间内各雕一倚坐佛，构成一交脚佛、二倚坐佛、二胁侍菩萨的组合关系（图 2-2-3-18）。

第 12 窟前室北壁窟门门楣下缘的伎乐天姿态优雅自然，动作和谐飘逸，手持多种乐器（图 2-2-3-19）。从上至下依次为腰鼓、齐鼓、五弦、法螺、筚篥、琵琶、义觜、笛腰、鼓排、箫鼓。

图 2-2-3-17　第 11 窟东壁南端上层太和七年造像龛

图 2-2-3-18　第 12 窟前室西壁中层屋形龛

图 2-2-3-19　第 12 窟前室北壁窟门门楣下缘伎乐天

第 13 窟北壁为交脚菩萨像所占据，造像高 12.95 米（图 2-2-3-20）。菩萨面相丰圆、头戴花冠、斜披络腋，胸前饰对龙，长璎珞于腹间穿小环，臂、腕佩钏、镯。右臂下的托臂力士构思奇巧、对比强烈。菩萨像下着长裙，坐方座，脚踏莲台，巨大的背光向上延伸，顶端雕光云，装饰意味浓郁。图 2-2-3-21 所示菩萨的项圈分格、缀铃，对龙饰龙口衔长枝花朵，龙具长角、小耳大嘴，弯曲上延至肩，长璎珞呈“U”形压在对龙之上，设计精巧。

图 2-2-3-20　第 13 窟北壁

图 2-2-3-21　第 13 窟明窗东壁

第 13 窟窟门上方并列三屋形龛内雕七立佛，佛像均着褒衣博带式服装，右手结施无畏印，立于莲花座之上（图 2-2-3-22）。七立佛以中央佛为重心，背光左右叠压，具有视觉上的透视效果。此处造像显示了极强的计划性与整体风格的统一性，是云冈石窟大型“七立佛”造型的经典之作。

图 2-2-3-22　第 13 窟南壁窟门上方七立佛屋形龛

三、第二期洞窟的造像形制与装饰纹带

第 1 窟中心塔柱西南侧上层龛像如图 2-2-3-23 所示，塔柱上下层均有出檐。下檐为仿一斗三升人字拱（雕刻为兽形和天人形）支撑的瓦垄屋顶，瓦垄下檐为半圆形檐椽。上檐为方形宝盖，宝盖内顶部雕刻宝装莲瓣图案，靠塔身内侧为原雕，外侧为修补后的仿品。

图 2-2-3-23　第 1 窟中心塔柱西南侧上层龛像

图 2-2-3-24　第 1 窟南壁窟门顶部二龙

第 1 窟南壁窟门上方长约 3.2 米，宽约 0.8 米的顶部区域雕刻龙形，由于南侧风化坍塌，使雕刻于顶部的二龙身部分缺失，如图 2-2-3-24 所示。现存两首相对、身躯相交的二龙，龙首朝向洞窟内。二龙鳞纹清晰、长角尖耳、厚眉短鼻、鳄吻獠牙、屈颈昂头、兽爪虎尾。龙爪三趾，一爪上举、一爪后蹬，躯体向两侧伸开，间或缀以叶状云气纹。东侧的龙形下颚有山羊须，颈有菱形纹，形体略大于西边的龙形。东侧龙形耳、角位置和西侧龙形前爪、身躯位置分别有明显裂隙。

第 2 窟窟内平面呈长方形，地面南侧宽 7.55 米，北侧宽约 8.1 米，纵深约 10.8 米，地面至窟顶上下高约 6 米，规模略大于第 1 窟。窟内平面方形塔柱由塔基、塔身和塔顶组成，塔身高 4.24~4.33 米，分四层结构：第 1、2、3 层四面瓦垄顶出檐，下仿木构一斗三升人字拱，各层开龛造像；第 4 层为未完成的方形宝盖，且风化坍塌严重，塔顶四面呈弧形，与顶部自然衔接（图 2-2-3-25）。

图 2-2-3-25　第 2 窟中心塔柱

第 4 窟龛式高出地面 85 厘米，为折屏式方格盝形龛龛楣。龛中央交脚菩萨像残存素面高冠，面部风化，颈饰项圈，帔帛于腹部十字穿环，下着羊肠大裙。方座两侧各雕一狮子，其中北侧风化严重，南侧狮头保存略好。龛楣折屏式方格内各雕坐佛，残存 5 尊。帷幕上雕牵华绳供养天，左侧供养天可见头光，着通肩式袈裟，双手合十、牵华绳。龛柱外两侧各雕胁侍菩萨，皆有桃形头光，风化较严重，其中北侧菩萨像风化尤为严重。龛楣左右两上隅雕供养天，南侧可辨者三身、北侧一身。图 2-2-3-26 所示为第 4-1 窟东壁盝形龛。

图 2-2-3-26　第 4-1 窟东壁盝形龛

第 5 窟地神头顶宝冠，着菩萨装，仅出露上半身，双手托举交脚菩萨双脚，如图 2-2-3-27 所示。地神，指大地之神。《周礼·夏官·校人》曰："凡将事于四海山川"，唐贾公彦疏："山川，地神土色黄，故用黄驹也"。而于佛教，地神名曰"坚牢"，女神也。《最胜王经》曰："此大地神女名曰坚牢。"《诸天传》曰："地祇乃总号，安住不动皆地神故，坚牢乃别名。"地神具有与夜叉金刚力士同样的护法意义，因而以此形象托举交脚菩萨，成为云冈石窟交脚菩萨造像形式之一。

此洞窟位于主洞明窗东侧第 2 层，是一个雕凿在外壁的佛龛。图 2-2-3-28 所示为第 5-11 窟北壁主尊右胁侍菩萨头部。佛像头高 45 厘米，肉髻高耸、长眉细目、鼻梁高直、两翼分明，嘴角两侧上翘，笑容微微显露，身体前倾、颔首视下，蕴藏了极大的智慧与宽容。此造像表现出北魏匠师的雕刻成就。

图 2-2-3-27　第 5-11 窟东壁龛内托足地神

图 2-2-3-28　第 5-11 窟北壁主尊右胁侍菩萨头部

第 6 窟洞窟平面呈方形、平顶，中央塔柱直抵窟顶。塔柱平面呈方形，东西宽约 7.3 米，南北长约 7.9 米，高约 15 米。须弥基座，高约 1.2 米，上端饰波状忍冬纹，四角雕狮子。塔身分为上下两层。下层高约 7.4 米（含基座），四面雕圆拱、盝形重叠大龛，南北两龛分别为坐佛和二佛并坐，东西两龛分别为交脚菩萨和倚坐佛，构成过去、现在、未来"三世佛"序列。龛侧下层雕众胁侍像，上方为佛经故事，龛楣格内有高髻或夜叉飞天。下层顶部为仿木构屋檐，上雕瓦垄、莲花瓦当，檐枋下刻椽头。四角千佛列柱雕纵向单列禅定坐佛，柱顶置栌斗。上层的大须弥座四角各雕大象，前半身立在角瓦上，后身隐没于须弥座中。座角置九层方塔，第 1 层四角各雕一覆钵式小塔，第 2 层至第 9 层，四周镂空雕角柱。上层四面均为一佛二菩萨像。窟顶平棋方格，南面、西面、东面各九格，北面五格，格内雕诸天仆乘。图 2-2-3-29 所示为第 6 窟中心塔柱东南角。

图 2-2-3-29　第 6 窟中心塔柱东南角

第 7 窟后室东壁南侧第四层龛龛楣外左上隅雕有一供养比丘，如图 2-2-3-30 所示。小小的空间里雕一小比丘像，细眉长目、面含微笑，双手合掌置于胸前，头部微倾，神情俏皮、天真。此造像艺术"精神"似与古丝绸之路必经之地的哈萨克斯坦江布尔河谷保存的一尊犍陀罗艺术风格的摩崖石雕菩萨造像具有神态与造像技艺上的惊人一致性。由此反映了北魏平城和云冈石窟繁荣文化交流的事实。同时，这些并非偶然的继承与被继承或是相互借鉴的艺术交会关系，体现了公元 5 世纪通过丝绸之路实现的欧亚大陆的文化交流及其在北魏平城的融会与完美落地。

图 2-2-3-30　第 7 窟后室东壁南侧第 4 层龛龛楣外左上隅供养比丘

第 9 窟前室北壁东西宽约 12 米，高约 10.4 米，如图 2-2-3-31 所示。壁面上部中央设明窗，下部中央开窟门。在明窗下端和窟门两侧各有一横向水平的莲瓣纹饰带，向两侧东西壁面水平延伸，将整个洞窟东、西、北壁面分割成了上、中、下不同的空间层次。窟门门额立框上浮雕连环忍冬纹与龟背纹间隔组成的装饰图案。窟门上面雕庑殿顶饰，屋檐下装饰斗拱与飞天，两侧各雕一手执金刚杵的金刚神形象。北壁壁面分五层。第 1 层为供养人行列，残损严重。第 2 层浮雕一组睒子本生故事画，其汉风浓厚。第 3 层为两侧对称的盝形龛，内雕交脚菩萨像。龛柱为汉式柱身、爱奥尼亚式柱头。第 4 层中央为圆拱形明窗，明窗两侧外道形象遥相呼应。左右塔形柱将明窗及两侧的圆拱龛隔开，圆拱龛内雕释迦、多宝二佛并坐，对称均衡。第 5 层与窟顶连接处装饰天宫伎乐。整个壁面布局运用中国汉代画像石的传统手法，中西合璧，充分反映了佛教艺术进入中原地区后的中国化过程。

图 2-2-3-31　第 9 窟前室北壁

第 10 窟前室西壁上层交脚菩萨屋形龛是仿木结构庑殿建筑，如图 2-2-3-32 所示。殿身面宽三间，明间雕坐在狮子上的交脚弥勒菩萨；两侧梢间各雕思惟菩萨。明间两侧为八角形柱，柱身浮雕忍冬纹和绹索纹，柱头上置栌斗、皿板，上施雀替与普拍枋。一斗三升拱与人字形叉手，两种斗拱相间排列。屋脊上装饰金翅鸟（凤鸟）、三角火焰等，正脊两端为鸱尾。

图 2-2-3-32　第 10 窟前室西壁上层交脚菩萨屋形龛

第 11 窟明窗西壁第 2 层圆拱龛如图 2-2-3-33 所示，龛内雕二佛并坐像，二佛呈八字形端坐于龛内，袈裟铺于双腿间，衣摆铺展。龛楣雕 7 座小千佛龛，拱尾饰龙首返顾立于束帛柱上。龛外左侧雕三层出檐方塔，受空间影响，佛塔向左略倾，南侧局部残损缺失。

第 11 窟明窗东壁北侧第 1 层第 1 排圆拱龛如图 2-2-3-34 所示。该龛是在统一构思下雕凿的，结构严谨、刻画细致，是云冈石窟有明确纪年的造像龛之一，其造像特征具有石窟分期断代的标尺作用。

图 2-2-3-33　第 11 窟明窗西壁第 2 层圆拱龛

图 2-2-3-34　第 11 窟明窗东壁北侧第 1 层圆拱龛

第 11 窟北壁主尊坐佛如图 2-2-3-35 所示，位于第 11 窟外壁西侧最上层，前立壁坍塌，曾施彩，部分残存。北壁雕一佛二胁侍菩萨。佛像具高肉髻，面相丰圆适中，舟形背光雕饰繁缛细致。佛像着褒衣博带式服装，衣襞纹刻密集平铺于座前地面。

图 2-2-3-35　第 11 窟北壁主尊坐佛

第 12 窟前室南壁立柱上方由大型乐伎间隔安排 4 个坐佛龛，并与平棋藻井式窟顶一起组构(图 2-2-3-36)。

图 2-2-3-36 第 12 窟前室南壁上部

第 12 窟前室窟顶如图 2-2-3-37 所示,长方形窟顶雕为 8 格,每格均呈斗四式藻井,中央用色块表示出叠加的痕迹,井心刻一团莲,四内壁上飞天围绕莲花旋转,体态轻盈。梁枋相交处雕重瓣莲花,诸莲之间有成对的飞天围绕莲花飞舞盘旋。飞天与莲花将窟顶装饰得花团锦簇、繁复奢丽。窟顶与东西南壁面衔接处雕刻的大型高浮雕镂空式乐伎引人注目。

图 2-2-3-37 第 12 窟前室窟顶

云冈石窟的石刻造像气势宏伟,内容丰富多彩,是公元 5 世纪中国石刻艺术瑰宝,被誉为中国古代雕刻艺术的宝库。石窟根据开凿时间的不同,可分为早、中、晚三个时期,不同时期的石窟造像风格也各有独特之处。早期的"昙曜五窟"气势磅礴,蕴含着浓郁、纯朴的西域情调。中期石窟则以精雕细琢、装饰华丽而著名,展现了北魏时期富丽堂皇的艺术风格。晚期石窟虽规模较小,但人物形象清瘦俊美、比例适中,是中国北方石窟艺术的楷模,也是"瘦骨清像"的源头。此外,石窟中留下的乐舞和百戏杂技的雕刻,也反映了当时佛教思想的流行和北魏社会生活的情况。

云冈石窟以图像的形式详细记录了印度和中亚佛教艺术在中国的演变历史，并描绘了佛教造像的逐渐世俗化和民族化的过程。在云冈石窟中，多种佛教艺术造像风格进行了前所未有的融合和交流，由此诞生的“云冈模式”成为中国佛教艺术发展的重要转折点。敦煌莫高窟和龙门石窟中的北魏时期造像，都在不同程度上受到了云冈石窟的影响。

云冈石窟是中国石窟艺术“本土化”发展的重要起点。在云冈中期石窟中，出现了中国传统宫殿式建筑风格的雕刻，同时也发展出了中国式佛像龛，这些在后来的石窟寺建造中得到了广泛的应用。而在云冈晚期石窟中，窟室的布局和装饰更加突出地展现了浓郁的中国式建筑和装饰风格，这反映出佛教艺术化的不断深入。

第四节　清新典雅的晚期洞窟

云冈石窟三期工程主要是在孝文帝迁都洛阳之后（约 494—524 年）建造的，其造像主要分布在昙曜五窟的西面，包括第 21 至第 45 窟，多是中小型洞窟，此外还包括第 4、14、15 窟，以及第 11 窟以西崖面上部的小窟，第 4 至第 6 窟之间的一些中小窟，共计 200 多座。这一时期皇室工程基本结束，主要的开凿者是大批留居的亲贵、中下层地方官吏、佛教信徒等。由于政治中心的迁移，财力上的不足，大型石窟大大减少，多是小窟、小龛、小佛像，成组的洞窟不再出现，而布局多样的小龛开始广泛开凿。与中前期以祈佑国泰民安、王朝强大为主相比，更多的是为亡者祈福或为生者求平安，个人诉求逐渐占据主导。其主要分布在云冈东西两端和中部的崖面上。

一、第三期洞窟的形制及布局

云冈晚期工程得以继续与王朝政治的推动密切相关，北魏迁都洛阳以后，孝文帝在加速推动拓跋鲜卑封建化的过程中，既迎合了历史潮流，又协调了上层统治阶级的矛盾，针对因循守旧、旧都意重的上层权贵，特许“冬朝京师，夏归部落”。冬夏二居之制直到正光初年（520 年）亦未完全废止。宣武帝在位期间（500—515 年），曾两次派遣重臣抚劳旧都，朝中的旧贵亦频繁地往来于洛阳与平城之间，平城维持着旧都风貌，并未荒废，仍然是北魏时期的佛教要地。

云冈第三期洞窟形制有别于以前，较显著的特点是：没有成组的窟，中小窟多，布局多样的小龛遍布云冈各处，中小窟龛的发展，表明迁洛以后的北魏晚期，佛教在平城地区的中下层蔓延起来。从洞窟中现存铭记来看，窟主最高官职不过是冠军将军（第 38 窟上方吴天恩造像记），小龛龛主最高的是常山太守（第 11 窟明窗东侧太和十九年妻周为亡夫田文虎造释迦、弥勒龛铭），而开窟较多还是没有官职的佛教信徒（清信士、佛弟子）。

洞窟内部日益方整，塔洞、千佛洞、三壁三龛式和四壁重龛式的洞窟是这时流行的窟式。由于第三期窟龛数量较多，现就第三期窟中常见的四种不同类型的石窟分别选例综合叙述如下。

（一）塔洞

第 4 窟，第 4、5 窟之间的未编号塔窟和第 39 窟，都属塔洞。正中雕塔或方柱，壁面多凿千佛小龛为其共同点。第 4 窟与第二期的第 11 窟相似，中心方柱没有雕出塔形，柱身四面皆雕立佛像。该窟南壁窟口上方有正光年间的小龛，这是云冈现存最晚的北魏纪年铭记。第 4、5 窟之间未编号塔洞和第 39 窟都镌出五层塔，塔正面第一层正中的小龛都雕释迦多宝对坐像。第 36 窟东西后三壁皆雕千佛，后壁千佛中现释迦多宝龛，东西壁千佛中现释迦龛（图 2-2-4-1）。

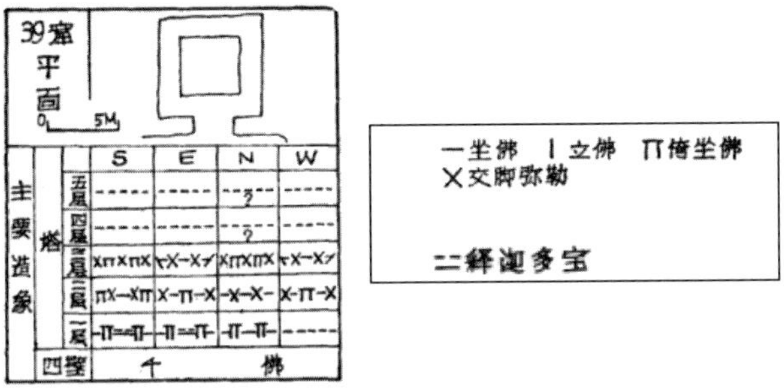

图 2-2-4-1　云冈石窟第 39 窟佛像布局图

资料来源：宿白. 云冈石窟分期试论[J]. 考古学报，1978（1）：25-38

（二）千佛洞

第 14 窟内列柱满雕千佛龛，后壁主像是弥勒。第 15 窟是典型的千佛洞，窟内四壁皆为排列整齐的千佛，现存造像有 8900 余尊，后壁千佛中，上部现弥勒龛，下部现释迦多宝龛，东西两壁千佛中现释迦龛，南壁满镌千佛。

（三）三壁三龛式

云冈三期洞窟形制实际上属于中期大像窟、佛殿窟和塔庙窟三种旧有基本窟式的缩小型，它变化显著，是云冈洞窟样式最繁杂的阶段。其中缩小型的大像窟、佛殿窟演变的共同规律是向平顶方形平面或接近方形平面发展。因此，北魏晚期出现一种新的窟形——三壁三龛窟，主要分布于云冈石窟的西部和第 4、5 窟及第 11 窟至第 13 窟之间。

三壁三龛窟是因石窟正壁和左右壁各开凿一佛龛而得名。这类洞窟大多是小型窟，出现于北魏云冈的晚期石窟，盛行于北齐，以后逐渐消失。这种具有代表性的北魏洞窟，数量接近七十座，这种窟形在北魏晚期流行，集中体现了北魏晚期的新风。三壁三龛石窟基本特征和布局如下：一般平面是方形，正壁、左壁、右壁各开凿一佛龛，龛内都造像一尊，窟顶是平棋或平顶等图案，是小型洞窟。

三壁三龛式洞窟在云冈石窟三期建造中多见，其主要窟号和各窟主像布局见表 2-2-4-1。

表 2-2-4-1　云冈石窟第三期三壁三龛式部分洞窟及主像布局

窟号	东壁	北壁	西壁
4:1 （4A）	×	-	-
5:11 （5A）	×	-	-
5:10 （5B）	×	-	-
11:16 （11A）	×	--	-

续表

窟号	东壁	北壁	西壁
11:7 （111）	×	-	×
13:6 （13C）	⊥⊥	-	×
23 （22）	| |	⊥⊥	| |
24 （23）	⊥⊥	×-×	⊥⊥
28 （27）	-	⊥⊥	-
33:6 （32H）	×	⊥⊥	-
33	-	⊥⊥	×
34	?	⊥⊥	-
35	×	-	-
40	×	-	?

注:⊥⊥ 二佛并坐像; - 坐佛像; | 立佛像; × 交脚弥勒像; ? 不明

其他如 13: 29(13A)、13: 1(13D)、13: 16(13F)、13: 17(13G)、13: 27(13B')、22: 1(21B)、32: 11(31I)、32: 12(31J)、32: 14(31L)、40:1(39A)、40:2(39B)、41 等小窟亦是三壁三龛式,但或因损毁,或因资料全然欠缺,故此暂略。

此表参照宿白《云冈石窟分期试论》,水野清一、常广敏雄《云冈石窟》编制。窟号采用云冈石窟文物保管所编号(括号内为水野清一等编《云冈石窟》中的编号)。

从表 2-2-4-1 可以看到云冈石窟的三壁三龛式窟主要有两类主像,即释迦多宝并坐像和单一的坐佛像,释迦多宝并坐像见于 11: 16(11A)、13: 6(13C)、23(22)、24(23)、28(27)、33: 6(32H)、33、34 窟,这是这个时期新出现的主像形式,来源于《法华经》释迦多宝并坐像。同时还有少量洞窟以交脚弥勒为主像的,而弥勒菩萨像通常出现在东壁或西壁的大龛内。

根据两侧壁龛内配置主体尊像是否相同,分为两类。

对置相同尊像的,见表 2-2-4-2。

表 2-2-4-2 两壁侧龛内配置相同尊像的洞窟图像组合

规格	实例	图像配置示意图
中型洞窟	23 窟	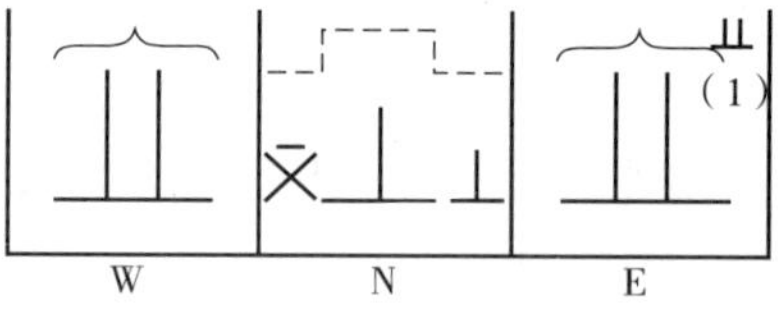
	24 窟	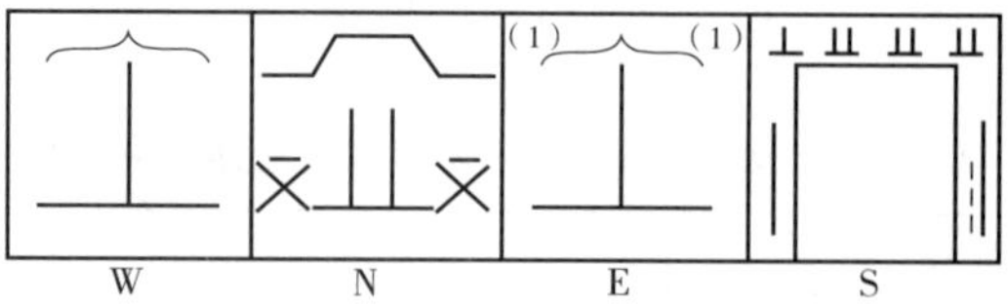

续表

规格	实例	图像配置示意图
中型洞窟	27 窟	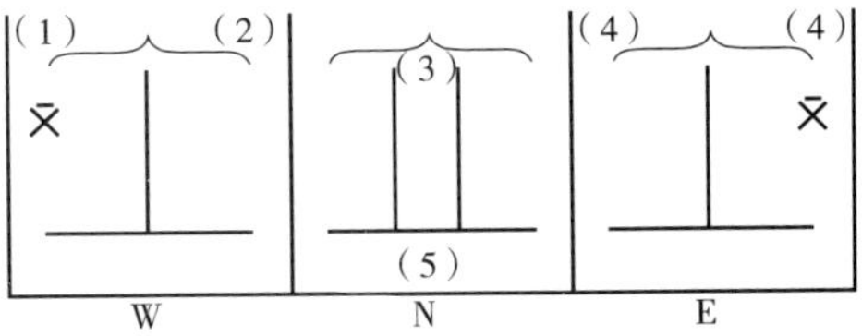
	34 窟	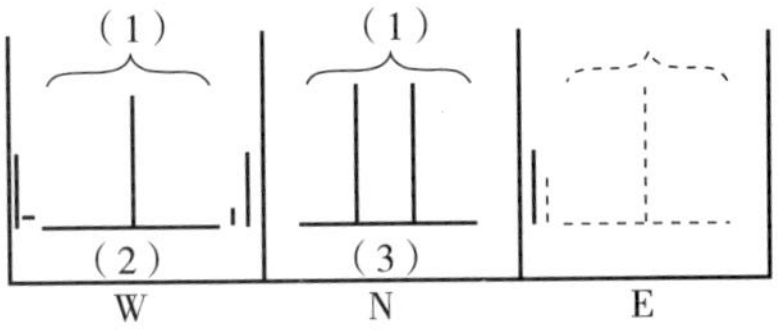
	37 窟	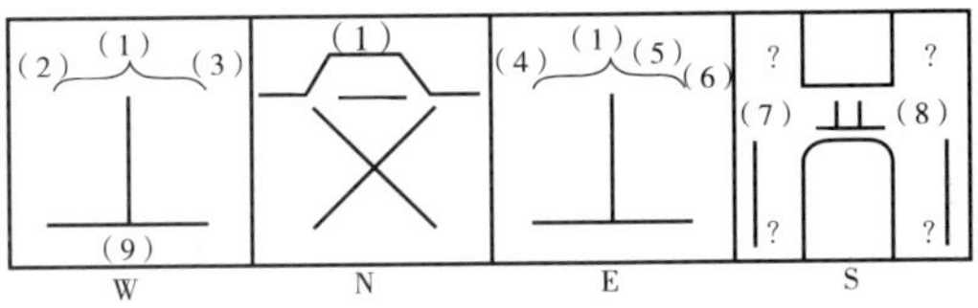
小型洞窟	35B 窟	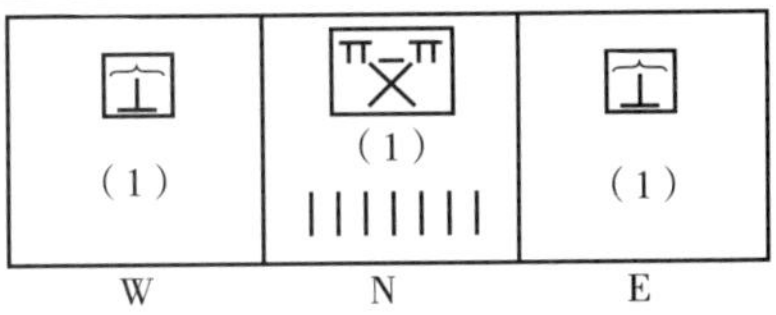
图例	趺坐佛 并坐二佛 倚坐佛 交脚佛 交脚菩萨 立佛 阿育王施土 定光佛授记 罗睺罗受记 菩萨 弟子 曲尺形龛 尖拱形龛	

资料来源:①李雪芹. 新编云冈石窟窟号的说明[J]. 文物,1988(4):30-35.

②王友奎. 云冈石窟第三期洞窟图像组合分析[J]. 敦煌研究,2020(3):48-62.

配置不同尊像的,见表 2-2-4-3。

表 2-4-4-3　两壁侧龛内配置不同尊像的洞窟图像组合

规格	实例	图像配置示意图
中型洞窟	33 窟	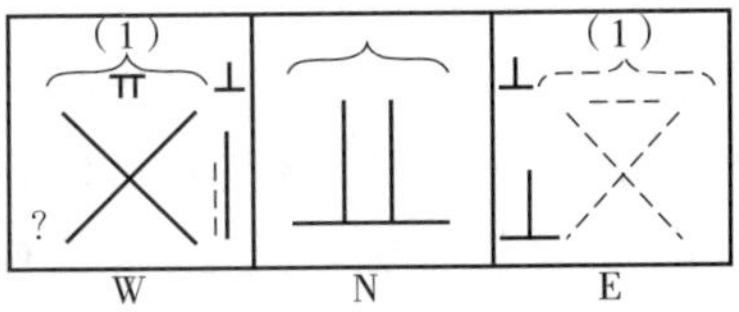
	35 窟	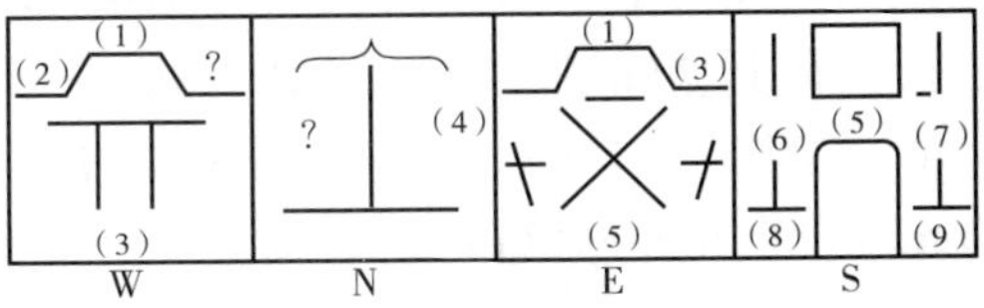

续表

规格	实例	图像配置示意图
小型洞窟	11 A	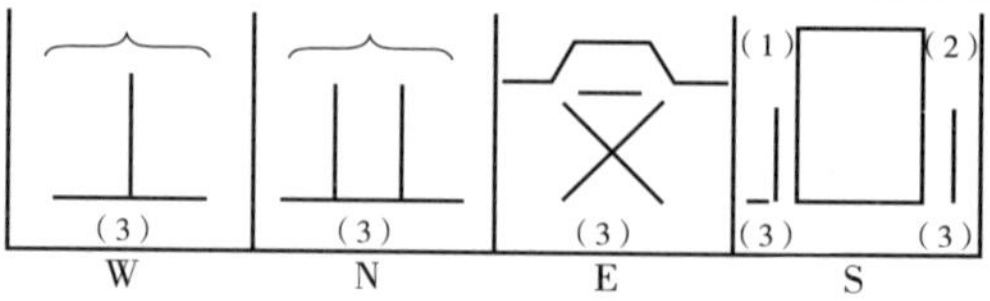
	38 C	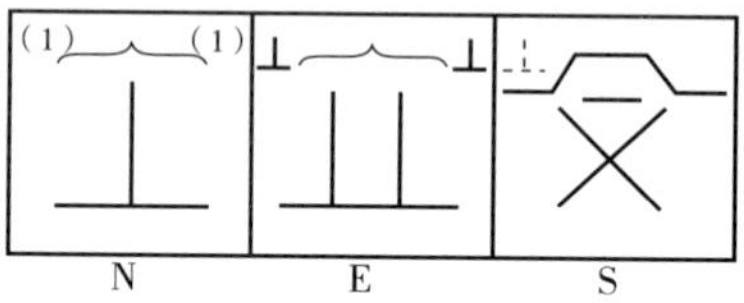
	13e	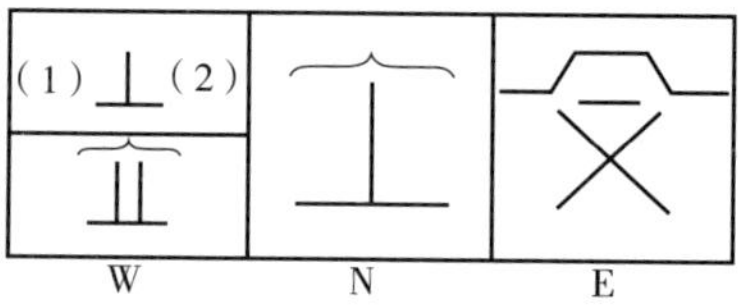
	13f	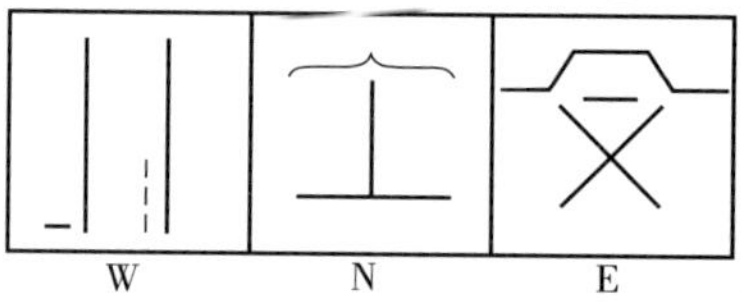
	13 g	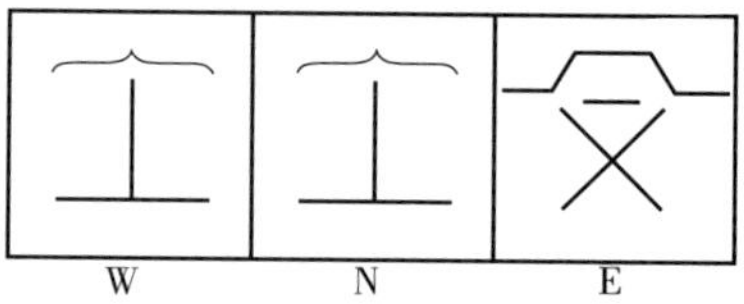
图例	趺坐佛 并坐二佛 倚坐佛 交脚佛 交脚菩萨 立佛 阿育王施土 定光佛授记 罗睺罗受记 菩萨 半跏思惟菩萨 弟子 曲尺形龛 尖拱形龛	

资料来源:①李雪芹. 新编云冈石窟窟号的说明[J]. 文物,1988(4):30-35.
②王友奎. 云冈石窟第三期洞窟图像组合分析[J]. 敦煌研究,2020(3):48-62.

(四)四壁重龛式

四壁重龛式的中小型洞窟约 20 座(图 2-2-4-2),如第 38 窟,其四壁凿龛造像,窟顶为方格平棊藻井,窟内四壁布局为北壁和西壁为单龛,东壁为二层龛,南壁为三层龛,基本上属于四壁重龛窟。时间较早的,后壁多雕一大龛,主像有释迦,有释迦多宝,如 11B、21、29。时间较晚的后壁多和东西壁同为重龛形式,后壁重龛中的佛像:多上龛弥勒,下龛释迦或释迦多宝,如 23 A、31H;也有上龛弥勒,下列千佛的,如 11 J;还有释迦弥勒分层错落布置的,如 15 A。后壁雕大龛,东西壁重龛组合复杂,甚至有在角隅或下部出现佛传故事和维摩文殊等像的,如 32E、34 A、38 等,也是较晚的式样。

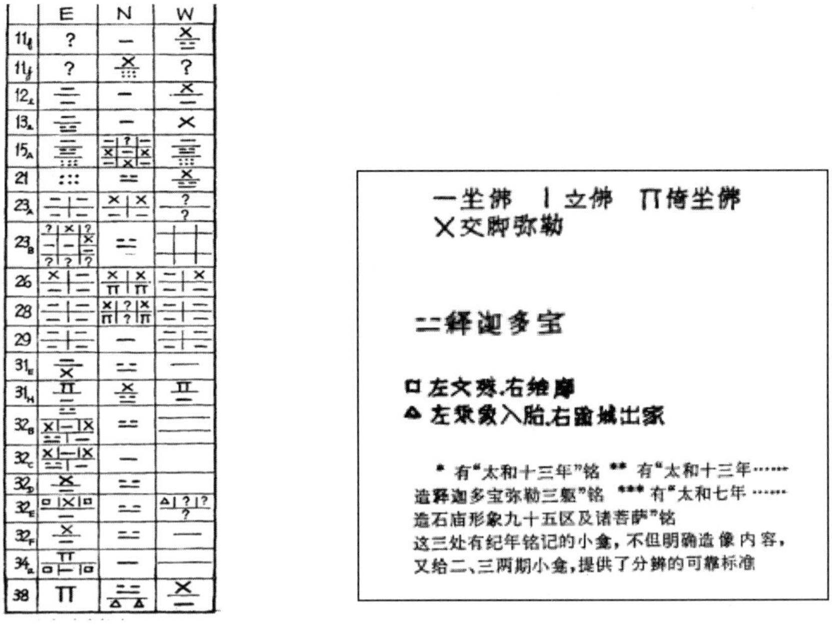

图 2-2-4-2　云冈石窟四壁重龛式石窟统计

此外，第三期小龛，东自第 4 窟，西迄第 39 窟塔洞以西都有分布，但第 4、5、11、13、16、17、18 和 19 西胁洞以及第 39 窟口附近较为集中。这期小龛，单像龛日趋简单；并列龛出现了新组合，双塔的布局数量增多；重层龛复杂化。

二、第三期洞窟的主要造像风格

云冈第三期洞窟是在北魏晚期修建的。佛教石窟艺术在云冈石窟第二期的后期开始中原化，在云冈石窟第三期和龙门石窟一期走向成熟。因此，云冈石窟进入第三期工程后，受北魏孝文帝汉化政策的影响，造像样式及特征也趋于汉化，已经具有明显的汉地审美造像特色。太和十八年（494 年），北魏迁都洛阳，云冈的皇家佛教建造工程宣告结束，后期云冈的开窟造像之风更多是由民间刮起的，与龙门一期一致，造像内容上趋于模式化和简单化，这个时期的造像风格也不同于早期的雄浑健硕，佛像造型更显瘦削，整体呈现出形体文弱、面型清秀俊美、眉眼细长、颈长肩窄、服饰重叠繁复的汉地审美特征，“夸张中有内敛，清瘦中透着秀雅”，这种佛像后来发展为“秀骨清像”，是河南龙门石窟艺术风格的起源，这与早期昙曜五窟中典型的西域风格和中期胡汉融合的太和格调完全不同，与第二期雕刻形象相比，丰富多变的气势减弱，新形象也出现不多。云冈造像艺术更臻成熟的第三期，甚至在供养人的行列中，出现汉族人形象，人物面型、身段匀称适度，造型追求简洁、单纯、宁静的艺术效果。

鉴于此，多数学者认为佛教造像取得真正的本土化、民族化突破是在北魏云冈石窟。云冈石窟佛教造像将北魏鲜卑的民族特性、中原儒家文化思想掺入其中，以犍陀罗艺术为蓝本，创造出了新型的艺术模式。魏晋南北朝时期与士大夫人生态度相适应的人生品评之风盛行，当时人们执着追求清高脱俗，潇洒不群，在许多经典论作中都提倡“清”“秀”。人物画“秀骨清像”自然成为审美的追求。“秀骨清像”式造像是指人物造型的清癯消瘦，而由于这方面的表现没有明确的规定，只能依据中原模式表现出来的前后变化，理出其发展脉络，大体说来，在造型上遵循由丰腴到消瘦的演变规律。

这一时期佛造像在雕刻技巧方面同南朝人物绘画技巧结合了起来，在南朝清秀隽永的人物绘画技巧影响下，云冈石窟晚期佛造像普遍呈现出大体修长飘然以及简洁俊逸的特征。北魏迁都洛阳，对石窟的开凿也产生了影响，在云冈石窟的造像上也不再崇尚复杂化。该时期前段佛造像在面相上稍瘦削但双颊尚丰圆，在双肩上虽然不宽阔同时也不会过分紧窄，在外衣上以密褶若菩提叶式为主。该时期后段佛造像面相瘦削，表现出长颈特征，整体呈现出秀骨清像之风。从雕造技法来看，对直平阶梯式的衣纹加以普遍运用。云冈石窟的佛造像最末在宋、齐时代，北魏已经迁都，达官贵族普遍离开平城，在凿窟和佛造像规模上均很少再见到早中期的形制、规模，在凿窟的规模上以中小型窟造像的布局为主，所雕琢出的形象仅为当时想进行供养的形象。云冈石窟在后期佛造像人物形象上作出的改变，一是与佛教艺术的进一步汉化并注入了魏晋以来门阀士族审美理想有关；二是与雕刻艺术家们雕刻艺术创造力的精进有关。

由于北魏迁都洛阳，晚期的云冈石窟在佛造像形制上向中小型转变，细腻的雕刻装饰也开始向平实方向转变，更加贴近大众生活和社会风尚，表现出平实之美。该时期的佛造像在面相上也趋于平常人，更能被世俗所亲近。第 15 窟的“千佛洞”即对上述情形进行了反映，众多的微小佛像同早中期的大型佛像形成了鲜明对比，在寓意上也更加丰富，越来越多的平民也希望能够进入极乐世界，且在佛造像的服饰上，该时期也融入了当时的社会现状。北魏孝文帝实施改革服制与汉化政策以来，在云冈石窟晚期的佛造像艺术上也有明显的反映。

这种变化的原因与佛教中国化的过程相契合，佛教初传入中国时，无论是在造像上还是在教义方面，都保留了原有的特征，然而随着佛教的慢慢深入，佛教文化与汉文化的交流使得佛教造像在中国日趋汉化，它的变革也成为一种历史的必然。佛教石窟、佛教造像艺术是佛教文化的重要载体，它是特定文化、政治背景下的产物。 因此佛教的变革可谓多种文化交流碰撞下的独特历史文化现象，在中国的文化背景下佛教的本土化是佛教与中国政治，文化相互交流，相互融合的结果。这种融合是佛教在中国这种特定文化历史背景下的再利用和再创造。佛教汉化的必然性，不仅体现了中国文化的包容性，同时也体现了其独特的个性。云冈石窟佛像从最初的犍陀罗风格，转为瘦骨清秀，褒衣博带式的汉化风格，真正体现出汉文化对异文化的包容、吸收和摒弃。

从总体上看，云冈三期佛教造像的艺术特点如下。

①云冈三期佛教造像已将南朝“秀骨清像”式的人物画技法完全融合到北魏佛教艺术之中，发展形成了符合当时人们美学趣味的宗教人物形象，并显示出一种通脱潇洒的时代风韵。

②佛像的造型特点是面型清瘦，脖颈细长，双肩下削，瘦体肥衣，一律着褒衣博带式服装，清秀飘逸。

③云冈三期佛教造像更臻成熟，具有鲜明的中国本土的民族艺术风格。

三、第三期洞窟的造像服饰与装饰

在佛像的服饰上，以“褒衣博带”式袈裟代替袒右肩袈裟，早在太和年间即已在云冈等处出现，但只有到了龙门才普遍采用，成为定式。云冈石窟服饰与装饰的发展是相辅相成的，装饰是伴随着服饰的不断变化而出现适用性的调整。

（一）“褒衣博带”式

云冈石窟从中期起，已经开始向褒衣博带发展，“褒衣博带”式服饰出现是受南朝穿衣风格影响，最早见于第 11 至第 14 窟，其中第 14 窟属于晚期石窟，特点是衣着宽大，内着“僧祇支”（内衬）；领口敞开至胸，点缀有缚带；衣襟为“左衽”（从右面掩向左面）；袖口宽大，长垂至膝；下身着长裙，及地遮足。这种服饰风格在中期后段的造像中极为普遍，并贯穿于晚期石窟造像，只是进入晚期后，佛造像的服饰明显地趋向于宽衣大袖，颇具汉人服饰特点，均为当时社会生活的真实写照，使该时期云冈石窟的佛造像显现出突出的平实之美。云冈晚期服饰在造型方面较中期流行的“褒衣博带”式已发生了很大的改变，主要表现在两个方面。

一是装饰部位的转移。中期“褒衣博带”式的胸前带饰不再是强调的重点，变得可有可无，袈裟下摆成为突出表现的部分，成为佛衣的装饰重点，且有多种表现形式。

二是着此类佛衣的佛像均为坐佛，而不见于立佛。

以云冈石窟三期工程中部分坐佛造像服饰特征加以说明，见表 2-2-4-4。

表 2-2-4-4　云冈石窟三期工程部分坐佛造像服饰特征一览表

时期	特征	窟号
早期	衣纹采用高浮雕，间隔较宽，感觉厚重。下摆前半部分以两个半椭圆形式下垂，后半部下垂部分较小	13：6（13C）；28（27）北、东；11：16（11A）北、西；24（23）西；34 西
晚期	衣纹采用浅浮雕，接近密折式平行线条，下摆除椭圆形衣角以外，亦明显表现了宽长下垂的后裳后部。底纹复杂而有规律性，左右对称。	35 南；5：10（5B）西、北；5：11（5A）北、西

注释：窟号采用云冈石窟文物保管所编号（括号内为水野清一等编《云冈石窟》的编号）

这种流行于云冈晚期的佛像服饰，在北方，整体出现于北魏末期，具体是指孝文、宣武之后的灵太后时期（515—524 年），是云冈晚期后段（515—524 年）流行的一种佛衣样式。梁思成将其形象描述为“座前垂衣曲折翻覆重叠掩座”，宿白先生也认为晚期“衣服下部的衣纹越来越重叠”，学界对此尚没有统一命名，最倾向于“上衣重层式”的叫法，如图 2-2-4-3 所示。

据范鸿武研究，大致从延昌（512—515 年）以后，大衣下摆呈密褶式平行链条，坐佛下摆除椭圆形衣角以外，明显地表现出宽长下垂的下裳后部，左右对称，复杂且有规律性，富有外张如翅的力量感和韵律美，这是后期悬裳式衣纹的雏形。

除此以外，这一时期菩萨像也体现出这种瘦骨清像的特征，他们头戴花冠，面相亦转变为长条清瘦型，削肩长颈，上身穿短衫，帔帛交叉于胸前腹际，较晚的流行穿壁的做法。大裙下摆呈锯齿状，尖长的两角向外飞翘，帔巾飘舞，身形也已经显著拉长，颇有南朝士大夫潇洒飘逸的风度。

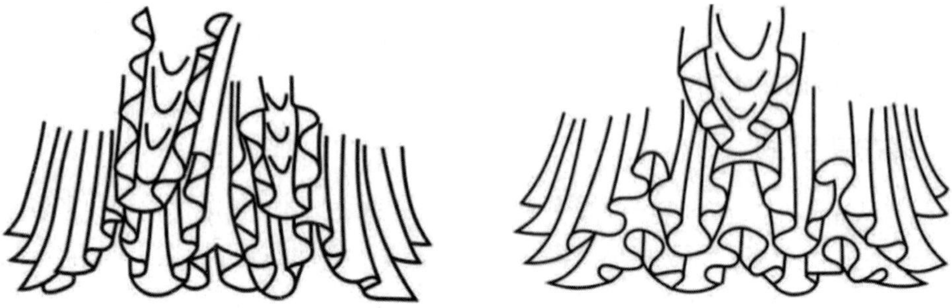

（a）　　（b）

图 2-2-4-3　上衣重层式

（a）第 30 窟西壁 2 层中部龛主像佛衣样式　（b）第 35-1 窟西壁 1 层方形龛坐像佛衣样式

资料来源：刘芳. 云冈晚期佛像服饰的造型变化[J]. 云冈研究，2021，4：24

总之，“上衣重层式”佛衣是云冈晚期后段流行的一种佛衣样式，着该类佛衣的佛像分布于晚期窟龛的不同位置，涵盖多种造像题材，主要包括二佛、二佛、一佛二菩萨以及一佛二菩萨二弟子等造像组合。不同于中期流行的“褒衣博带”式，该类佛衣典型特征是装饰部位转移至脚踝处，表现形式为密褶式的下摆，左右对称，褶裥分布均匀，且底端均微微向外展开。该佛衣类型亦是同时期龙门、巩义两地石窟寺佛像服饰的流行样式，共同特征表现为雕像重心下移，下垂衣摆形成有一定组合形式而又千变万化的衣裾褶纹。其是受到南方影响后在中原风格基础上形成的，并率先出现于龙门，继而随着造像重心的转移在巩义得到进一步发展，是北魏晚期佛像服饰的流行样式。云冈既适应大的流行趋势，亦表现出独特性，注重衣纹表现的对称性，线条有力，向前是“褒衣博带”式的进一步发展，向后则衔接了云冈与龙门，进而衔接了北魏和东魏、西魏的佛衣发展进程，在佛像服饰的民族化进程中具有不可或缺的重要地位。

（二）菩萨像装饰——璎珞

璎珞，意为用珍珠等串成的装饰品，可以佩戴到菩萨的各个部位，在云冈石窟璎珞主要分为三种。

短璎珞，主要佩戴于颈部，主要分为 A、B、C、D 四型，如表 2-2-4-5 所示。

表 2-2-4-5　短璎珞

类型	1	2	3	4
A 型			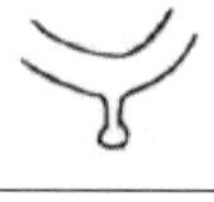	
B 型	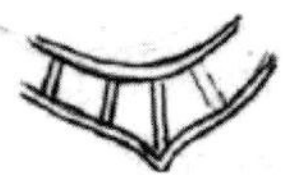		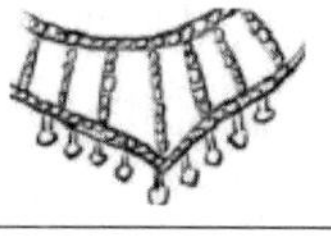	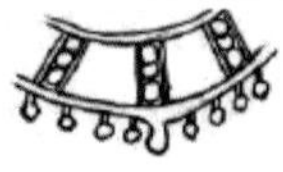

续表

类型	1	2	3	4
C 型				
D 型				

中瓔珞，主要饰于胸部到腹部的地方，其样式有两种，分别为 E、F 两型，如表 2-2-4-6 所示。

表 2-2-4-6　中瓔珞

类型	1	2	3	4
E 型				
F 型	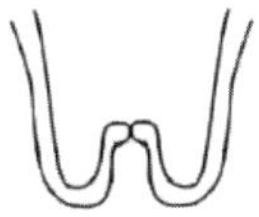		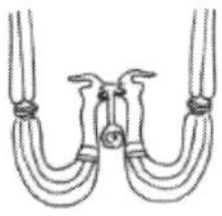	

长瓔珞，主要垂悬于腰腹间的装饰，多呈交叉状，其大类型都归属于 G 类，如表 2-2-4-7 所示。

表 2-2-4-7　长瓔珞

类型	1	2	3	4	5
G 型	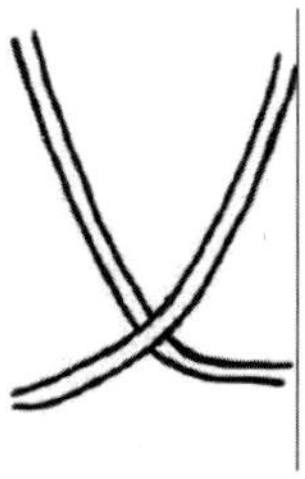	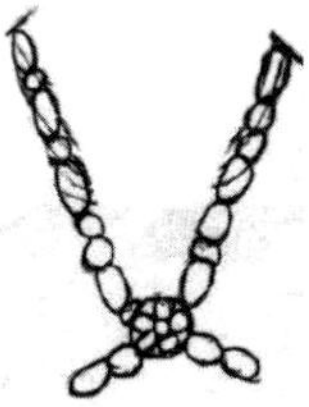			

云冈第三期由于帔帛遮盖，整体没有前两期展现得那么直观，暂选有代表性的窟龛进行说明，如图 2-2-4-4 所示。

（a）

（b）

（c）

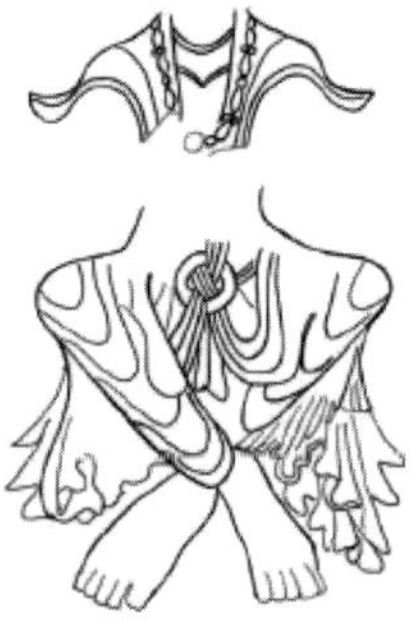

（d）

（e）

（f）

图 2-2-4-4 菩萨造像中的璎珞

（a）第 35 窟西壁第 2 层盝形龛主尊右胁侍菩萨 （b）第 21 窟东壁第 3 层龛主尊交脚菩萨
（c）第 5-11 窟东壁盝形龛主尊交脚菩萨 （d）第 35 窟东壁龛主尊交脚菩萨
（e）第 33-3 窟西壁上层左侧文殊菩萨 （f）第 27-2 窟东壁交脚菩萨

第 35 窟中的菩萨最明显的是在腹部呈“W”的帔帛，交叉后再搭于菩萨的手腕之上，佩戴的是盘状式的短璎珞，主要在脖颈处，十分美观大方；第 21、35、33-3、27-2 窟亦是盘状的短璎珞；第 5-11 窟则是佩戴着“U”字形的中璎珞，是作为胸饰出现的。整体而言，在晚期云冈石窟中，璎珞是以中短型为主的造型，它们不仅是简单的美学饰品，更是配合于服饰的重要装饰物。

第三章　云冈石窟的造像与雕刻

石刻与造像是云冈石窟寺作为皇家寺院礼佛的内容，云冈石窟文化集中呈现于石窟雕刻之上。本章将视角聚焦于石窟石刻本身，以服饰、造像纹样、建筑雕刻、乐舞雕刻、装饰纹样为内容进行具体分析。关于释迦牟尼的本行与本生故事是重要的佛教主题，即在内容上通过故事来阐释佛陀思想。服饰、建筑与装饰纹样雕刻都是造像艺术的主题内容，是体现犍陀罗艺术东传、拓跋鲜卑部族文化与佛教建筑艺术中国化的重要呈现。

第一节　云冈石窟的佛教故事

据调查统计，云冈石窟目前尚存佛教故事雕刻画面220余幅，可考名者198幅，另外有近百幅漫漶不清或泐蚀殆尽。这样看来，云冈最初至少应有300余幅佛教故事雕刻画面。云冈石窟中的佛教故事包括本行故事、本生故事、因缘故事和其他佛教故事。

一、本行故事

本行故事，即佛传故事，讲述佛陀从出生、出家、成道、说法至涅槃的各种事迹，富有传奇色彩。云冈石窟中的佛本行故事雕刻内容，常见的题材有乘象投胎、逾城出家、降魔成道、降服迦叶、初转法轮、涅槃等，其中内容最丰富的是第6窟。

(一)乘象投胎

据《过去现在因果经》载：摩耶夫人是迦毗罗卫国净饭王的王后，亦是善慧菩萨在兜率天宫所识的母胎。摩耶夫人，端庄貌美，性情温和，夫妇俩感情笃深。然而婚后十年一直未生育，净饭王常为膝下无子感到苦恼，更为未来无继承人而忧虑。摩耶夫人四十岁那年，奇迹发生。那是一个繁星满天的晚上，迦毗罗卫城美丽的皇家花园香气四溢，宁静祥和，多罗树在夜风的轻拨下，发出天籁。摩耶夫人心情大好，内心涌动着一种莫名的兴奋与愉悦，不自觉地进入了梦乡。眠寤之际，忽见一菩萨乘骑一头六牙白象腾空而来，从右肋进入自己的身体。夫人一惊，从床榻上激起，待转过神后，身心倍感愉悦，如饮甘露。她下意识地自我打量一番，只见她全身上下明亮皎洁，如沐日月光照。夫人陡然神志清醒，急忙赶到净饭王处说梦。净饭王闻听，立即传召了善于相术的婆罗门过来，询问摩耶夫人所梦有什么凶兆或吉兆。婆罗门占卜道："夫人必定是怀了太子，太子将来会成佛，能够光大显扬释迦种姓，可成就一切智慧，给众生带来恩泽。但如果太子将来不出家，则他一定会继承王位，成为转轮圣王，称王于天下，七宝(佛教中的七宝是指七种被认为具有特殊意义和功效的宝石)会自然来到，诸多子孙后裔具足矣。"摩耶夫人自从菩萨处胎以来，便每日修行波罗蜜功行。天人奉献的饮食自然到来，对于人间食物的味道，摩耶夫人已不再贪乐。三千大千世界亦产生六种震动，所有患有疾病的人，病症全都消除。人间的谷物庄稼在风调雨顺中自然成熟，获得丰收。举国平安快乐，万象更新。乘象投胎雕刻见图 2-3-1-1。

（二）逾城出家

逾城出家是悉达多太子决定离家修行而骑马逾城的故事，象征着释迦牟尼修行的开始。故事的背景是太子在城外出游时看到人间有疾病、衰老和死亡等诸多痛苦，他想寻找一条消除人间痛苦的途径。29 岁那年，悉达多决定出家修行。为了避免国王阻拦，他决定在一个夜晚离家出走。当时夜深人静，宫门紧闭，面对高高的宫墙，人虽可逾过，但太子的爱马犍陟却无法逾过。此刻，太子身放光芒，彻照十方，声音洪亮如狮吼："过去诸佛出家修行之法，我现在也能做到。"话音未落，诸天神降临，捧马犍陟四足并接应太子仆役车匿，逾越宫门。也有佛经讲，因生怕铿然作响的马蹄声惊醒入睡者，神明们才降神凡间捧托马蹄，辅助太子悄然出宫。很快他们便来到北城门前。诸天神令城北门自然打开，没有一丝动静，太子由此门而出，进入山中，开始了六年的苦修。逾城出家雕刻见图 2-3-1-2。

图 2-3-1-1　第 37 窟东壁龛南上隅《乘象投胎》

图 2-3-1-2　第 6 窟南壁东侧第 2 层《逾城出家》

（三）降魔成道

降魔成道的佛经故事源于印度，所谓魔是种种欲念的化身，是修行者思想意志最脆弱的部分。降魔成道图多次在云冈石窟壁画中出现，圆拱龛内一佛陀跏趺而坐，右手上举为施无畏印，左手置膝指向大地，是为降魔印，火焰背光直抵龛顶，龛外四周满布群魔。

太子经过六年的苦修没能解决他的困扰，最终他放弃苦行，在河中沐浴后接受了牧女供奉的乳糜。太子恢复体力后在菩提树下正念端坐，立下重誓："不成正觉，不起此座！"此刻，魔王波旬的宫殿发生了猛烈的震荡。波旬得知太子将成正觉，寝食不安。于是，他率领魔军男女眷属，手持强弓毒箭，来到太子修行的菩提树下百般恐吓。"太子，你是刹帝利转轮王种，怎么能舍弃王位出家当乞士？回到你的迦毗罗卫国去享受五欲的快乐吧。广行善道，死后也会享受升天的快乐。倘一意孤行，威力无比的毒箭伺候，死神将与你同行。赶快坐起去修习你的转轮王业吧！只要你反悔，会保证你的生命安全。"魔王波旬有三个女儿，分别叫染欲、能悦人和可爱乐。她们佩戴各种珍珠璎珞，妖艳巧媚，能惑人。三魔女体香摄人，走到太子前搔首弄姿，莺声细语地说："太子啊，六年了，多孤单呀，别说身边没有女人，就是连个说话的人都没有。我们敬重您的德行，愿意用身体侍奉您，使您得到极致的快意和满足。”

面对魔王的恐吓，魔女的诱惑，太子岿然不动。他信念坚定，道心不变，气急败坏的魔王向太子发出攻击。霎时天昏地暗。只见太子正襟危坐，眉间白毫大放光明，照彻世界。光照中，魔军所有的箭杆停在空中，箭镞落地化作一朵朵美丽的莲花。然后，太子又用智慧之手按令大地，大地震动，魔军溃败，三魔女也变成三老妪。降服魔军后，释迦牟尼在菩提树下静坐思惟，觉悟成道。“降魔成道”是佛祖释迦牟尼一生的重要转折点，正是从这一事件开始，释迦牟尼完成了从普通人到觉悟者的蜕变。降魔成道雕刻见图 2-3-1-3。

（四）降服迦叶

佛陀前往摩揭陀国布道，临近黄昏，到达尼连禅河附近，佛陀停歇下来。沿河岸边，居住着优楼频螺迦叶、那提迦叶和伽耶迦叶三兄弟，他们修持婆罗门教火祭之法，各有上百名弟子。佛陀就近走向优楼频螺迦叶的道场借宿。迦叶说：“房子已被弟子们占满。有一间石室倒是空着，不过里面盘踞着一条恶龙，会伤人。”佛陀暗忖：看来征服了恶龙就有可能降服迦叶。于是，他决定住进石室。迦叶试图劝阻，佛陀心中有数，执意不改。当晚，石室的恶龙毒心发作，放出赤烟，烈焰冲天。迦叶师徒惊慌失色，全力扑救，火势却愈燃愈烈，猜测借宿的年轻佛陀必死无疑。

翌日早上，迦叶师徒来到石室收拾残骸，谁料想年轻的佛陀从黑黢黢的石室里走出，安然无恙。眼见佛陀处火不烧，降伏恶龙，置于钵中，迦叶师徒惊叹不已。不过，迦叶顽固执迷，佛陀要想度化他，难度很大。毕竟迦叶精进修证，自诩得道的圣者，在摩揭陀国享有至高的威望，深得国王和人民的敬仰，并且有 500 个弟子追随，还拥有完整的宗教组织。之后的日子里，佛陀又多次化现神通，耐心度化，以自己高尚的人格去感化迦叶。最终，迦叶师徒500 人将祭火用具丢弃于尼连禅河中，皈依了佛道。居住于下游的二兄弟忽见上游漂下祭具，匆匆赶来，得知他已加入僧团受戒，即随兄长一同皈依了佛陀。后来，三兄弟都证得了阿罗汉果。迦叶皈依佛教，是佛教史上的大事，佛教信徒由此扩大为上千人的规模，大大弘扬了佛法。降服迦叶画面见于第 6、7、12、31、35、38 窟等，通常是一佛趺坐于龛内，左手托钵，钵沿露出龙头。见图 2-3-1-4。

图 2-3-1-3　第 6 窟西壁中部第 3 层龛《降魔成道》

图 2-3-1-4　第 6 窟东壁北侧第 3 层龛《降服迦叶》

（五）初转法轮

鹿野苑，位于今印度宗教名城瓦拉纳西以北约十千米处。佛陀由菩提伽耶出发，西行几百千米到达鹿野苑苦行林。憍陈如等五人远远看见佛陀的身影，互相商议决定不向其行礼，更不给其放置座具，他们质疑其道心不够坚定，故各自端坐苦修，默然无声。佛陀越走越近，他那端庄的仪态、慈和的法相令憍陈如等五人异常惊讶，恭敬之心油然而生，不自觉地站起来行礼致敬，给佛陀拿衣钵、备座具、洗脚。佛陀看看他们，说："你们不是约定好不理睬我吗？难道都不守誓言了吗？"五人面面相觑，惭愧万分，马上请安："瞿昙沙门一路辛苦了！"佛陀曰："你们不可以直呼至高无上的世尊姓名，我已修成正觉，你们刚才叫我'瞿昙'，就好像是儿女直呼父母名字一样，不符合世俗礼仪，何况我现在是一切众生的父母。"佛陀观察五人的根基可以接受佛法正道了，于是悉心开示教导，向他们宣说了"四谛""八正道"等，五人遂皈依佛法，此次说法称为"初转法轮"。阐诠四圣谛法的《转法轮经》是佛陀为憍陈如等五人所讲的第一经，五人听了阐述无我思想的《无我经》后，都证得了阿罗汉果。初转法轮画面见于第6、12、29、38窟。第6窟东壁说法图中，盝帷幕形龛内，一佛身着褒衣博带式袈裟趺坐说法，举右手，左手施说法印。座前雕刻圆轮及鹿。龛外两侧雕刻身着俗装的憍陈如五比丘及其他弟子。第12窟前室北壁说法图中，一佛趺坐，举右手，座前两侧跪卧二鹿，中间一宝盆内置三圆轮。佛陀右侧雕刻着身着袈裟的五比丘，左侧是身着鲜卑俗装的五供养人，均作合掌礼敬状。初转法轮雕刻见图2-3-1-5。

（六）涅槃

涅槃，佛教用语，原意是熄灭、寂静，指修行者经过修持达到正觉，进入超脱生死轮回的最高境界。早期佛经又译为圆寂、不生不灭等。

佛陀呕心沥血传教45年，终于把佛教发展成为恒河平原上极具影响力的宗教，其本人也得到了北印度社会各阶层的普遍敬重。公元前483年，已80岁高龄的佛陀带领僧众来到拘尸那罗城，到达一个名叫肯达的铁匠家附近停脚休息，那里有一片芒果林。肯达给佛陀及僧众供奉了其精心制作的午餐。不料佛陀吃了斋供中的一种野生蘑菇后剧烈腹痛，引发血痢，导致生命垂危。佛陀担心僧众归罪于肯达，就对众弟子说："我一生当中有两次饭食给予我莫大的幸福，第一次是在菩提树下吃了牧女的乳糜，赋予我思维的力量，使我觉悟得道，获得新生；第二次是吃了肯达供奉的蘑菇粥，开启我弘法布道历程中的最后一扇门，引导我进入涅槃之境。"佛陀对自己即将涅槃是有预知的。夜晚的月光下，静谧的拘尸那罗城，精力耗尽的佛陀停留在两棵娑罗树下右胁而卧。娑罗树的叶片，袅娜地飘附在佛陀的身边。月光下的佛陀看上去十分安详，轻声回答弟子们的问题：一是告知弟子们自己之所以选择在此地涅槃是因为自己前生就是拘尸那罗城的国王，前六次转世为转轮王，第七次出家修行得道。弟子阿难哽咽着请教佛陀四个问题：佛陀涅槃后，如何教育违反佛法、破坏佛教礼仪的僧人？从此以后，以谁为师？此后，弟子们住在哪里？以后，结集编纂佛法经典时，所有的经典开场白怎么说？佛陀说："阿难，你所问的四个问题十分重要。我涅槃之后，你要用我在世时的佛法戒律教导违背戒律的比丘，他们会从心灵深处领悟正法，很快就会修成正果。阿难，你要记住，我涅槃之后，佛法净戒是你们最大的导师，只要依佛法净戒修行，就能得道，获得智慧。阿难,我涅槃之后,你应当依四念处,守心而住。一切修行者都应当依此四念处居住。阿难,我涅槃之后,结集法藏开始应当这样写:‘如是我闻,一时佛住谋方谋处,与诸四众,而说此经。’”这是释迦牟尼对阿难等比丘弟子们进行的最后遗教。正在拘尸那罗城修行的婆罗门须跋陀罗匆匆赶过来听法,他成为佛陀一生中最后的弟子。

表现佛陀涅槃的图像,最早见于犍陀罗地区,约于公元 4 世纪经中亚传到了中国。云冈石窟中的涅槃图见于第 11 窟西壁、第 36 窟东壁、第 38 窟北壁,画面有的简洁凝练,有的充实复杂。见图 2-3-1-6。

图 2-3-1-5 第 6 窟东壁南侧第 3 层盝形龛《初转法轮》

图 2-3-1-6 第 11 窟西壁南端第 3 层第 2 排左龛龛基《涅槃图》(局部)

二、本生故事

本生故事,讲述的是佛陀前世为人或为动物时累世修行的事迹,是佛教徒根据转世轮回观,结合流行于古印度民间的传说、神话、寓言、童话故事、奇闻逸事等,创造出的各种描写佛陀前世功德的故事,也叫“佛本生故事”,如:月光王施头、昙摩绀闻偈焚身、舍身饲虎、睒子本生、儒童本生等。

(一)月光王施头

月光王本为印度一位帝王的名称,据《贤愚经》载,月光王是释迦牟尼过去世修菩萨行时之前身。月光王施头故事显示了佛教布施功德。相传月光王是一位仁慈的国王,爱民如子,百姓爱戴,美名四扬。邻国有一国王心怀嫉妒,竟然以一半国土和出嫁公主为赏赐,招募了外道亡命徒,即一个叫劳度叉的婆罗门前往索取月光王的头。面对如此无理要求,月光王毅然决定满足婆罗门的愿望。五百大臣想方设法以求保全月光王的生命。月光王不违誓言,在众目睽睽下让婆罗门举刀斩下了自己的头颅。画面见于云冈第 7 窟前室东壁,由于残损较严重,尚未见有学者对其进行记录、研究。上半部分有一大象,体形健硕,象鼻垂地。象背上的人物风化不清,人物身后有一侍者,仅存头部。下半部分有一舟形盘状物,盘中盛放五颗人头,其中最后一头仅存些微残迹,不过,也足以让我们辨识清楚其雕刻内容是月光王施头的故事。见图 2-3-1-7。

(二)昙摩绀闻偈焚身

据《贤愚经》卷一:阎浮提有一大国,国王梵天王的儿子叫昙摩绀,他虔心向佛,为求正法，四处寻求说法之人未果。帝释天化作婆罗门来到太子殿上，自称晓通佛法，愿为讲说。太子求法之心如饥似渴，愿付出任何代价。婆罗门故意刁难地说："那就要你的生命吧！你若能投入火中焚身，以作供养，我必为你宣讲佛法。"太子不假思索地答应了。消息传到王宫，国王夫妇及群臣婇女全部来劝谕太子，然而，他誓愿不改。那天，诸小国王和四国百姓都来看望太子，国王希望太子回心转意，倾心治国。太子说："我过去历经生死轮回，还不曾一心向佛，今天以自己的身躯供养正法。我一旦学得正道，必将五分法身施于你们。"说着，站到了火焰面前，对婆罗门说："请为说法！"婆罗门即为他说偈：

常行于慈心，除去恚害想。
大悲悯众生，矜伤为雨泪。
修行大喜心，同己所得法。
救护以道意，乃应菩萨行。

太子闻偈后，纵身火海。刹那间，天地大震，虚空诸天，大放悲声，泪雨涌入火坑，火坑登时变成花池，太子端坐于莲上，安然无恙。佛经中说：故事中的国王夫妇就是现在所说的净饭王夫妇，太子昙摩绀就是现在的佛陀。昙摩绀阐偈焚身画面位于云冈第 7 窟前室东壁上层北端，有一盝顶楼阁式宫殿，前面一人左手上举，右手叉腰，旁边站二立像，迎面有一簇燃烧的火焰，其余风化不明。见图 2-3-1-8。

图 2-3-1-7　第 7 窟前室东壁南侧上层《月光王施头》

图 2-3-1-8　第 7 窟前室东壁北侧中层《昙摩绀闻偈焚身》

（三）舍身饲虎

据《金光明经》卷四《舍身品》：很久以前，南瞻部洲有一个大国，叫摩诃罗檀，国王有三个儿子，幼子名叫摩诃萨埵。一天，三位王子在野外山林中游赏，碰见山崖下有只母虎刚产下七只幼仔，见母虎饥饿虚弱，奄奄一息。萨埵顿生怜悯之心，决定布施身体给母虎啖食，不然七只小虎就无法活下去了。故他找借口离开二兄长，独自返回走近虎口。老虎饥饿过度，竟无启齿之力。见此萨埵走上崖顶，用竹竿自刺颈项，随即纵身投下，落在虎口旁边，鲜血汩汩流淌。母虎舔舐着鲜血，逐渐恢复了精神，开始大口啖食起来。二兄长寻索弟弟，看到弟弟脱挂在竹枝上的衣服，母虎吃剩下的白骨残骸，当下就昏厥过去。醒来后，二人顿足捶胸，失声痛哭。国王夫妇得知这个噩耗，直奔萨埵殉身的地方，虎已不在。他们收拾起太子的残骨，原地起塔葬骨，纪念慈悲、怜悯万物的小王子。因此因缘，萨埵转生兜率天，得到善报。舍身饲虎画面见于云冈第 7 窟主室北壁下层尖拱龛拱楣外两侧，对称布局（见图 2-3-1-9）。

云冈第35窟东壁盝形龛拱端右侧原有一幅舍身饲虎故事图单幅式，与左侧的涅槃图像对称，可以看到许多虎子，画面不是很清晰。

（四）睒子本生

据佛经载，仁慈惠施，扶危救苦的“一切妙”菩萨，以天眼遍察到迦夷国中有一对双目失明的老夫妇，孤苦伶仃，膝下无子，竟要入山修行，虔诚信佛。他决意寿终就投胎老夫妇家做儿子。菩萨寿尽，果然转生盲父母家为子，名叫睒子。盲父母用全部心血精心抚育睒子，睒子十岁时入山修道。睒子用蒲草为父母盖了一间草屋，四季皆宜，一家三口过着世外桃源般生活，滋润无虑，身心愉悦，他每天采野果，汲清水，精心侍奉父母，就连周边的猛兽也被感化，异常仁慈和顺。

一天，睒子披着鹿皮到小溪边取水。碰巧迦夷国王入山射猎，他以为水边有麋鹿，拉弓射箭。睒子被箭射中，抚胸痛叫，这时国王才发现射到的是人，不是麋鹿。他惊慌懊悔，自觉罪孽深重，赶快前去拔睒子胸口的箭，但无法拔出，国王更加惶恐悲痛。睒子说：“我死不足惜，只可怜我双目失明、年老体弱的父母将无法生存。”国王说：“万一我不能救活你，我今生将不再回宫，在这里代你侍奉你的父母，一言九鼎，天地做证！”国王的话让睒子得到莫大的安慰。国王问清睒子盲父母的住处，睒子奄然而亡。国王带着几个侍从迅速找到睒子的盲父母，行礼作答道：“我是迦夷国的国王，特来供养你们。”寒暄过后，国王把误伤睒子的事告诉盲父母。盲父母惊呆了，捶胸顿足，仰天哭诉睒子的孝道。国王诚恳地说：“从今天起，我愿放弃王位，终生侍奉供养二老！”说罢，带盲父母来到睒子的尸体旁告别。两位老人一个抱着睒子的头，一个抱着脚，彻诉失子之痛，盲母用舌舔舐睒子的胸疮，哀悼许愿说：“我年老力衰，目无所见，愿毒入我口，就以我身代儿死吧。睒子孝顺当复生啊！”忉利天宫的神座也深受感动，帝释天从虚空中抛下神药，睒子复活。盲父母见儿子死而复生，喜极而泣，双目复明。国王喜不自胜，忙向帝释天、盲父母、睒子依次行礼，并发誓要献出王宫所有的财宝供养修行人，又向全国臣民发布通令，国土之上，禁止狩猎。睒子本生之误射睒子雕刻见图2-3-1-10。

图 2-3-1-9　第7窟后室北壁下层龛西上隅《舍身饲虎》

图 2-3-1-10　第9窟前室北壁西侧第2层《睒子本生·误射睒子》

(五)儒童本生

据《六度集经》卷八：童子心喜，在佛即将到来之际，于道路上与佛前持瓶的采花侍女相逢，便向其索求鲜花，并得到五束鲜花……佛降临后，童子脱下身穿的鹿皮衣裳铺在湿地上以供佛着足，并以五束鲜花迎佛而撒，鲜花罗列空中，犹如亲手排列，植根于地一样。见此情此景，佛对童子说："再过九十一劫(时间单位)，你将成佛，号曰'能仁如来无所著正真道最正觉道法御天人师'。那时世间一切颠倒错乱，甚至父子成仇，王政无道、伤害百姓犹如天降刃雨，民众极力躲避也难免灾患。你将在那时救民于水火，普度众生，其时得以救渡者难以计数"。儒童心喜闻言，欢呼雀跃，腾空而跃，离地七仞，从空中着地后，将自己的头发铺在地上，请佛踏之而行。

儒童本生故事，发生在那揭国城，即今天阿富汗贾拉拉巴德，又称"燃灯佛授记""定光佛授记"。关于这个故事在东晋高僧法显的《佛国记》、大唐高僧玄奘的《大唐西域记》以及多部佛经中均有记载。云冈石窟中，这一故事雕刻画面初见于第 10 窟前室东壁，单幅式，整个内容较贴近《六度集经》：儒童向卖花女买花，儒童借花献佛，儒童合掌长跪，头发散布佛足下等情形。进入云冈晚期，该题材画面内容趋于简单化、格式化，通常仅作一立佛像，而儒童长发披地，立佛像足蹈而过，主要见于云冈第 19-1、5-10、5-11、13-16、15、35、39 窟等，共计 18 幅之多。见图 2-3-1-11。

图 2-3-1-11　第 10 窟前室东壁中部第 2 层《儒童本生》

三、因缘故事

因缘一词，源于梵文，音译"尼陀那"，也称"缘起"，泛指一切事物生灭所依赖的原因和条件。因缘故事是讲述菩萨、比丘等亲闻佛法、亲受教化的故事。云冈因缘故事较常见的题材包括阿输迦施土缘、罗睺罗因缘、鬼子母失子缘、雕鹫怖阿难入定缘等。

(一)阿输迦施土缘

阿输迦施土缘是一个宣讲三小儿因对佛施供养而得善报的因缘故事。故事发生的地点在舍卫城，佛陀与阿难乞食时，遇三小儿在路边用土堆砌"粮仓"玩耍，其中一小男孩儿远见佛陀走来，恭敬地从"粮仓"中捧出"谷米"施佛，因其年幼身矮，就蹬着其他小孩儿的肩膀探身欲将土放入佛钵中，佛陀垂手用钵去接受他的布施。佛对阿难说："这个孩子将来做国王，名叫阿输迦，另一个小孩儿做大王，他们统领国土，广设供养，并修建八万四千座佛塔。"这位国王就是后来古印度孔雀王朝的第三位君主，即该王朝的创始人旃陀罗笈多的孙子阿育王。阿输迦施土的故事，云冈最早见于早期第18窟南壁，晚期骤增，第5-11、5-38、25、29、33、35、38窟等均有此题材，共计17幅之多（见图2-3-1-12）。画面通常作一立佛，手持钵低垂，下面有三童子相攀肩蹬，上面童子双手捧物欲投入佛钵中。令人惊叹的是，云冈表现该故事的17幅故事图像中，同样呈现的三小儿相攀肩蹬施土的画面样式各异，有的生动可爱，有的诙谐风趣。

图 2-3-1-12　第 18 窟南壁西侧第 3 层龛左侧《阿输迦施土因缘》

（二）罗睺罗因缘

据《杂宝藏经》卷十：释迦六年苦行，在菩提树下降伏了四种魔障，证成无上正觉。释迦成道的那个晚上，罗睺罗出生了。

悉达（释迦俗家名字）太子离宫六年，其妻耶输陀罗却怀孕生子。这事在王宫中掀起轩然大波，整个王宫都为此蒙羞，人们纷纷诟病耶输陀罗不自爱。释迦族中有一女子名叫电光，她是耶输陀罗姨母的女儿，她顿足捶胸，面容憎恶，痛斥道："悉达太子出家已有六年，你竟然有了孩子，你辱没了种族的名誉，你辱没了悉达太子的威德！"当时，世间发生了非常奇异的现象。净饭王开始以为是出家的儿子死了，心如刀绞，痛苦不堪。听到宫中传来哭闹声，他更加惊惧，赶过去问明缘由。电光用手指着耶输陀罗说："她生下孩子了，全宫蒙羞，大家都在哭啊。"净饭王一听这话，暴跳如雷，对耶输陀罗怒吼道："真是耻辱，我释迦族即使断子绝孙，也不要这个孩子。"按照当时的国法，耶输陀罗母子二人该被推进火坑中烧死。那天，耶输陀罗怀抱罗睺罗站在火坑旁，无依无靠。她对天长叹道："王子啊，你心慈悲，怜悯万物，连天龙鬼神都敬重你。现在我母子无辜受难，你怎么就不来关爱救助我们？可惜见不到你最后一面了！"说完她似乎变得坚强起来，朝佛陀的方向虔诚礼敬，又朝释迦族人礼拜，最后合掌对着火坑说："我怀胎六年生下罗睺罗，如果此儿是我与太子所生，大火就应当熄灭，不该烧死我们。"说罢，纵身跳入火坑，火坑当即化为一池碧水，耶输陀罗母子身处莲花中，安然无恙。她的誓言得到了验证。后来，耶输陀罗恢复了名誉，罗睺罗也受到净饭王以及王宫上下的厚爱。不觉六年又过去了，净饭王日夜思念太子，不断派人请佛。这年，应父王之邀，佛陀重返故地迦毗罗卫国。佛陀庄严地走进王宫。他变化成一千二百五十个“皆如佛身，光相无异”的比丘形象，看看罗睺罗能否指认出父亲真身。罗睺罗未被蒙蔽，径直走向佛足旁施跪礼。而佛陀即以手摩罗睺罗头顶，为他授记。在场的人都发出感慨：“佛今犹有私心！”佛陀当场表明心迹，就说一偈：“我于生眷属，及以所生子。无有偏爱心，但以手摩顶。我尽诸结使，爱憎永除尽。汝等勿怀疑，于子生犹豫。此亦当出家，重为我法子。略言其功德，出家学真道。当成阿罗汉。”罗睺罗出家时，年岁过小，佛陀就为他制定了“沙弥十戒”，自此僧团中始有沙弥。

这一题材内容，云冈最早见于第19窟南壁，单幅式，画面高达3米，释迦佛立于莲台之上，面庞丰满圆润，法相慈悲和善，体魄伟岸挺拔，着圆领通肩式袈裟，衣纹清晰，轻薄贴体，明快简洁（见图2-3-1-13）。罗睺罗合掌单腿半跪佛陀旁，佛陀以左手抚摩其头顶。罗睺罗，是释迦唯一的儿子，先佛圆寂。据佛经，凡虔诚敬佛者或坚持精进的修行者，都可得到佛陀的摩顶。

（三）鬼子母失子缘

据《杂宝藏经》卷九：鬼子母养育有一万个孩子，她非常疼爱自己的孩子们。可是她有个怪癖，经常偷食世间别人家的小孩。佛陀决定度化鬼子母，于是安排阿难悄悄抱来鬼子母最小也是她最宠爱的孩子嫔伽罗，扣于钵下。小儿子丢了，鬼子母心急如焚，前来佛所求救。佛陀问鬼子母：“你的小儿子是怎么丢失的？”她说：“让人偷走了。”佛问：“当时你在哪儿？正在做什么？”鬼子母一时语塞。因为失去孩子的时候，她正偷食别人的孩子。佛说：“看来你很爱自己的孩子。”“是的。”“每个母亲都爱自己的孩子。你有上万个孩子，失去一个就悲痛欲绝，而世间人家只有几个甚至一个孩子，结果被你吃掉了，你考虑过人家的感受吗？”在佛陀的教化下，鬼子母开始忏悔自己的罪孽。佛陀将鬼子母的小儿子嫔伽罗还给她，说：“今后，不可乱杀生、乱饮食，要好好受持戒法。你本是羯腻王的第七个女儿，颇有功德，但因未持戒，所以才沦落为鬼道众生。”经佛陀度化，鬼子母受持三皈五戒，成为佛弟子。鬼子母失子缘画面见于云冈第9窟，由两部分组成。一部分在南壁，在屋形帷幕内，有二人半跏坐于束帛座上，头发蜷曲，正是鬼子母夫妇，前者膝盖上置一小儿。夫妇两侧都伴有数躯供养天及比丘，皆合掌呈跪姿。另一部分折向西壁，延续南壁的屋形帷幕龛，龛内有一交脚菩萨，右侧一比丘，拱手倚坐于束帛座上，一供养天侍立旁边，左侧四供养天，或跪或立，拱手礼敬（见图2-3-1-14）。

图2-3-1-13　第19窟南壁西侧第3层《罗睺罗因缘》

图2-3-1-14 第9窟后室西南壁第2层《鬼子母失子因缘》

（四）雕鹫怖阿难入定缘

据《法显传·王舍城》载：王舍城西北处有一石窟，阿难正在窟内坐禅，魔王波旬化作雕鹫，奋翼惊鸣，恫吓阿难，阿难恐慌无措，无法集中精神修行。佛陀远见这一切，以神奇的力量穿透石壁伸手抚摸阿难的头顶。阿难蒙慰，身心顿感安乐。法显有记述，“鸟迹手孔今悉在，故曰鹏鹫窟山”。该画面呈现于云冈第38窟南壁东侧，层峦叠嶂间，动物雀跃，山底竟然并列着大小二龛。大龛内，世尊坐佛右手穿透龛壁伸过来，抚慰禅僧头顶；小龛内坐一禅僧，龛顶正上方一鹫鸟俯冲而下，奋爪欲啄。从佛教的角度来看，第38窟之所以选择雕刻这一故事，是适于《法华经》思想的表现。第38窟，是吴忠伟为亡子吴天恩荐福所造。吴天恩，曾任官职，死因不明。据窟外壁铭记，该窟营凿的动机是为托死者之魂，慰生者之望，是父亲为逝去的儿子精心设计建造的一个“神灵归趋”之境，对窟主而言，这是更高层次形式的精神寄托。窟中雕鹫怖阿难入定图，除却宣扬佛法的意义，也包含了生者父亲对儿子亡灵寄予的抚慰之情。云冈早中期洞窟造像思想表现的是佛教为皇权服务的政治色彩，而晚期的云冈造像内容，则更多地反映佛教对人的关怀，这是一种人性回归，也是佛教魅力所在。

四、其他佛教故事

除了本行、本生和因缘故事图像，其他故事图像暂笼统地归为其他类故事进行描述，比如关于阿修罗、维摩诘等的故事。

（一）阿修罗

阿修罗，属佛教六道之一，是一个非神、非鬼、非人，凶恶好战之神。他在与帝释天的交战中，誓取日月，后来皈依佛法，虔诚供养佛陀，被列为佛教八部护法之一。

云冈第10窟前室北壁明窗与拱门之间雕刻有一座山，叫须弥山，山上二龙交缠，山腰分布着茂密的林木，奔跑的动物穿梭其中，动静映衬，虚实相间。山体两侧单腿盘坐两位神像，一位是三头四臂手托日月的阿修罗天，另一位是五头六臂手持弓箭与日月的鸠摩罗天。也有学者认为，这两位多臂神像都是阿修罗。据佛经记载，须弥山侧大海底，有四大阿修罗王。须弥山，本是印度神话中的山名，后被佛教采用，可以说是一个小世界的中心。该山高八万四千由旬（由旬为古印度帝王一天行走的距离，大致为四十至六十里），山顶有城，是帝释天居所，被日月环绕。帝释天是天主，统领须弥山周围四方诸天，合计三十三天。佛经中，阿修罗大战帝释天的故事，只是古印度历史社会进程中众多战争的一个缩影。这一题材出现在云冈，有可能是纪念孝文时期对外战争中取得的某一次重大胜利。

（二）维摩诘

维摩诘（Vimalakirti），意译为：净名、无垢称。他生前是东方妙喜国无垢世界的金粟如来。释迦牟尼降诞时，他化身为毗耶离城的居士，辅助释迦施布教化，是一位法身大士。虽身为在家居士，但他已达到大彻大悟的至高境界，在信众心中威望极高，他那“辩才无碍、游戏神通”的完美形象，为魏晋南北朝清谈名士所崇拜。故维摩诘人物形象在佛教艺术作品中频繁出现，“诸经变相以维摩诘为最多”，维摩诘题材是中国佛教故事中重要的题材之一。

在云冈石窟中,关于维摩诘经典的佛经故事题材一定要提到“文殊问疾”。《维摩诘所说经·文殊师利问疾品》记载:当时佛陀在毗耶离城,应五百长者子之请于庵摩罗园说法时,维摩诘故意称病,不去。佛陀欲派遣诸菩萨前去看望,但大家都畏于维摩诘的辩才而推辞。最后派出号称智慧第一的文殊菩萨前去看望问疾,在维摩诘的斗室之中演出一段深奥的哲理性的对话。在云冈第6窟南壁窟门与明窗间,可以看到“文殊问疾”的画面:以中国传统瓦垄屋顶覆盖,佛陀居于中心,左侧为维摩居士,头戴尖顶帽,着对领长衣世俗装,右手上举尘尾,身体微向后倚靠,左手扶床榻而坐,眯眼微笑,下颌有三角状“山羊须”等形象特点,处处焕发出智者的光辉。佛陀右侧为文殊菩萨,与维摩对坐。这是云冈石窟出现维摩诘、文殊对坐形象最突出的一例。

《维摩诘经》宣扬的佛教“空”的思想,与中国老庄哲学倡导的“无”的思想相通,同时符合魏晋以来盛行的玄学清谈的风尚。故维摩诘成为在家修行“居士”的追求榜样与典范,对佛教不断发展壮大有着重要的意义。

第二节　云冈石窟的僧俗服饰

一、云冈石窟佛像服饰起源

(一)犍陀罗艺术

犍陀罗,一个地域概念,Gandhara的音译。我国古代史学和佛教文献中,犍陀罗也译成“犍驮逻”“健陀罗”“犍陀卫”“乾陀罗”等。根据《华严经音义》卷三云:“乾陀是香,罗谓陀罗,此云遍也。言遍此国内多生香气之花,故名香遍国。”在佛陀时代,犍陀罗地理疆域主要包括今巴基斯坦北部、印度河上游的白沙瓦和拉瓦尔品第地区。其首都是坦叉始罗,这里是古北印度商业和学术的中心。在如今地理版图上,犍陀罗地区东西宽约200千米,以巴基斯坦的白沙瓦为中心,西北至达阿富汗东部的哈达,东南至达印度河东岸的塔克西拉,北到土瓦特。在古代印度的列国时代,犍陀罗尚学的风气和学术上的成就闻名于整个北印度。那时,恒河流域诸国的许多婆罗门青年、刹帝利王子以及富商子弟,都向往文化先进的犍陀罗,不远千里前来学习和研究吠陀经典和各种科学技术。佛教史上非常有名的居萨罗国的波斯匿王、离车族和末罗国的王子即在犍陀罗的坦叉始罗城接受教育。这种良好的文化环境和崇尚学习、弘扬文化的风气,凝聚成优秀的人文传统,深深地积淀在犍陀罗的土壤之中,这片土壤为之后佛教艺术的繁荣奠定了坚实的文化基础。

犍陀罗艺术是古印度受希腊人思维方式和审美观念的影响而由大月氏人的贵霜时代创造的一种既不同于希腊、又非单纯是印度的新的多元文化融合的佛教艺术。西方的美术史家多把这种艺术归于希腊-罗马美术系统,也有部分学者把犍陀罗艺术形象地比喻为:以希腊人为父、佛教徒为母的希腊式佛教艺术。犍陀罗佛教造像艺术,不管受到多少或多么明显的外来文化的影响,但它毕竟是在犍陀罗-贵霜帝国这一特定的土壤和特定的时间里而开花、结果。它代表着这一地区、这一时代、这一民族人们的文化生活、历史状况和审美观念。

这是一个值得我们重新认识和研究的艺术史问题。

犍陀罗佛教造像艺术是佛教艺术的最初阶段，它有两个明显的佛教特征：一个是始创佛陀造像，填补了佛像制作的空白，用艺术形象取代了佛教教义上的抽象和象征；另一个是佛陀造像表现方法和艺术风格方面的希腊化。

这种艺术模式和审美情调，可以归纳为六个方面。

1. 造像

犍陀罗艺术中佛陀造像的整体姿态分为立像、坐像、倚像和卧像，但以立像游化和坐像说法为主，也有表示涅槃的卧像。在佛教石窟中，本尊释迦牟尼像坐像居多，而分列于主像两旁的胁侍佛、菩萨、弟子或金刚力士像则多为立像。

2. 面相

佛陀像的面容特征，基本上是白种人的相貌。脸型方长，鼻梁高直，眼睛深陷，眉与眼距离近，两眉间有点状白毫，口大唇薄，唇线轮廓清晰，嘴角深陷，肉髻高耸。表情慈祥静穆，微笑喜悦。

3. 坐式

佛陀坐式有结跏趺坐、菩萨跏趺坐、莲花跏趺坐和善跏趺坐，但以全跏（即结跏趺坐）和半跏（即跏趺坐）为主，尤其是洞窟本尊佛像。

4. 衣服

佛像衣服有两种：右袒袈裟和通肩大衣。右袒服，衣服的褶多是从左肩往右下方呈放射状分散，线条强劲，衣纹富丽且质感强，衣服质料厚重。通肩大衣，衣服覆盖双肩，像是一块无缝的整布料，颇有希腊大披衣的古风。衣纹以左肩为起点，放射为半弧状，也有从双肩开始，向下一环一环放射，整体衣感富贵。

5. 背光

大多数佛像仅有头光，而且多为素面圆盘，轮廓分明，背光中一般不加其他装饰，但也有在平面磨光的圆盘背光中再套刻一个个小圆形，或整个圆盘刻成莲花纹样，或刻成锯齿形的连续纹样，或光轮中雕刻小化身佛和供养人像。

6. 佛座

佛陀的台座多作方座，也有莲花座。台座两侧或台座的中央部分常刻有狮子或礼佛图。

（二）笈多艺术

公元3世纪30年代以后，当显赫一世的贵霜帝国日趋衰落时，在恒河流域东部的摩揭陀国故地，兴起一个由印度人所建立的大帝国——笈多王朝。笈多王朝是在一个极不著名的摩揭陀地方统治者旃陀罗笈多和离车贵族的女儿鸠摩罗提毗联姻的基础上建立的，时间约公元320年。大约到公元350年，旃陀罗笈多的儿子沙摩陀罗笈多经过一系列的军事征战之后，建立地理疆域跨越北印度和东印度的广大帝国。到公元395年，沙摩陀罗笈多的儿子旃陀罗笈多二世击溃了西印度的舍伽，占领了最胜城，笈多王朝至此臻于极盛。

这个时期是印度佛教艺术的黄金时代。笈多王朝以开放的态度对待人类精神文明的创造，鼓励发展本土固有的文学、艺术和宗教。印度在佛教艺术的创造上，首先继承了印度本土深厚的人文精神和文化传统，并努力吸收、兼采犍陀罗佛教艺术的长处，同时参以大乘佛教的理想和意念，创造出了为印度当地人喜闻乐见的、具有民族形式和民族气派的新型艺术模式。笈多艺术的出现和成熟，完成了佛教造像艺术从希腊到印度本土式的过渡。笈多艺术有两个审美特征：一个是佛像雕刻的民族化；一个是表现形式的模式化。

笈多佛教艺术在长期的艺术实践中，尤其是在造像形式和表现形式上，形成了一些本地风格的审美特征。

1. 面相

佛像面部多呈椭圆形，前额饱满圆润如拉开的弓形，眼睛像莲花，眉弓弯曲，鼻廓柔和，嘴唇润软，线条流畅。

2. 手足

手指纤细圆长，柔软富有弹性，丰满如豆荚，手指之间张布有缦网状纹。佛像手腕的左右附有垂下的衣服。菩萨像的手足上附有手镯、臂钏、足钏等饰物。

3. 衣服

佛像身上的衣服轻薄透体，像是湿贴上去的感觉，没有衣褶，只有领口边和衣服的下褶，略有突起的衣纹，衣纹的线条不像犍陀罗艺术的深刻，多为柔和流畅的褶纹。

4. 坐式

佛像的坐式为莲花坐式、勇健坐式和瑜伽坐式等。此外还有“游戏坐”“安逸坐”“大王游戏坐”和“大王安逸坐”等优美坐式。

5. 佛座

初期均为方形须弥座，后期渐变为莲花座。

6. 手印

佛像手指姿势多为禅定印、施予印、施无畏印、论辩印、转法轮印等。

7. 背光

背光多不作单纯的圆盘，而是雕刻有精美的莲花、忍冬草等图案，装饰性和图案化非常强烈。

（三）云冈艺术

云冈艺术是鲜卑拓跋部在南北朝佛教文化思潮中，以他们特有的民族文化，汲取犍陀罗艺术、笈多艺术的文化，在继承西部石窟雕刻文化的基础上，构建的中国石窟雕刻又一个新的艺术里程碑。

云冈石窟是从文成帝拓跋濬“复法之明年”，即兴安二年（453 年）动议、设计和开凿的，工程终于孝明帝正光五年（524 年），共历时 71 年。在云冈石窟东区第 4 窟南壁窟门上角尚存有北魏正光纪年的石刻铭记，可算作云冈石窟最晚的铭记。这一段时期，正值印度笈多王朝的盛期。异域风格的犍陀罗与印度本土的笈多艺术，随着佛教思潮的东渐，源源不断地被带入中国盛行佛教艺术创作的地区。因此，在云冈佛教石窟艺术初期的雕刻中，我们可以清楚地看到犍陀罗艺术、笈多艺术特有的美学痕迹，体会到古希腊与古印度艺术的结合。

云冈石窟佛教造像服装艺术的主要样式分为：右袒袈裟式、通肩袈裟式、褒衣博带式、菩萨饰式、飞天装式等。

1. 右袒袈裟式

右袒袈裟式，为早期佛教艺术流行服饰，是云冈石窟昙曜五窟中佛像的主要样式。作为一种西部外来的，纯宗教式的犍陀罗佛像服饰艺术，多见于昙曜五窟中的第 18 窟、第 19 窟（包括两个耳洞）和第 20 窟的本尊释迦牟尼佛像。

右袒袈裟式佛装，人们依其穿着造型的特点，也常常称之为偏袒右肩式。佛典《大智度论》卷第七《佛土愿释论》中曰："佛初成道，菩萨夜三昼三、六时礼请，偏袒右肩合掌言……"由此可知，释迦牟尼在大彻大悟后便是穿偏袒右肩式服装的，而且这种式样的服装是佛陀的主要服式之一。这种右袒袈裟服装式样的构成与表现，好似一块整布料缠裹而成。衣服从身体左肩斜披而下直至右腋，衣服的两个边缘，一则在胸前从左至右斜线而下，一则搭在右肩头顺右臂膀而下，右胸和右臂均袒露在外。有些佛像其袈裟斜披致使右臂全裸，有些则并未全裸，这就是"右袒"或"偏袒右肩"之意。这种佛像服装在佛教石窟艺术表现中，服装的线条纹路是从佛身的背部或肩顶延伸于前。这种右袒袈裟式服装，由于在雕刻艺术技法上大多是采用阶梯式的平直刀法，所以一条一条凸起的线条间的部分就造成了衣服厚重、质感强烈、立体真实的视觉美感。右袒袈裟式服装的两个边缘，又常常雕刻有同等宽度的蛇纹曲线做装饰，佛装则更显得真实和庄重。

人们常常把第 18、19、20 窟的本尊佛陀圣像看作一组完整的造像，因其佛像服装样式、技法、风格和感觉上的一致。第 18 窟本尊佛像的右袒袈裟服装（图 2-3-2-1），其袈裟边作折带纹、刻联珠纹，从佛身左肩和右臂斜披而下，右臂遂袒露于外。但是，这尊佛像的右袒袈裟服装与左边两窟的本尊右袒袈裟佛装明显不同的是，其整个右袒袈裟上随等距起落的衣纹褶皱雕刻有众多的千体小化佛，意理和装饰的意义增强了。这些仅有 2 厘米左右的身上小佛像，随着佛装衣纹线条有规则地辐射和展开，从左肩一列一列极有秩序地呈现出来。抬起的左臂边缘，有上上下下曲折有致的蛇纹线花边，分明地将袈裟与支托左臂的长方形柱体物分别开来，佛像服装特别醒目。第 19 窟中央本尊佛像也穿着右袒袈裟式服装（图 2-3-2-2）。其右袒袈裟服装，在构图和技术处理上，与其他两尊佛像服装也有不同之处。这尊佛像所穿着的右袒袈裟服装的衣纹，不是从佛身左肩做弧形线条状缓缓展开，而是从佛身左肩头做垂直、等距的平行竖条状纹路，由上而下。佛装衣纹采用等距等宽、凹凸相间的技术处理，给人以既平稳，又有立体图案的美好印象。第 20 窟本尊佛像的右袒袈裟（图 2-3-2-3）从左肩斜披而下，袒露着右胸和右臂，右肩又半披偏衫，显得富贵而庄重。与前两窟本尊佛像的右袒袈裟相比，它也有自己的特点。佛像服装内层的僧祇支轻薄细腻，表现也非常完整和清楚。佛像内层的僧祇支紧裹着佛陀的圣体，如同蝉翼一般，更显得美妙无比。佛像身上的外层袈裟从左肩斜线而下，衣服的支撑点在两个舒展宽阔的臂肩。佛像右袒袈裟服装线纹隆起，两个边缘的曲线装饰很强烈，整个佛像都显得气宇轩昂，不同凡响。

图 2-3-2-1　第 18 窟立佛

图 2-3-2-2　第 19 窟坐佛

图 2-3-2-3　第 20 窟坐佛

2. 通肩袈裟式

通肩袈裟式服装，也是云冈石窟早期犍陀罗与笈多艺术中佛像服装艺术的主要样式之一。通肩大衣式服装，由印度孔雀王朝阿育王始穿，之后逐渐成为佛教艺术中佛像服装的基本样式。

这种服装式样的构成，是将宽敞轻薄的长衣紧紧贴在身上，衣服随着佛像身体的凸凹起伏，形成了若干等距离椭圆形的弧线，由肩头一直到膝盖。大衣领口处为披巾，自胸前披向肩后。这种佛像服装,因为是全部穿裹于身上,佛像服装前面没有间断处和连结处。这样衣服的线条纹理,就可以在一个完整的平面上自如流淌。由于这种通肩袈裟一般是穿着在立佛像身上,所以可以在一个较大、较完整的平面上充分地表现服装的衣纹和其式样的结构美,而且整体感特别好。

通肩袈裟式服装多见于云冈石窟早期洞窟中的胁侍立佛。第 18 窟、第 20 窟本尊佛像两侧的胁侍佛皆如此。第 18 窟本尊左右两侧胁侍佛的通肩袈裟(图 2-3-2-4)与第 20 窟本尊东侧胁侍佛的通肩袈裟(图 2-3-2-5)基本上没有区别,只是第 18 窟胁侍佛所穿的通肩袈裟比第 20 窟东侧胁侍佛所穿的通肩袈裟相对轻薄些、线条的力度弱些。第 20 窟西侧身着通肩袈裟的胁侍佛像,由于该洞窟前壁和窟顶前半部分岩石崩裂坍塌,一同崩毁。其位置、面相、体量、衣着与东侧胁侍佛应基本一致。

3. 褒衣博带(冕服式)式

日本学者长广敏雄将云冈石窟中期佛像服装式样称为北魏模式,而它的流行式样和服装制式,接近南朝汉族正统服装文化,皆称褒衣博带,又称冕服式。

云冈石窟创作中期冕服式样佛像服装的流行,正是当时政治风尚、社会变革在佛教石窟艺术中的文化反映,云冈第 5、6、11、12、13 窟等中期洞窟中,佛像部分或者多数为褒衣博带式服饰,且通过雕刻手法的变化,再现北魏中期帝王春、夏、秋、冬装。这种服装式样的发展与变化,与孝文帝强有力地推行汉化改革有密切关系。

图 2-3-2-4　云冈石窟第 18 窟胁侍佛

图 2-3-2-5 第 20 窟东胁侍佛

冕服式佛装式样，衣服为对襟，露胸衣（这是汉族人民非常喜爱的服装制式），胸前有系结佩带，右襟有衣带由左披在左肘上。衣服质地厚实，衣褶距离较宽，呈阶梯状，与右袒袈裟式和通肩袈裟式相比，这种服装多有人工缝制和巧于装饰的审美特征。同时还可以看出地域特征上的明显不同，前期两种服装制式更符合古代犍陀罗中亚地区，而后者更符合中国内陆黄河以北地区温带或寒温带地区的穿着。在云冈佛教石窟艺术创作的中期和晚期，褒衣博带式佛装，除了以上描述的基本构成之外，其上裳下半部像扇形一样的花边向两侧翻出，衣服的边缘呈极有规律的波状线，整体上感觉飘逸潇洒，全然一派汉族皇帝朝服的感觉。第 5 窟本尊释迦牟尼佛、第 6 窟的大部分佛像服装，第 11 窟和第 13 窟中的 7 尊立佛像，它们身上所展示的褒衣博带式服装，可以说是这一时期此种服装制式的精华之所在。

褒衣博带服装，在云冈石窟创作的中期日趋完善。第 5 窟（图 2-3-2-6）、第 11 窟（图 2-3-2-7）、第 13 窟（图 2-3-2-8）佛像所穿着的褒衣博带式服装，为该服装制式的美学典范。第 16 窟释迦牟尼佛像服装（图 2-3-2-9）虽然也统称为褒衣博带式，但它们是有差别的。第 16 窟本尊佛像的服装是以拓跋鲜卑民族传统服装为基调，又结合汉族服装的某些特点改良而成的一种服装。第 5 窟、第 11 窟和第 13 窟主要佛像服装则是南朝王侯将相春夏所穿的丝质服装，同为褒衣博带式。

图 2-3-2-6　第 5 窟坐佛

图 2-3-2-7　第 11 窟立佛

图 2-3-2-8　第 13 窟立佛

图 2-3-2-9　第 16 窟立佛

4. 菩萨装式

在云冈石窟服装文化的主要制式中，还有一种装饰繁多、华贵富丽的“菩萨装”。

菩萨装的构成，一般是头戴宝冠，胸前佩饰项圈或璎珞，手臂戴钏，下身穿羊肠锦裙或罗裙，束腰贴体。这种服装制式，既有南亚印度贵族夫人的装扮和风采，又夹杂中国西域各少数民族和汉族贵族夫人的时装、配饰。菩萨装的衣纹多为等距阶梯状，纹理运动由上而下，在技术处理上，注重细腻和装饰性，注重服饰的图案化效果。与其他佛像服装相比，菩萨装束显示出豪华、富贵的风格。在不同时期创作的和同一时期创作的不同菩萨造像身上，装束还有一些细微的变化。

菩萨装是佛教艺术中各类菩萨的穿着，无论是正觉菩萨、思惟菩萨，还是胁侍菩萨，诸如文殊菩萨、普贤菩萨、观世音菩萨、大势至菩萨等，都穿此种服装。云冈石窟中的早期菩萨造像大都如此。

第 17 窟的主像是昙曜五窟中唯一的一尊着菩萨装的弥勒像（图 2-3-2-10）。尽管此尊菩萨的风化比较严重，但那头顶上高耸的宝冠轮廓，依稀显示着当年装扮。弥勒像身披璎珞，臂上戴有珠钏，胸前饰有双蛇，显得神圣威严。这种菩萨服装式样，显然比其他佛像服装有更多的装饰要求，而且在技术操作上也有更细致、更复杂的规范。菩萨装繁丽的璎珞、冠饰与简洁轻柔的衣纹相映衬，呈现出高雅的审美趣味。

图 2-3-2-10 第 17 窟弥勒像

云冈中期的菩萨装也向南朝传统的宽大飘逸转变，还出现了交叉式的帔帛（图 2-3-2-11），取代了早期菩萨装的蛇饰、璎珞等，更显得世俗化。

图 2-3-2-11　第 6 窟“文殊问疾”故事像

5. 飞天装式

云冈早中期的飞天服饰也带有菩萨装的印度元素。袒上身，或斜披络腋，或在胸前系“X”形的细带，或佩戴璎珞，帔帛绕臂在两肩后成圆形，下身着羊肠锦裙，露脚。（图 2-3-2-12、图 2-3-2-13）

云冈晚期的飞天，受南朝服饰文化的影响，上着短衫，下身着裙，不露脚，裙底卷起如随风飘逸一般，帔帛与全身的舞动巧妙结合，提高飞动的意趣（图 2-3-2-14）。

图 2-3-2-12　第 20 窟主尊佛像背光右侧飞天

图 2-3-2-13　第 10 窟顶部飞天

图 2-3-2-14　云冈石窟第 24 窟窟顶飞天

第三节　云冈石窟的建筑图像

两汉之际佛教传入中国,此时中国古代建筑技术发展达到繁荣阶段,其中重要的表现即木构架技术、砖石拱券的发展,汉代画像砖、石以及大量出土的建筑模型明器都可进行说明。两晋和南北朝时期是中国历史民族大融合的阶段,不同玄学思想与信仰文化相互融合,百姓生活于社会动乱之际,战争频繁,佛教在此时得到广泛的传播,同时并与道、儒交融。在这一时期除两汉已有的宫殿、住宅、园囿等建筑发展之外,佛教建筑也开始出现。十六国时期后赵与前秦即已兴佛,北魏佛教传承于西域与河西走廊,而南北朝此时亦是同频,兴修石窟寺庙、广建寺塔。这种佛教建筑群的景象除在《洛阳伽蓝记》中有所记载之外,还可以在石窟寺直观感受到。在吸收古代犍陀罗与西域佛教建筑艺术基础之上,云冈石窟还融入了丰富的中国建筑造型装饰,并直接影响唐代建筑风格。云冈石窟在吸收佛教造像成熟的范式之上,融合拓跋鲜卑与汉地建筑的特征,但石窟的建筑手法几乎完全是中国式的。云冈石窟雕刻建筑图像既组成窟龛的屋宇,又构成云冈石窟中佛教故事的讲述背景。建筑图像既是仿木结构的石雕,又是类似汉代画像石的石刻。本节从窟壁所表现的建筑物陈述建筑结构,从而对属于中国古代的建筑营造之法加以强调,既将建筑图样从石窟中“剥离”,与北朝考古所得建筑进行对比研究,对北朝建筑特征有更为清晰的认识;又将建筑图样带入石窟中“装修”，更好地理解附加于北朝大、小木作结构的云冈纹样与窟龛殿堂的皇家气象。

一、斗拱雕刻

斗拱是中国古代建筑最具特色的构件，其结构的发展贯穿于中国古代建筑史的始终。《论语》载“山节藻棁，何如其知也”，“山节”即山形的斗拱。斗拱是木构架承重与挑檐的重要构件，位于梁柱之间，将屋顶的荷载经过斗拱层层传递到立柱。斗拱的发展通过构件不断地向外跨出而达到屋檐的向外伸展，从而达到保护木质梁架与夯筑的基础台面和山墙免受降雨的影响。除结构之外，斗拱亦是建筑等级与装饰文化的重要承载构件，通过对斗拱彩绘、刻纹或变形等方式增加美学的属性。云冈石窟中期洞窟，中国式的建筑表达应用更加深入，仿高等级北魏建筑的斗拱样式进行刻画，是佛教建筑雕刻艺术与中国古代建筑艺术融合的重要呈现。

（一）一斗三升拱

云冈石窟中晚期洞窟所呈现的一斗三升仿木构斗拱雕刻是中国古代建筑斗拱早期发展的主要构造形式，是在一斗二升的结构中优化发展而来。斗拱的最初造型是在柱顶之上放置形状似斗形的方木“栌”，并在其上承接梁枋。为增加斗拱的出跳高度，便会不断重叠放置木块与递增长的拱木，这种处于拱件之上的小木即“升”。一斗二升拱的形象可能是模拟人的双臂举物。在大同市广灵县北关发掘的东汉中晚期墓葬中，出土有建筑明器（图 2-3-3-1），A 型陶楼底部开一长方形门，上立柱，将替木状横木置于栌斗上，再在其两端装散斗，形成一斗二升的横拱，用以承托上层楼梯；B 型陶楼平座为方形，出跳插拱作转角、补间铺作一斗二升，共 8 朵，上承纵横的枋，加大平座上部尺寸。

（a） （b）

图 2-3-3-1 大同市广灵县北关汉墓出土陶质建筑明器

（a）A 型陶楼 （b）B 型陶楼

一斗二升如上层叠拱拱长，则面对房屋梁架与屋顶泥瓦的重力时，处于经轴线的斗拱无垫木支撑，所以极易弯曲，因此或是由进深方向的方木穿搭在两升之间，或是直接在一斗二升的经轴位置增加一“升”，形成流行于后世的一斗三升的标准斗拱基础单元样式。一斗三升犹如“山”字，此斗拱搭建方式在两汉时期已是主流。汉代对于一斗三升极致刻画，并在构型上不断地在面阔方向叠加，整体风貌上亦是华丽复杂，拱身做曲形，称“栾”。在汉代墓葬、文献、明器、画像砖石、壁画中有丰富描绘（图 2-3-3-2）。进入南北朝时期，一斗三升直接沿承两汉魏晋，云冈石窟一斗三升斗拱是中国式殿宇前檐的标志性呈现。其在具体使用时会与人字拱相间隔使用，最终形成一斗三升人字拱的斗拱层（图 2-3-3-3）。云冈石窟斗拱头多呈圆形，拱身呈圆角无分瓣，栌斗下有“皿板”，做法沿承东汉。至北齐太原天龙山石窟一斗三升则通过替木再承托檩檐枋木，1 窟拱头有六瓣内顱式卷瓣，斗欹亦有内顱（图 2-3-3-4）。在云冈石窟第 1 窟与第 12 窟中，有一斗三升兽形拱的巧思设计，非常具有装饰性。其整体呈伏卧狮子形，并在斗拱中间“升”的位置刻画出兽形。关于兽形斗拱的艺术创作，梁思成有论：“云冈壁上所刻佛殿斗拱有作两兽相背状者，与古波斯柱头如出一范，其来源志

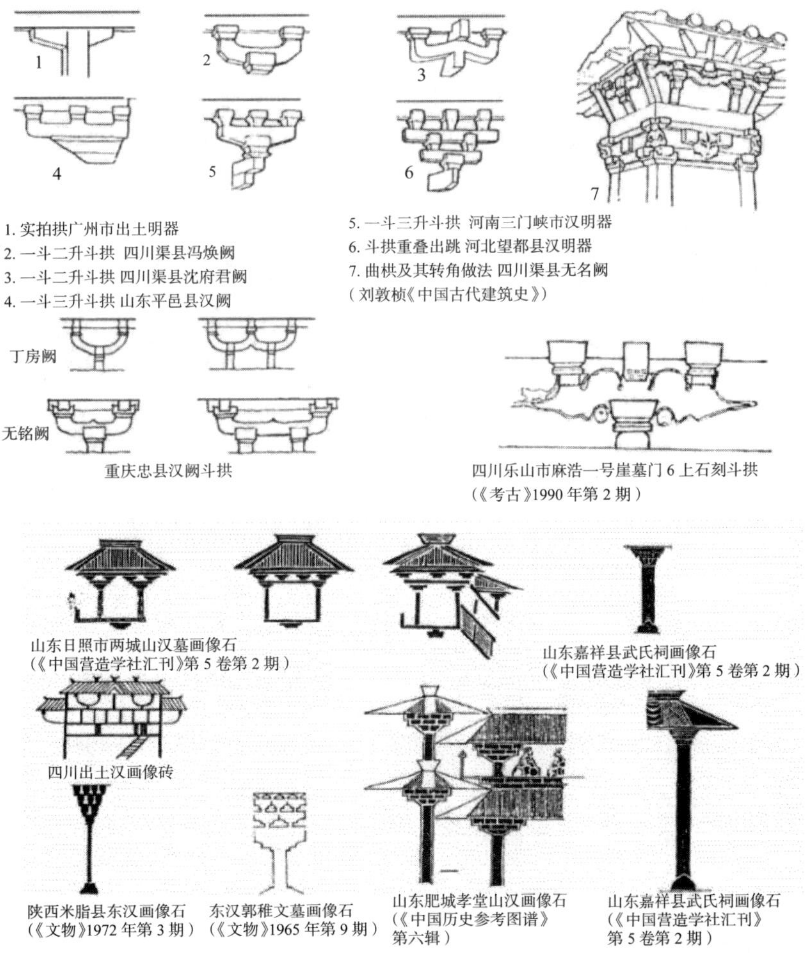

图 2-3-3-2　汉代遗存斗拱形象

明显也。”《云冈石窟辞典》认为：一是来自印度早期佛教艺术中柱顶“狮子威震四方”的宗教表现手法；二是来自云冈石窟艺术家的创作灵感。云冈石窟所刻画的一斗三升的屋宇斗拱铺作营建方式在平城墓葬石椁中再现，并有更多的构造形式（图 2-3-3-5）。

1. 墓梁出挑搭栌斗

大同云波路北魏石椁墓有进深方向出跳的斗，其拱形是由石椁梁出挑屋檐，斗上置橑檐枋，出跳拱身做直斜面处理而非圆形拱头。

2. 檐廊割牵一斗三升

如阳高北魏尉迟定州墓及 2018 年恒源路北魏墓椁室因需营造檐廊，便设置割牵穿过中间升的位置，上承橑檐枋，枋上铺石板。

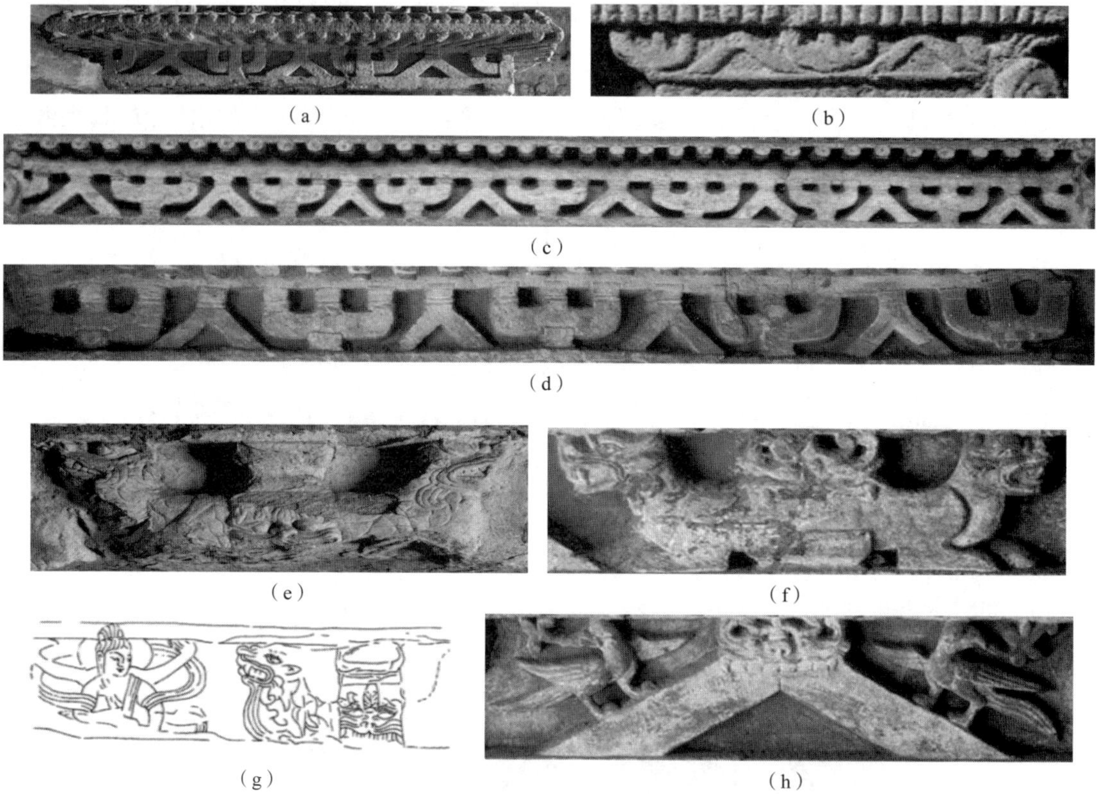

图 2-3-3-3　云冈石窟一斗三升与人字拱石刻举例

（a）第 2 窟中心塔柱西面局部　（b）第 6 窟南壁东侧第 2 层局部
（c）第 9 窟前室北壁门拱局部　（d）第 10 窟前室西壁第 4 层屋形顶部
（e）第 1 窟中心塔柱西面下层兽形斗拱　（f）第 12 窟前室西壁兽形拱
（g）第 1 窟中心塔柱东面“天人形”人字拱　（h）第 12 窟前室西壁异形人形拱

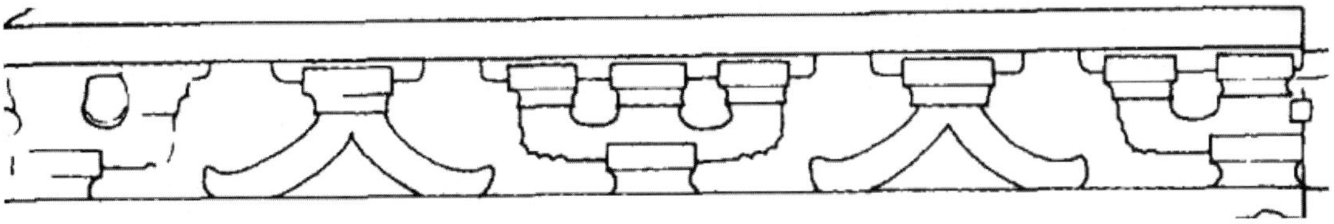

图 2-3-3-4　天龙山石窟第 1 窟前廊立面图局部

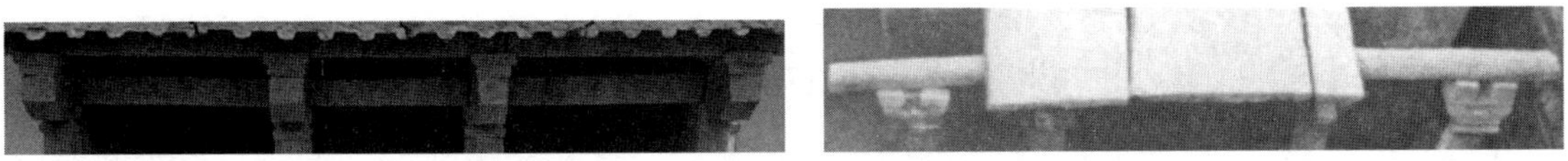

（a）　　（b）

图 2-3-3-5　平城地区考古墓葬石椁斗拱举例

（a）云波路北魏墓出跳及栌斗局部　（b）阳高北魏尉迟定州墓檐廊铺作

（二）人字拱

南北朝时期斗拱发展非常明显的特征是人字拱的普遍使用，拱件的轮廓沿承两汉对曲拱多样刻画的艺术呈现，在一斗三升的斗拱铺作之间放入人字拱，很好地继续加强多跳斗升斗拱之间的结构强度。云冈石窟人字拱石刻呈直边，拱端置一升，承托橑檐枋。人字拱在后期的演化中逐步由直变曲，人字拱尾逐步翘起。云冈石窟人字拱同一斗三升异形拱相配使用，第 1 窟“天人形斗拱纹”是由多臂天人形拱的纹饰处于一斗三升拱旁，按照云冈石窟一斗三升与人字拱的固定搭配中，推测可知“天人形”是人字拱的一种变形。又见第 12 窟人字拱刻画为兽面口含拱顶，直斜拱上落有“迦楼罗”，以金翅鸟护法于屋氅上。云冈石窟不断复现的人字拱反映了平城高等级建筑的铺作层，除附加变化的异形拱之外，造型样式基本上一致。

平城考古壁画与石椁中的人字拱（图 2-3-3-6），一方面出现了与云冈石窟相同的拱形样式，例见太延元年（435 年）沙岭壁画墓中庑殿建筑多次刻画描绘一斗三升与直边人字拱；又例见宋绍祖墓（太和八年至延兴四年）前廊人字拱呈直边，与云冈石窟形制造型相同；又例见太安四年（458 年）的解兴石堂，由两跳一斗三升与直边人字拱组成，沙岭壁画墓中南壁壁画中庑殿顶建筑亦采用相同样式。另一方面，同属迁都洛阳之前，平城人字拱形可能已有弯曲，例见大同文瀛路北魏墓东壁、北壁处有两跳一斗三升及人字拱，拱形稍微弯曲。为了加强人字拱承受屋顶梁架载荷的能力，常在人字拱中间施加短柱或可能的枋木加固，平城壁画呈现得非常丰富，例见大同云波路北魏壁画墓的墓室东壁宴饮图，推测其屋檐下人字拱下有短柱横木做加固支撑。与此斗拱刻画有相似之处的有南郊仝家湾和平二年（461 年）的北魏墓，北魏壁画墓主宴饮图庑殿建筑采用两层一斗三升与人字拱相间分布形式，人字拱中间置短柱支撑。大同博物馆藏北魏建筑壁画局部人字拱由短柱中间直接支撑的同时，推测形似一斗二升构件连接直边人字拱。平城墓葬中有的使用条砖来表现一斗三升与人字拱。北魏后期洛阳龙门石窟古阳洞的人字拱刻画直接用短柱加固支撑。至东魏、北齐人字拱已发展为曲拱，例见太原天龙山石窟第 1 窟中人字拱已变为曲线，又例见北齐狄回洛墓出土的木质人字拱呈现了曲线的样式。

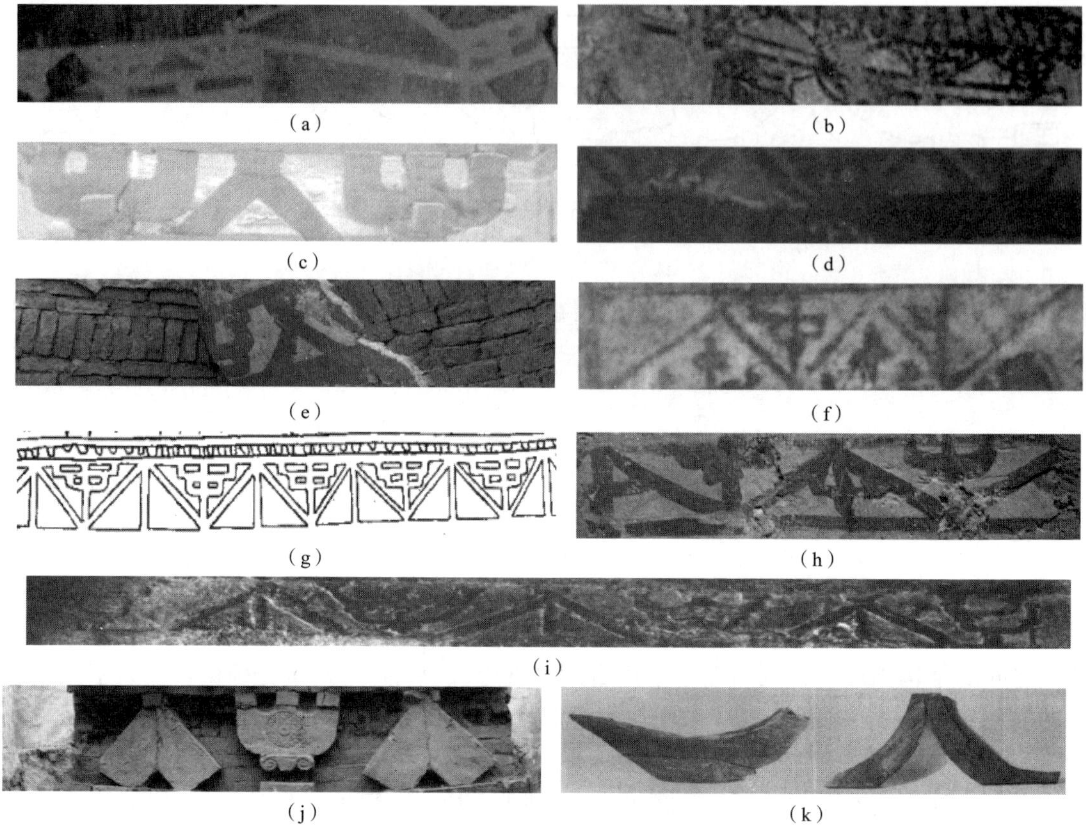

图 2-3-3-6　云冈石窟一斗三升人字拱石刻举例

（a）沙岭壁画墓庖厨炊作漆皮局部 （b）沙岭壁画墓南壁庑殿顶建筑局部 （c）宋绍祖墓前廊斗拱
（d）解兴石堂斗拱绘画局部 （e）文瀛路北魏墓壁画局部 （f）云波路北魏壁画墓东壁壁画局部
（g）南郊仝家湾北魏墓北壁壁画摹本局部 （h）北魏建筑壁画局部 （i）古阳洞南壁西部列龛局部
（j）北魏沙岭新村墓门人字拱条砖 （k）北齐库狄回洛墓人字拱木构件

二、门楣门簪雕刻

门楼或言门罩，是古代建筑门类空间的建筑形式，第 9 窟前室从外立面观之，呈现出外方内圆的入口空间。圆窟门在方形门框之内所露出的圆券构成视觉上的门框岔角，犹如雀替装修一般。门楼指大门屋宇式的空间院落入口，一般建在村落、大院府宅及民居的院门之处，是住居生活标志性的入口空间，同时具有非常强的装饰性。门楼体现建筑等级与规格，彰显建筑审美与气势。门楼下部一般都是门，上部通常为多层仿木的结构砖雕，明清以来大同地区的门楼砖雕以垂花柱为基本样式。第 9 窟前室北壁门楼（图 2-3-3-7）雕刻面积巨大且华丽，屋脊上为鸱尾、金翅鸟与三角饰，屋顶排瓦之下为一斗三升人字拱，门楣之上为一斗三升的斗拱层，门楣楼饰有五颗门簪。门上除建筑结构之外，还有莲花、金刚、童子等佛教装饰，若从建筑装饰而言，是佛教纹样参与布置中国庑殿建筑砖木雕刻与彩绘构图，其位于窟龛对称布置的轴线位置，华丽的造型与空间位置如北魏平城宫殿建筑一般，给人以遐想。

图 2-3-3-7　第 9 窟前室北壁门楼

中国自古栽种荷花,《诗经》云“山有扶苏,隰有荷华”“彼泽之陂,有蒲菡萏”。莲花是君子之花,符合士人阶层的精神审美。莲荷装饰自北朝开始盛行,并与佛教文化相关。佛教中莲花被认为是西方极乐净土的象征,有高尚美德、纯净无瑕之感。佛教早期犍陀罗艺术便以刻画莲花为象征,后期发展中莲花成为装饰文化的普遍题材,莲与“连”谐音,又扩展了莲花的图案寓意,融合在建筑装饰中。山西雁门关以北地区(雁北)指“明代所修雁门关及关隘所在的内长城以北,外长城以南的山西境内的广大地区”,今由大同、朔州两市所辖。雁北住居文化以民族融合与人口迁徙为背景成因,北魏定都平城,快速充实桑干河流域人口,其中特别注重对“人才、伎巧的搜求”,大量造像工匠自凉州进入雁北司州之地。云冈石窟第 9、10 窟双窟佛殿属汉式殿堂,在“改梵为夏”的石窟布局与装饰中,莲花“绽放”在前庭地面与门楣之上。第 9 窟前室北壁门楣采用忍冬叶套圭纹饰,在环形纹中嵌套“丫”形,其内填充盘坐飘带的人物形象。忍冬,即金银花,四季常青,取吉祥之意,称为“宝花”(图 2-3-3-8)。以忍冬叶套圭为底衬,在束藤之上“生长”五枚团莲高浮雕门簪,外层莲瓣内含花苞,色彩华丽生动。第 10 窟后室门楣亦在环形忍冬纹与飘带人物的藤蔓之上盛开五枚团莲门簪,在花苞开口有极乐化生,在佛教中,莲花最为清净、柔软,佛坐、佛坐姿、佛手印等均以莲花为美为冠(图 2-3-3-9)。

图 2-3-3-8　第 9 窟前室北壁门楣门簪

图 2-3-3-9 第 10 窟后室南壁门楣门簪

佛韵华丽的厅堂装饰五枚团莲门簪亦是北魏平城贵族墓葬的审美风尚，雕刻呈现多样：有阴刻浅浮雕团莲门簪的张智朗墓石椁（460 年）及大同东信广场北魏墓葬、高浮雕团莲门簪宋绍祖墓（477 年）、减地浮雕团莲大同陈庄北魏墓葬等。五颗团莲的门簪范式继续影响到北齐晋阳地区，娄睿墓（570 年）、徐显秀墓（571 年）中都采用减地浮雕方式，与北魏平城晚期墓葬雕刻技法一致。莲花造型在图案简化中继续应用，山西寿阳北齐库狄回洛墓（562），墓门楣上有三枚莲花圆形门簪。除五枚团莲外，有矩形兽首与圆形团莲的门簪组合，简单的“方圆”门簪形状亦在北朝建筑明器中使用，或都使用矩形门簪。唐代在雁北设立云、朔、蔚三州，是草原游牧部落内附与民族融合之处，安史之乱后此地再次陷入混乱，聚落与人口稀疏。唐墓中出土塔形陶罐，莲荷堆塑雕饰，是具有浓厚佛教特征的随葬品。雁北浑源唐墓发现一座单室砖券墓，圆券墓门上砖砌双层墓门楼，门额有三枚门簪，中央做八瓣，两侧四瓣花。相较于北朝平城矩形门簪，浑源唐墓门簪轮廓弯曲形成花瓣，类似早期大木构件拱端的“顱”形做法。

辽金元是雁北之地自“六镇起义”后，重要的稳定发展时期，辽重熙十三年（1044 年）其升为西京，金代沿袭，直至元代初年。雁北辽墓流行影作多室砖雕彩绘墓，门簪有矩形波浪圆瓣、凹边矩形等。金元山西墓葬以仿木结构砖室墓为主流，对于小木作的华丽呈现，参考雁北相邻晋中南与冀西北地区墓葬，在圆、矩与菱的基本造型上，通过对门簪边角的处理使其呈现花形，并在簪面阴刻线条或施以彩绘，表现更加形象，造型有似荷叶之形。自北魏后，门簪如同古人头饰“簪花”一般，修饰在门楣之上。现存传统民居所常见的门簪造型早在北魏即有，并在辽金元时期已普遍使用。

第四节 云冈石窟的乐舞图像

中原历来重视音乐的教化作用，入主中原的拓跋鲜卑统治者同样十分重视音乐。北魏平城时代的乐舞文化体系的构建过程，也是将聚集在平城地区庞杂的乐舞文化支系进行异源合流的整合过程。北魏平城的音乐遗存主要集中在举世闻名的云冈石窟中，它是我国古代佛教石刻艺术的瑰宝。从文成帝和平年间到孝文帝太和十八年的三十多年里，北魏统治者在平城开凿的云冈石窟里，雕刻了大量的伎乐人和乐舞组合图像，这些乐舞雕刻成为云冈石窟石刻雕像的主要形式，内容丰富，艺术精湛。

赵昆雨在《云冈石窟乐舞雕刻研究》一文中指出，在云冈石窟的 45 个主要的石窟中，有

22个洞窟内都有以音乐舞蹈作为素材的雕刻，尚存各种乐器雕刻近28种，530件，乐队组合60余组。肖兴华在20世纪80年代通过对部分石窟的伎乐人雕刻进行考查，撰写出《云冈石窟中的乐器雕刻》一文，将云冈石窟雕刻的乐器分为“弹拨乐器”“吹管乐器”和“打击乐器”三类；赵昆雨则将其分为“气鸣乐器”“弦鸣乐器”“膜鸣乐器”和其他。吴巧云在前人研究的基础之上，对石窟雕刻乐器重新进行了统计和校订，并撰写成《大同云冈石窟乐器图像的统计与再校订》一文，文中将云冈石窟雕刻的乐器也分为“吹管乐器”“弹拨乐器”和“打击乐器”三类。云冈石窟乐器雕刻中，既有中国传统的筝、排箫、横笛、琴等本土乐器，也有北魏时期从龟兹、波斯、印度以及高句丽传入的如五弦、竖箜篌、梵贝等外来乐器，中外文化在此碰撞交融，汉族与少数民族乐舞在此融合，真实反映了北魏平城各民族乐舞艺术的大融合，足可见其政治、经济、宗教、艺术等的空前繁荣。本节主要从乐器类型渊源和乐舞组合两个方面来看云冈石窟中的音乐舞蹈。

一、乐器类型及渊源

(一)吹管乐器

云冈石窟吹管乐器雕刻主要有横笛、义觜笛、筚篥、排箫、埙、笙、螺、唢呐、胡笳等。

1. 横笛

横笛是云冈石窟乐器雕刻中频繁出现的乐器之一，共有50多件。横笛，汉代时自西域传入，由天然的竹材制成，所以也称“竹笛”。自西汉传入直到北魏几百年间，笛子的构造和演奏方式基本没有发生变化，无论是在宫廷还是在民间，其流传都非常广泛。在云冈石窟中，乐伎演奏横笛的方法，左把吹奏和右把吹奏兼有，形态上或平执或下斜，也有较少的上斜，常与琵琶和排箫组合出现，如第9窟的“普贤骑像”画面中，就出现了手持琵琶和横笛组合演奏的伎乐飞天(图2-3-4-1)，这种合奏开创了云冈石窟乐器组合的先河。

图 2-3-4-1　第9窟前室北壁第5层横笛伎

2. 义觜笛

关于义觜笛的文献记载，最早见于《旧唐书·音乐志》，“……横笛皆去觜，其加觜者谓之义觜笛”。在宋代陈旸《乐书》的胡部里有：“义觜笛如横笛而加觜，西凉乐也，今高丽亦用焉。”说明了横笛和义觜笛之间的区别。可见，义觜笛是一种与横笛在演奏姿势和构造上相类似的乐器，不同之处就是为了演奏的方便，在吹口处加了一个长方形的凸起，其上置一吹孔。云冈石窟第 6 窟佛经故事中的“莲花七步”“太子入城”“太子乘象”等画面中，与琵琶相搭配演奏的即为义觜笛。雕刻在云冈石窟中的多处义觜笛，体现了魏晋南北朝时期各民族音乐文化的融合与发展。

图 2-3-4-2　第 12 窟前室北壁窟门门楣下缘义觜笛伎

3. 筚篥

筚篥为龟兹簧管乐器，系古龟兹人民的发明，汉魏时期伴随龟兹乐传入内地。最初的筚篥是由羊角或牛角制作而成，传入中原后，才改用竹制，体身也由弯变直。这时的形态，可以在云冈石窟的壁画中看到。云冈石窟的第 11 窟东壁第 5 层和第 12 窟前室北壁窟门门楣下缘可见手持筚篥演奏的乐伎（图 2-3-4-3、图 2-3-4-4）。

图 2-3-4-3　第 11 窟东壁第 5 层筚篥伎

图 2-3-4-4　第 12 窟前室北壁窟门门楣下缘筚篥伎

4. 排箫

排箫是中国古代吹奏乐器，其渊源可追溯至夏商之前的原始时代，《礼记·明堂位》记载：土鼓，蒉桴，苇籥，伊耆氏之乐也。苇籥便是早期的排箫。排箫由发音不同、长短不一的竹管依次按梯形有序编排，管数有多有少，数量不均，故又称比竹、参差等，在云冈石窟中出现得较多，有 60 多件，说明它也是比较普及的乐器之一。与云冈石窟处于同一时期的新疆克孜尔石窟寺壁画上也有排箫图像的出现，它不仅在龟兹乐、西凉乐等音乐中使用，在南方的雅乐中也是不可缺少的乐器，可见排箫在北魏时期的南北方普遍流行。

图 2-3-4-5 所示为第 11 窟东壁第 5 层排箫伎。

图 2-3-4-5　第 11 窟东壁第 5 层排箫伎

5. 埙

埙是汉族特有的闭口吹奏乐器，新石器时代产生，陶制，也有木、石或骨制的，多为上小下大的椭圆形。其上有一到十几个音孔，吹奏时以手指开闭音孔。云冈石窟第 12 窟的前室窟顶高浮雕一伎乐手捧一吹奏乐器疑为埙，如图 2-3-4-6 所示。

图 2-3-4-6　第 12 窟前室窟顶西南角乐伎

6. 笙

笙是汉族主要的簧管乐器,由斗子、笙管和吹嘴三部分组成,构造较复杂,在云冈石窟中出现得并不多,在第11、13、38、50窟出现过。北方的少数民族才刚刚接触它,这种乐器也是南北文化交流的物证。第38窟窟顶有三个伎乐飞天,上方一乐伎双手抱持吹奏的即长嘴笙,如图2-3-4-7所示。

图 2-3-4-7 第 38 窟窟顶伎乐天

7. 螺

螺也称“贝”,在云冈石窟的第二期雕刻中出现较多,仅在第6窟主室南壁上层乐器组合中就有三个吹螺的伎乐人出现。第11、12窟也可见手持法螺演奏的乐伎形象,其中,在11窟东壁第5层的圆拱龛内(图2-3-4-8),第12窟前室北壁窟门门楣下缘雕有手持法螺、排箫、鼓、琵琶等乐器演奏的乐伎形象,反映了北魏时期音乐艺术繁荣及文化交流的史实。

图 2-3-4-8 第 11 窟东壁第 5 层法螺伎

(二)弹拨乐器

云冈石窟中出现较多的弹拨乐器雕刻主要有琵琶、五弦、阮以及琴、筝、瑟等。

1. 琵琶

琵琶在汉时称阮，唐时专指梨形音箱的曲项短颈弹拨乐器。大约在公元4世纪，梨形音箱的四弦曲项短颈琵琶由波斯传入，在流传过程中，吸收和借鉴了阮的演奏方法。其演奏方式多样化，石窟琵琶雕刻兼有手弹竖演和拨弹横持两种演奏方法。云冈石窟有近50件琵琶雕刻，基本上是这一类，但在音箱的大小和琴颈的长短上发生了较大变化。早中期洞窟中主要出现的是短颈、大音箱的琵琶，如第11窟东壁第5层（图2-3-4-9）以及第6窟天宫伎乐列龛。晚期琵琶雕刻则基本上表现为长颈、梨形音箱。

图2-3-4-9　第11窟东壁第5层琵琶伎

2. 五弦

五弦和琵琶在外形上相似，二者被称为乐器姊妹，由古龟兹传入。其制长颈，直项，五弦，无柱，音箱小于琵琶，或呈细长的棒状，或介于棒状梨形之间，手弹拨奏并存。云冈石窟中，几乎所有的乐队组合中都有五弦这种乐器。如第11、12窟的天宫乐伎、飞天乐伎等都手持五弦演奏（图2-3-4-10）。

图2-3-4-10　第11窟东壁第5层五弦伎

3. 阮

阮是汉族传统乐器。公元前 3 世纪,秦人根据“鼗鼓”的形式,创造了一种叫“弦鼗”的乐器。其特点是长柄直项、音箱体呈圆形、两面蒙皮、竖着演奏,后也称琵琶。汉人又将其发展成为 4 弦 12 柱,竖着用手弹拨,常与琵琶组合演奏,相传西晋阮咸善弹此乐器,因而又被称为“阮咸”,简称阮。阮在云冈石窟伎乐人雕刻中出现的不多,在第 6 窟可见(图 2-3-4-11),其演奏方式有横持和竖持两种,横持用拔子弹,竖持用手弹,在乐队中起演奏旋律的作用。

图 2-3-4-11　第 6 窟南壁第 5 层阮伎

4. 琴、筝、瑟

琴、筝、瑟为中原汉族传统乐器,琴、瑟称谓的记载最早见于《诗经》,筝在公元前 237 年就流行于秦。在云冈石窟第二期和第三期的雕刻中出现了很多横置胸前或在大腿上演奏的弹拨乐器。这些乐器有长有短,有宽有窄,与现在见到的琴、筝、瑟三种乐器的形制相近。云冈石窟为沙岩石质,因自然风化等因素导致这类乐器的细微雕刻难以辨认,如第 11 窟东壁第 5 层琴(筝)伎(图 2-3-4-12)。

图 2-3-4-12　第 11 窟东壁第 5 层琴(筝)伎

（三）打击乐器

云冈的打击乐器雕刻主要有腰鼓、毛员鼓、担鼓、鸡娄鼓、齐鼓、手鼓、钹等。

1. 腰鼓

腰鼓又称细腰鼓，是汉族打击乐器，历史悠久，云冈石窟打击乐器雕刻中出现数量之最。腰鼓呈两头大、中间细的“广首纤腹”形，系于腰前，双手拍打。云冈石窟中腰鼓的纤腹部雕有束腰带，鼓身上还雕有装饰的花纹，绝大多数乐队组合中都广泛使用腰鼓。如第 6 窟南壁上层的乐器组合中，就有四个细腰鼓出现。细腰鼓在石窟的雕刻中，有的是用于边舞边击，有的则是作为舞蹈的伴奏，在乐队组合演奏中发挥着重要的作用。图 2-3-4-13 所示为第 11 窟第 5 层腰鼓伎。

图 2-3-4-13　第 11 窟东壁第 5 层腰鼓伎

2. 担鼓

《通典》载：“担鼓如小瓮，先冒以革而漆之。”担鼓呈现出中间粗而两头细的形状，类似于现代的腰鼓。其隋唐时专用于西凉、高丽乐部。图 2-3-4-14 所示为第 11 窟东壁第 5 层担鼓伎。

图 2-3-4-14　第 11 窟东壁第 5 层担鼓伎

3. 鸡娄鼓

鸡娄鼓为龟兹、疏勒、高昌传来的西域乐器，见于云冈石窟第 2 窟的东壁上层和第 6 窟北壁上层，鼓体不大，呈球状，两面蒙皮，两手拍打。

4. 齐鼓

齐鼓在云冈石窟中多次出现。《隋书》中有关于齐鼓的记载，但对其形制的说明较少。宋代陈旸在《乐书》中记载："状如漆桶，一头差大，设脐与鼓面，如麝脐然，西凉、高丽之器也。"第 12 窟前室北壁窟门门楣下见有一飞天伎乐，腰挎齐鼓，鼓身呈一头大一头小，两头都有圆形凸起部分，双手击打鼓面。

5. 手鼓

手鼓鼓身扁平，呈圆形或八角形，鼓面蒙羊皮或驴皮，鼓框为木制，直径 20~50 厘米不等。手鼓历史悠久，在 4—6 世纪的敦煌北魏壁画中早已出现。云冈石窟中出现较少，只在第 13 窟的上层见有一天宫乐伎一手持鼓，一手拍击。

6. 钹

钹，铜制，也称铜钹、铜盘，民间叫作"镲"。铜钹构造简单，整体呈圆形，中间部分凸起呈半球状，中心钻有小孔，用来拴系绸布，即"钹巾"，演奏时双手通过钹巾持住钹身对击发音。关于铜钹的文献记载，最早见于东晋法显所著的《历游天竺记传》，作为佛教梵音赞诵法器随佛教天竺乐传入。如云冈石窟第 6 窟西壁最上层、第 9 窟前室北壁第 5 层即可见击钹乐人雕刻（图 2-3-4-15）。

图 2-3-4-15 第 9 窟前室北壁第 5 层铜钹伎

（四）其他

1. 弹指

有关弹指的文献记载，最早可见于《通典》关于龟兹乐舞的描述："或踊或跃，乍动乍息，跷脚弹指，撼头弄目。情发于中，不能自止。”弹指即捻弹手指而发出响声的动作。在云冈石窟雕刻的弹指动作有两种，一种是以每只手的拇指、中指和食指相互捻弹，见于第 6 窟东壁与西壁的弹指伎人；另一种，是两手合掌，以两食指相拨击，见于第 12 窟前室顶部一乐伎（图 2-3-4-16）。

2. 吹指

吹指是指口含手指吹咏之技。在犍陀罗和巴尔胡提塔的雕刻中，礼敬圣人圣物的吹指形象，均可看到此手势动作。吹指也是鲜卑人放牧的拟声工具，其声辽远，以惊牧马。第 12 窟北壁中，吹指伎者或将小指含入口内，或利用拇指食指吹声，其与乐队组合，易于渲染气氛。

图 2-3-4-16　第 12 窟前室窟顶南侧弹指伎

二、乐舞组合

乐舞即演奏乐器，歌声和舞姿并用的人物形象。云冈乐舞是佛教乐舞形象在云冈的表现。北魏一朝的乐舞文化是汉乐、中亚一带的乐舞，以及以鲜卑为代表的北方少数民族乐舞的杂糅。这些乐舞在云冈石窟乐舞雕刻中均有体现。云冈石窟从东到西 1000 余米，大小窟龛 250 多个，其中的主要洞窟都有乐伎雕刻，可辨认的乐伎人物形象达 740 多身。这些天宫伎乐人物和飞天形象无不向世人传递着北魏平城的乐舞艺术。

云冈石窟早、中、晚三期的乐舞雕刻内容呈现出不同的风格特点。早期洞窟气势磅礴，多是大型佛像洞窟，充满了神秘的宗教色彩，乐舞雕刻内容形式单一；中期洞窟富丽堂皇，乐舞雕刻内容丰富，达到鼎盛时期；迁都洛阳后的晚期石窟，因开凿者多是地方中下层官吏及佛教信徒和百姓，乐舞雕刻的内容趋于随意，更具实用性和世俗性。

（一）伎乐雕刻

手持乐器或虽不持乐器却欲演唱、欲舞蹈的人物，在佛教艺术中被称为乐伎。赵昆雨在《云冈石窟乐舞雕刻研究》一文中按照伎乐的功能将其分为表现佛界的天宫伎乐、飞天伎乐、故事图伎乐和化生伎乐以及表现俗界的幢倒伎乐。云冈石窟的伎乐雕刻中，表现佛界音乐场景居多，表现世俗音乐场景较少。

天宫乐伎即在天国世界里为佛专司乐舞的表演者，多位于窟顶与窟壁衔接处并排开设的尖楣圆拱龛内。云冈的第1、2窟，第6窟，第7、8窟，第9、10窟，第11、12、13窟等都有这样的天宫乐伎。初步统计，天宫乐伎在云冈石窟全部乐伎雕刻中占到一半还多，达393身。佛教中护法八部众之乾闼婆和紧那罗称为飞天，即手持乐器作乐或不持乐器作舞歌唱的形象。

云冈石窟雕刻的飞天乐伎多见于窟壁，也有部分出现在窟顶。云冈石窟的飞天伎乐不仅有乾闼婆和紧那罗的形象，也有其他诸如夜叉、供养等形象，同时乐伎艺术表现、手持乐器种类等也都比乾闼婆与紧那罗形象的范围宽泛，有的环绕团莲、有的装饰门拱，一边飞舞、一边奏乐，动感飘逸，是石窟乐舞雕刻最醒目的内容之一，数量也较多，仅次于天宫乐伎。晚期洞窟中多以中小型石窟为主，代表洞窟如第38窟。其窟虽小但内容丰富，北壁上不仅见释迦佛本行故事图伎乐雕刻和化生伎乐雕刻，更有浓厚的俗界表现，幢倒伎乐就雕刻在38窟北壁的最底部，将人间生活情趣表现得淋漓尽致。

（二）舞蹈形象

赵昆雨在《云冈石窟乐舞雕刻研究》一文中指出，云冈石窟的舞蹈雕刻有以独舞形象穿插于乐队组合中的舞伎，武士形象的双人舞，或徒手或持道具的飞天造型以及世俗化的民间舞等，形式种类多样。

1. 道具舞

道具舞中有飘带舞、托莲舞和抛莲舞等。

在道具舞众多造像中有一个并非乐器的道具出现，即飘带。飘带舞，又称“绸舞”，也称“巾舞”，是汉民族古老的传统舞蹈，西汉时即已盛行，属于汉代的杂舞，其形象多见于汉画像石。巾舞有长巾和短巾之分，姿态优美，韵律感十足。云冈石窟中的飘带舞，其实表现的是披帛的舞动，飘带缠绕于躯体和手臂间，轻盈飘逸，颇具美感。如第9窟前室北壁东侧第4层龛主佛之间上部飞天（图2-3-4-17），神情优雅，帔帛轻缓柔美，极美的佛国意境在这种道具的衬托下被描画得淋漓尽致。

图 2-3-4-17　第9窟前室北壁东侧第4层龛主佛之间上部飞天

托莲舞是以莲花供养为佛教宗旨雕刻的舞蹈形式之一。出现在第 9、10 窟前室顶部繁花似锦的佛国天宫中。飞行于空中的飞天形象，飘带翻飞、身姿柔美，并以双手将大型团莲托起，是云冈飞天舞蹈形象的艺术精品。

抛莲舞是以莲花供养为佛教宗旨雕刻的舞蹈形式之一。出现在第 6 窟中心塔柱下层的盝形龛楣格内。飞行于空中的飞天形象，飘带翻飞、身姿柔美，并以双手将团莲抛于空中。团莲与飞天雕刻均为高浮雕样式，最重要的是，为了突出莲花是从手中抛出并呈现出飞舞的姿态，特意在团莲与飞天的手之间雕刻出了一个看起来像团莲尾巴的东西。这种在当代绘画中经常使用的表现快速运动的视觉效果，公元 5 世纪时就被云冈艺术家运用于石雕的创作之中。

2. 民间舞

晚期的云冈石窟开始出现了世俗化较强的民间舞蹈形象，表现出兼具民族特色和现实生活的乐舞画像。乐舞百戏场面就很好地展示了这种世俗化，是以世俗文娱活动供养佛的雕刻画面。百戏是古代民间表演艺术的泛称，“百戏”一词产生于汉代。百戏杂技的画面雕刻在云冈石窟的第 38 窟北壁上，对称雕刻着两幅百戏杂技，一伎人做出倒挂动作，另一伎人则呈现出向上攀爬状，舞技高超，表演更具技巧性。

3. 双人舞

北魏拓跋鲜卑族崇尚武力，尚武不仅见于文献记载中，也见于云冈石窟雕刻的舞蹈形象中，力士舞就是其中的一种。力士舞集中体现了云冈的护法舞蹈，反映了鲜卑拓跋的尚武情结，见于第 7、8 窟和第 9、10 窟两组双窟的浮雕塔柱上。佛塔各层以二人（力士）一组为基本表演单位，二人多以一手臂作弯曲向上托起态，表示支撑的力量，这些力士是佛的卫士和侍从，守护着石窟，有的呈双手托石状，有的呈站立状，他们做出不同的舞蹈动作，双腿有弯曲、弓步，有踮脚、有行进，顶胯叉腰，体格健美，目光凌厉。

正如李治国主编的《云冈石窟》中所述：“大同在公元 5 世纪不仅是当时世界上最大都市之一，同时也是吸取印度、中亚文化艺术，融合西域诸国和中国山东六州、陕西关中、河西凉州、东北和龙等地区各族文化与艺术的聚集之地。”这些在云冈石窟的乐舞石雕上都有所反映。

第五节　云冈石窟的装饰纹样

云冈石窟中的装饰纹样，是指云冈石窟中围绕洞窟、龛式、单元等设计雕刻的各类起到美术装饰作用的图案、纹饰等。云冈石窟中的装饰纹样复杂多样，豪华富丽，《魏书·释老志》中，称其为“雕饰奇伟，冠于一世”。云冈石窟丰富多彩的装饰纹样使洞窟展现的宗教画面更加充满神奇色彩和无尽美感，是云冈石窟造像整体的重要组成部分。这些装饰纹样汇聚了印度早期宗教艺术、犍陀罗艺术和我国新疆地区产生于公元 5 世纪以前的诸多宗教艺术因素和形式，并吸收本土传统艺术装饰纹样中符合佛教审美取向的内容，呈现出融合中西、多姿多彩的特有风格和特定气势，成为中华民族兼容并蓄与融合发展的实物见证。

一、云冈石窟装饰纹样的流变

云冈石窟装饰纹样的中心主题以佛教艺术为内核，一切的装饰纹样皆围绕佛教的宣教主旨构建。云冈石窟的开凿大致经历了三个时期，每个时期的装饰纹样风格都存在较为明显的差异。

第一期（早期）洞窟，即昙曜五窟，均为大像窟。这一时期，窟内主像体量巨大，占据窟内绝对空间。装饰纹样主要见于造像衣纹及头光、背光等部位，风格简洁明快。装饰纹样主要有莲瓣纹、联珠纹、忍冬纹三种类型，以二方连续的带状纹饰装饰于佛像衣纹及头光、身光等处，整体纹饰造型风格简洁明快，自由洒脱。

第二期（中期）洞窟形制主要为塔庙窟和佛殿窟。该期洞窟除穹隆顶外，还多了平顶样式。平顶样式意味着藻井装饰空间的形成，藻井装饰和填充纹样是这个时期的代表形态。这个时期，装饰纹样繁缛，主尊衣饰、背光、须弥座、龛体、壁面、窟顶、中心塔柱四向，乃至地面，均作装饰处理，璎珞纹、边饰带形式和各式纹饰类型逐渐丰富多样，融合汉画云气纹、瑞兽纹，造型气韵生动，形成了新的构成方式。通而观之，该时期来自印度、波斯及西域诸国的佛教艺术形式，与中国古代传统纹饰造型交汇、融合，整体风格呈现庄重典雅、富丽堂皇的特点，纹饰造型体系越发趋于完整和丰富。

第三期（晚期）洞窟窟室小型化，龛面雕饰以及平棋藻井纹饰丰富多变，原有的规范和秩序逐渐被打破，整体呈现出灵动飘逸的艺术风格。装饰纹样模式化形制突出，样式混杂多样，题材内容趋于世俗化，音乐树、伎乐天和民间百戏人物的形象出现于洞窟装饰中，体现出开凿洞窟的供养者的世俗理想和精神取向。佛教纹饰与民间纹饰体系进行了融合，基于民间信仰的纹饰体系上行下效、变迁融合，成为这个时期的突出特点。

二、云冈石窟装饰纹样的题材

云冈石窟的装饰纹样主要有植物纹样、动物纹样、人物纹样、几何纹样等，各种纹饰表意有别，其所表达的艺术情感也不尽相同。

（一）植物纹样

佛教东传后，佛教美术元素的融入，打破了两汉以来以神兽、神仙及云气纹为主的装饰体系，植物纹样成为装饰的主流，尤其是莲花纹和忍冬纹，这些在云冈石窟中表现得淋漓尽致，外来的装饰纹样与中国古代传统装饰相互融合，创造了新的样式。

1. 忍冬纹样

忍冬，即金银花。《现代汉语词典》解释为“半常绿灌木，茎蔓生，叶子卵形或长椭圆形……”由于其四季常青不枯，取其吉祥之意，佛教中称其为“宝花”，在佛教艺术的创作中便大量地以忍冬为装饰纹样。忍冬纹来源于西方，之后随犍陀罗艺术形式来到云冈石窟。云冈石窟的忍冬纹种类很多，如单菱形、单枝平行、波浪形、环形、垂直波浪形、戒指、龟甲等。忍冬纹样是云冈石窟中使用最广泛的植物纹样，早期只出现在佛像袈裟边缘、菩萨头周围及宝冠之上。中期较早的第7、8窟的忍冬图案简洁舒适，并有波浪状的忍冬纹作为装饰界带将壁面佛龛进行分层，同时也装饰于拱门上方，与这组双窟朴实无华的雕刻风格交相辉映。

第 9、10 窟的忍冬纹表现形式多样化，有菱形状、三角状、环状、波状及龟背状等，繁缛有致、富丽堂皇，彰显皇家风范（图 2-3-5-1）。晚期西区小窟仅在第 35 窟窟门上部有平行的忍冬纹装饰，第 39 窟莲花窟顶部的四个角落偶尔有三叶忍冬装饰，其余石窟几乎不见忍冬纹，此时云冈石窟装饰纹样逐渐回归简约，增加了几何装饰。

图 2-3-5-1　第 9、10 窟前室北壁屋顶三角状忍冬纹

2. 莲花纹样

佛教将弥勒净土称为莲，在佛教艺术中，莲花是神圣之花，作为佛教艺术中使用最频繁的对象加以描述与颂扬。因而，莲花图案也是云冈石窟使用频率最高和形式最为多样的基本图案，雕刻种类繁多，数不胜数。如第 17 窟西壁佛龛内的立佛头光，莲花呈圆弧放射状，内侧都是圆形双层重瓣莲花，且莲花的花瓣宽而肥，每个花瓣都有一个 U 形突起，花瓣的轮廓很厚，形状粗犷有力，充满立体感和异域风情（图 2-3-5-2）。莲花宝座在云冈石窟中也很常见，多为莲花形呈半盛开状，其造型艺术含蓄，追求写实，具有立体感。莲花化生童子是莲花纹与飞天、童子的创新组合，第 10 窟后室南壁莲花化生童子像，被莲花环抱上半身，双手合十或两手上举璎珞，莲花或双瓣或单瓣向下展开，造型丰富生动，装饰性强。此外，云冈工匠将莲花莲瓣平行排成一列作为装饰带，将洞窟内偌大的壁面分成多层，在云冈石窟晚期各窟内广泛使用。

图 2-3-5-2　第 17 窟西壁佛龛内的立佛头光

3. 葡萄纹样

葡萄图案起源于西方，亚述人很早就将葡萄艺术化并应用到纹样上。目前考古所见的中原最早的葡萄纹应该出现于北魏平城时期。云冈石窟第 12 窟明窗边框的纹样与波状忍冬纹相近，波状藤蔓的波心内填充葡萄与禽鸟，长尾禽鸟站在葡萄枝上，时而回头，时而仰视，嘴里还衔着忍冬叶。

4. 圣树纹样

圣树即菩提树，因佛陀在此树下悟道，故名“菩提树”。该树为桑科榕属植物，树干笔直，树皮为灰色，树冠为波状圆形，有“觉树”“思维树”等多种别名。佛教一直都视菩提树为圣树。云冈的圣树纹样，分布较广，经常出现在佛教故事的雕刻中，“树神现身”“腋下诞生”“树下思维”等神圣画面，经常出现菩提树的形象，呈现在壁面、明窗等部位。以云冈石窟第 5 窟中的菩提树为例，树冠呈椭圆形，枝叶扶疏，具长柄，浓荫覆地，主干较粗，表面裂成数条深沟，形式感极强，装饰手段精妙（图 2-3-5-3）。第 38 窟的“音乐树”，为佛经中描绘的七宝树。值得关注的还有第 6、9、10、11 窟的无忧树、思维树等。圣树形象，树形优美，图案化因素包含其中，枝叶茂盛、遮天蔽日，给人以神圣、肃穆之感，是对于佛国具体场景的表现。

图 2-3-5-3　第 5 窟窟门壁面二佛并坐菩提树

（二）动物纹样

云冈石窟动物纹样有龙、兽面等人类创造的动物纹样，也包括现实中可见的鸽子、狮子、鹿、象、虎、猴子、蛙、鲵等。

1. 兽面装饰

云冈石窟中的兽面装饰，因其形式状态与古代门扉上的兽面饰物相仿，也被称为“铺首”，是佛教意义中的护法思想体现。如在第 7、8 窟后室北壁上层的盝形帷幕龛上（图 2-3-5-4），和第 12 窟后室南壁西侧的盝形龛帷幕的挽结位置上，都饰以兽面“铺首”，似要作为挽结以固定帷幕。兽面长眉粗壮向两侧翘起，两耳竖立，双目圆睁，鼻孔外露，张嘴龇牙，獠牙突出，雕刻形象生动。到了云冈晚期，依然保留了在帷幕上缀饰兽面的习惯，如第 30 窟西壁方形龛悬挂的帷幕上即有兽面装饰雕刻。

图 2-3-5-4　第 7、8 窟后室北壁上层盝形帷幕龛上兽面装饰

2. 龙纹样

龙纹样即以龙形为基本素材设计雕刻的纹饰。龙作为佛教的八部护法之一，神通广大，护法力量显而易见。在云冈雕凿出来的龙既是护法之神，又被作为装饰素材加以运用。因其强烈的宗教意义，始终处于雕刻壁面最显著的位置之上。云冈石窟雕刻的龙形纹饰，主要出现在洞窟门拱顶部、窟顶、圆拱龛楣、明窗上沿以及门柱之上等部位。此外，第 9、10 窟雕刻的二龙王缠绕须弥山的佛经故事，将龙的形象较突出地表现出来（图 2-3-5-5）。

图 2-3-5-5　第 10 窟前室北壁二龙王缠绕须弥山

3. 鸟纹

鸟纹样即以鸟形为基本素材设计雕刻的纹饰。由于金翅鸟是佛教的护法之一，所以云冈石窟中鸟的形象多是以金翅鸟为对象雕凿的。云冈石窟中的金翅鸟，体如普通飞鸟，却有着强大有力的双爪，同时还显示出强烈艺术化的翅膀和羽毛，尾部雕刻尤其绚丽多彩。金翅鸟形象多出现于屋形龛顶或门拱两侧，有的作为佛龛楣两端的回首鸟，有的同其他动物形象一道作为塔顶装饰（图 2-3-5-6）。

图 2-3-5-6 第 6 窟中心塔柱上层金翅鸟

（三）人物纹样

在南北朝时期，人物描写和轮廓在继承中国古代人物纹样传统的基础之上更加深化，也创造出了新的风格。以云冈石窟第 34 窟西壁飞天为例，虽然线条粗糙，但姿势细腻、富有表现力，散发着高贵的气质，脸瘦腰细，神情愉悦，婀娜多姿，总的说来，呈现出具有东方气质的少女特征。此外，坐佛（千佛）、化佛、化生童子、供养天人等人物形象以小（微）型化、成组（群）等形式出现在云冈石窟外壁面、造像背光及窟龛壁面之中，不仅成为宣扬佛教思想的重要元素，同时也逐渐艺术化，成为云冈装饰纹样的组成部分。

（四）几何纹样

几何纹样，即类似几何图形，以点、线、面组成的有规律的纹饰。云冈石窟的几何纹样充满了异域气息。

1. 联珠纹样

联珠纹样是云冈石窟出现较早的装饰纹样，也是石窟雕刻中较为简单却异常漂亮的纹样之一。这种纹样形象由圆形或椭圆形整齐排列组成（图 2-3-5-7）。由于联珠纹在排列组合上具有较为方便、自然的特点，这种纹饰就成为石窟纹样雕刻中运用最为灵活的一种形式。它可以组成横竖直线，也可以组成弧线，还可以组成圆圈，更有以大小不同的圆珠共同构成的组合式联珠纹。联珠纹或作为分界纹，或作为主纹的辅纹，或作为边纹等，单行排列，多与其他装饰图案配合出现。如在装饰意味十分浓厚的第 9、10 窟双窟中，就较为恰当地使用了横向或竖向的直线联珠纹饰。第 9 窟前室北壁的门楣和门柱上的直线联珠纹被雕刻在最外侧的边沿，作为边饰的联珠纹这时表现了横竖折转自由的特点。

图 2-3-5-7 云冈石窟第 19 窟主佛像僧祇支衣纹上的圆形联珠纹

2. 火焰纹样

火焰纹样是佛像或菩萨像头光和身光最重要的组成部分，往往出现在圆形或舟形光圈的最外层，以表现其不断燃烧升腾的状态。在云冈石窟中，较大型的造像往往具有较大型的头光、背光，而较大型的头光、背光雕刻中的火焰纹呈现出变化多、形式表现复杂的特点（图 2-3-5-8）。如第 20 窟露天大佛头光、背光中的火焰纹，分别以截然不同的两种形式加以表现：头光中的火焰纹雕刻，纹理一致而细密，背光中的火焰纹雕刻，纹理多样而立体，不仅雕刻了向上升腾的弯曲状纹理，还雕刻了描绘火焰回转燃烧的立体化线条。

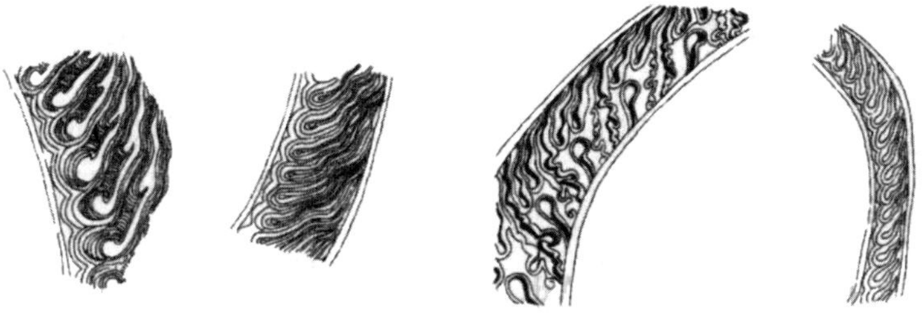

图 2-3-5-8　云冈石窟早、中期火焰纹

3. 三角纹样

我国古代在很早之前就以三角为边框类装饰，且多呈锯齿状，又称为"锯齿纹"。云冈石窟的三角纹主要用于窟顶及佛龛帐幕的装饰，且其通过把我国传统艺术与佛教艺术相融合，产生了新的创意，其呈现的特点是：多以锯齿向下的形式装饰于一定的附着物上，可称为三角垂饰纹；多将锯齿纹雕刻为双层的形式，而非传统的单列形式；较多锯齿纹的向下三角尖处雕刻了圆形缀饰，并且在其下方雕刻下垂式帷幕作为底衬，以增加图案的美感和完整性。锯齿纹的使用更加广泛和多样化，它不仅用来装饰盝形龛，也被用来装饰华盖和屋形龛（图 2-3-5-9），还被用来装饰洞窟内四壁或中心塔柱的最上层。

图 2-3-5-9　第 18 窟胁侍佛像头顶华盖

4. 龟背纹样

龟背纹样是以六边形为元素组成的四方连续蜂巢状图案，因形似龟背而得名。第 9、10 窟前庭地面的甬道由莲瓣纹、龟背纹等组成，其中以中间的龟背纹为主要纹样（图 2-3-5-

10）。这种以六边形组成的蜂巢状的细密花纹，完全以龟背的纹理形式雕刻，将其用作道路的纹样，象征了坚固和永久。

图 2-3-5-10　第 9、10 窟前庭地面甬道龟背纹样

（五）其他纹样

1. 山岳纹样

佛教创始人乔达摩·悉达多的出生之地尼泊尔，有“高山之国”之称，多山的自然特点在佛传故事中多有体现，如“出家求道”“释迦苦行”“游行教化”等都发生在山中，因而，佛教对山岳更是有着特别的情感寄托。云冈石窟中出现了很多山岳形象，与此同时，雕凿者更赋予了它们美术欣赏的功能，所以其形象并没有被塑造成自然状态的山岳，而是一个个向上凸起的浮雕，并在边沿做阴刻线组成连续的山峦形式，以表现山岳的艺术性（图 2-3-5-11）。

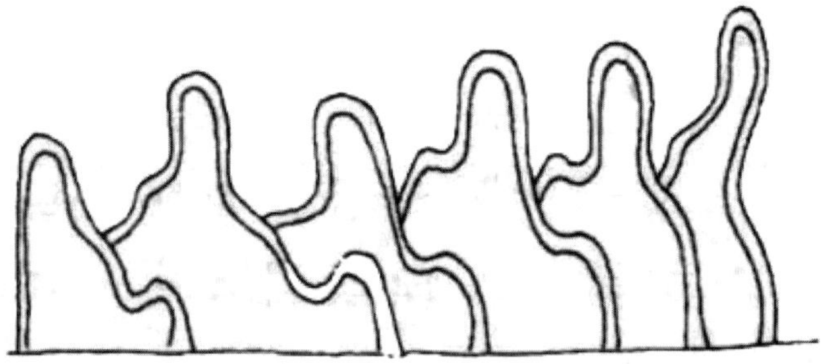

图 2-3-5-11　第 9 窟明窗壁面山岳纹样

2. 璎珞纹样

璎珞为佛教供养物，以玉连缀而成，价值很高。佛教艺术从诞生起，就非常重视璎珞的使用和展示，一是菩萨身佩璎珞，以显示其高贵的身份和典雅的风貌，二是将璎珞作为佛的供养物而广泛使用。所谓璎珞纹，是以璎珞为雕凿对象，并将其作为装饰物雕刻在菩萨胸前，或雕刻在造像龛楣和洞窟口前檐。云冈石窟雕刻的璎珞纹基本样式，是由橄榄形和圆形间隔组成的链式结构。一般在橄榄形身上雕刻 2~3 行小珠，圆形雕刻为莲花样式，均为素

面。第9窟前室北壁中国传统瓦顶屋顶门楼下和第10窟前室北壁须弥山画面下均雕刻了飞天或童子手牵璎珞的形象(图2-3-5-12)。璎珞纹的雕刻,既体现佛法供养的宗教意义,又直接体现石窟造像艺术中的美术装饰意义。

图2-3-5-12 第10窟前室北壁化生童子手牵璎珞

三、云冈石窟装饰纹样的功能与组合

云冈石窟中的装饰纹样纷繁多样,并以单独或组合的形式装饰于窟内的不同空间位置,如背光、藻井、龛楣及边饰等,以发挥装饰、分割、寓意等多重功用。

(一)背光

云冈石窟佛像的头光多以莲瓣纹、化佛、忍冬纹、火焰纹样等组成。身光主要有火焰形肩焰、飞天、化佛、化生童子、供养天人、忍冬纹、火焰纹等。云冈石窟里的背光图案,彰显了独特的北魏皇家风格,如第20窟主佛背光,由头光与身光两部分组成。头光由内向外依次为双瓣莲花纹、入定式坐佛、火焰纹等三重装饰纹样。身光直接通向窟顶,依次为火焰式肩焰、供养天人、入定坐佛、火焰纹等四重装饰纹样。

(二)藻井

以第7窟后室窟顶的藻井为例,其为六方藻井。枋子相交之处饰团莲,枋上刻飞天,每方“斗四”式藻井的井心雕团莲,四周绕以体态丰满的飞天。八朵团莲皆为素面莲房,外饰宝装双莲瓣。整个画面充满了丰富的想象力,既有繁荣的再现,又有超然的表达。

(三)龛楣

云冈石窟的龛楣以圆拱尖楣龛与盝形帷幕龛为最多。龛楣的主题纹样多以佛、飞天、乐伎、化生童子、莲花、忍冬纹、鸟纹、几何纹等进行组合。第6窟中心塔柱下层四面佛龛是内雕圆拱尖楣龛,外雕盝形帷幕龛的复合龛形。其中圆拱尖楣龛的楣面雕坐佛,上下沿饰飞天,楣尾刻龙首反顾,别具特色。龛楣装饰图案与窟内雕塑保持了统一的风格,成为组织紧密、刻画细致的整体形象,使整个洞窟装饰具有疏密有致、抒情写意的审美品质。

（四）边饰

边饰纹样在装饰、分割石窟壁面上起到了重要的作用。云冈石窟装饰图案的边饰随处可见，多以植物纹样为主，是一种带状纹样，植物纹有忍冬纹、莲瓣纹、莲花纹、葡萄纹等；几何纹有三角纹、龟背纹等。这些纹样在壁面上做连续性的排列，其表现形式最终构成了画面的秩序性，整体而统一。

整体来看，云冈纹饰附着于主尊造像、龛体、塔柱、壁面，镌刻手法有剔地起突、减地平钑、压地隐起、素平阴刻等类型，结合不同的表现主题，形成了团状、波状、嵌套等多种纹饰形态。作为石窟装饰的形象资料，云冈石窟装饰纹样各具特色，布局严密且描绘精细，既相互联系，又可以作为独立的图案类型。纹样在布局上也充分考虑了壁面的空间，既强调了构图的巧妙和组合的协调，同时也与窟内雕塑在风格上得以统一，通过不同的装饰手法，形象地再现了北魏时期石窟装饰艺术的形成、演变与发展，并从中可以明显感受到民族融合与中西交流的脉络。

第四章　云冈石窟的考古与发现

云冈石窟考古发现包含考古调查、考古发掘与重要遗物三部分内容。云冈石窟在近现代又重新引起国际关注，欧洲与日本关注尤多。中国营造学社秉承历史使命，结合大同市古建筑对云冈石窟进行了整体调查。因石质文物的原因，云冈石窟与历史上多次人为与自然灾害密切相关，对于石窟前地面的考古发掘成为新中国成立后石窟考古的重点。近年来对窟顶进行考古发掘，有关于北魏与辽金寺庙的重要发现，这为我们了解北魏云冈石窟寺提供了更多的依据。

第一节　云冈石窟考古调查

一、云冈石窟的“发现”

1902 年，东京大学的伊东忠太为调查辽金时期遗迹，从北京到大同考察，偶然“发现”了被世人遗忘已久的云冈石窟。其在旅行记《北清建筑调查报告》中，根据石佛寺第 6 窟内所立泰昌元年（1620 年）《游石佛寺记碑》，初步判定石窟的雕像造于北魏时期。后在滨田耕作建议下，又于 1906 年发表了两篇题为《中国山西云冈石窟寺》的报告，文中论述了犍陀罗的印度-希腊样式经中亚传入中国，以及云冈造像的影响波及日本推古时期佛像等问题。虽然文章只是附有若干石窟平面图和素描的简单报告，但首次向世界介绍了云冈石窟。

二、欧美和中国学者的调查

伊东忠太的报告发表后，翌年（1907 年），法国汉学泰斗沙畹（Edouard Chavannes）考察了云冈石窟，在其《中国北部考古图谱》中登载了 78 张照片，并引用《魏书》《水经注》和《山西通志》的记载，断定云冈石窟为北魏石窟。

北京至大同的铁路开通后，不久又向北延伸至包头成为京包线，向南通往太原的同蒲线也相继开通，这显著提高了交通的便利程度。1922 年瑞典的美术史学者喜仁龙（Osvald Siren）调查云冈后，在其《5—14 世纪中国雕塑》卷 2 中公开发表了 61 张云冈的照片。

中国自辛亥革命开始，经历五四运动，进一步迈向近代化。1918 年，历史学家、宗教史学家陈垣等到云冈石窟考察，广泛搜集与石窟寺相关的历史文献和地方志记载，对昙曜在云冈石窟的译经活动进行了考证，1933 年中国营造学社的梁思成等在调查大同市内的华严寺、善化寺之后，又对云冈石窟做了考察，并就石窟雕刻展开了建筑学方面的研究。此外，大同籍学者白志谦的《大同云冈石窟寺记》出版，介绍云冈石窟，其中包含 23 张照片。

1929 年 4 月—8 月，发生了军阀与古董商相勾结盗凿佛头的事件。为调查被盗情况，同年 9 月 20 日—25 日古物保管委员会常惠被派遣至云冈进行核查，经统计确认，整个石窟被盗佛头数量共为 96 个。在接下来的 10 月，中央研究院历史语言研究所赵邦彦也做了调查，统计结果为137个。但是,两次都仅限于对被盗情况的现场调查,并未以此为契机制订全面调查研究云冈石窟的计划。

三、日本学者的调查

1908年,伊东忠太的同僚冢本靖与同为建筑学学者的关野贞、日本美术史学者平子铎岭一同考察了云冈石窟。此次的调查时间极短,后关野贞于1918年再次来到云冈,运用建筑学测量法绘制了整个石窟的配置图和代表性石窟的平面图。1920年,东京大学专攻佛教学的常盘大定考察云冈石窟后,与关野贞共同编著了一套4集的《中国佛教史迹》,其中第2集解说中有关于云冈石窟的详细研究报告,并刊登了诸多照片和图片,对以后的研究产生了非常大的影响。而且,石窟原来没有统一编号,这本书确定了前20窟的编号,沿用至今。此外,1909年,曾跟随冈仓天心工作并调查过中国美术作品的早崎梗吉在云冈石窟拍摄了大量照片。

在关野贞调查云冈前后,佛教学、美术史学的研究者们亦相继前往云冈。佛教学学者中,1917年京都大学松本文三郎继印度调查之后,接着踏察了云冈石窟,在其《中国佛教遗物》一书中,主张云冈雕像非犍陀罗样式,乃受印度笈多样式的影响。后来松本任职东方文化研究所所长时,支援了水野清一等的云冈石窟调查。1923年宗教大学(现在的大正大学)的小野玄妙考察云冈石窟后,在《远东三大艺术》一书中,对云冈石窟、新罗庆州石窟庵释迦像、法隆寺壁画予以高度评价。

此外,木下杢太郎和木村庄八的《大同石佛寺》、佐藤孝任的《云冈大石窟》等旅行记也相继出版,特别是本职为医生,也是艺术家的木下杢太郎在1938年由座右宝刊行会重版的《大同石佛寺》中,使用了100余张照片,增补了"发现"云冈石窟以来伊东、沙畹等学者研究论著的摘录和简评,具有很大的学术意义。

这些研究者在调查时,常有暂居北京的摄影师同行。尤其是山本照相馆的山本明、岩田秀则等随同关野贞、京都大学的泽村专太郎等拍摄了中国各地的文化遗产,出版了《云冈石窟》《震旦旧迹图汇——云冈石窟》等云冈石窟的摄影作品集。《云冈石窟》收录了1921年艺术家新海竹太郎和中川忠顺请山本照相馆的山本明和岸正胜二人拍摄的200张照片,《震旦旧迹图汇——云冈石窟》由山本明摄影并编辑,从260张作品中严格筛选出100张,由伊东忠太作序,田边泰撰写解说文。也有个人出售的照片集,从山本照相馆独立出来的岩田秀则出售过一套351张照片,日本东亚同文会创刊的汉语报纸《北京顺天时报》摄影部技师平田饶出售过70张照片。此外,田中俊逸的《中国山西省大同石佛写真集》(1922)收录了北京东华照相材料行摄影部外村太治郎拍摄的117张照片,小野玄妙作了序文。

云冈石窟曾在1929年遭遇过严重被盗事件,因此,被盗之前所拍摄的照片在研究石窟原来的状况方面就成为非常珍贵的资料,不过上述的调查都是在为数不多的时日内完成的,石窟内光线较弱,也没有拍摄上部雕刻用的脚手架,只拍摄了外观以及阳光所及之处的雕像。

四、东方文化研究所的考古学调查

1936年东方文化学院京都研究所水野清一和长广敏雄在较短的时期内调查了河北省

响堂山石窟和河南省龙门石窟。二人在京都大学求学期间师从滨田耕作，水野应滨田要求进行佛教文化的考古学研究。研究所专属的摄影师羽馆易和来自北京的拓本制作师徐立信参加了此次调查，展开了石窟的测量、摄影和模拓工作。羽馆在飞鸟园（位于奈良市）的小川晴旸指导下学习了佛像等文物摄影技术，为下一步正式调查云冈石窟进行了准备。

1937 年七七事变爆发后不久，日军侵占大同。翌年 4 月，东方文化学院京都研究所拒绝有关当局的要求，作为东方文化研究所独立出来。当时就任所长的正是松本文三郎。水野清一立即着手进行云冈石窟的第一次调查，除羽馆易和徐立信之外，作为摄影助手的飞鸟园学员米田太三郎和正在北京留学的小野胜年也参加了这次调查。水野制订的计划是对云冈石窟实施全面翔实的调查，即以所有的大小洞窟为对象进行三维立体测量、摄影和模拓，对石窟的窟前及周边建筑遗址进行考古发掘，试图厘清石窟寺的整体景观。这是当时世界上率先对石窟寺进行的全面性学术调查。

第二年长广敏雄加入进来，对云冈的调查正式开始。他们清扫了堆积的厚厚沙尘，准备了调查石窟高处用的脚手架。

调查最费时间的是石窟的三维测量。制作佛像的实测图报告需要精湛的实测技术。于是东方文化研究所先后招纳京都市立绘画专科学校（现在的京都市立艺术大学）毕业的北野正男和高柳重雄（从第五次调查开始参加）为研究所成员。建筑史学者米田美代治和考古学者有光教一也从“朝鲜总督府”博物馆赶来支援调查。此外，在第三次调查中为了制作石窟的整体地形图，招聘了擅长遗迹测量的原田仁。然而，如此规模宏大的石窟的实测工作异常困难，加之战局的发展，调查人数逐渐减少，1945 年因调查人员无法离开日本再赴云冈而终止了调查。至此，主要洞窟的实测基本完成，照片中容易被看漏或忽略的细小雕刻也由专业人员通过较精准的目测绘制成图。

报告书中图版所用照片，摄影时使用的是六寸的大型玻璃底片，现在有 4037 张保存在日本东都大学人文科学研究所（简称人文研）。收纳这些底片的纸盒上标记着每张底片的摄影日、编号（按拍摄顺序从头至尾的连续号码）、所拍摄对象、光圈、镜头种类、曝光时间。例如 1938 年 6 月 6 日拍摄的 772 号底片，标有“六洞方柱北面东半部分 f22 广角 11 分 30 秒”。第 6 窟有楼阁式窟檐建筑，洞窟中央雕凿大型中心柱，因此其北面是光线照不到的暗处。当时的云冈没有电灯等照明设施，于是调查组设法找来理发店用的大镜子，助手从石窟外面将太阳光用数个镜子接力式地反射至洞内，满足拍摄所需的照明，而 772 号照片必须曝光 11 分 30 秒才能拍摄完成。

除此之外，调查组还用小型玻璃底片和布朗尼胶卷（120 胶卷）、35 毫米胶卷进行了辅助性拍摄。人文研保存的与云冈石窟相关的照片，如果包括上述大型玻璃底片在内，总计超过 1 万张。并且，1938 年水野还用 16 毫米电影胶片进行拍摄和制作，留下共 2 卷计 35 分钟的影像记录（京都大学研究资源档案馆免费公开）。

五、《云冈石窟》刊行前后

历时七年的云冈石窟调查随着日本的战败落下了帷幕，为刊行调查报告，水野和长广等毫不松懈，继续推进照片、拓本、实测图的整理工作。1949 年东方文化研究所从原来所属的外务省改为由京都大学管辖，作为京都大学人文研的东方部迎来新的开端。水野和长广合著的全16卷32册《云冈石窟——公元五世纪中国北部佛教窟院的考古学调查报告》自1951年开始历经六年的岁月，终于由人文研陆续刊布。这套大型考古报告为八开精装，用纸考究，照片采用昂贵的珂罗版印刷，分为文本册与图版册，全部附有英文翻译。若将全套排列于书架，长度超过1米。无论从外观的厚重感，还是研究视野的广博（涵盖印度、中亚至东亚），抑或向世界传递的信息来说，在日本人文科学研究领域都应该称之为空前绝后的伟业。

再回到日本刚战败时的相关调查情况，只身留在云冈石窟整理实测图的高柳重雄准备返回日本，到达北京时携带的实测图纸被没收，未能带回国。可是没想到在调查报告刊行后的1957年，水野清一作为访问中国的考古学视察团成员访问北京时，时任中国科学院院长的郭沫若直接将那些图纸归还水野。原来，两年前的1955年，郭沫若应日本学术会议邀请赴日时，水野曾托郭沫若帮助搜寻实测图纸。郭沫若深知这些图纸的学术价值，尽管当时中日还未恢复外交关系，他还是满怀诚意地答应了水野的恳请，这是与云冈调查相关的令人感动的中日交流小插曲。其中，水野测量的第18窟实测图，在他去世后由参加调查的北野正男制图，日比野丈夫撰写解说文，人文研于1975年作为《云冈石窟续补》刊布。

1959年水野为探寻云冈石窟佛教文化的源流，组建"京都大学伊朗、阿富汗、巴基斯坦学术调查队"，再次开始了对海外佛教遗址的调查活动。但是，水野在调查犍陀罗佛教遗迹时病倒，1971年去世，享年66岁。

水野管理的考古资料中，在云冈石窟及其周边发掘出土的瓦片和陶瓷器等未经整理就直接收藏在人文研。2002年，这部分出土品被整理出版，书名为《云冈石窟·遗物篇》（朋友书店，2006）。这部书中明确了在云冈中期石窟的前壁曾建有木构建筑佛殿，在石窟窟顶曾建有瓦顶僧房，复原了《水经注》和《昙曜传》中描述的北魏至"金碑"中所记述的辽、金时期的景观。由此，得以部分达到了水野等试图厘清石窟寺院整体布局和状况的调查目的。此外，京都大学综合博物馆举办了2008年秋季策划展"丝绸之路考古发掘70年·从云冈到犍陀罗"。展览了包括与犍陀罗相关的考古资料，并出版了总括京都大学海外调查的展示图鉴。

取得此次成果后，人文研改组原来的汉字信息研究中心，成立了东亚人文信息学研究中心，公开与云冈石窟相关的学术资料是中心的重点课题之一，完成了计1万余张照片，16毫米电影胶片，近800张拓本的数字化。同时，着手成立了由考古学、美术史学、佛教学研究者组成的共同研究组，运用这些电子化资料开始了原报告的集体研读讨论会，试图在共同探讨水野和长广的先期研究中，逐渐开拓云冈研究的新领域或视点。又根据研究组年轻成员们的提案，将16卷32册的原报告全部做成电子文件，并得到京都大学附属图书馆的支持和协助，于2011年在学术信息数据库"KURENAI"（红）免费公开了全套报告内容。

半个多世纪前刊行的原报告，发行部数少且过于厚重，不便于阅览，价格高。因此，在网上公开原报告受到研究者的极大欢迎，特别是来自中国的反响非常大。由于原报告是在中日邦交正常化之前出版发行，当时只捐赠给极个别的研究机构，绝大多数研究者没有机会目睹和查阅。

免费公开半年多后，中国科学出版社就原报告的再版事宜，试探性提出合作出版意向，中国社会科学院考古研究所加入其中，共同协商此事。鉴于高度专业的文本内容和全套16

卷的庞大数量，中日提议共同编辑出版《云冈石窟》。出版社也认识到此举的学术意义，计划增补 4 卷 9 册，刊登中日两国研究者的最新研究论文以及原报告中未收录的 1 400 余张照片、拓本。由人文研和考古研究所共同编辑全套 20 卷 42 册的《云冈石窟》，分为 3 期，同时出版日文版和中文版。

六、新中国的考古学调查

新中国成立后，进行了一系列石窟调查、保护和维修加固工作。1972 年，有关单位开始实施以保护石窟为目的的考古学调查。大同市云冈石窟文物保管所联合文化部文物保护科学技术研究所共同对前壁开凿有列柱的第 9、10 窟前庭和前壁上方的平台、第 12 窟前室顶板进行考古发掘，发现了窟檐建筑遗址。1987 年，云冈石窟文物保管所发掘了龙王庙沟（第 4 窟和第 5 窟间的沟谷）的龙神庙西侧，清理出三处辽代寺院建筑遗址。

1992—1993 年，以山西省考古研究所为中心的考古队对石窟内部和前庭实施了大范围的发掘，虽然只有简单的报纸报道，但是明确表示昙曜五窟的前庭地面东西方向一字排列着 24 个柱础，石窟前曾有木构窟檐建筑，昙曜五窟往南 25 米处曾建有与武州川基本平行的石坝。此外，第 3 窟的内部和外部都堆积有厚重的文化层，包括北魏、唐、辽、金四个时期，为研究第 3 窟的利用情况和三尊倚坐佛像的年代提供了线索和依据。

山西省考古研究所 2010 年发掘了云冈石窟窟顶西区，发现了北魏时期的塔基遗址和环绕在其周围的僧房遗址；2011 年发掘了第 5 窟窟顶，在辽金时期的八角塔基遗址下层发现了北魏时期的方形塔基遗址。根据以上石窟周围的发掘调查结果，可以推测武州山石窟寺在北魏太和十四年（490 年）左右已经发展成为由石窟和木构建筑构成的壮丽宏伟的伽蓝，辽金时代对其进行了重修。

第二节　云冈石窟窟前遗址的考古发掘

1993—1994 年，山西省考古研究所等单位为密切配合云冈石窟“八五”保护工程，决定开展云冈石窟窟前地面遗址的全面发掘工作。此次发掘总面积达 4 000 多平方米，共清理出 4 处建筑遗址与 1 处石坝遗址。出土各类文物达 2 000 余件。这次发掘初步确认了云冈石窟洞前建筑遗址的发展轨迹。

此次共清理出窟前建筑遗迹 4 处，大致可划分为 4 个区域。

第 14 至第 20 窟的建筑遗址位于地面基岩上。这些建筑物共有 24 个大柱洞，呈现圆角矩形，长 1.25~1.7 米，宽 0.8~0.9 米，从东到西排列。每个大柱洞周围都有四个小柱洞。大柱洞位于北侧石窟前立壁距离大约 8 米处，与石窟壁上的矩形梁洞相对应。这说明它们应该属于同一时期的建筑遗迹。

在第 11 至第 13 窟和无名石窟中，可以看到窟前地面上有大柱穴和方形柱础。它们从南到北，在东西方向上排成 3 排，形成了一个面阔九间的建筑遗址。同时此柱孔及柱础可以对应北壁洞壁上的小方梁孔。这应该是辽金时期的木结构建筑残留。

第 9 和第 10 窟前面有两期建筑物的遗迹。第一期的建筑遗迹距洞窟前面约 5 米远，有一个东西向排列的方形大柱孔，四周有四个小柱孔。共发现 8 个大柱孔，与洞窟竖壁上的矩形梁孔相配，这是一处七间宽的建筑遗址，应该是辽代建筑的遗迹。第二期是由沟纹砖地面和四周方形柱基构成的建筑遗迹，由北向南排列，东西向布置。共有 6 个方形柱孔，构成了一个宽五间的辽金时期的建筑遗址。

第 3 窟发掘的辽金文化时期的建筑遗址，初步推断该遗址可能为建筑物基础夯土遗址，在东西方向上距离柱基约 5 米处，宽九间。此外，地面上分布有环状凹槽，凹槽深度不等，凹槽壁上布满凿痕。凹槽把地板分成矩形或圆形，将石头彼此分开，显然是未被揭起的石头残骸。这一遗址现象的出现，为研究石窟的开挖方法提供了重要的依据。

一、第 3 窟遗址发掘

（一）遗址位置

第 3 窟有前、后两室。前室有东西二个，平面大体呈凸字形，南北宽约 6.5 米、东西长约 23.6 米；后室平面大体呈“凹”字形，南北宽 15.2~15.8 米、东西长约 42.7 米。后室中央北壁雕出较大的凸出柱，南北宽 11~11.4 米、东西长约 29 米。

在第 3 窟发掘工作中，可以将探方或探沟沿着洞穴的纵轴线（北偏东 15° 方向）布置。发掘工作的第一步是在窟前的北侧横向排列，以两列布置，共开辟 5 米 ×5 米的 20 个探方。之后为了更好地探明窟前遗址范围，在部分探方南方又布置 5 米 ×5 米的探方 6 个。同时对洞窟前室开展清理发掘，东前室布置 3 个 5 米 ×5 米探方；西前室布置 1 个 5 米 ×5 米探方。后室东西两边开宽 1 米的探沟 5 条。总计揭露遗址面积 900 余平方米（图 2-4-2-1）。

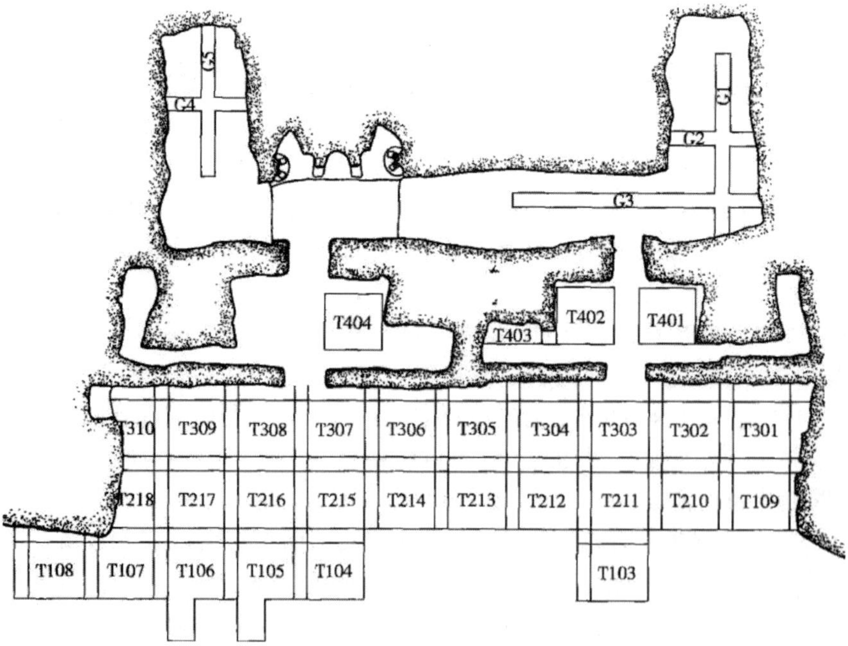

图 2-4-2-1　第 3 窟探方、探沟分布图

（二）地层堆积

洞窟窟外地面和洞窟里面地层的堆积不一致，有深有浅，基岩面高度差异很大。接下来以窟内东前室北壁为例说明。除扰土层外，该处从上至下有六个文化层。扰土层，约 10 厘米厚，为较松软灰色土层，基本没有发现遗物。第一层，金代文化层，厚 10~18 厘米，为夹石块黄灰色土层，遗物有白、酱、黑、茶叶末绿釉瓷片与厚度较大的瓦片。第二层，辽代文化层，厚 25~50 厘米，为带有煤灰的黄色淤土层，遗物有胎釉泛黄的白瓷片、盘口盆陶片、厚度较薄的布纹灰瓦等。第三 a、b 层为隋唐文化层。第四 a、b 层为北魏文化层。a 层土厚 10~17 厘米，为黑色土层，发掘出方格纹、忍冬纹灰陶片，磨光瓦片，兽骨等遗物。b 层土厚 70~100 厘米，为黄白色的碎石层，较为纯净，遗物包括近圆形的石磨盘、石础等石制坯料，还有碎石层压下的基岩地面痕迹。

（三）遗迹

1. 北魏遗迹

在第四文化层下的基岩地面上发现了开凿洞窟未完工所遗留下的揭取石块遗痕，其为北魏的主要遗迹。从发掘情况中可以看出，窟外前庭、窟内前室、窟内后室这三者的基岩地面高度不相同，可归纳为窟内前室<窟外前庭<窟内后室。普遍高出 1~1.5 米的窟外前庭基岩面和普遍高出 2 米以上的窟内后室基岩面（以窟内前室地面 ±0 为标准）在一定程度上反映了洞窟的开凿程序和方法。

揭取的地面遗迹显示，窟外前庭、窟内前后室基岩地面呈不规则状，主要分为被沟槽分成长方形和圆形的凸起的石块，以及采石后留下的长方形和圆形凹陷。分割石块的沟槽一般有两种形式。第一种是长方形的石块分割，沟槽的大方向主要与洞窟的东西纵向和南北纵向剖线相吻合，两个方向的沟槽相互交错，将岩面分割成长方形。在洞窟外的前庭和洞窟内的前后室都存在用这种方法分割的长方形石块。例如，在窟内后室东侧的部分基岩地面遗迹中，东西宽约 5.9 米，南北长约 8.35 米的地面被 6 条南北向和 6~8 条东西向的沟槽切割，并被分割成大小不一的石块。

另一种形式是确定一块圆石的中心，在中心周围切出一个规则的圆，将其周长延长 10~20 厘米，形成一个近似的圆，并将两个圆划分为封闭的圆圈。去掉圆环后的部分为所需揭取的圆形石块。这些圆形的石头被圆形的沟槽割开，直径通常为 0.73~1.1 米。它们出现在窟外前庭和窟内前室与后室中。

在沟槽打破岩面后，从破碎的岩石一端依次取出矩形石块。具体做法是：首先选择断裂岩石的边缘，沿着岩面以 30°~40° 的角度重新挖一条沟槽，将楔子打入沟中，将岩石从一侧抬起。圆石可以通过在圆槽上开一个缺口，然后按照与矩形石块相同的方法切割来揭取。另一种揭取圆石的方法是在圆槽的外缘开 6~8 个缺口，将楔子斜着插入每个缺口的底部，使其与岩石分离，然后将石块从其中一个缺口中撬出。

2. 隋唐遗迹

隋唐遗迹主要是洞窟前庭南端的石墙，洞窟东、西门口前的凸形台基，以及洞窟入口前延伸台基的部分东西方向的石墙。石墙位于窟外前庭的南端，长 54.35 米。院内东、西窟门前分别有凸字形台基，西窟门前的台基保存较好，而东窟门前的台基则损坏严重。窟的西部台基向南突起。它北面较宽的大部分长 9.9 米，宽 3.1~3.6 米；而向南面突出的部分长 3.6 米，宽 2.7 米。窟东部入口的台基也朝南突。在南边，只剩下一个长 3.95 米、宽 3.95 米的突出部分。延伸的台基石墙的遗迹位于窟前庭的中心，呈东西走向，距离前庭的北墙 5.45~5.7 米。它与洞窟东、西入口前的凸形台基的突出部分相连。

3. 辽金遗迹

在洞窟外前庭地面上发现了两排夯土柱基，分别距离前庭北墙东西方向 3 米和 6 米。南边的一排只剩了 6 个，而北边的一排只剩了 1 个。这两排相互对应，其中心相距约 3 米。在窟外前庭东墙东北角还发现了两块破碎的方形石柱基，分别距离东墙 3 米和 6 米，与这两排夯土柱相对。夯土柱基的形状几乎是椭圆形的，有 4~5 层夯土，通常高 1.5~1.8 米，厚 5~8 厘米。在每个夯土层的表面有一个圆形的夯土窝，直径约 10 厘米。部分凸字形台基和延展的东西向台基遗迹被夯土遗迹打破。南部（中间）一排的 6 个夯土柱基的相对位置和排列如下。

东侧的第一个夯土柱基（Z_{A2}）与东墙的方形残破石柱基（Z_{A1}）之间相距 4.9 米；第二个夯土柱基（Z_{A3}）与第一个夯土柱基之间相距 10.4 米；第三个夯土柱基（Z_{A4}）与第二个夯土柱基之间相距 5.3 米；第四个夯土柱基（Z_{A5}）与第三个夯土柱基之间相距 6.2 米；第五个夯土柱基（Z_{A6}）与第四个夯土柱基之间相距 5.4 米；第六个夯土柱基（Z_{A7}）与第五个夯土柱基之间相距 5.3 米（图 2-4-2-2）。从上述夯土柱基的位置可以看出，第一和第二夯土柱基相距太远，中间应有另一个夯土柱基的遗迹，而第六夯土柱基的西面应还有一个柱基。因地表基岩表面略微凸起，遗迹已被破坏。

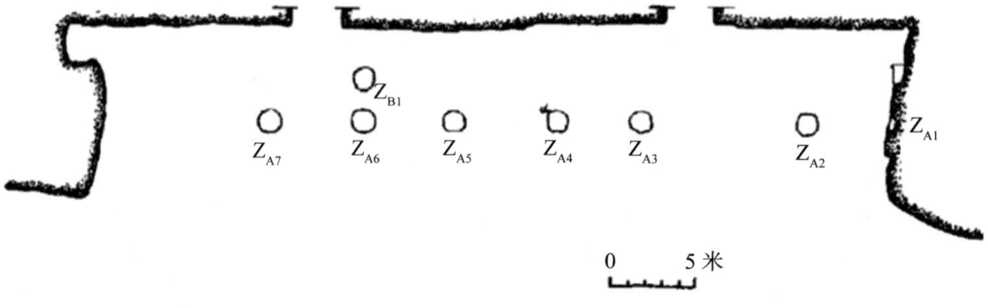

图 2-4-2-2 第 3 窟前庭夯土柱基位置分布图

位于前室窟顶的二层台，台面呈矩形，南北宽 75 米，东西长 50 米。弥勒龛开凿于它的中间。位于北侧的基岩地面，接近壁面，开凿有 10 个东西方向的柱坑，形状为方形，规格大小不一。位于南侧的基岩地面，靠近平台边缘，有一排东西方向的梁槽，形状为长方形，现存 6 个。一条东西方向的凹槽连接梁槽。梁槽对应位于北侧基岩地面上的柱坑，柱坑的底皮高于梁槽的底皮。在东侧和西侧各雕刻有一方形的石塔。此外，位于前庭地面上的两排柱基夯土坑的位置与位于二层台上的两排建筑遗迹的位置也相对。由此可知这是一处木结构的窟前建筑遗迹，面阔九间。通过分析研究位于窟外前庭地面的夯土柱基与柱坑的柱网分布位置情况，以及分析位于前室顶窟的二层台的梁槽，根据二层台梁槽的位置能够推断建筑的实测结果为：明间面阔为 6.25 米、西次间面阔 5.48 米、东次间 5.47 米、西梢间面阔 5.28 米、东梢间 5.26 米、西次梢间面阔 5.14 米、东次梢间 5.16 米、西尽间面阔 4.98 米、东尽间 5 米。从上层的梁槽至窟后壁的进深为 5.1 米；下层的檐柱至窟前庭的北壁进深为 2.8 米、副间进深为 3 米。

在 20 世纪 80 年代时，进行了加固北壁部分塌毁的崖面的工作。在崖面上有一排长方形的梁孔，共 12 个。在西端梁孔的外侧残留着一排椽眼，在梁孔的上方也有残留。梁孔内凿为方形，直通至崖顶，出土有烧毁梁架木炭。梁孔中心之间的距离为 4.4~4.7 米，上距崖顶 9.3~9.5 米，下距前室的二层台高为 8.2~8.5 米，底部（梁下皮）距前庭基岩地面垂直的高度为 16.2 米。根据位于前室窟顶二层台的柱坑和梁槽与位于前庭东壁已残破的方形石柱坑和夯土柱基之间的对应关系来考虑，推测此处曾经应该为一座多层的建筑。从梁孔与椽眼的分布情况，分析研究为属于同一时期的建筑遗迹。

（四）遗物

1. 北魏时期遗物

北魏时期出土的遗物有石块坯料，如佛脚、大量的北魏陶片和石磨盘等，此外还发现了一些筒板瓦残片、残瓦当和兽骨等。

（1）石器

出土的石器有柱础石、莲花座、槽碾和石磨盘等。柱础属于坯料，形状为方形，材质为石砂岩质，表面保留有凿痕，长宽各为 58 厘米、厚度为 30 厘米。莲花座，如覆盆状，有单覆莲花瓣纹刻在其外壁的侧立面一周，莲瓣十分饱满；凿痕清晰可见，内壁有凹陷，器壁厚度为 5~6 厘米。

（2）陶器

陶器有泥质灰陶、泥质黑灰陶、夹砂灰陶。陶器的器形有侈口矮颈鼓腹罐、平沿直颈溜肩罐、盏以及盆等。纹饰有印纹和划纹，印纹有方格纹、三角纹，还有少量的忍冬纹等，划纹有凹旋纹、水波纹、暗划纹等。

（3）建筑构件

建筑构件零星发现于窟外的前庭和窟内的前室。发现有板瓦与筒瓦，依据其表面是否磨光，将其分两种类型。第一种类型为泥质灰陶胎，厚度为 2~2.5 厘米，表面施有黑色的陶衣并且打磨光亮。在板瓦的前端有手指按压的痕迹，在筒瓦的内壁饰有布纹。第二种类型为夹砂黑灰陶，其内壁饰有布纹，表面并无磨光的迹象。

从文字上划分瓦当分为两种类型。一种为“万岁富贵”的残瓦当。瓦当的直径为 15~16 厘米，内部穿比较高、有边轮，瓦面用“井”字格划分隔开。文字仅存有“万岁贵”三个字，“万”和“贵”二字位于瓦当的上方与左侧，位于下侧的“岁”字残缺，有大乳钉饰于瓦面的中央，有小乳钉饰于四角。另一种为“传祚无穷”残瓦当，瓦面文字仅存有“祚穷”两字，其与“万岁富贵”瓦当的形制相同。

2. 隋唐遗物

在第三 a 层的黄土地层中发掘出土了少量的盘口形内面饰菱格印纹的灰陶盆残片和残碗瓷片。在第三 b 层的窟外前庭西窟门前的含石块的碎石灰土层中，出土了 1 枚隋代的五铢钱、较多数量的小陶盏和较少的陶钵、釉陶盏。

(1)瓷器

仅出土瓷碗残片,青灰色瓷胎,器壁比较厚重,釉色水润有光泽,有冰裂细纹。

(2)釉陶盏

发现的碎片较多,复原完整的小盏有2件。陶胎为橘红色,制作时在其内壁及口沿部位先涂上白色的化妆土,再在表面施以深绛黄色的釉。

(3)五铢钱

钱币的质地为铜质,外廓比较宽,宽大约为0.2厘米。五铢钱制作的"五"字上下两横平行,且中间交叉的两笔的弯曲程度非常小,近乎为倾斜的直线。"铢"字的左右两部分为同等高度。"金"字制作四点比较长,而头比较大,下面的一横平整笔直。"朱"字制作上下两折笔皆是方折转角。五铢钱直径2.4厘米、内部穿孔宽0.8厘米。属隋代的开皇五铢。

3. 辽金遗物

辽文化层出土了一些遗物,包括瓷器、釉陶、陶器、建筑构件等。

瓷器器形有碗、盘、罐、盏等;釉陶出土了少量的残片,有碗、钵的口沿及圈足底部残片、壶或瓶一类的局部、颈部残片;陶器出土较丰富,器形以盆、罐占多数,另外还出土壶、钵等,泥质黑灰陶居多。建筑遗物中有筒瓦、板瓦、瓦当、花纹脊砖、琉璃瓦,此外还有零星的北魏磨光瓦片。

金文化层出土了较丰富的瓷片、瓦片等,陶器出土的数量较少,此外还出土有建筑构件。

瓷器主要是白瓷,酱釉、黑釉、茶叶末绿釉瓷各占一定比例。器型以碗、碟、杯居多;黑釉瓷大多夹砂粗黄胎质,大型器物有方唇鼓腹大瓮,小型器物有碗、盘、碟、盏、壶、瓶、罐等;建筑构件出土了较多的灰胎、红胎的筒瓦、板瓦,瓦当有三种,包括联珠兽面纹瓦当、联珠莲花纹瓦当、兽面瓦当。

(五)遗址总结

从云冈石窟第3窟窟前遗址的发掘情况可以看出,该窟在北魏至唐、辽、金等朝代均开展不同程度的修建工程,遗留下了许多宝贵的文化遗存。观察20世纪40年代初第3窟照片资料可推断,虽然金代以后该窟地层残存极少,但仍实施规模较小的修缮工程。

石窟工程前期的主要任务是洞窟开凿,同时兼顾石料采取。大多学者推测石窟是自上至下进行开凿的,并且由于许多造像的比例上下不一,上身较大,而下身短小,许多学者认为洞窟开凿与佛像雕刻应是同时进行的。然而,窟前遗址的发掘迹象表明,石窟的开凿方法应是先凿窟形,后雕佛像,两者并非一同开展。此外,为了便于对突出壁面的造像进行修整处理以及艺术加工,工匠会在开凿窟形时预留坯料。而在揭取窟内的岩石时,工匠会将其凿成圆形或者方形等多种形状,以便于采取的石料被直接加工为磨盘、柱础等副产品,使其发挥更多功用。

北魏时期的遗址中出土了许多瓦片,其可能来自第3窟窟顶的建筑遗址。因此推断第3窟的开凿工程停止后,其功能用途可能转变为生活场所。但是目前窟外前庭还未发现北魏时期的建筑遗迹。

根据地层堆积,唐代的活动情况可以被分为前后两期。通过文化内涵分析,推测唐代前期的活动主要是平整地面碎石层，并且整理窟外地面。前期发掘的遗迹主要有位于石窟门前凸字形的台基，以及南缘石墙构成的围墙，根据遗迹现象可推测该处为寺院形制。前期遗物大多集中出土于窟外前庭的西窟门前，数量较多的有夹砂灰陶钵、釉陶盏和灰陶盏等日用品以及隋代的五铢钱。唐代后期的遗迹主要是扩展修建的台基石墙。出土的遗物与前期相比有所变化，日用品中的釉陶盏和灰陶盏已不存在，但夹砂灰陶钵仍然可见，同时出现了新的日用器物，例如体型较小的瓷碗和灰陶盘口盆，其中瓷碗是浑源窑遗址的典型器物，其底部大多为环底或者实足。除上述遗物之外，没有发现时期更晚的遗物。总体来看，唐代的出土遗物较少，文化层堆积较薄，推测可能与唐前期平整窟前地面有关。

根据考古发现的遗迹和《大金西京武州山重修大石窟寺碑》的记载可以推断，云冈石窟在辽、金时期建有十座大的寺庙建筑。其中，第 3 窟窟前就曾修建了金代的大型窟檐建筑。经考古发现，该建筑在窟外地面上分布有两排夯土柱基，此外，前室顶部二层平台上的前、后基岩上也分布着排列整齐的柱础坑以及梁槽，经分析发现，上下两处的柱基相互对应。因此，推测该建筑为一处面阔九间的大型建筑。除此之外，窟前北壁发现了 12 处长方形的梁孔遗迹，但其并未与上述建筑相对应，可能为其他建筑所遗留。《大金西京武州山重修大石窟寺碑》记载，“皇统初，缁白命议，以为欲图修复，须仗当仁，乃请惠公法师住持，……重修灵岩大阁九楹”，“皇统三年二月起工，六年七月落成，约费钱二千万”。根据文献资料可知：皇统三年至六年（1143—1146 年），在惠公法师的主持下，筹集资金，重新对灵岩大阁进行了修建。虽然仅凭文献记载无法确定第 3 窟的金代建筑是否为灵岩大阁，但结合 1987 年发现的龙王庙沟辽金时期的建筑遗迹的考察情况和 20 世纪 40 年代西部窟群的发掘情况，可以明确该遗迹是在云冈石窟修建的一处规模较大的金代寺院。

第三节　云冈石窟窟顶遗址的考古发掘

云冈石窟山顶有许多古代遗存。1938—1944 年，日本京都帝国大学（今京都大学）东方文化研究所的水野清一、长广敏雄等人，率领“云冈调查班”展开全面性调查与记录，在山顶做过三处考古试掘。一处位于明代城堡东部台地（第 3 窟正上方），1940 年，于窟顶开东西向探沟 1 条，发现一道石筑且涂有朱红色的白灰墙壁基础，出土有雕成狮子头的长条石块、北魏瓦片、波状纹板瓦、“传祚无穷”瓦当及瓦钉等，建筑规模不大，但可确认在第 3 窟上方存在能够上溯至北魏时期的红墙建筑。第二处位于龙王庙沟侧（第 4 窟和第 5 窟之间），1938 年在此做了小规模试掘，地层中包含辽代瓦片、铁器、兽面联珠纹瓦当和羽纹檐头板瓦，说明沟北曾经存在一定规模的辽代寺院。第三处在山顶明代军堡西侧的台地上（33 窟以西），1940 年，依据地表散布的大量北魏瓦片，开纵、横向探沟数条。发现石板平铺的路面、石板竖砌围成的箱型遗迹和土坯砖砌筑的炕，出土“传祚无穷”瓦当、莲花纹瓦当、釉陶板瓦（绿釉瓦）、陶盆、陶罐等北魏遗物，可知北魏时期此地确实建有寺院。发掘具体地点和面积不详。

另外，我国学者在 1993 年对山顶东部遗址（第 1 窟东约 300 米）做过清理发掘。于东部围墙之外的山顶发现一个盗洞，内有北魏菩萨石像，云冈联合考古队对此地做了抢救性发掘，发现一处北魏佛教建筑遗址，出土大量建筑构件和一些石雕残件。

一、2008—2012 年山顶遗址发掘过程

2001 年，云冈石窟成功申报世界文化遗产，为更好地保护云冈石窟，经过相关专家多次论证，确立云冈石窟窟顶防渗水工程方案，即在云冈石窟山顶一定深度大面积铺垫一层防渗水材料，防止地下水渗入石窟。因云冈石窟山顶存在许多遗址和遗迹，相关专家在通过防渗水工程方案的同时，向国家文物局建议，开工之前，做好山顶遗址的考古调查和发掘工作。

2007 年，山西省文物局和大同市文物局商定，由山西省考古研究所、云冈石窟研究院、大同市考古研究所组成云冈石窟联合考古队，配合云冈石窟山顶防渗水工程，在云冈山顶做考古调查与发掘。

中部豁口以西到山顶西围墙，是窟顶防渗水工程的试验二区，东西约 165 米，南北最长处约 160 米，面积 2 万多平方米。这次考古发掘拟定从该区域开始。

2008 年夏季，于云冈石窟山上明代军堡以西启动考古发掘。在第 1 地点及第 2 地点发现东周及汉代的日用陶器、瓦片等。发掘结束后做了保护性回填，保证回填后不再渗水。2009 年，选址于前一年第 3 地点及其周围，扩大前一年的发掘范围。具体位置位于云冈石窟第 35 窟以西至第 42 窟之间。此处，地面可见破碎的北魏瓦块。2010 年，继续 2009 年的发掘，在该地点布设 10 米 ×10 米探方 29 个，又整体向南扩展 7 米，发掘面积达到 3 600 平方米。发掘工作从 2010 年 5 月 18 日至 10 月 30 日，历时 5 个多月，发掘出云冈石窟山顶明军堡西侧北魏佛教寺院建筑遗址。发掘结束后同样做了保护性回填，保证回填后不再渗水。

2011 年，发掘明代军堡以东的 1 处遗址。该遗址面积较大，范围约 5 000 平方米，为区别于上一年度北魏寺院遗址，暂定名为 2011 年云冈石窟山顶东区佛教寺院遗址或东区第 1 地点。发掘工作从 2011 年 4 月开始，布设 10 米 ×10 米的探方 48 个，将最南部土堆完全置于探方之中。经发掘探明，该土堆为 1 座塔基，平面呈八边形，塔基和踏道用片石垒砌而成。塔基北部发掘出辽金时期铸造遗址和水井、台基等遗迹，包括铸造井台和 30 座化铁炉。

发掘结束后，对塔基做了保护性回填，对辽金时期铸造遗址和台基做一般性保护和回填。

2012 年，在继续发掘水井遗迹的同时，为寻找该寺院的围墙和其他建筑，又向北布 2 米 ×8 米探沟多条，未能找到其他建筑和围墙。同年，联合考古队向国家文物局考古处汇报考古情况，因遗址比较重要，考古处要求暂停发掘，先做好保护工作。遵照考古处指示，历时 5 年的云冈石窟山顶遗址发掘落下了帷幕。图 2-4-3-1 为云冈石窟山顶遗迹考古发掘位置关系图。

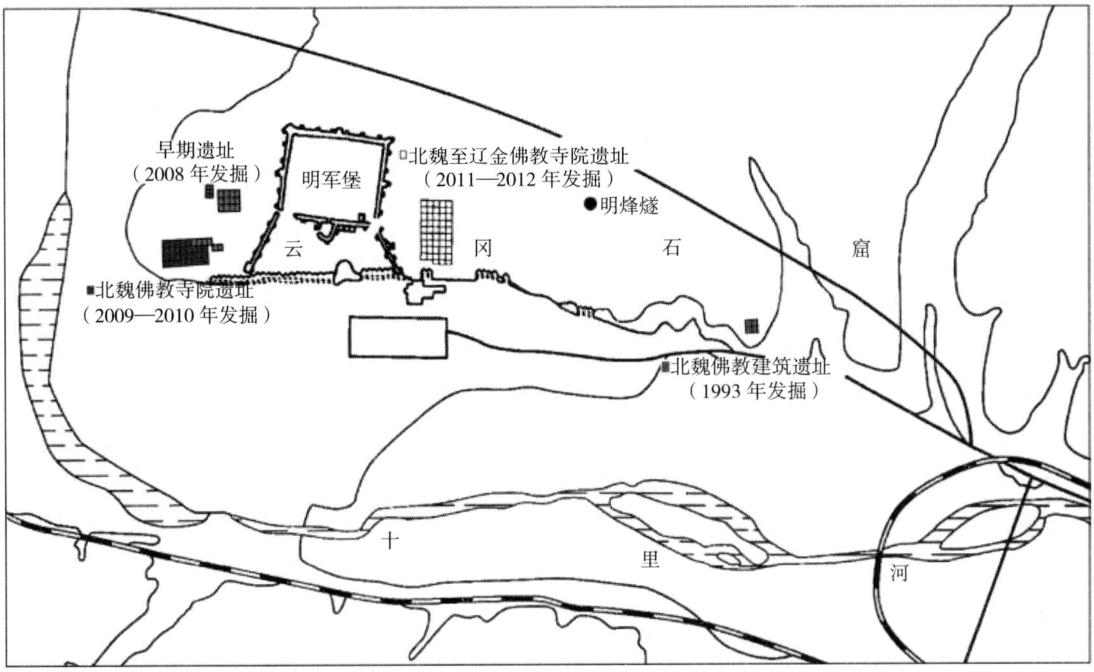

图 2-4-3-1　云冈石窟山顶遗迹考古发掘位置关系图

二、2008 年早期遗址发掘

2008 年主要发掘了四个地点，称为第 1 地点、第 2 地点、第 3 地点和第 4 地点。第 1 地点东距明军堡西墙（“八”字墙豁口）约 69 米，位于发掘区西北部，该地点布设 5 米 ×5 米探方 6 个，面积 150 平方米。底层堆积 3 层，分别为耕土层、褐色土层、黄色花土层。清理出遗迹有：夯土 1 处（根据夯土内出土的东周时期绳纹陶片推测，该夯土应该是东周时期遗存）、汉代沟 1 条、辽金时期灰坑 1 个。同时发现这 3 个时期的遗物，战国时期陶器可辨器形有陶豆和陶甑。汉代遗迹中仅有少量陶器，可辨器形有陶钵、陶罐、陶盆。辽金遗迹中出土遗物有陶器、瓷器残片，可辨器形有陶盆、瓷碗。

第 2 地点位于发掘区东北部，该地点布设 10 米 ×10 米探方 12 个，发掘面积为 1 200 平方米。清理出东周时期灰坑 50 个，明清时期沟 2 条。文化层基本埋藏较浅，除去耕土层、自然堆积层即进入东周文化层。地层堆积简单，只有一层，出土少量白瓷片。遗址东距明军堡仅百米，层位叠压、灰坑打破关系复杂，可能与修建军堡有关。出土遗物包括新石器时代的彩陶罐残片、陶环；春秋时期的陶器、铜器、石器、骨器、蚌器、角器，器型有陶鬲、陶釜、陶罐、陶盆、陶豆、鼎盖、陶钵、陶支钉、铜刀币、石刀、石纺轮、磨石、骨锥、骨镞、骨铲、蚌镰、鹿角、羊角等；战国时期的陶器、铜器、石器、骨器、蚌器、角器，器型有陶鬲、陶釜、陶罐、陶盆、陶甑、陶豆、陶珠、陶饰件、铜镞、石杵、石斧、石刀、石凿（锛）、石镰、石匕、石核、石球、石锥、石纺轮、石圭、石饰件、圆形石片、骨簪、骨锥、骨镞、骨铲、蚌镰、鹿角、羊角；明清时期出土遗物有白釉褐彩碗、白釉碟和铜钱。

第 3 地点位于发掘区西南部，东距明军堡约 60 米，南部紧靠 2010 年发掘探方，该地区呈南部略高于北部的斜坡状，布设 10 米 ×10 米探方 4 个，发掘面积 400 平方米。地层堆积两层，分别为耕土层及黄褐色花土层。清理出东周时期夯土 1 处，明清时期沟 1 条，近现代灰坑 1 个。该地点包含战国、汉代、北魏 3 个时期的遗物，战国时期出土遗物皆为残片，有陶器和蚌器，可辨器形有陶釜、陶罐、陶豆、蚌镰等；汉代出土遗物皆为残片，有筒瓦残片和陶盆腹部残片，筒瓦泥质灰陶，凸面饰粗绳纹，凹面有布纹；北魏时期出土遗物有建筑材料和陶器，出土陶制建筑材料 22 件，有板瓦、筒瓦、压带条、瓦当、陶莲花建筑饰件。其中，板瓦为泥质灰陶，泥条盘筑，宽端凸面有手指压纹，呈波浪状；"传祚无穷"瓦当 1 件，为泥质灰陶，模制；陶莲花建筑饰件 1 件。另有陶盆、陶球、陶罐、陶钵、陶瓮等 6 件。

第 4 地点位于发掘区东南部，西距离 2010 年发掘区探方 10 米，遗址为缓坡地面，遗址的文化堆积遭到一定破坏，只有一层文化层。该区布设 10 米 ×10 米探方 2 个，发掘面积 200 平方米。遗迹清理出明清时期夯土 1 处，明清时期灰坑 6 个。遗物包含战国时期的陶罐、陶盆、陶豆、陶甑；北魏时期的陶质建筑材料，有釉陶板瓦、灰陶筒瓦、陶莲花建筑饰件；辽金时期的陶器和瓷器，有陶罐、陶盆、白釉盆、黑釉碗、茶叶末釉瓷瓮等；明清时期的唯一一件白釉碟。

三、2009—2010 年北魏佛教寺院遗址发掘

（一）遗址位置

遗址位于云冈石窟山顶明代军堡西部，东距明代军堡"八"字墙约 70 米。以石窟位置定位，遗址东部边沿位于云冈石窟第 39 窟上，西部边沿超过第 45 窟 30 米处，南沿距窟崖边的距离是 20~30 米。遗址塔基中心点地理坐标为：北纬 40° 06′ 38.3″，东经 113° 07′ 15.0″，海拔 1173 ± 5 米。

该区发掘 10 米 ×10 米探方 29 个，为了把塔基南部，包括塔基踏道和窑前工作面清理完整，南部探方统一向南扩方 7 米，发掘面积共 3 460 平方米。清理出北魏时期佛教寺院遗址 1 处，辽金时期房址 1 座，明清时期灰坑 10 余个。

（二）地层堆积

遗址地势东北高西南低，呈缓坡状。地层堆积相对简单：第一层为现代土层，第二层为明清文化层，第三层为辽金文化层，第四层为北魏文化层。这是就遗址整体而言，具体到每一探方，地层分布并不均匀，部分探方第一层下就是第三层或第四层，第二层或第三层在许多探方存在缺失。

（三）遗迹

该区发现北魏、辽金、明清三个时期的遗迹。如图 2-4-3-2。

1. 北魏时期遗迹

北魏时期遗迹是一处比较完整的佛教寺院遗迹，包括房屋 20 间（套）、塔基 1 座、陶窑 2 座、灰坑 1 个。

（1）房屋

北魏时期房屋遗迹共 20 间（套），分别为北房 13 间（套）、西房 2 间（套）、南房 2 间、东

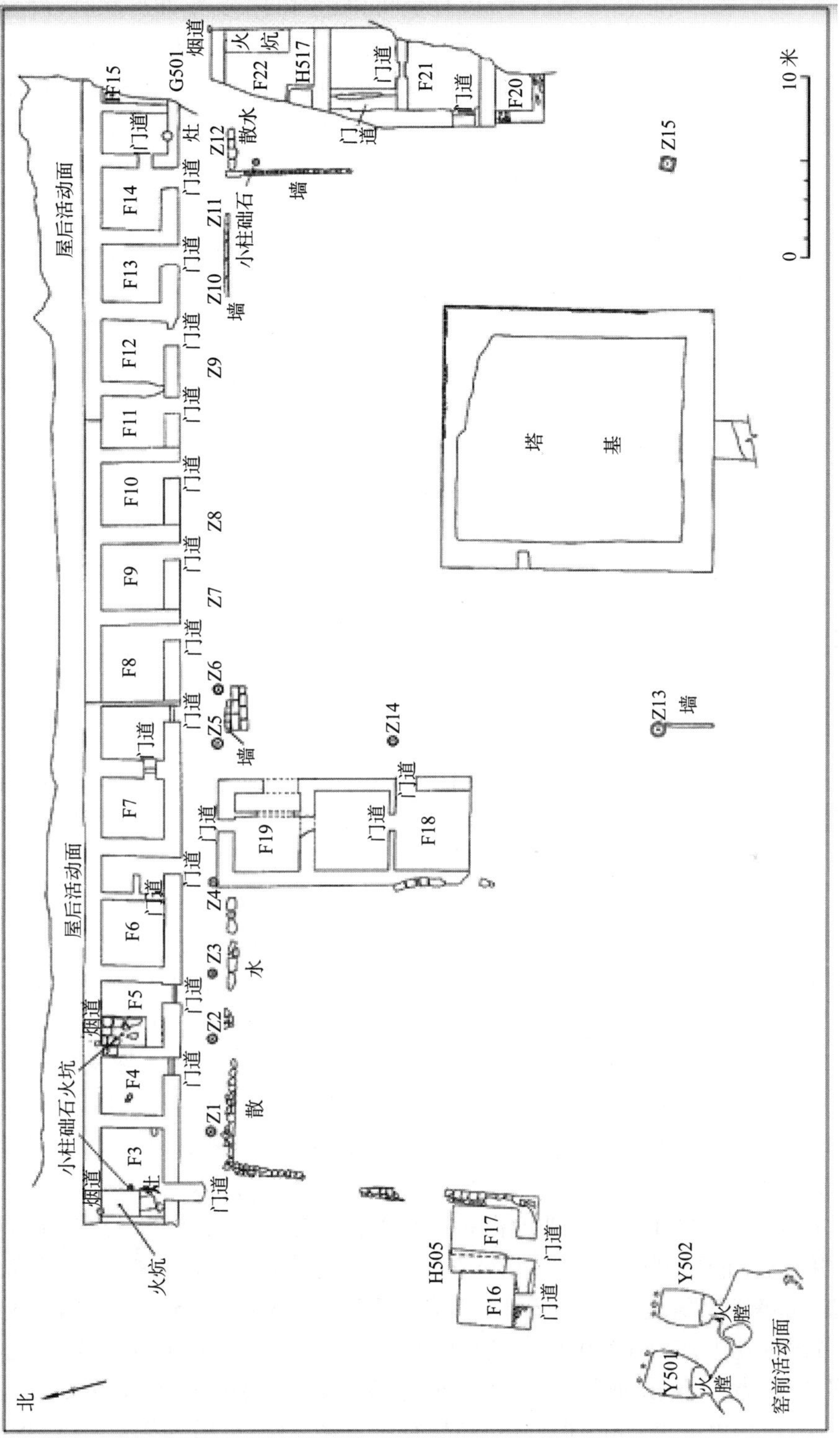

图 2-4-3-2　2009—2010 年发掘北魏佛教寺院遗址平面图

房 3 间（套），均为地面起夯土墙的建筑，有单间和套间两类。平面形状有方形和长方形两种，有的房前设置等距离的柱础石，应是附带廊柱，属前廊后室。有的房前不见廊柱柱础石，说明没有前廊。位于遗址北中部，由西向东，编号分别为 F3 至 F15。坐北朝南，方向 191°，东西长 61~62.5 米、南北宽 10~10.6 米。房前地面有一排柱础石，共 12 个，可见北房均带前廊。前廊柱础石南部有用筒瓦和长条石垒砌的小墙两处：一处长 15 米、宽 0.75 米；另一处小墙位于 F13、F14 前柱础石南端，用长条石和筒瓦砌成，长 4.4 米、宽 0.12~0.15 米、高 0.2 米。

F3 是北房中面积最大的单间房，F4 是北房中面积最小的单间房。F5 和 F4 共用一面墙，房内有火炕、烧火口、烟道、石砌地面和门道等。火炕位于房内西北，南北向，平面呈长方形，紧贴房北墙和西墙，长 2.4 米、宽 1.4 米、高 0.75 米。火炕由片石和泥垒砌而成，表面抹一层草拌泥。F6、F7、F14 是北房中的套间。南房 2 间，皆为单间，编号为 F16 和 F17，位于遗址西南部，东西长 7.1、南北宽 4.15~4.3 米，坐北朝南，一东一西；西房一排 2 间（套），分单间 F19 和套间 F18。F18 门道面向东南，F19 门道向北。房前有柱础石，说明西房前有廊。房后有使用时期墙体的护坡和活动面，护坡长 11.4 米、高 0.15 米，活动面厚 0~8 厘米。东房一排 3 间（套），分单间和套间，为 F20、F21、F22，位于遗址东部，南北并列，南北长 18.2 米、宽 4.7~8.75 米。F20 位于东房南部，单间。F21 是套间，位于东房中部，房间平面呈长方形，南北并列两间，里间东西长 3.3 米、南北宽 3.55 米。F22 位于东房北部，南邻 F21。F22 残存平面呈不规则长方形，由火炕、烟道和隔墙组成，房子的东南角有一圆形坑，东西残宽 3~4.25 米、南北长 4.75 米。

（2）塔基

北魏时期塔基 1 座，位于遗址南部，塔基北部有辽金时期的活动面和小路。塔基南部有一条踏道，塔基北缘至北房柱础石直线距离 12 米，塔基西缘至西房前墙直线距离 11.4 米，塔基东缘至东房前墙直线距离 9.85 米。南部中间踏道离窟沿较近，故未彻底清理。

塔基坐北朝南，平面近方形，南北长 14.5 米、东西宽 14.4 米、高 0.35~0.75 米。踏道位于塔基南部正中间，平面呈长方形，北高南低，长 5.3 米、宽 1.9 米、高 0~0.3 米。

塔基主体为夯土，由三部分组成，第一部分是塔基中部的细砂土，质地较纯，结构致密，长 12.25 米、宽 11.25 米。第二部分是塔基外围的夯土，呈回字形，边宽 0.9~2.6 米，夯层厚约 0.13 米，夯窝有圆形和长方形圆角两种。圆形夯窝直径 10 米、深 2.5 厘米；长方形圆角夯窝长 10 厘米、宽 7.5 厘米、深 1.5 厘米。第三部分是包砌塔基夯土四周的片石墙，墙宽 0.21~0.35 米，起着保护塔基的作用。南边和西边的片石已经被破坏，但北边东半部及东边的片石保存不错。片石长 18~52 厘米、宽 2~35 厘米、厚 0~7 厘米。

塔基上有柱洞 7 排 40 个，排列有序，每排 5~8 个，呈东北—西南向。柱洞平面有长方形、圆形、方形、椭圆形、不规则形，应为原来塔的立柱。经解剖塔基中部未发现地宫或埋藏坑遗迹。

塔基中部解剖以东壁地层夯土堆积为例，解剖沟长 5 米、宽 5 米。沟内夯土层有 7 层。第一层：黄褐色花土，厚 0.07~0.2 米，结构致密。第二层：杂土，厚 0.36~0.42 米，土壤包含物杂质较多，有白灰砂石、鹅卵石等，结构致密。第三层：黄褐色花土，厚 0.05~0.1 米，结构致密。第四层：黄褐色花土，厚 0~0.15 米，结构致密。第五层：黄褐色花土，厚 0.05~0.18 米，结构致密。第六层：黄褐色花土，厚 0.12~0.18 米，结构致密。第七层：黄褐色花土，厚 0~0.11 米，结构致密。以下为自然砂石淤积层。

（3）陶窑

陶窑2座，位于发掘区西南部，东西并列，西边的陶窑编号为Y501，东边的编号为Y502，呈东北—西南走向。陶窑从生土表面向下挖成，用草拌泥土坯垒砌窑周壁，窑壁面抹一层草拌泥。陶窑由窑前工作面、窑门、火膛口、火膛、窑床、烟道等组成，平面呈椭圆袋形，窑门面向西南。

Y 501窑室比Y 502略大，窑前场地低于Y 502窑前场地0.2米。窑前工作面呈不规则形，东北深西南浅。窑门西南部有一个椭圆形坑，坑内有大量草木灰、木炭屑等，坑长1.3米、宽0.9米、深0.1~0.25米。

窑门位于窑前活动面偏西，顶部残，呈拱门状，窑门西窄东宽，长0.35~0.5米、宽0.75米、高0.76~0.8米。门底部有一火膛口，呈“凹”字形，长0.8米、宽0.5米、高0~0.08米。火膛呈喇叭形，东西两侧延伸较深，平底，东西两壁和窑门内壁烧结面呈青灰色，壁面有窑汗，呈乳丁状。火膛南北长0.6~0.8米、东西宽0.55~1.5米、深0~0.08米，底部有厚约10厘米的灰黑色木炭、烧土块以及青灰色碎粒堆积。

窑床平面呈长方形，顶部残，直壁，窑壁烧成约0.14米厚的青灰色面，内为0~0.1米厚的红烧土，窑床南北长2.4米、东西宽1.9米、深0.94~1.07米。窑床北壁底部有三条烟道，呈等腰三角形，高0.38米。中间主烟道较宽，直径0.26米，左右烟道较窄，直径0.2米。

窑室和窑前填土分两层。第一层：黄褐色花土，结构疏松，土壤包含物有青灰色草拌泥土坯块、红烧土块、木炭碎块、料姜石等，出土遗物有较多的瓦片、少量陶片、文字瓦当残片等，可辨器形有灰陶板瓦、筒瓦、“传祚无穷”瓦当等。第二层：灰褐色土，结构疏松，出土遗物有瓦片、文字瓦当残片、陶片等，可辨器形有灰陶板瓦、筒瓦、陶构件、“传祚无穷”瓦当、陶罐、陶盆等。

2. 辽金时期遗迹

辽金遗迹包括房址2座，路1条，灰坑1个。

房址2座（编号F1、F2），位于发掘区北中部偏东，东西并排，东西长15.8米、南北宽11.9米，平面呈长方形和北宽南窄的斗形。房址填土内含有瓦片、陶片和石片，比较特别的是，辽金房址内有许多煤渣，而在北魏房址中并未发现。房内壁抹草拌泥，并且贴有零散的瓦片，外抹白灰墙皮。房内有灶台、火炕和土台。

路1条，位于F2院外西南部。平面呈曲线长条形，东北—东南走向，长6米、宽0.5米。路面用小卵石、瓦片、小片石铺砌而成，东西两侧用竖砌瓦片砌成路牙，路面高出东西两侧活动面1厘米。

灰坑位于遗址东部，不规则形，近直壁内收，口大底小，平底。坑内填土至自上而下为基本相同的黑褐色土，土质较软，结构疏松，含有烧土块或料姜石、石块等，出土有瓦片、陶片等，可辨器形有陶盆等。

3. 明清时期遗迹

明清时期发现灰坑13个，出土遗物有瓷片、陶片及北魏时期的瓦片、陶片、文字瓦当等，可辨器形有瓷碗、瓷罐、陶盆等。沟1条，位于遗址东部，东北—西南向，出土有陶片、瓷片、早期瓦片等，可辨器形有瓷碗等。

(四)遗物

1. 东周时期遗物

东周时期出土遗物仅见 1 件陶支钉和半两铜钱 1 枚。

2. 北魏时期遗物

北魏时期出土遗物主要有建筑构件、石雕造像、生活用具三大类。

(1)建筑构件

建筑构件标本 515 件,分陶质和石质两类。其中,陶质建筑构件有釉陶板瓦 19 件、灰陶板瓦 130 件、灰陶筒瓦 187 件、瓦当 126 件、莲花建筑饰件 37 件、其他构件 7 件;石质建筑构件有柱础石 1 件、石柱 1 件、莲花建筑饰件 7 件。

1)釉陶板瓦

釉陶板瓦的泥胎为红色或灰白色,平面呈梯形,断面呈弧状,有的釉面呈酱黄色,有的釉色偏绿,凹面修整后施釉,凸面刮削平整且有流釉现象,宽端均施釉。根据板瓦端头装饰不同分为三型。

2)灰陶板瓦

灰陶板瓦为泥质灰陶,泥条盘筑,有的制作规整,有的较粗糙。其平面呈梯形,上窄下宽,断面呈弧状,两侧上倾形成斜坡,下端距边沿 6 厘米处逐渐变薄。板瓦宽端有手指压痕,呈波浪状,窄端齐切。根据板瓦凹面是否压光分为两型。

3)灰陶筒瓦

灰陶筒瓦为泥质灰陶,泥条盘筑。瓦身平面近长方形,断面呈半圆形。其凹面有布纹,瓦舌前倾,近外缘处变薄,相对一端瓦身凹面削薄抹平,端头平齐。根据筒瓦凸面是否压光分为两型。

4)瓦当

瓦当为泥质灰陶,模制。以当面图案分“传祚无穷”瓦当、莲花纹瓦当、兽面纹瓦当、莲花化生瓦当四类。

①“传祚无穷”瓦当。

本发掘区仅见边轮略高于当面且较窄的 A 型“传祚无穷”瓦当。瓦当圆形,当心饰大乳丁加凸弦纹。“井”字分隔,当心四面为“传祚无穷”四字,四角小乳丁加一周凸弦纹,边轮内饰一周凸弦纹。瓦当正面“祚”字右侧间格外有 1 处范伤(图 2-4-3-3)。

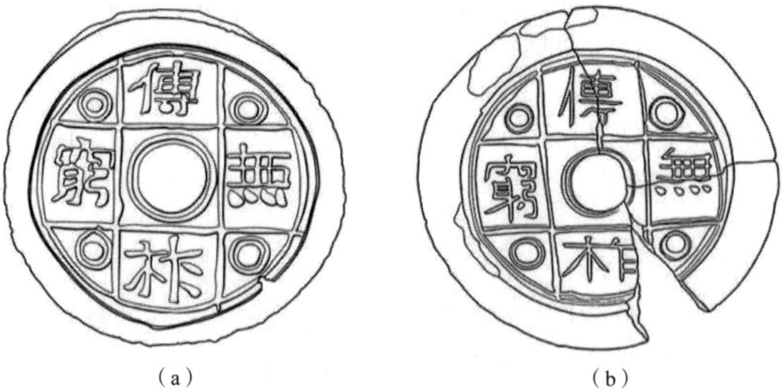

图 2-4-3-3 北魏“传祚无穷”瓦当

(a)A 型“传祚无穷”瓦当 (b)B 型“传祚无穷”瓦当

②莲花纹瓦当。

当心饰乳丁，外饰一周联珠纹或凸弦纹，主体部分为双瓣或单瓣莲花，直径约 14 厘米，厚约 1.5 厘米。瓦当根据莲瓣不同分为三型。

A 型莲花瓦当为复瓣双层莲花纹。莲瓣较小且饱满，当心为大乳丁，其外饰有一周联珠纹装饰和 8 组莲瓣。复莲瓣周围有边缘线，复莲瓣内两花瓣之间有分隔线，瓣间为倒“个”字形（图 2-4-3-4（a））。

B 型莲花瓦当为复瓣单层莲花纹。当心饰一乳丁，乳丁外有一周凸弦纹，外侧由 7 组复瓣组成，莲瓣周围有边缘线，莲瓣肥大（图 2-4-3-4（b））。

C 型莲花瓦当仅有 1 件，为单瓣双层莲花纹。其边轮高窄，当心为大乳丁，外围为莲瓣，残存 5 个莲瓣，莲瓣较肥，下层残存 5 个瓣尖。瓦当复原直径 14.5 厘米、厚 2 厘米、乳丁直径 3.3 厘米、边轮宽 2 厘米（图 2-4-3-4（c））。

（a）　　（b）　　（c）

图 2-4-3-4　北魏莲花瓦当

（a）A 型莲花瓦当　（b）B 型莲花瓦当　（c）C 型莲花瓦当

③兽面纹瓦当。

兽面忍冬纹瓦当，1 件，仅存右侧局部。当面仅见兽耳及卷曲的毛发，边轮凸起，上面装饰波状忍冬纹。瓦当复原直径 19 厘米、厚 1.9 厘米。

④莲花化生瓦当。

此类瓦当仅 2 件。当心为双手合十的化生童子，童子面部稍残，帔帛自身后覆双肩绕进两肘。外围有 11 组复瓣双层莲瓣，莲瓣周围有边缘线，复瓣之内两莲瓣间有分隔线。瓦当背面有贯穿线将筒瓦半圆与另一半分开，上部有刻划线，且有黏土接合痕迹。瓦当直径 14.2 厘米、厚 2.8 厘米、边轮宽 1.4~2 厘米。

5）莲花建筑饰件

此建筑饰件为模制，圆形，平底，覆盆状。其上部中央稍微凸起为圆形，内穿方孔至底部，外围雕一周复瓣双层莲花。根据莲瓣数量及莲瓣特征分为两型。

（2）石雕造像

石雕造像为砂岩，有雕刻石板、石龛像、佛像残片、塔刹相轮等。其中单体造像有交脚菩萨、胁侍菩萨、背光等，均为残件。

（3）生活用具

生活用具包括石器、陶器，石器有龟、灯、槽、须弥座等；陶器有罐、盆、杯、圜底钵、纺轮、残陶片、支钉等,陶器多饰凸弦纹夹或水波纹带。

辽金时期出土遗物主要有建筑构件和日用器物。建筑构件有板瓦、筒瓦等。板瓦泥质灰陶,外表粗糙,平面呈梯形,断面呈弧状,内饰布纹,滴水上饰五周弦纹,滴水下有指压纹。日用器物有陶罐、陶盆、铁铃等。

(五)遗址总结

这是一处北魏佛教寺院遗址,其佛塔居中、四周僧房围绕布局,是1—2世纪犍陀罗典型遗址,是中国佛教寺院早期的特征。“浮屠居中建造,僧房周匝设置,这应是天竺僧伽蓝中国化的最初尝试”。该遗址中的北房和西房均为前廊后室结构,有的房间有火炕,且有使用痕迹,判断房间用途是居住。结合文献记载,该遗址是僧侣的生活区或者译经场所。塔基平面呈方形,是目前我国发现的早期塔基之一。该遗址是云冈石窟寺院的重要组成部分。

四、2011—2012年北魏辽金佛教寺院遗址发掘

(一)遗址位置

遗址位于云冈山顶明军堡八字墙东侧与龙王庙沟西侧之间,山下对应的是云冈石窟第5窟和第6窟,布设10米×10米探方45个,10米×8米探方3个,发掘面积4740平方米。发掘出北魏时期塔基1座、埋藏坑1个;辽金时期塔基1座、铸造井台1处、化铁炉30个、石砌夯土墙1处、水井1口、台基1座、陶窟1座灰坑160个;明清时期灰坑129个。

(二)地层堆积

遗址北部地势平坦,中南部呈斜坡状延伸至第5、6窟窟顶崖壁,东南部呈陡坡状延伸至龙王庙沟断崖,中部高出地表4.6米。地层堆积相对简单:第一层为耕土层,第二层为明清文化层,第三层为辽金文化层,第四层为北魏文化层。

(三)遗迹

1. 北魏时期遗迹

北魏时期遗迹包括塔基1座,柱础石3个,埋藏坑1个。

塔基位于塔正中,南北长14米、东西宽13.3米、高2.05~3.3米,塔基近乎方形,边缘用大小不等的砂岩片石包砌而成。塔基上部的中央耸立着夯土所筑的塔身。塔身平面呈方形,长9米、宽9米、高0~1.3米。塔身四周包砌着大小不等的砂岩片石,形成片石墙体,所用片石均为当地自然石。塔身砌石内为夯土,夯层厚0.1~0.12米。

柱础石为方座覆盆式,底座边长0.5米、覆盆径0.45米、高0.1米、孔径0.11米、深0.1米。

埋藏坑平面呈长方形。坑口南北长1.18米、东西宽0.96米。坑内填土为褐色土,结构较致密,土壤包含物有夯土块、白灰墙皮饰彩残块、木炭屑、碎石块等,出土遗物有北魏时期的泥塑造像残块。经统计,该坑出土泥塑造像残块36件。

2. 辽金时期遗迹

辽金时期遗迹有塔基1座;铸造场地1处,包括铸造井台1处、化铁炉30个;石砌夯土

墙 1 处;水井 1 口;台基 1 座;陶窑 1 座;灰坑 160 个。

辽金塔基打破并包围北魏塔基,被现代墓打破。辽金塔基上窄下宽,平面呈八边形底部南北长 22.1 米、东西宽 21.8 米,砌石高 0.2~3.1 米。辽金塔基围绕北魏方形塔基建造而成,塔基由砌石与填充物两部分组成,砌石在外,填充物在内。砌石内的填充物是砂岩片石和石块,其中包含北魏覆盆式柱础石残块、莲花瓣柱础石残块、长方形莲花残石饰件等。踏道位于塔基北部,西南—东北向,上窄下宽,平面呈梯形。

铸造井台遗迹由近方形井坑、圆形工作台和筒瓦扣筑通气道等组成。铸造井坑平面近方形,纵剖面近梯形,上口东西长 3.6 米、南北宽 3.4 米,下口东西长 3.3 米、南北宽 3.22 米、深 2.06~2.7 米。井坑四壁抹有 1.2 米高的草拌泥,厚 0~1.5 厘米,均烤成红色。铸造井坑内底部为圆形工作台,平面呈圆形,分内外两圈。工作台是用土坯砖夹泥垒砌而成,工作台中有一用土坯砖垒砌成的圆形内圈,口小腹大,内收平底。底部平面呈方形。出气孔位于圆形内圈底部四角,立面呈长方形,与外部筒瓦扣筑的通气道相接。

化铁炉平面布局以铸造井台为中心,基本上呈圆形环状排列。多数化铁炉体中心至铸造井台中心点直线距离为 10.75~12 米,少数距离不等。化铁炉平面呈长方形,由炉室、炉膛、送风道和鼓风设施组成。炉室平面呈长方形,用砂岩片石和泥包砌而成。

(四)遗物

1. 东周时期遗物

东周时期遗物主要为生活生产工具,包括标本 8 件,其中石器 3 件、骨器 4 件、角器 1 件。

2. 北魏时期遗物

北魏时期遗物主要有建筑构件、石雕造像、泥塑、生活生产用具。

(1)建筑构件

建筑构件主要有砖、板瓦、筒瓦、瓦当。

绳纹长条砖 1 件,残损,为泥质灰陶,模制。砖一面有细密绳纹,压印于缠着细绳的棒上而成,一端侧面残存两朵圆形莲花纹样,莲花中心为莲房及莲子,外围是双瓣莲花,长 37 厘米、宽 19 厘米、厚 5 厘米。

板瓦 5 件,为泥质灰陶,泥条盘筑。其平面呈梯形,断面为弧形,宽端或窄端有手指按压痕迹。

筒瓦 1 件,为泥质灰陶,泥条盘筑。瓦身断面为半圆形,瓦舌前倾,平面呈梯形。相对一端瓦身凹面两侧略向外撇且削薄抹平,端头平齐。瓦身长 35.4 厘米、瓦径 14.5 厘米、厚 2 厘米、瓦舌长 6.5 厘米。

瓦当 191 件,为泥质灰陶,模制。其正面呈圆形。以当面图案分“万岁富贵”瓦当、“传祚无穷”瓦当、莲花纹瓦当、兽面纹瓦当、莲花化生瓦当五类。

“万岁富贵”瓦当 80 件,为泥质灰陶。其中,27 件边轮残损,2 件完整,其余均有不同程度破损。瓦身泥条盘筑,瓦当模制。当面以“井”字形界格划分,“井”字中央饰大乳丁,在“井”字上下左右四字平均摆布,字为隶书阳文,四角扇形区各饰一个小乳丁。当面与边轮间、大小乳丁均饰有一周凸棱圆圈。

“传祚无穷”瓦当109件,为泥质灰陶。其中,1件完整,其余均有不同程度破损。瓦身泥条盘筑,瓦当模制。当面以“井”字形界格划分,“井”字中央饰大乳丁,在“井”字上下左右四字平均摆布,字为隶书阳文。四角扇形区各饰一个小乳丁。当面与边轮、大小乳丁之间均饰有一周凸棱圆圈。中央大乳丁圆凸且高于边轮。

莲花纹瓦当1件,边轮残,仅存局部当面。瓦当为泥质灰陶,模制。当心饰大乳丁,周围饰一周凸弦纹,外围饰复瓣莲花,瓣肉隆起,背面有划痕。

兽面纹瓦当1件,残存上半部分。瓦当为泥质灰陶,模制。其边轮宽平。当心饰一浮雕兽头,圆脑门,额头饰两道抬头纹,最上一条呈“V”字形。双耳上尖下圆,立于两眼角外侧。左眼圆睁,眼角上翘,眼珠、眼仁凸出,背面有划痕。

(2)石雕造像

石雕造像共26件,主要有单体造像、石塔残件、浮雕纹样及其他石刻等。单体造像4件,有交脚菩萨、菩萨、背光等。石塔6件,均为残件,由塔檐和塔身两部分共同构成。塔檐刻瓦垄,下雕斗拱。塔身雕圆拱尖楣龛,内雕结跏趺坐佛,部分无塔檐。

(3)泥塑

泥塑共24件,主要为模制,有头像、身像及其他塑件。

头像6件,全部为菩萨头部残件。其中4件基本完整,1件仅存宝冠,1件宝冠残缺,面部保存较好。造像面相丰圆,脸圆鼓,长眉细目,高直鼻梁,小口,薄唇,嘴角上翘,大耳垂,耳廓清晰。根据头上戴宝冠与梳髻的不同分为两型。

身像15件,包括身像和身躯及四肢的各部分残件。其中一坐佛,结跏趺坐于重层仰莲座上,佛像着通肩佛衣,左手腕及双腿之处衣褶较为厚重,佛衣的局部残存红色。其双手结禅定印,右手叠加于左手之上,掌心朝上,涂白色。背面有抹平痕迹,多凹凸不平。此外,还有胸部残块、腿部残块等。

(4)生活生产用具

生活生产用具有陶器、石器,包括陶罐,石夯、石磨盘、石钵、石盆等。

隋唐时期主要为生活生产用具。有标本29件,其中陶器1件、瓷器21件、铜钱7枚。瓷器器形有青釉盏、绿釉碗、复色釉碗、白釉碗、黄釉罐等。

3. 辽金时期遗物

辽金时期遗物主要有建筑构件、石器、陶器、瓷器。建筑构件有筒瓦、板瓦、檐头板瓦、瓦当、瓦当范、雀替、脊兽残件、砖等。陶器器形有盆、盏、器盖、罐、瓶、盘、盏托、碗、釜、甑、深腹盆、盒、纺轮、圈、饰件、构件、砚台、坩埚等。瓷器174件,根据釉色分白釉、茶叶末釉、青釉、黑釉、酱釉,器形有碗、盘、盏、瓶、罐、钵、瓮、杯、洗。

(五)遗址总结

该遗址与2010年发掘的佛教寺院遗址相同,是云冈寺院的重要组成部分。塔基中心形状平面近方形,具有北魏风格。塔心夯土以外补建的石块砌成的塔基外围,平面为正八角形。寺院遗址时代属于辽金时期。山顶铸造遗址保存比较完整,除了有化铁炉遗迹外,尚有鼓风器遗迹,它展示的铸造方法,与《天工开物》记载几乎相同,对研究《天工开物》和冶金铸造史有重要价值。

五、1993 年北魏佛教建筑遗址发掘

(一)遗址位置

遗址位于云冈石窟山顶东部，地理坐标为北纬 40° 06′ 56.8″，东经 113° 08′ 01.0″，东距大同市约 15 千米，南距十里河约 0.7 千米。以石窟位置定位，遗址位于第一窟窟顶东约 300 米。发掘 10 米 ×10 米 4 个探方，发掘面积约 360 平方米，发现北魏建筑遗址 1 座，出土建筑构件、石雕造像、生活用具等标本 230 余件。

(二)地层堆积

由于遗址所处位置为中部较高，东、南、西侧三面略低的小山包顶部，且南面为断崖，地层堆积相对简单。第一层，黄土层，厚 0.03~0.32 米，为近现代扰土层。第二层：粉褐色土层，厚 0.05~1.30 米，为北魏文化层。

(三)遗迹

北魏塔基遗址 1 座，包括夯土台基、踏道、方座(坛)、墙体等。

夯土台基坐北朝南，方向 186°，以台基南北轴线为基线。台基底平面近似于方形，其内部以夯土填筑，四周用石片包砌。东墙底边长 12.5 米、南墙底边长 12.15 米、西墙底边长 12.4 米、北墙底边长 12.25 米。墙体与地面并非完全垂直，从下至上微向内倾斜，经过对东侧、西侧的包砌石墙测量可知，向内收分值均为 8°。包石砌筑的墙体均以砂岩石片垒砌，石墙的外面砌筑整齐，石墙的内侧参差不齐，石片之间缝隙则以褐色黏土填充，墙体厚约 0.6 米。

踏道共有 2 条，分别位于台基的南侧和北侧。踏道 1 位于台基的北侧正中间，南北向，南高北低，呈斜坡状，平面长方形，清理出长约 1.6 米，东西宽 3.05 米。踏道 2 位于台基的南侧，紧贴台基南面并用石片砌筑修成，呈东西向，平面为长方形，中间高、两端低。

方座(坛)位于夯土台基上面的中央，现仅存建筑基座的东北角一部分遗迹，全部用石块垒砌。外侧砌经过加工凿成的规整石条，内部填充大小不同的粗坯料石块。东面墙体残存 3.15 米、北面墙体残存 1.75 米，两者相交为直角，西面及南面已经全部损毁。根据残存遗迹与台基位置关系推测原来建筑基座平面呈方形，即方座(坛)样式。残留的方座(坛)也似须弥座式样，只保存着束腰和下枋两部分构件。从东侧方座(坛)的地面测量至台基之下地面垂直高度约 2.3 米，推测为建筑台基的高度。

方座(坛)的外侧，东、北两侧均残存石砌墙体遗迹，用不规则的石片和黄泥砌筑而成，北面的墙体残存长 5.55 米、宽 0.8 米、高 0.36 米，距中央方座(坛)北面约 1.3 米。外侧墙面抹白灰地仗层，表面残存小块的赭红色彩。东面墙体残长 2.42 米、宽 0.35 米，高不足 0.12 米，距离方座(坛)约为 1.15 米。

(四)遗物

出土遗物标本 230 件，主要有建筑构件、石雕造像、生活用品等。其中，建筑构件包括板

瓦、筒瓦、瓦当、莲花饰件等，主要出土于夯土台基之下的四周。石刻的佛教人物造像、装饰纹样等和少量的生活用品的陶器残片等，主要出土于方座（坛）的周围。隋代遗物只出土了五铢铜钱一枚。

陶质建筑构件132余件，为泥质灰陶或泥质红陶等，主要有板瓦、筒瓦、瓦当、莲花建筑饰件等。板瓦和筒瓦均包括两型。“传祚无穷”瓦当70余件，较完整的有1件，为B型。

石质建筑构件，包括兽首门枕石7件，均为黄砂岩质地。整个构件为长条弯曲形，前端以圆雕技法刻成兽首，中间为一条深槽，后端凿成方形或不规则形。兽首双目圆睁，阔口露齿，门齿、臼齿呈板状，上下两侧各露一颗獠牙，上唇部有波状虬须，两侧额为圆耳或尖圆耳，额上刻莲瓣形状。

石雕造像共出土石刻残像65件，质地多为黄色砂岩，少量为粉色砂岩。残像主要有佛教人物造像残件和装饰纹样残件两类，出土位置多集中于台基上的塔座东面、北面回廊之间。人物主要有佛、菩萨、力士、弟子、供养天人、千佛等。除千佛龛像因较小保存比较完整之外，其他造像均残缺严重，仅存头、身、手和臂、腿、脚等局部。装饰纹样9件，黄砂岩质地，浮雕或高浮雕，主要有莲花瓣饰件、莲瓣纹饰带、三角纹饰带和山花蕉叶残件等。

生活用具主要为陶罐、陶盆等残片。

（五）遗址总结

该遗址为北魏定都平城时期的重要佛教建筑遗址。如果从方座（坛）外立面观察，中间收缩束腰石的样式推测应为须弥座。与此类似的须弥座在云冈石窟中比较常见。一种是佛像的台座，即为营建一窟（龛）主像（单体或一组）的像座，所有的雕像、台座都与洞窟壁面连接；另一种是佛塔的底座，浮雕塔往往直接雕刻于洞窟壁面，而圆雕塔则位于洞窟地面中央，且与窟顶相连，第1、2、6、11、39窟，以及被认为未完成的第3、4窟等均为塔庙窟，这是云冈石窟主要洞窟类型之一。根据遗迹及出土遗物推测，该遗址是目前平城地区发现的唯一一座石雕砌筑与木结构建筑相结合，共为一体的地面佛教塔（坛）殿建筑实例。

第四节　云冈石窟出土的重要遗物

云冈石窟山顶佛教寺院遗址出土的遗物主要是东周、北魏、辽金、明清时期的，另有少量新石器时代遗物。下面选取其中东周、北魏、辽金这三个时期出土数量最多、形制演变规律显著的典型器物进行型式分析。

一、东周时期

东周时期的出土遗物有陶器、骨器、石器、蚌器、铜器、角器等。根据出土陶器的特征，主要分为春秋晚期、战国早期和战国中晚期三个阶段。其中以战国早期出土器物最丰富，有陶器、石器、铜器、骨器、蚌器、角器。陶器有陶鬲、陶釜、陶甗、陶罐、陶盆、陶豆、陶甑、陶三足器、陶珠、陶饰件、圆陶片、陶支钉。铜器有铜镞。石器有石杵、石斧、石凿（锛）、石镰、石锥、石纺轮、圆形石片、石圭、圆柱形石器、石饰件。骨器有骨簪、骨锥、骨镞、骨管、骨铲、牙饰。蚌器有蚌镰。角器有鹿角和羊角。

战国早期出土的陶器数量较多，主要器形是陶鬲、陶罐和陶豆，下面对这三种主要器形进行分型分式。

（一）陶鬲

陶鬲均为夹砂灰陶，侈口，折沿或卷沿，方圆唇，弧肩，弧腹，口沿内侧有凸棱，沿上饰凹弦纹。根据口沿变化分两型。

A 型：侈口。

B 型：敛口。（图 2-4-4-1）

图 2-4-4-1　B 型陶鬲

（二）陶罐

陶罐有高领罐、矮领罐、无领罐和三足罐，其中 12 件为敞口或侈口，圆唇，鼓腹，器表饰交错绳纹。根据口部和颈部变化分三型。

A 型：有领、侈口、有肩。（图 2-4-4-2）

B 型：矮领，侈口。（图 2-4-4-3）

图 2-4-4-2　A 型陶罐

图 2-4-4-3　B 型陶罐

C 型：无领，侈口，宽折沿，弧腹饰附加堆纹。

（三）陶豆

根据是否有器盖分为陶豆（无盖豆）、盖豆（带盖豆）。

陶豆（无盖豆）泥质灰陶，敞口，圆唇，弧腹，圆柱形柄，喇叭形底座。根据豆盘深浅分两型。

A 型：深盘，弧底，柄较矮。（图 2-4-4-4）

图 2-4-4-4 A 型陶豆

B 型：浅盘，平底，柄较高。

二、北魏时期

北魏时期的出土遗物主要有建筑构件、石雕造像和泥塑、生活生产用具三大类。下面对建筑构件材料和生活生产用具进行型式分析。

（一）建筑构件

建筑构件可分为陶质和石质两类。其中陶质建筑构件有釉陶板瓦、灰陶板瓦、灰陶筒瓦、瓦当、莲花建筑饰件及其他构件。石质建筑构件有柱础石、石柱、莲花建筑饰件。

1. 陶质建筑构件

板瓦，泥条盘筑，平面呈梯形，断面为弧形；分釉陶和灰陶两类。

（1）釉陶板瓦

釉陶板瓦胎质红色，其中多数凹面呈酱黄色，凸面局部呈酱黄色，少数釉色偏绿。凹面修整后施釉，凸面刮削平整且有流釉现象，宽端均施釉。板瓦根据端头装饰不同分三型。

A 型：宽端凹凸两面均有手指压痕，凸面手指压痕较深，凹面较浅。

B 型：宽端及窄端凹凸两面可见手指压痕，凸面手指压痕较深，凹面较浅。（图 2-4-4-5）

C 型：窄端凹凸两面均有手指压痕。（图 2-4-4-6）

图 2-4-4-5 B 型釉陶板瓦

图 2-4-4-6 C 型釉陶板瓦

（2）灰陶板瓦

灰陶板瓦为泥质灰陶，宽端有手指按压痕迹，窄端齐切。凹面可见纵向木条痕及横向黏土接痕，凸面有横向修整刮痕，多数残留绳纹拍痕。两侧面半切，切痕自内向外，且有破面。凹面为布纹，根据凹面是否压光分两型。

A 型：凹面压光，两侧留有布纹。（图 2-4-4-7）

B 型：凹面布纹，未压光。（图 2-4-4-8）

图 2-4-4-7　A 型灰陶板瓦

图 2-4-4-8　B 型灰陶板瓦

（3）筒瓦

筒瓦为灰陶或红陶，瓦身平面近长方形。断面呈半圆形，瓦舌平面呈梯形。凹面有布纹，瓦舌前倾，近外缘处变薄，相对一端瓦身凹面削薄抹平，端头平齐。根据凸面是否压光分两型。

A 型：凸面压光，有纵向压光痕。1993 年发掘区出土的筒瓦施黑色材料，经过刮压表面黑色呈竖条状且光滑，似黑衣压光；或凸面经过刮压有黄色竖条纹，外表刷涂一层黄色材料。

B 型：凸面未压光，可见横向修整刮痕；个别凸面刷白色材料。

（4）瓦当

瓦当为泥质灰陶，模制。以当面图案分，有“万岁富贵”瓦当、“传祚无穷”瓦当、兽面纹瓦当、兽面忍冬纹瓦当、莲花纹瓦当、莲花化生瓦当。其中仅发现 1 件兽面纹瓦当、1 件兽面忍冬纹瓦当、2 件莲花化生瓦当，未分型式。

1）“万岁富贵”瓦当

当面以“井”字形界格划分，“井”字中央饰大乳丁，在“井”字的上下左右四格平均摆布四字，字为隶书阳文，四角扇形区各饰一个小乳丁。当面与边轮、大小乳丁间均饰有一周凸棱圆圈。根据瓦当边轮特征分两型。

A 型：边轮略高于当面且较窄。（图 2-4-4-9）

B 型：边轮高窄，“富”“贵”均从左至右读。（图 2-4-4-10）

图 2-4-4-9　A 型“万岁富贵”瓦当

图 2-4-4-10　B 型“万岁富贵”瓦当

2)“传祚无穷”瓦当

当面以“井”字形界格划分,“井”字中央饰大乳丁,在“井”字上下左右四格平均摆布四字,字为隶书阳文。四角扇形区各饰一个小乳丁。当面与边轮、大小乳丁之间均饰有一周凸棱圆圈。中央大乳丁圆凸且高于边轮。根据瓦当边轮特征分两型。2009—2010 年发掘区仅见 A 型。

A 型:边轮略高于当面且较窄。(图 2-4-4-11)

B 型:边轮高宽。(图 2-4-4-12)

图 2-4-4-11　A 型“传祚无穷”瓦当

图 2-4-4-12　B 型“传祚无穷”瓦当

(二)生活生产用具

生活生产用具有陶器、瓷器、铜器、铁器、石器等。

1. 陶器

陶器的器型有陶盆、陶罐、陶钵、陶碗、陶壶、釉陶壶、陶瓮、陶器盖、陶杯、陶灯、陶构件、陶纺轮,还有带文字陶片。

(1)陶盆

陶盆为泥质灰陶,泥条盘筑,慢轮修整。根据口沿不同分两型。

A 型:口微敛,折沿,沿面圆鼓,沿外缘剔压一周凹槽,外端起凸棱;口沿与内壁相接处转

折明显，有明显的凸棱。（图 2-4-4-13）

图 2-4-4-13　A 型陶盆

B 型：口部内敛，折沿，沿面上斜且较宽，沿面近沿外缘处划一周凹槽，使外缘高于口沿，口沿与内壁相接处转折明显，有的器型呈明显的凸棱，与外壁相接处呈钝角；上腹外鼓，下腹斜收。

（2）陶罐

陶罐为泥条盘筑。根据颈部长短分两型。

A 型：矮颈。（图 2-4-4-14）

图 2-4-4-14　A 型陶罐

B 型：长颈。

（3）石器

石器有石雕柱座、研磨器、磨石、石槽、石环、石夯和其他用途不明的石器。其中石雕柱座可分型式。根据形状不同分三型。

A 型：覆盆方形；上部为圆鼓覆盆形，大部分为素面，个别顶部雕刻复瓣团莲图案，下部为方形底座。

B 型：馒头形，顶部中央凿一圆孔，凿通或不及底。（图 2-4-4-15）

C 型：方形或长方形，中央穿圆孔或方孔。（图 2-4-4-16）

图 2-4-4-15　B 型石雕柱座

图 2-4-4-16　C 型石雕柱座

三、隋唐时期

云冈石窟山顶佛教寺院遗址没有发现隋唐时期遗迹，但出土了隋唐时期的遗物，有隋代五铢钱、唐代开元通宝、唐代瓷器等，瓷器集中出土于 2011—2012 年北魏至辽金佛教寺院遗址。

（一）瓷器

出土瓷器按釉色分为白釉、绿釉、复色釉、黄釉。器形有碗、盏、罐。其中对白釉碗、复色釉碗进行了型式分析。

1. 白釉碗

白釉碗圆唇，弧腹，玉璧底。其胎色灰白，上化妆土，内施满釉，外不及底。肉底有垫珠痕。根据口唇部变化分三型。

A 型：敞口，圆唇。

B 型：敞口，鼓圆唇。（图 2-4-4-17）

C 型：敛口，圆唇。（图 2-4-4-18）

图 2-4-4-17　B 型白釉碗

图 2-4-4-18　C 型白釉碗

2. 复色釉碗

复色釉碗弧腹，玉璧底。其胎色泛灰，胎质较坚。内施白釉，外施酱釉，釉面光亮。内底存垫珠痕。根据口部不同分两型。

A 型:敞口,圆唇。(图 2-4-4-19)

B 型:侈口,圆唇外凸。(图 2-4-4-20)

图 2-4-4-19　A 型复色釉碗

图 2-4-4-20　B 型复色釉碗

四、辽金时期

出土的辽金时期遗物主要分建筑构件、生活生产用具两大类。

(一)建筑构件

建筑构件为陶质建筑构件,有砖、板瓦、筒瓦、檐头板瓦、瓦当、压带条、平口条、脊兽、建筑残件、雀替、砖斗、建筑饰件等。

1. 筒瓦

筒瓦,按材质不同分为琉璃和灰陶两类。

灰陶筒瓦为泥质灰陶,泥条盘筑。瓦身平面为长方形,断面为半圆形,瓦舌平面为梯形。凹面布纹,凸面修整。瓦舌短小呈斜坡状,瓦身与瓦舌凸面相接处内凹。根据侧面加工方式不同分两型。

A 型:侧面切痕三分之一或四分之一,破面未修整,与瓦舌相对一端倾斜打齐。(图 2-4-4-21)

B 型:侧面砍削或切割后瓦削,与瓦舌相对一端平齐。(图 2-4-4-22)

图 2-4-4-21　A 型灰陶筒瓦

图 2-4-4-22　B 型灰陶筒瓦

2. 檐头板瓦

檐头板瓦,按材质不同分陶质和琉璃两类。瓦身泥条盘筑,端面手制。出土遗物瓦身均残。瓦身凹面布纹,凸面简单修整,檐头板瓦端面与瓦身凸面夹角呈钝角,端面与瓦身相接的凹凸两面多有横向抹平痕迹。侧面多数切痕较小,破面未修整。

（1）琉璃檐头板瓦

琉璃檐头板瓦均出土于2011—2012年发掘区。出土板瓦端面均残，由黏土制成。板瓦露明部分施绿釉，施釉前通体刷一层化妆土。根据端面装饰不同分两型。

A型：端面划出6道泥条，第2道和第4道泥条戳切，戳切密度较大，戳切工具为扁条形，为斜向垂直戳切，两泥条戳切方向相反；最下方的泥条以缠细绳的棒状物倾斜向上按压，残存7个凹坑，且因按压力度大使第5道泥条受到挤压。（图2-4-4-23）

B型：端面划出6道泥条，第2道和第4道泥条戳切，最下方的泥条以缠细绳的棒状物倾斜向上按压；第5道因第6道泥条按压力度大受到挤压呈波浪状。（图2-4-4-24）

图2-4-4-23　A型琉璃头板瓦

图2-4-4-24　B型琉璃檐头板瓦

（2）陶质檐头板瓦

陶质檐头板瓦为泥质灰陶。根据端面装饰不同分三型。

A型：端面划出5道泥条。根据泥条装饰不同分四个亚型。（图2-4-4-25）

B型：端面划出4道泥条。根据泥条装饰不同分两个亚型。（图2-4-4-26）

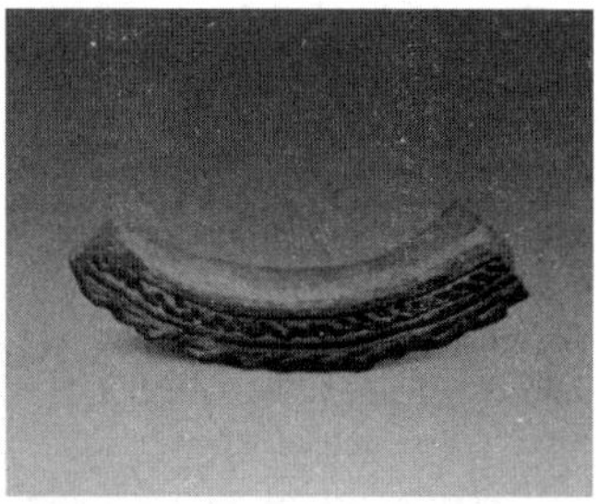

图2-4-4-25　A型陶质檐头板瓦

图2-4-4-26　B型陶质檐头板瓦

C型：端面划出6道泥条，第2道和第4道泥条戳切。根据泥条装饰不同分两个亚型。

3. 瓦当

瓦当的材质有琉璃和陶质两类。琉璃有莲花梵字瓦当、莲花纹瓦当，不分型式。辽金瓦当多数出土于2011—2012年发掘区，2009—2010年发掘区仅见灰陶兽面纹瓦当与莲花纹瓦当。灰陶瓦当，当面图案有兽面纹、兽首衔环、莲花化生、迦陵频伽、莲花纹、十字花卉纹。

下面对兽面纹瓦当、莲花化生瓦当、莲花纹瓦当进行型式分析。

（1）兽面纹瓦当

其边轮低窄，当面当心凸起，兽面清晰，双目圆睁，领头上有抬头纹，双耳竖直，口角上有胡须，颌下有胡须外卷，呈八撇状。根据兽面不同形态分五型。

A 型：嘴闭合，獠牙外凸。兽面外饰一周联珠纹，上部与筒瓦衔接处的联珠多被抹平。

B 型：张嘴露牙，獠牙外凸。根据兽面形态不同分四个亚型。

C 型：嘴大张，牙齿多模糊。兽面外缘饰一周联珠纹，之外有一圈凸棱。头顶上部的部分联珠及凸棱被抹平。（图 2-4-4-27）

D 型：张嘴露牙和舌头。兽面两侧鬓毛简化，以长条形示意。兽面外侧刻划有一道凹弦纹。（图 2-4-4-28）

E 型：瓦当较小，当面兽面凸起。眼睛圆睁，眉毛上翘，双耳竖直，鼻呈蒜头形，有鼻孔。嘴部模糊，张嘴露牙，口角上有胡须，颌下有胡须外卷。兽面外缘刻划一周凸棱。（图 2-4-4-29）

图 2-4-4-27　C 型兽面纹瓦当

图 2-4-4-28　D 型兽面纹瓦当

图 2-4-4-29　E 型兽面纹瓦当

（2）莲花纹瓦当

根据当面莲花图案不同分三型。

A 型：当面当心饰凸起圆乳丁与一周联珠纹共同形成花蕊，其外饰复瓣双层团莲，莲瓣刻划钩状茎叶，莲瓣外有两周细凸棱，之间饰一周联珠，凸棱部分被抹平。（图 2-4-4-30）

B 型：当面当心饰凸起的圆乳丁，其外饰单莲瓣纹及近“T”字形图案，莲瓣呈椭圆形，莲瓣外有一周凸棱，外饰一周联珠，联珠被压平。（图 2-4-4-31）

C 型：当面当心以凸起圆乳丁形成花蕊，其外饰单莲瓣纹及近“T”字形图案，莲瓣呈高凸的椭圆形，莲瓣外绕一周较扁平的凸棱。（图 4-4-32）

图 2-4-4-30　A 型莲花纹瓦当

图 2-4-4-31　B 型莲花纹瓦当

图 2-4-4-32　C 型莲花纹瓦当

（二）生活生产用具

生活生产用具出土遗物有陶器、瓷器、冶炼器物、石器、铁器、铜器、铜钱。

1. 陶器

陶器多为泥质灰陶，少数为泥质红陶。器形主要有陶盆、陶罐、陶甑、陶器盖等，多为日常生活用具。

陶盆，根据口沿不同分卷沿、平沿、敛口三类。

（1）卷沿陶盆

卷沿陶盆多为斜弧腹，个别为弧腹，平底。口沿面部、器外壁及器内壁多饰数周横向暗纹，有的磨光，器底存切割线痕。根据口部与口沿内侧转折有无凸棱、腹部形制的差异分三型。

A 型：敞口或直口，口沿中部鼓起，外侧下卷，口部与口沿内侧转折有圆棱，外沿与器壁有大小不同的间隙。（图 2-4-4-33）

B 型：敞口或直口，口沿中部微鼓，外部略下翻，口沿内侧与器内壁圆滑转折无棱，外沿与器壁有大小不同的间隙。根据口沿和腹壁不同分三个亚型。

C 型：敛口，圆唇，斜弧腹，平底。沿面窄，沿圆鼓下卷，口沿内侧与内壁转折无棱，沿下与外壁相接处划出小间隙。（图 2-4-4-34）

图 2-4-4-33　A 型卷沿陶盆

图 2-4-4-34　C 型卷沿陶盆

（2）平沿陶盆

平沿陶盆为敞口或直口，个别敛口，斜腹，外壁腹中部内凹，平底，少数弧腹凹底。根据器内口沿下方凸棱不同，沿面外缘凹槽不同分三型。

A 型：内壁口沿下方有凸棱，口沿面较宽平。沿内侧或下方又剔压一周凹槽，呈双棱状。（图 2-4-4-35）

B 型：内壁口沿下方有凸棱，口沿面中央剔压一周凹槽，外侧微高，形成浅二层台。

C 型：内壁口沿下方有一周或二周凸棱，口沿面外端剔压一周凹槽，外端略上折。（图 2-4-4-36）

图 2-4-4-35　A 型平沿陶盆

图 2-4-4-36　C 型平沿陶盆

(3)敛口陶盆

敛口陶盆上腹鼓,下腹弧收,平底。根据唇部形制差异分三型,均出土于2011—2012年发掘区。

A型:外壁口沿下压印一周凹槽,肩部随口沿内敛,内唇尖圆。(图2-4-4-37)

B型:内唇部呈尖棱状。(图2-4-4-38)

图2-4-4-37　A型敛口陶盆

图2-4-4-38　B型敛口陶盆

C型:内外唇均为圆唇,唇内卷与内壁形成一周凹槽,束颈。

2. 瓷器

瓷器根据釉色分白釉、茶叶末釉、青釉、黑釉、酱釉。器型为碗、盘、盏、瓶、罐、钵、瓮、杯、洗。

白釉瓷器,因施化妆土,透明釉而呈白色,器型主要有碗、盏、盘、瓶、罐、钵、器盖,其中对碗、盏、盘、小瓷瓶进行型式分析。

(1)白釉碗

白釉碗弧腹,圈足。其施化妆土,内施满釉,外不及底。采用垫珠间隔,多件仰烧法。根据口部变化分三型。

A型:敞口。

B型:撇口。(图2-4-4-39)

C型:直口微敛。(图2-4-4-40)

图2-4-4-39　B型白釉碗

图2-4-4-40　C型白釉碗

(2)白釉盏

白釉盏弧腹或折腹,圈足。内施满釉,外不及底。采用垫珠间隔,多件仰烧法。根据口沿形制不同分三型。

A 型:敞口,圆唇,弧腹。

B 型:敞口,圆唇,唇部加厚。(图 2-4-4-41)

C 型:撇口,尖圆唇,折腹。(图 2-4-4-42)

图 2-4-4-41 B 型白釉盏

图 2-4-4-42 C 型白釉盏

云冈石窟窟顶北魏辽金佛教寺院遗址中出土的建筑构件、器物、塔基和砖瓦窑等,印证了《水经注》中描述的云冈石窟当年“山堂水殿、烟寺相望”的雄浑气象,深刻诠释了中国 17 世纪的工艺百科全书——《天工开物》中对宋辽金时代手工业的记载,为了解宋辽金手工工场提供了完整的实物资料。云冈石窟窟顶北魏辽金佛教寺院遗址入选 2011 年度全国十大考古新发现,为世界文化遗产地云冈石窟增添了独特的文化内涵和艺术魅力。

第五章　云冈造像的艺术与审美

佛教造像是云冈石窟雕刻艺术与审美的主要载体。民族融合是云冈石窟艺术呈现的重要文化意义,中国文化的表达是云冈石窟历史意义的重要内涵。云冈石窟的艺术审美是由不同时代的人对永恒镌刻艺术的分析总结,由此便可以更多视角来观察云冈。

第一节　云冈造像的艺术造型

关于云冈石窟的艺术源流,一百多年来中外学者论述颇丰:有埃及影响说、希腊影响说、拓跋氏影响说,还有犍陀罗艺术、马图拉艺术、笈多艺术、西域(新疆)艺术输入说等。其中,以犍陀罗艺术、马图拉成分、新疆风格等观点最为流行。《魏书·释老志》载:“太安初,有师子国胡沙门邪奢、遗多、浮陀、难提等五人,奉佛像三,到京师。皆云备历西域诸国,见佛影迹及肉髻,外国诸王相承,咸遣工匠,摹写其容,莫能及难提所造者,去十余步,视之炳然,转近转微。又沙勒湖沙门,赴京师致佛钵并画像迹。”上述记载表明,平城、云冈佛像与印度、新疆艺术有着一定的传承关系。然而,考察犍陀罗、马图拉佛教造像,却发现与云冈完全相同的内容几乎没有,而那些造型、气韵、时尚方面的差异,显然表明彼此之间文化、艺术关系的断裂,或存有缺环。

从佛法东传的时代背景分析,凉州僧匠最初带到平城的是新疆以东、河西走廊上现存的早期佛教石窟造像艺术手法——凉州模式,将新疆式的犍陀罗或马图拉艺术风格运用在云冈石窟中。从云冈石窟的工程本身分析,凉州僧匠是规划设计的主体,其所依凭的佛像、画本及其造像法则等设计蓝图,必然将鲜卑与汉民族的审美愿望自然渗透其中。而开凿洞窟的工匠主体是来自中原各地的汉人,因而大量运用中国传统的雕刻技艺与表达方式。从早期代表西域造像艺术东传的昙曜五窟佛像,到中晚期“褒衣博带”“曹衣沾水”,从“胡貌梵相”到“改梵为夏”的演变过程,展现了西来造像风格逐步向中国化、世俗化的演进。云冈石窟艺术成为中华佛教艺术发展的里程碑。

一、云冈石窟的佛造像艺术

云冈石窟的佛造像在立体感和空间感的营造上具有非常鲜明的特点。石窟建筑空间整体布局宏伟,让人过目不忘。洞窟里高度协调的秩序性达到极致,雕塑家们通过精湛的雕刻技艺,巧妙地利用光影、线条和形状的组合,将佛像的立体形态和空间关系表现得淋漓尽致,呈现出绚丽和谐的梦幻境界,令人身心俱肃,产生强烈的与天、与地、与神秘力量沟通的欲望。首先,在立体感的营造方面,云冈石窟的佛像采用了写实的手法,以人体的结构为蓝本,雕刻得形态各异、栩栩如生。这些佛像的身材比例、肌肉线条以及肌肤质感都刻画得十分逼真,给人以强烈的立体感。此外,雕塑家们还通过巧妙地运用阴影和光线,增强了佛像的立体感。在佛像的雕刻中,阴影的运用使得佛像的立体感更加突出,尤其是在头部、胸部和腿部的刻画上，阴影的运用使得这些部位更加突出，形成了强烈的立体效果。其次，在空间感的营造方面，云冈石窟的佛像也表现出极高的技艺。雕塑家们通过雕刻物与窟壁及窟内空间的组合，巧妙地利用了虚实、前后、远近等空间关系，营造出了深邃的空间感。例如，在佛像的布局上，雕塑家们采用了前后重叠的方式，将佛像的前后位置表现得淋漓尽致，形成了强烈的空间感。此外，在窟壁的装饰上，雕塑家们运用了透视法和远近法等技巧，将窟壁上的图案和佛像融为一体，使得整个洞窟的空间更加深远和宽广。在中晚期殿堂、塔庙式洞窟内，壁面图像上下分层，划分出了天界、佛国与人间，正面设像与左右分段，充分运用了对称、重复与特异等视觉艺术语言，营造出梦幻般的镜像空间效果。如若信众礼拜，通过绕塔或绕佛观瞻、明拜、供养等仪式，必然会“因像生感”，产生目眩神迷的心理感应，甚至出现超越现实的灵感觉。

在早、中、晚三个不同的开凿时期，石窟佛造像艺术构造不同，美学风格也表现出突出的时期性，呈现出不同的特点。

（一）早期佛造像艺术

云冈石窟早期所开凿的洞窟，主要由高僧昙曜主持修建，因此又被称为昙曜五窟，分别为北魏五位皇帝的象征，为皇权政治同宗教佛法加以结合的典范。昙曜五窟都是大像窟。大像窟平面呈穹隆顶或马蹄形，类同于鲜卑游牧民族使用过的帐篷。穹隆式的构型营造了高耸的空间，避免平顶所形成的压抑感。大佛像客观上起到支承窟室的荷载柱的作用。洞窟前立壁门拱上方的拱形明窗，不仅起到通风采光的作用，而且在窟外较远的地方也能观像礼佛，以突出主尊大佛的地位，窟底大佛前空间较狭小，因此仅用于礼拜供养等宗教活动。从石窟内形制来看，这一时期表现出一些共同的特点，即外壁满雕千佛，主要的造像为三世佛；从造像特点来看，普遍造像宏伟，表现出刚劲稳健的特点。通过对该时期云冈石窟造像题材的观察来看，能够明确地看到其佛教造像已经脱离玉门关以西早期石窟特点，主要题材为三世佛（即过去、现在、未来三世），将一佛或一菩萨作为中心，左右的佛造像上以胁侍为主。以第 18 窟释迦大像来说，其胁侍为二菩萨，而在第 20 窟的正面佛造像方面同样为一佛二胁侍菩萨。进入早期后段时期，在佛造像方面同时增加了故事像，在胁侍菩萨之外，还加入了窟顶、窟门各处的护法造像。佛像高大，法相庄严，面相丰圆，鼻高，眉眼细长，主像释迦牟尼蓄八字胡须，双肩齐挺，身体粗壮，所着服装有两种：一种是袒右肩，一种是通肩衣。服装纹路具有较强的立体感，将衣料质地的柔软、厚重直观地展现了出来。

从这些佛造像的经营位置来看，是对当时封建等级制度及封建政权体系的反映。在雕刻技法上则加入了从印度、西域所传入的粉本和雕造技法，新技法的融合创造，对云冈石窟佛造像的衣纹变化产生了直接影响。

（二）中期佛造像艺术

昙曜五窟之后到孝文帝迁都之前的中期修建了众多的佛殿式石窟，并出现了前所未有的双窟型，即有前后两个室，平面呈矩形，顶部为平的洞窟，犹如中土建筑中的二进式建筑，也犹如前堂后寝的概念。这种建筑类型可能出于政治的需要，影射鲜卑贵族统治中长期出现的皇帝和太后共同执政的现象。

中心塔柱式窟亦称塔庙窟，是云冈石窟中期较多开凿的一种窟形，矗立的柱体是洞窟的核心所在，由塔基、塔身、塔顶组成，是通往天界的必经之路，也是释迦牟尼最重要的人生阶段——涅槃的象征。塔柱既有圆形覆钵式，也有方形样式。从象征意义上讲，是将中心柱比作佛塔，佛塔就是佛陀的象征。绕塔旋转和绕佛旋转的礼佛仪式，则属宗教意义上的要求。由佛塔自身的内涵延伸，它又是宇宙之树，是世界之柱的象征。在洞窟中间设立塔柱，或四侧雕凿有佛龛的像柱，都象征着立于天地之间的宇宙之柱。

云冈石窟共有 8 座中心塔柱窟，分别是第 1、2、6、11、5-28、13-13、39、4 窟。

第 1 窟中心塔柱的塔身分两层，下层中间龛为结跏趺坐佛，中央龛外是菩萨形象，为一佛二菩萨造像组合。上、下层布局相同。顶部由宝盖装饰，宝盖下为三角垂幔装饰带，上为十格花形图案。窟檐下中央为一斗三升拱，左右补间铺作为多臂神。（图 2-5-1-1）

图 2-5-1-1　云冈石窟第 1 窟中心塔柱

第 2 窟中心塔柱的塔身共三层，塔身每层为中央大龛，两侧小龛的格局，塔柱上方的窟顶是华盖与须弥山。窟檐下是一斗三升拱与人字拱交替排列，为云冈石窟流行的建筑样式。

第 6 窟是云冈石窟最为精华的洞窟之一，其中心塔柱第一层为中央开大龛的样式，第一层正面（南面）为结跏趺坐佛，北面二佛并坐，东面交脚弥勒，西面倚坐像。角部设千佛柱，檐部雕刻出极短的椽头和瓦当，上层四角以白象背负的四座方形仿木构九层小塔为立柱支撑着华盖，每个九层塔中设两个背靠塔的菩萨形象。中间由负舟形背光的四方佛组成的塔柱，为金刚宝座塔的形式。整个洞窟在讲述释迦牟尼传奇的一生。洞窟的东、南、西壁底层雕刻供养人行列，供养人行列之上是佛传故事，讲述释迦牟尼从出生到成佛的重要人生历程，再往上是释迦牟尼收服小众佛教故事（东壁初转法轮、降服迦叶，西壁降魔成道），再向上段是释迦牟尼为普罗大众宣讲佛法。窟顶则是刻画诸天以及美妙的天国。

第 39 窟，是云冈西区中唯一的中心塔柱窟，窟内的中心塔柱与第 11、1、2、6、5-28 窟内的中心塔柱不同，为完全仿木结构的样式，塔身五层，每层四面各雕五龛，南面的第一、四、五层五间均为圆拱尖楣龛，第二、三层圆拱尖楣龛与盝形龛交替设置。主要造像有坐佛、二佛并坐、交脚菩萨、倚坐佛。每层之间有屋檐，上有瓦垄，下是一斗三升拱与人字拱交替设置，塔顶雕刻须弥山与窟顶相连。

云冈石窟中期佛造像的特征与风格，对前期的特征与风格进行了承袭，并对于早期过分挺拔而缺乏雍容之感的佛像风格进行了改进。造像题材多样化，大像的数量锐减，突出了释迦、弥勒佛的地位，流行释迦、多宝佛，佛装交脚弥勒，维摩诘、文殊，出现了佛传故事龛，供养人行列，伎乐天行列以及佛本生、本行故事，门拱两侧雕护法天神。佛像面相丰圆适中，秀丽端庄又温柔慈悲。造像的衣饰方面，开始加入汉式大衣风格，采用雕刻较深的直平阶梯式手法，既增强了造像的立体感和现实感，也更加精巧和华丽，趋向于本土化。

云冈石窟中期在石窟形制上虽然变化不大，但在所凿的龛上加入了很多美丽的图案，如第 11 窟西壁中雕刻的尖拱双龙龛以及第 14 窟西壁中雕刻的尖拱缠枝莲花龛等。在造像题材方面，进入中期后的云冈石窟也更为复杂。以第 1、2 窟为例，均对楼阁式的中心柱进行了雕刻，还对于中心柱的上顶须弥山及二龙的形象进行了雕刻，在后、左、右三壁均开大龛，而在龛下则对佛本行及佛本身故事像进行了雕刻。云冈石窟中期佛造像艺术主要表现出两种特征，一种是以第 17 窟明窗东侧的造像为代表的造像艺术，基本无太大变化；另一种是以中区悬崖第 3 窟内造像为代表的造像艺术，在对汉文化进行学习和倡导的大环境下，云冈石窟佛造像艺术也有所变化，即开始出现时世装束并出现秀丽挺拔的造像风格。

（三）晚期佛造像艺术

云冈石窟晚期的石窟形制主要是四壁三龛式，即平面呈方形，在四面的三壁都设有佛龛造像。此表现手法成为北魏后期的重要流行发展方向之一，尤其到北齐时期，盛行一时，也成为佛龛造像的经典表达方式。

在云冈石窟晚期的佛造像上，秀骨清像为其最大特色。该时期佛造像在雕刻技巧方面同南朝人物绘画技巧结合了起来，在南朝清秀隽永人物绘画技巧下，云冈石窟晚期佛造像普遍呈现出大体修长飘然以及简洁俊逸的特征。北魏迁都洛阳，对石窟的开凿也产生了影响，在云冈石窟的造像上也不再崇尚复杂化。该时期前段佛造像在面相上稍瘦削但双颊尚丰圆，在双肩上虽然不宽阔但也不会过分紧窄，在外衣上以密褶若菩提叶式为主。该时期后段佛造像面相瘦削，表现出长颈特征，整体呈现出秀骨清像之风。从雕造技法来看，对直平阶梯式的衣纹加以普遍运用。云冈石窟的佛造像最末在宋、齐时代，那时北魏已经迁都，达官贵族普遍离开平城，在凿窟和佛造像规模上均很少再见到早中期的形制、规模，开凿规模以中小型为主，所雕琢出的形象仅为当时想进行供养的形象。云冈石窟在后期佛造像人物形象上作出的改变，一是与佛教艺术的进一步汉化并注入了魏晋以来门阀士族审美理想有关，二是与雕刻艺术家们雕刻技术的精进有关。

从早期浑厚雄伟大型佛造像到中期绚丽多姿的修长飘逸的秀骨清像，从印度犍陀罗风格到西域石窟风格，再到云冈石窟的少数民族风格，可以说是石窟艺术走向中国化、世俗化、民族化的发展过程，这也显露出石窟寺由印度、中亚，走向中国的东渐历程。

二、装饰风格的艺术特点

不仅石窟建筑、空间形制变化体现了佛教东渐过程的融合，石窟造像艺术也有此体现，佛造像的眉眼、服饰及整体造型都在由梵到汉。特别是装饰花纹尤为明显，中国上古以来少有植物花草图案，北魏开凿云冈石窟所展示的大量莲花纹、忍冬纹等花草纹样，实为西方艺术的花纹图案大总汇。其后这些纹样以新变化、新题材的形象在中国散布流传，跨越大唐穿过明清，运用广泛，是古代视觉艺术传播东西方文化融合的一大铁证。

云冈石窟的装饰纹样犹如璀璨星辰，点缀在石窟雕刻艺术的苍穹之上，工匠们运用视觉艺术与光学原理，甚至创新运用幻觉效果，通过与雕塑、建筑的巧妙结合，在营造沉思冥想的氛围中保持了一种自由表达的意境，塑造出佛教艺术的唯美图像与极乐世界的神圣空间。

（一）华丽繁复的装饰

云冈石窟的装饰风格异常华丽，包括莲花、忍冬等植物纹样，龙、凤、金翅鸟等动物纹样，象征佛和菩萨的智慧之光、祥瑞之光的背光装饰，以及云纹、水纹等各种几何图案、纹样。这些装饰元素在石窟的佛像、壁画和窟顶等多部位都有体现，装饰图案线条优美、大气凝重，构图及线条疏密有致。这种风格使得装饰图案既具有浓郁的装饰意蕴，又凸显出北魏时期的图案特色和抒情写意的审美品质。如在第 9、10 双窟由前室通往后室的窟门门楣上的高浮雕莲花门簪，这种门簪正面雕刻为圆形，主体内容分为内外两层，内圈是莲花瓣层叠组成的乳状凸出的花苞；外圈为展开的宝装莲瓣，形象饱满和谐，生动大方。这些莲花式门簪以一字形横向排列于门楣面上，它们在装饰人物的浅浮雕椭圆环形忍冬底纹的衬托下，显得高贵醒目。

石窟中菩萨像装饰华丽，宝冠、璎珞、飘带一应俱全。如立于主像（佛或菩萨）两侧的所谓“胁侍菩萨”多佩戴胁侍菩萨宝冠，宝冠中央及两侧三部分由三朵莲花组成，或中央为莲花，对称的两侧则是由其他圆形花盘构成。而中期洞窟中开凿较晚的第 5、6 窟胁侍菩萨多戴三角饰宝冠。这种宝冠以三角形为中央部分，其两侧和三角之上的空隙间则以莲花和忍冬纹装饰，在中央三角形的设计上，有的雕刻化生佛，有的将三角形的两侧下角雕刻为对称上卷形式，颇具异域情调。雕刻最为精细美观的当数第 6 窟中心塔柱上层第八个背靠九层塔的胁侍菩萨。菩萨像佩戴璎珞多由各种宝石和玉石组成，有的还镶嵌着小珠子和金属片，璎珞的形状也各不相同，有的呈圆形或半圆形，有的呈条形或曲线形。这些精美华丽的璎珞不仅在视觉上给人以美的享受，同时也表现了佛教中的庄严和神圣。菩萨像富有动感的飘带雕刻精细，有的呈曲线状，有的呈波浪状，还有的呈折叠状。这些飘带在视觉上给人以美的享受的同时，也表现出佛教的柔和与慈悲。同时菩萨像各种装饰细节也非常精美。如宝冠的两侧往往雕刻着小的飞天形象，这些飞天形象栩栩如生，形态各异。菩萨像身体上还常常雕刻着花鸟、山水、楼阁等各种小的装饰图案，这些图案不仅在视觉上给人以美的享受，同时也表现了佛教中的美好与祥和。

总之这些华丽繁复的装饰不仅是视觉的艺术呈现，同时也表现出佛教中的庄严、神圣、柔和与慈悲等理念，还体现了古代中国佛教艺术的包容性和创新性。

（二）印度和中亚艺术风格的影响

印度和中亚艺术风格对云冈石窟的影响体现在造像风格、建筑形式和造像艺术等方面，这种影响促进了佛教艺术的中国化和世俗化，使得云冈石窟成为中国古代雕刻艺术的宝库。

1. 造像风格

云冈石窟的造像艺术直接吸取了犍陀罗艺术的精华，又不可避免地继承并发展了中原秦汉传统雕刻艺术，此外还明显呈现出波斯艺术的色彩。例如，石窟早期造像受到印度马图拉和犍陀罗艺术风格的影响，昙曜五窟保留了后世少有的浑厚雄伟、纯朴大气的风格，造像装饰以印度式为主，如火焰纹、莲花纹等；石窟中期造像同样深受犍陀罗艺术风格的影响，佛造像均以通肩大衣为典型特征,这种使用高浮雕和透雕的大衣雕刻技法与印度和中亚的雕刻技法相似,也使得造像更加立体和生动。具有中亚与印度风格的穹顶和建筑元素、动物纹样等在石窟的壁画、雕刻和装饰细节中均有体现,如印度风格的摩羯鱼和狮子,以及中亚风格的鸟和兽类等。这些动物纹样反映了古代中国与中亚地区的文化交流。

2. 佛造像的中国化与世俗化

云冈石窟形象地记录了印度及中亚佛教艺术向中国佛教艺术发展的历史轨迹,佛像、菩萨、罗汉等造像题材形象地反映出佛教造像在中国逐渐世俗化、民族化的过程。这进一步证明了印度和中亚艺术风格对云冈石窟的影响。

3. 建筑风格

云冈石窟晚期的窟室布局和装饰,更加突出地展现了浓郁的中国式建筑、装饰风格,反映出佛教艺术中国化的不断深入。这也体现了印度和中亚艺术风格对云冈石窟的影响。云冈中期石窟出现的中国宫殿建筑式样雕刻,以及在此基础上发展出的中国式佛像龛,这种建筑形式在后世的石窟寺建造中得到广泛应用。此外,云冈晚期石窟的窟室布局和装饰也更加突出地展现了浓郁的中国式建筑、装饰风格。

(三)中国儒家帝王风格的融合

随着时间的推移,云冈石窟的装饰风格逐渐融入中国儒家帝王风格的元素。例如建筑结构,一些洞窟以高大的中心塔柱为结构核心,而塔柱的形状和殿堂、斗拱、瓦当等细节装饰,重檐屋顶、梁枋等建筑元素都体现了中国传统的建筑风格。此外,在石窟的建造中,设计师们注重轴线对称和层层递进的布局,使得整个石窟看起来庄重而有序。这种布局设计也与中国传统宫殿和寺庙的布局相似,显示出儒家强调的和谐与秩序。色彩的运用也表现出中国儒家帝王风格。红色和黄色在石窟的装饰中占据了重要地位。红色通常用于描绘佛像的衣物和背景,黄色则用于佛像的皮肤和头饰,这两种颜色的运用不仅使佛像看起来更加生动,也传达了中国儒家文化的尊贵和神秘感。

云冈石窟中的装饰元素也融合了中国儒家帝王风格。在石窟的壁画和雕刻中,出现了许多寓意吉祥的纹样,如龙、凤、麒麟等神兽纹样,以及松、鹤、鹿等寓意长寿的纹样。这些纹样都与中国儒家帝王文化中的吉祥寓意密切相关,而象征皇权和神权的龙凤元素在石窟装饰中频繁地出现也反映了儒家思想对佛教艺术的影响。

云冈石窟中的人物塑造也体现了中国儒家帝王风格。褒衣博带和悬裳式服饰等典型的中国式服饰在石窟中得到广泛应用,宽袍大袖,衣摆飘逸,线条流畅的服饰给人一种庄重而优雅的感觉,尤其在云冈石窟的晚期造像中,佛像的服饰逐渐呈现出中国儒家帝王服饰的风格,佛像的表情、姿势庄重而神秘,传达出佛法的深邃和神圣。

总的来说,云冈石窟的装饰风格在融合中国儒家帝王风格的运用上非常明显,这种融合不仅体现在建筑结构、色彩运用、装饰元素和人物塑造等方面,也反映了佛教艺术在中国的发展和演变过程。

(四)技法和材质的运用

云冈石窟的装饰风格还体现在雕刻技法和材质的运用上。雕刻技法包括线刻、浮雕、圆雕等多种形式。高浮雕主要用于表现佛像和菩萨像等主要形象，使得佛像和菩萨像的面部和身体雕刻得栩栩如生，给人以强烈的视觉冲击力。浅浮雕用于表现背景和装饰图案等次要形象，岩石表面浅浅的图案线条流畅、层次分明，给人以柔和的视觉感受。而圆雕则用于表现立体感较强的形象，如佛像的头像和身体。雕刻者们运用了精湛的雕刻技法，将佛像的头部和身体雕刻得栩栩如生，给人以强烈的立体感。透雕则是在石窟墙壁上雕刻出透明感的形象，如飞天和花朵等。雕刻者们通过在墙壁上雕刻出透明的形象，使得整个石窟看起来更加生动活泼。不同技法在佛像、壁画和窟顶等不同部位得到了灵活运用。

云冈石窟的材质主要是砂岩和泥岩，这些岩石的质地较为粗糙，但是也具有一定的细腻度和平滑度。在装饰上，云冈石窟运用了多种材料，如金、银、琉璃、玉石等。这些材料的使用不仅使得整个石窟看起来更加华丽和精美，同时也表现了佛教的庄严和神圣。其中，金和银的使用主要是在佛像的装饰上，使得佛像看起来更加华丽。琉璃和玉石的使用则是在背景和装饰图案上，使得整个石窟看起来更加丰富多彩。

（五）色彩搭配和谐、地域特色明显

云冈石窟的色彩运用具有对比强烈、色彩搭配和谐、象征意义丰富和地域特色明显等特点，这些特点使得云冈石窟在视觉上更加优美、和谐和统一，也增加了其艺术价值和观赏价值。

云冈石窟的色彩运用对比强烈，以明亮的颜色和深暗的背景形成鲜明的对比，使得佛像和装饰图案更加突出和醒目。这种对比强烈的色彩运用也增加了石窟的艺术感染力。如金色与绿色、红色与白色、蓝色与黄色的搭配，都是石窟常见色彩搭配。金色通常用于描绘佛像的装饰和头饰，而绿色则用于描绘背景和植物。这种搭配不仅对比强烈，而且非常和谐，给人以富丽堂皇的感觉；红色用于描绘佛像的衣物和背景，而白色则用于描绘佛像的皮肤和头饰。这种搭配使得佛像看起来更加纯净和神圣，同时也增加了石窟的整体明亮度；蓝色通常用于描绘天空和海洋，而黄色则用于描绘佛像的皮肤和头饰。这种搭配使得佛像看起来更加高贵和神秘，同时也增加了石窟的整体层次感。

虽然云冈石窟的色彩运用对比强烈，但并不显得杂乱无章。相反，这些色彩的搭配都非常和谐，通过色彩的呼应和互补，使得整个石窟的装饰效果更加协调和统一。同时云冈石窟的色彩运用还具有丰富的象征意义。例如，金色和黄色通常象征着佛法的神圣和高贵，蓝色则象征着平静和安宁，绿色则象征着生命和生机。这些象征意义的运用不仅增加了石窟的艺术价值，也传达了佛教文化的深刻内涵。

云冈石窟的色彩运用也具有明显的地域特色。例如，在中国的传统文化中，红色和黄色是代表吉祥的颜色，这种色彩运用在云冈石窟中也表现得非常明显，体现了佛教艺术与中国文化的融合和发展。

总的来说，云冈石窟通过材质的变化和色彩与加工技法的运用，融合了印度、中亚地区和中国本土的艺术元素，营造出不同的装饰风格。这种独特的装饰风格不仅体现了古代中国佛教艺术的包容性，也展现了多元文化的交融。同时，云冈石窟的装饰风格也随着时间的推移和技术的进步而不断发展和变化，为我们展示了古代艺术家们的创新精神和技艺追求。

三、云冈石窟的佛造像美学风格

云冈石窟的佛造像美学风格独特，给人以强烈的视觉冲击力和心灵感悟。其精湛的技艺和多元化的装饰风格都展现了古代中国佛教艺术的辉煌成就和独特魅力。

（一）立体感与空间感的营造

云冈石窟通过浮雕与圆雕相结合，突显了佛像的立体感，同时也提高了石窟的装饰效果。在石窟墙壁上雕刻出具有深度的浮雕形象，再结合圆雕技术，将佛像和菩萨像雕刻得栩栩如生，给人以强烈的立体感和空间感。与此同时，石窟的雕刻采用了透视和比例的原理，通过调整佛像的比例和透视效果，营造出深远的空间感。例如，在雕刻佛像时，雕刻者们会通过调整佛像的头部、身体和腿部的比例，以及采用适当的透视角度，使得佛像看起来更加立体和具有空间感。石窟的光影运用也极其巧妙，通过自然光和人工照明的结合，让光线照射佛像和菩萨像，将影子投射在墙壁上，形成明暗对比和投影效果，营造出不同的光影效果，增强了佛像的立体感和空间感。

云冈石窟的建筑结构也为其立体感和空间感的营造提供了有利条件。石窟内的中心塔柱、佛龛和壁画等建筑结构，不仅具有支撑和保护石窟的作用，同时也增强了石窟的空间层次感和立体感。

（二）刚柔相济的造型风格

云冈石窟的佛造像展现出刚柔相济的风格。这种风格在佛像的线条和形态上得到充分体现，如静如泰山的坐佛背后是毡包式的天宇，呈现着“空故纳万境”的包容感，背景上面用浅浮雕加线刻的装饰图案幻化出一派“影中群像动，空里众灵飞”、秩序井然的天国美景。同时，火焰纹样是宇宙能量的象征，流转的时间、空间和能量在空间里聚合着生命的力量。这种刚柔相济的造型风格提升了个人与宇宙间的联结。

大佛与背景一凸一凹，一简一繁，一静一动，一实一虚，一厚重一空灵的形式对比给人强烈的视觉冲击。

（三）华美细腻的装饰风格

云冈石窟的佛造像装饰华丽细腻，融合了印度、中亚和中国的艺术风格，独具匠心地应用莲花纹、忍冬纹、火焰纹、化佛等装饰元素。这些元素的雕刻线条流畅、细腻入微，展示了古代艺术家们的精湛技艺和创新精神。佛像和菩萨像的雕刻细节异常丰富，如头光、身光、背光、袈裟、项光、臂钏、手镯等。这些装饰以莲花纹、忍冬纹、火焰纹等为主，色彩鲜艳，工艺精细，具有很强的立体感和质感。植物纹样构图灵活多变，画面生动，既作为洞窟壁面图像内容的补充，又讲究对称、均衡的艺术效果。动物图案虽然在云冈石窟中不是雕刻的主流，但作为装饰图案在烘托洞窟内图像主题、诠释经典、装帧画面等方面都有着一定的隐喻作用。三角纹、龟背纹、绹索纹等几何纹样多用于边框修饰，与佛像主题相辅相成，增强了装饰效果。例如，佛像头光中的火焰纹样，层次分明，动感十足，犹如熊熊烈火在燃烧。这些细节雕刻不仅增加了佛像的装饰性，也营造了更加生动立体的效果。

云冈石窟的细节装饰也非常丰富,包括佛像手中的法器、项光中的化佛、臂钏上的珠宝等。这些细节装饰都十分精细,具有很强的立体感和质感。例如,佛像手中的法器采用金属铸造而成,工艺精细,线条流畅,具有很高的观赏价值。云冈石窟的建筑装饰也非常精美,包括佛殿、塔柱、甬道等。这些建筑以木结构为主,雕刻精细的梁枋、斗拱、椽头等,并施以红、绿、蓝、黄等鲜艳的颜色,具有很强的视觉冲击力。云冈石窟的壁画装饰也非常精美,包括佛像画、故事画、装饰画等。这些壁画以色彩鲜艳、线条流畅、内容丰富而著称。例如,故事画中的人物形象栩栩如生,情节生动有趣,具有很强的叙事性和感染力。

云冈石窟的美学风格独特而多样,既有写实的一面,也有华丽的一面;既有对佛教思想的深入表现,也有对民族文化融合的呈现;既有北方特色的体现,也有对时代背景的反映。这些美学风格使得云冈石窟成为中国佛教艺术的瑰宝,具有极高的艺术价值和历史价值。

第二节 云冈造像的审美特征

佛教自诞生之后,佛教造像经历了用宝座、法轮、大象、雄狮、鹿、脚印、菩提树、佛塔、莲花等形象来代替佛祖的无佛像时期,到公元 1 世纪左右,大乘佛教出现后,佛已不像小乘佛教所宣传的那样可望而不可即,需要在感官上将佛化为具体的形象。此时,佛教造像借鉴了被希腊统治过的印度西北部犍陀罗地区的雕刻艺术,于是,带有希腊犍陀罗风格的佛陀绘画与雕塑出现,有佛像时期到来了。以希腊化为特征的犍陀罗佛教艺术走向鼎盛。在贵霜王朝统治下的恒河流域,犍陀罗艺术创造出大量精美的红、黄砂岩佛教雕像。佛陀身体壮硕;菩萨戴宝冠,略带微笑。到了 4 世纪后的印度笈多王朝,上述两种艺术进一步融合,突出表现为湿衣贴体和双目低垂的笈多式佛像艺术。佛教经过波浪式的传播,东传汉土之后,于南北朝时期全面兴盛,因此南北朝成为佛教造像在中国发展的关键时期。佛教盛行的北魏时期,作为首都的北魏平城,诞生了举世瞩目的石窟寺皇家工程——云冈石窟,云冈石窟营建经历了北魏中晚期,佛教造像也经历了华梵交融到逐渐中国化的过程。

一、云冈石窟各个时期佛教造像之流变

(一)昙曜五窟时期造像审美特征

周一良《云冈石佛小记》曰:“惟昙曜在兴安二年见帝后即开窟,抑为沙门统之后始建斯议,不可晓。要之,石窟之始开也,在兴安二年至和平元年之八年间。”从文成帝开始,经献文帝、冯太后,到孝文帝迁都,皇家经营约四十年,完成了所有大窟大像的开凿。从昙曜五窟筹建到中期大型石窟的完工,大约进行了四十年的经营建设。而北魏正经历着北方少数民族与汉族大融合时期,其雕塑风格呈现出多样化的特征。

昙曜五窟由于是云冈石窟的第一期建筑,建造时正是北魏政治、经济的一个上升期。昙曜五窟即现在的第 16 窟至第 20 窟。各个洞窟的主尊如下:第 16 窟是施无畏印的佛立像、第 17 窟为交脚菩萨像、第 18 窟也是佛立像、第 19 窟是施无畏印的佛坐像、第 20 窟是施禅定印的佛坐像。据《魏书·释老志》记载,“初皇始中,赵郡有沙门法果,诫行精至,开演法籍。太祖闻其名,诏以礼征赴京师”,“法果每言,太祖明睿好道,即是当今如来,沙门宜应尽礼,

逐常致拜。谓人曰：‘能鸿道者人主也，我非拜天子，乃是礼佛耳。’”五个大像窟主佛分别代表北魏的五个皇帝。由于太武帝拓跋焘残酷的灭佛运动，使得北魏全国上下佛教遭受灭顶之灾。昙曜在接管平城的宗教事业后，为了迎合最高统治者的心理需求，保护佛教的发展环境，又一次将法果提出皇帝就是当今如来的理论付诸行动。这一理论的实施，不仅奠定了云冈石窟皇家工程的性质，也为北朝佛教鼎盛奠定了基础。北魏早期皇帝采取了战争掠夺和大量的移民政策，使北魏平城这个边陲军事重地迅速发展为北方中国政治、军事、经济和文化中心。通过征服西域、河西走廊、辽宁、河北等地，各地各国的文化精英、能工巧匠、贵族官僚等都汇聚平城。这使得平城逐渐成为拥有 150 万人的大都市，为皇家工程的顺利开工奠定了经济财政的支持。在此种背景下，皇家工程的昙曜五窟，成为中国佛教艺术第一个巅峰时期的经典杰作。五尊主像形体高大，占据了窟内面积的大部分。佛像表现出大气、古朴的美与力量。同时石窟的窟顶和前壁位置开凿“窗”，这样不仅能够使得佛像在相对光明的环境中获得世人的敬仰，同时也让前来拜佛的人能够见到佛的威严，更体现了古代帝王的伟岸、庄严。第 20 窟大佛是云冈石窟最宏伟的雕像。由于洞窟的前壁崩塌，使造像完全暴露，因而很远就能看到它那雄伟壮丽的身姿。这尊佛像结跏趺坐，双手叠放在腹前，其面相方正，五官宽大，块面清晰，身体威武雄壮，云冈第 20 窟主佛的整个神态是庄严静穆的，更加渲染了佛的超自然力量与神圣气质。那健壮的体魄，正反映了鲜卑拓跋氏勇武雄健的民族审美意识。佛像的眉线犹如拉满的弓，衣饰纹线在排列组合上也强化了大佛的动势。线随体转，疏密深浅变化有致，遒劲而通畅，整体造型稳健雄沉。其艺术价值也极高，此时工匠来源于各个民族，佛像的雕刻技法和风格也具有多样性。造像风格借鉴了犍陀罗和笈多艺术风格，同时融合了河西走廊的凉州模式。

（二）云冈中期造像审美特征

云冈中期具体开凿时间自文成帝以后迄太和十八年（494 年）迁都洛阳前的孝文帝时期。云冈石窟早期造像风格基于犍陀罗和笈多艺术风格，并融入河西走廊汉化造像风格，但是任何一种外来文化进入本土文化的时候，在与本土文化相互接洽的过程中，会作出相应的妥协与转化，云冈中期佛教石窟造像艺术也是如此。云冈石窟中期造像，造像内容方面，大像的数量锐减，题材多样化，突出了释迦、弥勒佛的地位，流行释迦、多宝佛，佛装交脚弥勒，维摩诘、文殊，出现了佛传故事龛，供养人行列，伎乐天行列以及佛本生、本行故事，门拱两侧雕护法天神；佛像面相丰圆适中，较清秀。造像题材、雕刻手法、衣着服饰、造像风格较显著地呈现出东方化。加之太和改制，统治者有意识地自上而下的汉化改革为汉文化审美的传播创造了有利的条件，加速了石窟寺的汉化，在佛像的着装上，也换上了新型的褒衣博带的样式。褒衣博带的佛装来源于汉族贵族的服装，褒指的是衣服有宽大的衣襟、广博的衣带。两汉魏晋南朝时期上层人物中流行的服饰就是这种飘逸潇洒服装。中期的石窟佛与菩萨着装华丽，仿佛是现实中的贵族，造像远不如昙曜五窟那样雄伟，而出现了丰满健康，秀丽温婉的风格。其大致体现在三个方面：一是以第 11 窟七立佛为例，着褒衣博带，面相丰满、身材修长、亭亭玉立；二是菩萨、供养天等造像精致秀美，体态丰腴；三是装饰纹样精致秀丽。以第 6 窟为例，第 6 窟的装饰艺术达到了云冈三期造像的巅峰。中心塔柱下层的四面开重龛，龛楣装饰飞天、璎珞纹饰，洞窟的四壁分别以莲花瓣、忍冬作为分层隔带。如环壁一线的凹形双叶式覆莲叶装饰纹带整齐一致，将东壁、南壁、西壁甚至是北壁上部清晰地划分为窟壁上部，环壁雕造出11尊或11组立佛说法组合群像。环壁一线的忍冬纹装饰带同样整齐一致，将东壁、南壁和西壁连接成一个中部整体和下部整体，形成云冈石窟唯一一个大型洞窟环绕一周的完整、统一的顶级设计和高端雕刻，呈现出北魏王朝平城时代孝文帝太和时期皇家洞窟的营造水平。同时，藻井、佛座、勾栏等处均雕刻有精美的装饰纹样，可以说随处可见。在装饰的纹样上类型繁多，除了植物纹样，还包括几何纹样及动物纹样等。

(三)云冈晚期造像审美特征

公元494年孝文帝迁都洛阳后，云冈石窟的开凿也受到了影响，但平城已有三十余年开窟的历史，培养了一大批娴熟的造像工匠。造像实力并未遭到较大削弱，只是规模变小。从开窟者来说，主要是官职不高的、没有随孝文帝迁都的中、下级官员，还包括佛教信徒。从开凿的愿景来说，云冈石窟的晚期工程逐渐成为信众祈福发愿的场所，众多的微小佛像同早中期的大型佛像形成了鲜明对比，在寓意上也更加丰富。晚期有别于早期和中期洞窟较显著的特点：一是成组的大窟减少，中小窟渐多，小龛遍布石窟各个角落；二是洞窟内造型愈来愈瘦，衣服下部的纹饰越来越重叠，佛教造像清瘦秀丽，长颈、肩窄且下削，身材修长、腰细、苗条。这个时期的造像受到南朝流行风尚的影响，尤其是南朝宋明帝时宫廷画家陆探微。陆氏的画风为人物外在形象有秀气瘦削之美，而人物内在气质清刚、峭拔、超脱。陆氏绘画的美学风格在随后的几十年中备受推崇，直接影响到北朝各种各样的人物造像。同样也影响到石窟寺中的佛教造像。云冈晚期的北魏佛教石雕像的秀骨清像风格，由此开端并逐渐形成。造像内在气质和风度具有智慧、超脱、潇洒飘逸的审美特征。佛造像的服饰明显地趋向于宽衣大袖，早中期菩萨身上的诸多配饰被取代，衣服显示出中国传统服装的特征，同时也反映了南北朝真实的社会生活，总体来说，造像内容趋于简单化，形式趋于程式化，造像风格趋于简洁、干练。

在云冈石窟早、中、晚三期的开窟造像中，北魏匠师在吸收犍陀罗佛教造像风格的基础上，不断融合中国传统文化观念和审美标准创造出符合中国人审美理想的佛教造像艺术。云冈石窟的规模和造像水准都达到了空前的高度，是佛教自东汉初传入我国至北魏时期集大成的一项宏伟工程。云冈石窟雕刻艺术，是多种文化基因和多元文化的组合体。

第三节　云冈造像的美学思想

石窟艺术是一种宗教艺术，佛教造像是随着佛教传入中国的艺术形式，以南北朝为界，汉传佛教造像之前多受古印度及中亚佛教造像风格的影响，此后，中国的佛教造像不断吸收、融会中国古代艺术精华，逐渐形成了具有中国文化内涵的汉传佛教造像艺术。北魏平城佛教造像艺术体现出的鲜明而强烈的民族性和时代性的艺术精神，对中国石窟艺术的传播和发展，起到了承前启后的关键作用，成为中国佛教造像艺术的典范。

一、时代性和民族性汇聚的多元文化

人类的艺术创造总是反映某一特定历史时期、特定民族的思维方式、价值观念和审美理

想。公元 5 世纪中叶，笃信佛教的拓跋鲜卑人在北魏平城开凿武州山石窟，其开凿的规模和水平不仅远超前代，而且新造像风格汇聚了多种文化特质，融汇了拓跋鲜卑人的审美意识和文化观念，兼容并包，吸收各地石窟艺术的特色，进行新的艺术创造，引领时代潮流，为佛教石窟艺术提供了新的审美范式和审美经验。多元文化的融合造就了云冈充满艺术美的万佛胜境，这万佛胜境呈现出来的是佛教艺术从犍陀罗到中国本土的风格演变。

（一）中西文化的交融

历史上自信、开放的拓跋鲜卑人创造的云冈石窟造像艺术，呈现给世人的是流动的民族历史和融合中西、多彩多姿的佛像源流风格。在人物形象的塑造上，既有西方人种特征，亦有本土人种特征。两种风格在造像上既有融合，又有单独体现，且这些造像多集中在弟子、护法等人物形象上，充分体现了艺术家们高超的雕刻技艺以及对佛法的深刻领悟。云冈第 18 窟的弟子像多元汇聚、生动写实。主尊立佛两侧各以上下两排的形式，布局着 5 身高浮雕弟子像，无论是深目高鼻的西方僧人，还是容貌清秀的本土弟子，皆在专注聆听佛陀的教诲而显露欢愉之情（图 2-5-3-1 和 2-5-3-2）。特别是下排破壁而出的圆雕弟子头像，脖颈与壁面相连，神情如挣脱苦海般的喜悦陶醉。欧罗巴式的面孔，深目高鼻，面瘦如削，一排整齐的牙齿显露在外。高度夸张的西方情调，渲染出人物庄重、欢悦的情感，展示了强烈的写实性特点。

图 2-5-3-1　第 18 窟主尊左侧弟子像

图 2-5-3-2　第 18 窟主尊左侧弟子像面部特写

(二)民族交融的创新

云冈石窟作为佛教艺术,继承了印度释迦崇拜的传统方式,艺术造像全部采用石雕造刻。它不仅是印度及犍陀罗雕刻艺术的延续和发展,而且融入中华大地的艺术,大量吸收了本土文化传统,其形制、风格使石窟艺术经历了一个汉化的过程,逐渐发展成为独具中国传统文化特色的艺术——中国佛教石窟艺术。具有强烈世界性意义的艺术杰作——云冈石窟,是佛教艺术中国化的表现。

北魏太和年间,随着南北方交流的进一步深入,北魏政权实行汉化政策,太和改革大力吸收汉文化。在魏晋传统文化的熏陶下,注重"传神写照"的"秀骨清像"画派,创造出了中国式的佛像体系。佛像汉化的迅速发展,表现在造像方面,第一期雕凿雄伟造型的大像变少了,但形象和题材日益增多,除三世佛,还出现了释迦多宝并坐像,并流行雕出世俗的供养人列像。这一时期的造像风格趋向于清秀、神采飘逸,新型的褒衣博带的样式已呈现在云冈石窟太和年间造像上。追求形式严整、强调装饰奇巧的太和式造像成为北魏造像的典型。

第 11 窟西壁的横向开阔式的中国瓦垄顶屋形龛为完全意义上的中国式造像龛,是石窟寺"七佛"题材的代表。龛内雕刻了宏大而美丽的 7 尊立佛像(其中北侧的两尊风化严重但轮廓明确)(图 2-5-3-3),面容俊美,个个褒衣博带,飘逸洒脱,是佛教造像艺术中国化进程的重要里程碑。

图 2-5-3-3　第 11 窟西壁的 7 尊立佛

云冈石窟艺术因中西文化融合而迸发出的强大生命力,是多元文化的交融,是民族融合的创新,是南北传统汇聚的艺术宝库。第一期昙曜五窟呈现出浑厚、淳朴的西域情调,第二期太和窟室展现汉风浓郁、气度恢宏的平城新风,第三期石窟体现典雅、清丽的艺术风格,各异其趣,各领风骚。多元文化汇聚下的北魏平城时期是中国石窟艺术民族化进程中一个显著的转折点。

二、云冈佛教造像艺术的符号化内涵

艺术总是力求用经过心灵陶冶和情感熔铸的艺术对象，创造出具有愉悦感的东西，而这种东西就是英国现代艺术理论家克莱夫·贝尔所说的“有意味的形式”。石窟艺术作为佛教艺术的重要组成部分，反映了佛教思想发生、发展的过程，佛像是石窟艺术中的主要题材，表现的是释迦牟尼佛的“本行”以及累世修行的“本生”的各种故事，依据现实中人的生活而创造，是富有温馨生活情趣且又深含艺术魅力的造像题材。借助于艺术手法表达出故事中的各种情景，反映了当时当地不同阶级的真实生活景象。这些雕凿的画面形象都蕴含着人类的不同情感、生存状态和文化心态，能唤起审美主体心中的欢欣和愉悦，获得精神上的满足和心灵慰藉。

（一）象征性

象征是艺术创作中最为常用的手法，也可以说是佛教艺术最突出、最重要的一种美学品格。德国象征形式哲学家和符号论美学奠基人厄恩斯特·卡西尔（Ernst Cassir，1874—1945）曾说：“我们把宗教看成我们最高的道德理想的符号表达。”石窟艺术中的佛像形象是具有多重意义、多种情感和观念的集合象征符号，即赋予被感知的特定个体形象一种超越形象本身的精神意念的表达。通过艺术创作把具有抽象性的意念、形式与具体、实在的生活统一融合，达到一种美的契合。为我们提供了理解和把握佛教石窟艺术象征品格的审美观照对象。

佛，即佛陀，佛像，即佛陀的形象，佛的形象并非与佛教艺术同时产生，公元1—2世纪，犍陀罗的艺术家才把佛像以人物肖像形态塑造出来。佛像的产生可以说是佛教艺术发生革命性变革的里程碑，自佛教艺术产生了具体的佛和菩萨的形象以后，象征性的偶像崇拜成为佛教信仰中最重要的内容。佛家讲，佛有三十二相，八十种好，说的是佛陀的容貌和形体不同于凡俗而独有的三十二种非比寻常的端正和美好，在《大般若经》卷三百八十一和《大乘义章》卷二十的记载中，“八十种好”主要讲佛的头、面、鼻、口、眼、耳、手、足等细微处的美妙特征。从事佛教艺术创作的艺术家们用他们的心灵感悟和精湛技艺创造出与众不同的佛陀形象，既符合人们视觉的审美标准，又使大众虔诚瞻仰。这种圆满至极而又庄严细腻的面相造型，概括起来即佛有妙曼的体态特征，头顶的肉髻，眉间会放光芒的白毫，垂肩的双耳，过膝的双手，同时，佛还流露着悲悯与智慧的神情。第20窟本尊露天大佛就完美地表现了佛的这些特征。

云冈佛教石窟造像艺术中的表象象征，是一种有独立意义的象征，如佛陀的任何一个优雅美妙的坐式，任何一个手印都有明白准确的象征意义，是佛像主题思想和其内在意蕴的表达，同时也展现了佛陀造像的丰富、变化和整体效果的美。

佛教造像的表象特征又是一种有特定含义的艺术符号，使人的精神特性赋予审美形式，准确地提炼和表现出具有深刻思想性与艺术性的人物造型和丰富的内涵。在一个具有典范和象征性的背景中，体现出拓跋鲜卑人的气质、胸怀和个性特征，云冈石窟佛教造像艺术的神圣性、纯净化的风格，更是他们所创造的辉煌灿烂的艺术中一种生命化、艺术化和审美化了的宗教信念、宗教情怀和宗教理想。人们在礼赞、瞻仰云冈石窟所创作的一些大型佛像

（帝王纪念像）时，都可感受到造像本身具有的恢宏博大的精神气质，透出一种纯净的心境。

第16、17、18（图2-5-3-4）、19、20窟是北魏时最早开凿的五座皇家洞窟。昙曜五窟的五尊主像有着礼帝为佛的设计理念，既是佛菩萨像，也象征了北魏王朝的五位皇帝。它们不仅作为艺术个体存在，更是一个民族整体的生存状态和精神个性的展示。纵观这五窟，洞窟高大，佛像伟岸、神情庄严而和蔼可亲，显示了神权和皇权的至高无上，给人以强烈震撼。大佛挺拔健硕的身躯，自信喜悦的神情，反映出了鲜卑民族粗犷的力量感和坚韧的个性。一个造像兼具两种品格，它既是佛教文化中的神圣形象，又是现实历史中的拓跋鲜卑帝王。圣格与人格双重塑造下的庄严造像是神和人、理想与现实、艺术与生命的默契融合，实现了神圣与世俗空间的转换，更加丰富了佛教石窟艺术独有的思想意蕴和艺术魅力。

佛像的人格化和帝王的圣格化，成为云冈石窟佛教艺术鲜明而强烈的特点，也成为中国佛教艺术的一种审美范式，影响至深至远。

图2-5-3-4　第18窟内景仰视

（二）主题性

在石窟艺术中，那些具有情节性的佛经故事雕刻，可以说是佛教教义的艺术化表达，是用具体感性的形象阐明深奥的佛教义理，传播弘扬佛教思想。其创作行为和艺术表现皆遵循佛教艺术的传统与主题——佛性至上，均是以礼赞佛陀，弘扬神性，影响教化信众为目的。艺术化的形象画面蕴含着高尚的、神圣的宗教情怀和宗教主题，启人思悟，令人敬仰。

在云冈佛教石窟艺术的创作中，艺术家们依照佛教艺术的法定仪轨、主题要求和审美特性进行独特的排列组合，准确而形象地表达出佛教主题和佛教义理的思想内涵，为世人描绘了佛国世界的庄严净土。佛像造像主要以“三世佛”作为表现题材，亦是云冈以前各地石窟所罕见的。此种体现“过去、现在、未来”永远有佛存在的思想，象征着佛教的渊源悠久，相传有序，永世不绝。这不仅是云冈石窟艺术早中晚三期始终坚定贯彻的大乘佛教主题，而且也是上迄北魏下至隋唐时期中国佛教石窟艺术的主要表现题材。佛陀各“世”的非凡人格，各个历史阶段的生平事迹都采用浅浮雕的形式，凝固成一个个具有主题性的故事情节，通过具有浓郁世俗气息的生活场景，揭示出独有的精神内涵。佛传故事浮雕连续的构图和造型，配合浪漫主义手法，注重表现内容的逼真，蕴含着对佛陀的敬仰之心。通过对主题故事的呈现，对佛教艺术形象的烘托，以及丰富的表现形式，深刻表达佛教教义中“万法缘起”“生死轮回”“因果报应”等完整而严密的精深义理，为信仰者和观赏者提供了宗教感悟和人生思考，完成启人以智、动人以情的文化整合。

（三）表法教化

宗教是一种文化现象，教人为善，解脱烦恼。魏晋南北朝时期社会动荡，战争频繁，生灵涂炭。佛陀“普度众生，慈悲为怀”的大愿以及佛教提出众生皆苦、因果报应等思想为苦难深重的中原人民带来了心灵寄托。他们相信伟大佛陀有着不可思议的普度众生的无边力量，使处于困境中的人们的精神、意志、情感的困惑和冲突得到安慰，从而忘却痛苦，接受命运，期待明天。

云冈石窟艺术历经岁月洗礼，营造了穿越千年的历史氛围，以其建筑艺术为载体，展示了特定地域的独特文化特征。鲜明、凝重的艺术造像与浓郁的宗教氛围，完美地综合了精神文化层面的佛教精神，体现佛教文化的内涵，无论是信众还是普通游客都会不同程度地感受到世俗向神圣空间的转换。艺术不只是装饰与欣赏，还起到净化人心的作用。具有强烈教化、感性化的佛教故事所呈现出的整体艺术效果，强调佛教造像中所含有的精神能量的释放和对主体生命感悟的引发，呈现出一种内在的生气和精神力量。平静随和的艺术感受和情感体验，成为佛教艺术作品具有与众不同的生机和活力的独特标志。

佛经中“因果报应”的善恶观念和“生死轮回”的抽象说教，演化成感人至深的、直观形象的主题画面，非常适于引起大众的情感共鸣并进行行为引导，使审美主体从心底感受到一种心灵的净化。佛陀以其深邃的思想、圆满的智慧和慈悲救度众生的愿力，给予人类精神和心灵的指引。

在云冈石窟的万佛圣境中，佛的神圣庄严、菩萨的无限慈悲、弟子的心性善良，以及护法天王、力士等的英勇威猛，无不通过艺术家的精心设计表现得淋漓尽致。历史的深蕴与对信仰的虔诚，千年的容貌，神秘的微笑以及佛陀教化人心的力量都被刻入武州山崖内。那些使人流连忘返又给人以精神安慰的精美雕刻，既呈现了佛国世界的庄严美好，又体现了宣扬佛教义理、教化人心的宗教职能，同时也显示着古代艺术家们卓越的艺术才华和宗教情怀。

第四节 云冈造像的美学功能

一、审美愉悦

云冈石窟佛教造像艺术，通过灵活流畅的线条、饱满的构图、真实精美的比例等形式，结合深奥玄妙的佛教义理、幽远的历史文化内涵，构成了云冈佛教石窟独具魅力的形式美，满足了审美主体视觉和情感上的欢欣与愉悦。

（一）线条之美

云冈石窟雕像的线条变化多样、韵律丰富，具有表现力，能够灵活、流畅、自由地表现出客体对象的块体和运动感，也能表现出一种特别的、富有生机的欢乐之情。云冈石窟的雕像利用简洁、流畅、有层次、有变化的线条，让那些具有呆、木、平、滞之感的宗教形象，呈现出运动的、有生命律动的状态，给人以美，给人以精神的喜悦和巨大的吸引力。

第 5 窟西壁的右胁侍造像（图 2-5-4-1），其面相上的线纹既有细节的刻画，又有浪漫的夸张，形神俱佳，可以说是云冈石窟的经典之作。面容雕凿得仔细神气，前额宽阔，弯眉细目，口唇紧闭，嘴角上翘，微露笑意，衣纹流畅自然，精美绝伦，神采奕奕。头顶上两条柔和、洗练的水平线，立体真实地表现出佛陀滚圆而高耸的肉髻和浓密而整齐的发髻；佛像的长眉，则以一条柔和、弯曲、舒缓的阴刻线纹表现，细目双线，平缓的长眼角，极传神地刻画出一种不可言说的沉思之美。雕刻中所使用的线条，精致、独特、秀美，让人沉醉，无可比拟。

图 2-5-4-1　第 5 窟西壁右胁侍造像

（二）构图之美

1. 单纯齐一

单纯齐一，是指艺术造像在构图形式中，内在和外在各种美感要素的高度一致和统一。在云冈佛教造像艺术中，主要是指一佛独尊、单体整一的物化形式。这种造像形式，在云冈石窟的每一个区域，每一个造像时期都普遍存在。如第5窟，云冈大像窟，窟中央有云冈最高的佛像，几乎占据洞窟空间的2/3，洞窟气势恢宏，大佛庄严、肃穆、祥和，给人以压倒一切的气势，佛教气氛浓郁。一尊佛像就是一个完完整整的构图单元，造成一种整齐一致、单纯和谐的美，也符合“天上地下，唯我独尊”的尊佛思想，表现了万物归一的深邃佛理。

2. 对称和谐

云冈石窟佛教造像在构建上，从组织结构到壁面构图，从建筑空间到具体造像处处体现着东方的哲学观和审美观，阴阳平衡，喜庆豁达，和谐对称。如第6窟壁面中层以大型佛龛为中心，佛像呈正等腰三角形，佛龛两侧的五层佛塔是对称的，佛龛上层和两侧是对称的，五层佛塔在画面中起分割和平衡的作用。

还有两佛并坐、一佛二菩萨、三世佛等构图形式，也体现了对称均衡的和谐美。这种对称的构图形式，规模有大有小，给人稳定、安静的艺术美感。从石窟东区的第1、2窟，一直到西部的诸小洞窟，都可见到二佛并坐（释迦多宝对坐像）的雕刻内容。一佛二菩萨，即以释迦牟尼佛为主像，左右两边对称配置胁侍佛或胁侍菩萨等的构图模式。第3、5、11窟和昙曜五窟等洞窟，这种情形尤为突出。第17、18、19窟和第20窟均以三世佛为主要造像内容，其中第19窟，主窟主像为释迦牟尼佛坐像，另外两佛分别雕凿于主窟外的东西两个耳洞内，整体审视还是对称均衡的感受。

3. 多样统一

在云冈石窟中，每一个佛教形象在体态、姿势、大小、位置、表情以及其造像的个性特征等方面，都有纷繁复杂、多姿多彩的体现和变化。然而，不尽相同的造型形式，又都与整体的佛教义理和思想内容和谐地统一在一起，形成了整体与部分、内容与形式相融、统一的艺术格局。

第13窟南壁开明窗，下凿窟门，门拱上方雕刻有一列立佛，共七尊，每尊佛像都有着不同的名字、不同的经历、不同的个性，但它们都显示了一个意向：向洞窟主佛未来佛（弥勒佛）施礼和祝祷，形成了整齐一致、多样统一的和谐美。

（三）韵动之美

古代艺术家巧用心思，构图既庄重又不呆板，静中有动，动中有静。第10窟内室门楣上方图案的局部，在平雕的花纹中，用高浮雕手法，雕出一个童子，就像从花丛中钻出来一样，动静结合，恰到好处，门楣上共有5个这样的童子，整齐、秀美，可见古代艺人的创作水平。

第22、27窟，天顶的形状基本都是方形的，天顶图案都是单独式均齐结构，图案有一个中心点，中心是莲花图样，四角或四边对等处有飞天造型，图案均有严格的理性秩序，庄重大方，给人以稳重的感觉；而人从下面抬头看，飞天整体成倒三角形，翻腾飞舞，活泼可爱，飘动的衣带和飞翔的人体结合在一起，给人以运动的感觉（图 2-5-4-2）。整个天顶构图静中有动，既突出佛神圣的一面，又表现了其神秘的另一面。

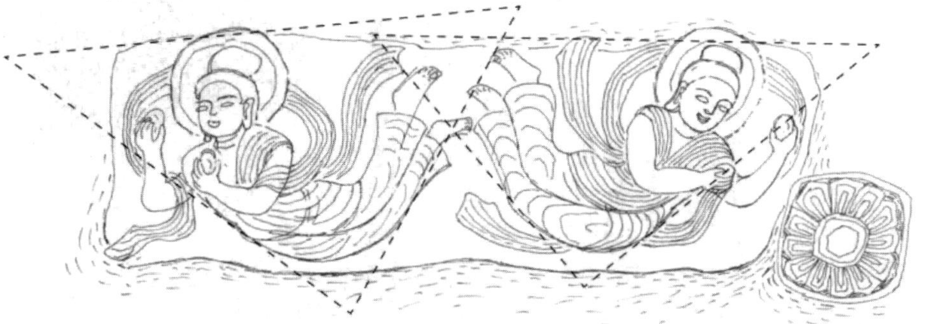

图 2-5-4-2　飞天线描呈倒三角形

（四）镜像之美

在云冈的中期石窟中，可以明显地感觉到石窟设计上处处追求镜像对影的效果。这种镜像对影、重复的手段可以加深造型的印象，也可以用来制造画面和空间的幻觉。艺术家们就是利用这种技巧，在视觉感知基础上制造出神秘幻觉效应，创造出一个虚幻的佛国空间，使参拜者身处石窟中，在大量亦真亦幻的雕塑前，凝思冥想达到忘我的程度。

第 6、7、8、9、10 窟，特别是第 6 窟更典型，像在努力创造一个类似镜子对影般的世界。设计者在西壁雕凿了三尊立佛，又在东壁雕凿了相同的三尊立佛，这是一种视觉技巧，如同人照镜子，镜子中又出现一个人一样，壁面上的两组立佛一模一样，互相呼应，只不过衣服颜色略有变化，亦真亦幻。北壁上的三尊立佛对应南壁上的两尊立佛，也是相同的构思，奇巧的是，南壁上开了个明窗，光线入射进来，加强了梦幻泡影的感觉。

二、情趣体验

云冈石窟艺术，把宗教和现实的内容和精神融为一体，让审美主体在感受佛教石窟艺术美的同时，体悟现实生活中的情调和趣味，满足人们情感体验的需求。

佛陀传记故事，是佛教石窟艺术具有精神性情趣的造像题材，是一个以真实求道者和人类导师的生活经历为蓝本的故事，内容情节贴近生活，充满生动温馨的生活情趣。第 6 窟后室东壁的“宫中嬉戏”“父子对话”佛传故事浮雕，同样富有世俗生活情调。“宫中嬉戏”是新婚的悉达多和夫人耶输陀罗在宫中嬉戏的场面，体现了现实生活的喜悦之情；“父子对话”紧挨其后，国王语重心长地教诲太子，太子洗耳恭听，体现了人世间最普遍、最珍贵的父子之情。

三、世俗反映

石窟造像艺术本身具有超越现实的典型概括性，是浪漫的，又由于它取材于生活和社会实际，它又是现实的。观者可以通过石窟形制、造像题材、装饰图案、人物体型和服装样式等认识了解北魏的政治经济、民俗形态、社会生活等。

昙曜五大窟的洞窟，所摹拟的是草原游牧民族基本的居处建筑模型——圆顶毡房；中心塔柱，本身就是一座精致、秀丽的中国化佛教楼阁；屋形龛、宫殿龛和盝形帷幕龛等，这些反映了现实生活中房屋、楼阁、宫殿和戏台的特征。

云冈石窟为帝王造像受到思想和文化传统熏陶和影响，依据当时的政治格局和历史实际（471—490 年孝文帝摄国实为冯太后临朝执政，有所谓“二圣”“二皇”之称），各个洞窟大量雕造“释迦多宝并坐像”，反映出当时社会的政治状况。

就服装样式来说，中期云冈造像鲜卑服饰与汉族服装共同出现。鲜卑服装多表现于供养人雕刻中，也出现于佛传故事和本生故事中，而褒衣博带的汉族服饰反映了太和年间服制改革的样式，更多地用来表现佛及菩萨。这些特征表现了北魏平城时期胡汉文化并行及文化汉族化的民俗情态。

四、心灵净化

心灵净化即净化人心灵的功能。佛教认为，人间的一切丑恶与痛苦，都源自肉体生命的欲望，如果将烦恼、诸苦和欲火彻底熄灭，即可得到心的宁静和生死的解脱。佛教的义理就是启发人们的智慧和觉悟，净化自己的心灵。云冈石窟的佛教造像，通过整体氛围的营造，题材造型手段等，对佛教教义进行形象化解读，力求将深邃的理性内容，用丰富生动的故事情节形象传神地表现出来，较好地传达佛教教义。人们通过对石窟艺术造像的参照、观赏、联想、加工、体验，感受佛教石窟艺术美的同时，领悟宗教教化和思想暗示，了悟人生真谛，得到心灵慰藉和心灵净化。

在云冈石窟的佛教造像中，反映佛陀非凡人格和生平伟业的本生、本行和因缘等故事，用浅浮雕刻的画框形式，把释迦牟尼在各个“世”、各个历史阶段的典型事迹和不朽伟业，生动、具体鲜明地表现出来。释迦牟尼在“树下思惟”对人类生命本体的忧虑，在“出游四门”中对人类生命过程的生、老、病、死的痛苦感受，在“深山苦行”中六年漫长的身心磨难，为解脱众生的苦难、寻求真谛而毅然“离家出世”，都让人感到震撼。这些故事浮雕用可视、直观、栩栩如生的形象画面，阐释出佛经教义，让人由衷地生发出一种崇高的宗教情怀，体悟人生真谛，得到心灵净化。

五、道德教化

云冈石窟佛教造像中包含的俗世哲理，诸如善恶观念、慈悲观念、因果报应观念和孝道观念等，是被俗世凡夫所接受、并影响他们思想认识和生活行为的道德观念。

（一）善恶观念

善恶是佛教道德的重要内容，也是普通人基本的行动指南，社会价值的判断标准，同时弃恶从善有利于人与社会和谐关系的构建。云冈石窟以“降魔成道”为题材的主题性雕刻在第6、7、8、10、12、35、50洞窟等多有表现,通过释迦牟尼的“降魔”与“成道”,揭示一种有关俗世道德建设的重大主题和深刻哲理:真、善、美战胜假、恶、丑,是人类理性精神中张扬善举的艺术反映和宗教认同。

(二)慈悲观念

佛教是以慈悲为怀、以慈悲为本。“慈”,指佛爱众生,给予众生欢乐;“悲”意为怜悯众生,拔除苦难。佛教认为,只有自己亲身体会痛苦,才能体会他人之苦,才能同情他人,继而对众生产生怜悯与慈爱。云冈石窟的佛经故事雕刻,如“舍身饲虎”“须达拿太子施舍众生”等,均为大慈大悲事迹,反映了牺牲自我、施惠于人、在所不惜的慈悲观念。从财物的施舍到儿女的忍痛与人,将须达拿布施品德的考验推向了极致。须达拿的慈悲品德,启迪人们互帮互助,互相关爱,用一颗热诚的慈心与爱心,去关爱世间万物,去帮助和体谅他人,贡献社会造福人民。

(三)孝道观念

以孝事亲,报国恩家是佛教道德世俗化的重要内容。云冈石窟中期、晚期的故事雕刻和造像铭记都非常鲜明地展现了以孝事亲的孝道观念。第9窟前室“睒子本生”雕刻就强烈地展现了一个修行者至死不渝的孝心。睒子投生于盲父母家庭,从小心地仁善,无微不至地服侍双亲,当要入山修行时,左肩担父、右肩担母,免除父母上山劳累之苦。最后,被国王的利箭误射而奄奄一息的时候,仍然惦记着父母的赡养。

(四)因果观念

佛教主张现在的因,可以引出未来的果。中国古人云:不是不报,时候未到。因果观念早已深入中华传统文化。第9窟后室西壁雕刻有“八天次第问法缘”的佛教故事,体现了因果报应哲理。诸天之所以接受了天身,都是因为他们前世忠孝父母,礼敬师长、沙门,才得以受天果报,但又为什么向佛述说心中忧恼呢?皆“修因不满”所致。

下篇

传承保护 绵绵文脉

第一章　云冈文化资源的保护

云冈文化资源最主要的是云冈石窟本体。云冈石窟自民国时期掀起学术热度，测绘与保护工程始终在不断更新与探索，石窟寺的保护理念与整体文物保护工作是一致的，近年来，在预防性保护方面，云冈研究院亦推进科学规划工作。云冈石窟历经千年，多个历史时期都得到修缮与使用，平城历史地位的变迁与这座石窟寺紧密相连。

第一节　云冈石窟的保护理念

沿丝绸之路由西向东、向南传播的石窟寺，发展脉络清晰，蕴含的文化、历史和哲学内涵深厚，是我国历史文化的瑰宝，见证了中西文化交流，体现了中华文化的丰富多彩与开放包容。我国石窟寺多开凿于河流阶地，既反映了古人选址和营造的工程思维，又构成了独特的景观特点。石窟寺内有洞窟构筑物、壁画、彩塑、石雕像、题刻和题记等内容丰富、形制多样、艺术魅力深厚的文物类型。以敦煌莫高窟、云冈石窟、龙门石窟、大足石刻和麦积山石窟等为代表的石窟寺，是我国价值重大且分布广泛的文物类型。

我国石窟寺保护理念，是在遵循文物古迹保护的基础上，根据石窟寺的特点逐渐形成的。通过70余年的实践，石窟寺的保护理念从“修旧如旧”“不改变原状”到尊重各个时期的贡献和重视保护历史环境与价值的转变。

一、石窟寺保护的基本原则

（一）坚持“不改变文物原状”的原则

“不改变文物原状”是文物保护的基本原则，是保护文物真实性和完整性的基础。根据《中国文物古迹保护准则》（2015版）中对“原状”的界定和石窟寺类文物的特点，石窟寺文物的“原状”应包括以下三种情况：一是实施保护之前的状态；二是历史上经过修缮、改建、重建后留存的有价值的状态，以及能够体现重要历史因素的残毁状态；三是文物古迹价值中所包含的原有环境状态。

（二）坚持维护重于修缮、修缮重于修复的原则

根据《威尼斯宪章》，应加强文物古迹的保存，只有在必需的情况下才能开展修复工作。因此，石窟寺类文物保护首先应将预防性保护和日常维护放在第一位，以避免产生重大病害和安全隐患；如果存在重大病害和安全隐患需要处理，应采取原状加固修缮措施；如果需要采取修复措施，必须从必要性、可行性和可靠性三个方面进行充分论证，不影响结构安全和整体价值体现，无依据的不得修复。

（三）坚持最小干预的修复原则

与维护、修缮相比，修复涉及复原问题，所以它是干预程度最大的一种保护措施。首先必须明确，修复虽然需要依靠具备一定艺术素养的工匠完成，但修复不是艺术再创作，修复的目的是增强艺术品的完整性，使价值得以完美体现，但不得进行任何臆断性的设计。如确需补全、补缺，应依据充分，并严格控制规模。其次，修复过程应尊重历史修复痕迹，历史修复痕迹如能保留应尽可能保留。如技术允许，应首先考虑现状加固为宜，如技术不允许，则历史修复痕迹在修复前和修复中应进行全面研究，并纳入修复方案和工程报告，以此作为修复的依据，因修复而替换的历史上的材料应加以建档保存。再次，修复应尽可能采用传统材料和工艺，以选择适合文物赋存环境的本地传统技艺为宜，新材料、新工艺必须进行室内和现场试验，经验证技术可靠后方可逐步使用。

二、文化遗产保护理念的发展

文化遗产是人类社会发展的见证，它不仅蕴含着一个民族特有的精神品质，而且也反映了一个民族独有的思维方式。文化遗产是人类智慧的结晶、文明的标志，保护文化遗产就是保存人类文明发展的历史记忆。我国是世界文明古国，文化遗产资源大国，如何对这些珍贵的不可再生资源进行保护、保存、利用和传承，是摆在我们面前的一个重要课题。文化遗产这一学科的建立肇始自西方启蒙运动，中国现代意义上的文化遗产保护仍由西学而来。现代意义上的文化遗产保护思想和实践起源于欧洲，之后随着全球化的进程，逐渐在世界范围内形成了广泛的社会基础，形成了世界性的保护共识。

（一）世界文化遗产保护理念的发展

1931 年，第一届历史性纪念物建筑师及技师国际会议在雅典召开，会议通过了《关于历史性纪念物修复的雅典宪章》（简称《雅典宪章》），这是第一份关于文化遗产保护的重要的国际文献，是文化遗产保护的重要里程碑。它在总结世界各国对历史性纪念物修复和保护实践的基础上，正式提出“所有国家都要通过立法来解决历史古迹的保存问题”，“应通过创立一个定期、持久的维护体系来有计划地保护建筑，从而摒弃整体重建的做法，以避免出现相应的危险”，“应该尊重过去的历史和艺术作品，不排斥任何一个特定时期的风格”。

1964 年，第二届历史古迹建筑师及技师国际会议在威尼斯召开，会议通过了文化遗产保护的纲领性文件《威尼斯宪章》，文件指出“历史古迹的概念不仅包括单体建筑物，而且包括能从中找出一种独特的文明，一种有意义的发展或一个历史事件见证的城市或乡村环境。”《威尼斯宪章》特别强调了古迹保护与修复的原真性和整体性原则：“古迹的保护意味着对一定范围环境的保护。凡现存的环境必须予以保持，绝不允许任何导致群体和颜色关系改变的新建、拆除或改动”，“古迹不能与其所见证的历史和其产生的环境分离”。

1972 年，联合国教科文组织在巴黎通过了《保护世界文化遗产和自然遗产公约》，明确提出要把具有突出重要性的文化或自然遗产作为全人类世界遗产的一部分加以保护，要求缔约国应“通过一项旨在使文化和自然遗产在社会生活中起一定作用并把遗产保护工作纳入全面规划纲要的总政策”。

1994年，世界遗产委员会于泰国普吉通过《关于原真性的奈良文件》，认为文化遗产原真性的观念及其应用扎根于各自文化的文脉关系之中，应予以充分的尊重。文件认为原真性反映了人类的集体记忆，要尊重其他文化及其信仰体系中的所有方面。

（二）中国文化遗产保护的理论与实践

19世纪末，因列强入侵，中国社会产生了极大变革，五四运动之后，许多民族知识分子激扬爱国热情，西学东用，逐渐在中国建立起现代意义上的遗产保护学科。20世纪上半叶的中国，时局动荡，风云变幻。在这个阶段文物保护的萌芽除了对西方学说的借鉴外，更多来源于学者们的爱国热情与民族自尊心、责任感以及对历史价值的朦胧认知。

国内几大重要的石窟保护机构大多成立于20世纪四五十年代，新中国成立以后真正开始石窟的保护工作。改革开放后，随着经济全球化的发展，中国的文化遗产保护与国际领域的交流与合作不断加强，以西方较完整的石质文物遗产保护理论与方法体系为基础，中国文化遗产中数量众多、特色鲜明的石窟遗产的保护工作得到了较大的发展。

1. 抢救性保护阶段

1949—1978年，中国的文化遗产保护经历了抢救性保护阶段。新中国成立后，中央人民政府在文化部内设立文物事业管理局，即国家文物局的前身，象征着我国的文物管理系统开始逐步走向制度化。除了自上而下的保护机构逐步建立之外，还开始建立文物保护的法律法规体系。50年代初期主要是确立规范良好的文物环境与秩序，执行“坚决保护，严禁破坏”的保护方针，防止文物的继续流失。近30年间，石窟保护主要包括两类重要工作：一是对重要石窟的发现、调研、普查和研究，并逐步开展抢救性保护；二是以敦煌、云冈、大足、龙门四大著名石窟的保护为重点，开展相关的保护工程。四大石窟的保护都是以抢救性保护为主，云冈石窟最先以整理环境为主要目的，20世纪60年代中期开始尝试各种技术手段的科学保护。

总之，新中国成立后近30年的石窟保护，做出了积极有益的尝试，为改革开放后遗产保护和石窟保护的发展奠定了基础。

2. 科学保护尝试阶段

20世纪80至90年代，中国的文化遗产保护进入了科学保护尝试阶段。20世纪80年代初期，中共中央陆续发布了《国务院关于加强历史文物保护的通知》等一系列文件；1982年，全国人大常委会通过并颁布《中华人民共和国文物保护法》，明确了文物的定义和范围，指明了新时期文物保护工作的方向。特别是中国加入《保护世界文化和自然遗产公约》后，文化遗产的概念愈加深入人心，中国的石窟保护工作在敦煌莫高窟、云冈石窟、龙门石窟、大足石刻四个被列入《世界遗产名录》的遗产点的带动下开始进入稳步发展时期 。1992年，全国文物保护工作会议在西安召开，提出新时期文物保护工作方针“保护为主，抢救第一”，1995年又进一步完善为“有效保护、合理利用、加强管理”，实现了文物保护理念的重大突破，自此文物保护工作的总原则和完整方针确定下来。

随着对《威尼斯宪章》等国际保护原则的理解及结合本国保护实际情况的需要，中国迫切需要制定与《文物保护法》相吻合的指导性标准。1997年，国家文物局成立“中国文物保护纲要”项目组，经过三年的时间、九次修改，并在2000年召开的中国古迹遗址保护协会承德会议上通过并公布《中国文物古迹保护准则》，它标志着中国文物古迹科学化保护时代逐渐开启。

总之，20 世纪后 20 年，石窟保护工作走上了科学保护的道路，新技术、新方法开始在众多石窟工程中尝试使用。

3. 可持续保护发展阶段

中国的文化遗产保护事业自 21 世纪开始进入持续发展时期。2002 年，《文物保护法》在全国人民代表大会常务委员会第三十次会议上修订并通过。修订将条文由 33 条增加至 80 条，“保护为主，抢救第一，合理利用，加强管理”十六字方针被写入总则，自此中国特色的文化遗产法律体系框架基本形成。

2005 年，国务院公布《关于加强文化遗产保护的通知》，提出要在认识文化遗产重要性和急迫性的基础上，加强和推进物质与非物质文化遗产保护，并决定设立国家“文化遗产日”，成为 21 世纪我国文化遗产保护事业进入一个新的历史发展阶段的里程碑。2006 年 9 月，国务院公布《长城保护条例》，是我国首次为单项文化遗产保护立法。

新时期，石窟保护走上更加理性化的道路。一方面深刻反思以往的保护工程，另一方面以审慎的态度对待预防保护和日常保养，从改善石窟环境的角度出发，尽量避免在文物上直接添加保护材料。

近 10 年来，石窟寺保护利用工作顶层设计不断优化，石窟保护系统思维逐步确立，石窟考古研究、保护技术理念等诸多方面均取得显著成效。《敦煌石窟全集》（第一卷）、《大足石刻全集》、《龙门石窟考古报告》等一批重要石窟寺考古报告的出版，推动了石窟寺考古学科方法和理论体系进一步完善。14 个省份印发石窟寺保护利用方案，石窟寺保护研究机构和人员力量显著增强。

党的十八大以来，以习近平同志为核心的党中央高度重视文物保护工作，习近平总书记多次作出重要论述和重要指示批示，为做好新时代文物保护工作提供了根本遵循。2021 年 11 月，国家文物局印发《“十四五”石窟寺保护利用专项规划》，进一步加强顶层设计和整体布局，系统统筹保护利用工作。文物事业发展规划首次上升为国家专项规划，充分体现了党和国家对文物事业的高度重视。同时，石窟寺保护利用工作得到全社会的广泛关注，石窟寺的时代价值和社会作用进一步凸显。

三、云冈石窟的保护理念

根据石窟寺保护基本原则和文化遗产保护理念，结合旅游业可持续发展思想，在人文旅游资源，特别是文化遗产保护过程中，作为实物载体的传统的单一“纪念物”保护的观念已经被可持续发展中“场所”“环境”保护的观念所取代。同时，作为价值载体的对象要素也在不断拓展，已经由单纯的物质要素逐渐跨越到非物质要素及“人”的特征要素，反映了近年来对于“遗产”更完整的认知与更全面的思考。在保护方式上，传统的静态保护、单纯的保存观念正逐渐被动态保护、管理变化的概念所取代，保护成为可持续发展中不可或缺的一部分。而不论是遗产场所要素还是部分价值内涵，都会随着时间变化而不断更新、发展，在这个过程中，真实性要素的理解格外重要。这种理解变化反映了近年来对于“保护”本身更理性、更客观的思考。

云冈石窟作为我国四大石窟之一，是世界文化遗产中石质文物的典范。云冈资源的保护问题，理应遵循以“纪念物”保护为核心，以“环境”保护为重点，以“原真性”保护为目标，以“可持续”保护为手段的理念，聚焦实物载体的完整保护和文化内涵的全面思考，做到观念创新和与时俱进。

（一）以纪念物保护为核心

云冈石窟的重要价值凝结在云冈造像的宏伟气势、丰富内容与多样化的表现形式中。因此，以“纪念物”保护为核心，促进云冈造像的历史、艺术、科学等价值的完整保存与延续，是千百年来云冈石窟保护的重要内容，也是新时期云冈石窟有效保护的核心任务。“不改变文物原状”“最小干预”“可逆性”等保护原则在文物保护过程中始终不能动摇。

（二）以环境保护为重点

云冈石窟依山开凿，武周山整体环境与岩体稳定性是云冈石窟生存与发展的基础和保障。在云冈资源保护过程中，维护石窟的“场所”“环境”不受破坏尤为重要，直接决定着云冈造像的“原状”能否得以保存。而云冈石窟的“场所”“环境”涉及面可大可小，大到武周山全境，小到每个洞窟的微环境，其中，重点保护区域为云冈大景区，包括礼佛大道、昙曜广场、山堂水殿、崖壁、岩体、窟檐、窟龛、大小佛像、各种纹饰等。因此，定期、不定期开展环境监测，根据云冈内外环境的变化，采取适当的预防性保护措施，在不破坏文物和环境风貌的前提下，进行环境的综合治理是重中之重。

（三）以原真性保护为目标

原真性是验证文化遗产的重要标准，也是突出其自身价值的重要内容，代表着文化遗产的特色与个性。云冈石窟的原真性保护不能简单地等同于文物保护，而是在文物修复与完善的基础上，更加关注资源的价值、精神与感受，维持石窟的原貌，保持其整体性。通过原真性保护，引导人们充分了解其独特的艺术、历史、社会和科学价值，准确定位云冈文化，全面、完整阐释遗产内涵、场所精神和价值诉求，正确认识和评估文化遗产。

（四）以可持续保护为手段

云冈石窟是北魏建都平城的真实写照，也是新时期文化遗产活化的典型代表。云冈石窟的保护，不应该停留在历史的传统的保护方法上，只关注静态的、“死”的物质载体保护，而应该随着时代的发展，在可持续发展理念指引下，实行动态保护和管理，让历史文化遗产“活起来”。即在尊重其历史、考古、艺术和美学等传统价值和意义基础上，与时俱进，灵活管理，注重科技创新对文化遗产的保护作用，使其在经济生活、文化交流、科技教育和社会领域等方面发挥引领和示范效用。

第二节　云冈石窟的保护原则与策略

云冈资源是云冈石窟大景区得以生存和发展的基本要素和重要基础，如何合理保护云冈资源，科学预防资源“劣变”和“毁损”，是实现云冈旅游业健康、可持续发展的关键。云冈石窟造像气势宏伟,内容丰富多彩,堪称公元5世纪中国石刻艺术之冠,被誉为"中国古代雕刻艺术宝库",对中外旅游者有着极强的吸引力。依照《中华人民共和国文物保护法》的相关规定,云冈石窟作为全国首批重点文物保护单位、世界文化遗产,属于不可再生资源,理应对其采取有效的保护措施。

一、云冈石窟的破坏类型及其成因

云冈石窟矗立在侏罗纪云冈统砂岩透镜体上,该区域岩性疏松、裂缝较为严重。开凿石窟的过程,不仅破坏了山崖的原始自然结构,而且加剧了云冈石窟的裂隙发育,加之长期的保护性修复,游人的涂鸦刻画,以及其他各种有意无意的人为污染等,使得云冈资源破坏严重,亟须妥善保护。然而,保护的核心问题是治理,治理的首要条件是要弄清石窟的病害及原因。20世纪70年代,云冈石窟稳定性问题曾经是云冈石窟保存面临的最大考验,经过"石窟危岩裂隙灌浆黏接加固"以后,这一问题基本得以解决。当前,云冈资源保护的焦点集中于岩体表面污染、大型洞窟后壁岩体及其雕像渗水侵蚀和人为破坏等方面。这些现象与云冈地区的地质、气候、不同来源水的侵蚀、空气污染、地层震动等因素密切相关,也加大了云冈石窟的保护难度。

(一)岩体崩塌

云冈石窟区域内原生构造裂隙多,大型洞窟群的开凿又破坏了原来的岩体结构,容易引起岩体内应力变化,进一步加剧了云冈石窟的裂隙发育,石窟崩塌的情况时有发生。从现存的石窟造像看,这一问题早在石窟开凿时就已存在,且采取了一定的补救措施,最明显的就是第20窟前壁的坍塌和西壁立佛的损坏与复建(图3-1-2-1)。再如第19窟,主尊造像胸部原有一道水平状的软弱夹层,经古代的工匠以比较坚硬的石块取而代之后,又顺着造像整体的衣纹走向进行了雕刻(图3-1-2-2),经过若干年岁月洗礼,修补痕迹仍清晰可见。此外,云冈石窟岩体中普遍存在的构造裂隙、风化裂隙、断裂面和软弱夹层等结构缺陷,与岸边卸荷裂隙等互相切割,使石窟岩体发生变形、滑移、错落、坠落等,随处可见。

图3-1-2-1 云冈石窟第20窟主佛与东部立佛

(图片来源:云冈研究院)

图3-1-2-2 云冈石窟第19窟主尊胸部的补修遗迹

(图片来源:水野清一,长广敏雄《云冈石窟》)

（二）岩体表面污染

“凿石开山，因岩结构，真容巨壮，世法所稀，山堂水殿，烟寺相望”。云冈石窟开凿之初，建有众多的寺院建筑和保护设施，石窟寺的外壁及其石刻、造像等也因此得到很好的保护。但北魏后期的“六镇起义”、北周武帝灭佛、辽金及清初战乱等事件，导致云冈石窟的保护性建筑多次被损毁。很长时间里，云冈石窟处于自然荒废状态，外立壁及其石刻、石雕像暴露在风雨冰雪侵蚀下，逐渐被风化作用破坏。据相关专家学者考证，云冈洞窟内存在的污染物病害种类众多，总污染面积高达 7 059.66 m^2，其中污染物病害种类所占比例最大的有粉尘污染、盐碱结晶和烟熏结壳，这三类病害的面积之和占云冈石窟污染物病害总面积的90%以上，且绝大多数是中、重度污染（表 3-1-2-1）。

表 3-1-2-1　岩体表面污染分布及其成因分析

类型	主要分布洞窟	污染成因
粉尘污染	第 3 窟右（后）室，第 19、17、14、13、15、2、1 窟等	黄土高原干燥、多风，加之常年的煤炭开采、储运和燃烧，大气中颗粒物含量居高不下
盐碱结晶	第 41 至第 45 窟最严重，此外，第 2 窟北壁、第 3 窟后室、第 4、14、36、39、40 等窟遭受盐碱侵蚀程度各有不同	外界自然因素的破坏作用导致岩体表面粉化剥落、泛盐、片状剥落、鳞片状起翘与剥落、溶蚀与孔洞状风化
烟熏结壳	第 38、16、13、15、14、27、24、23、19、18、21 窟等，主要分布在洞窟前室东西壁下半部分和天花板顶壁角落处	历史遗留问题。清末至 20 世纪 50 年代前，云冈许多洞窟都曾经被居住或常年举行祭祀活动
黄斑	第 3 窟前室和第 4、8、18、19 等窟	锈黄斑基于岩石风化引起；有机黄斑则由动物昆虫等的排泄物、微生物繁殖分泌物、生物腐烂残留物等引起
树脂斑	第 2、5、12、14、16、37、38 等窟内，多分布在佛龛顶部、两面墙的交界处及顶壁	脱落岩石的黏接、裂隙的灌浆、起壳部分的回贴等表面加固和修复层脱落，老化的树脂直接裸露出来
生物病害	春秋季节的个别洞窟外壁有绿色植物生长痕迹和鸟雀穴居痕迹，而冬季除了偶有苔藓尸体外，无生物污染物病害	因生物、微生物在其表面生长繁衍而导致，常见的生物病害包括植物病害、动物病害及微生物病害三种
水泥修补	以第 20 窟以西为主，按污染比例及危害程度大小排序依次为第 40、32、33、22、23、29 窟等	20 世纪 80 年代前，对云冈石窟结构上的保护主要采取水泥修补方式，造成水泥残留与析出
其他	油漆色斑（第 20 到 第 32 窟以及洞窟内有雕像缺失的第 1、2、5、6、35、36、39 窟等）； 字迹刻画（第 5、9、10、12 窟等）； 油脂斑（洞窟门拱两侧壁面和造像突出的部位）	油漆色斑因添加洞窟标识牌导致；字迹刻画与油脂斑系游客触摸残留

（三）岩体及雕像渗水侵蚀

云冈石窟规模宏大，东西绵延约 1 千米。因与自然山体相连，洞窟后壁岩体长期处于含水状态，在水汽运移、可溶盐集聚、侵蚀和水岩作用等影响下，云冈大型洞窟，特别是第 3 窟、第 5 至第 10 窟后壁岩体及其雕像损毁十分严重（图 3-1-2-3）。云冈石窟的该类岩体虽长期处于浸湿的含水状态，但渗水病害相对微弱，并没有明显的渗流现象，其渗水病害表现为岩体裂隙水、层面裂隙水、砂岩体含水和岩石孔隙水水汽运移的水文地质模型，且渗流机制复杂，渗流路径难以精细探测，渗水病害形成机制难以精确模拟和判定。因此，云冈石窟洞窟后壁岩体及雕刻渗水病害的状况及其危害性问题，是我国石窟寺保护治理工作的难题，现有探测技术、评估分析理论还难以破解，治理工作任重道远。

（a）

（b）

图 3-1-2-3　复杂的渗水病害引发云冈石窟后壁岩体及其雕像破坏

（a）第 6 窟后壁面　（b）第 3 窟后壁面

（图片来源：杜之岩，江姝，王金华《云冈石窟保护面临的困境及解决途径》）

二、云冈石窟的保护原则

云冈石窟是世界文化遗产，保护好云冈石窟，不仅具有中国意义，更具有世界意义。2020 年 5 月 11 日，习近平总书记在云冈石窟考察时强调，历史文化遗产是不可再生、不可替代的宝贵资源，要始终把保护放在第一位。多年来，国家始终坚持保护第一、抢救性保护与预防性保护并重的原则，从岩体稳定性，风化、水害防治，环境综合治理等多方面对石窟进行了保护、修缮和个别修复工作，取得了很大的进展，在做好日常养护和监测工作的基础上，努力实现世界文化遗产地“变化可监控、风险可预知、险情可预报、保护可提前”的预防性保护管理目标。特别是近几年先后完成了五华洞窟檐建设、岩体加固、彩塑壁画修复等保护工程。

（一）以“不改变文物原状”为基本原则

“不改变文物原状”是文物保护最基本的标准。《中国文物古迹保护准则》继承了《威尼斯宪章》精神，结合中国国情，强调保护的目的在于“真实、全面地保存并延续其历史信息及全部价值”“所有保护措施都必须遵守不改变文物现状的原则”。在云冈石窟窟檐保护工程中，设计组始终坚持将“不改变文物原状”贯穿始终（表 3-1-2-2）。

表 3-1-2-2　中国关于“不改变文物原状”的规定与阐释

时间	出处	内容
1932 年	梁思成《蓟县独乐寺观音阁山门考》	“而此部问题，可分为两大类，即修及复原是也。……愚见以保存现状为保存古建筑之最良方法；复原部分，非有绝对把握，不宜轻易施行。”
1961 年	《文物保护暂行条例》	“一切核定为文物保护单位的纪念建筑物、古建筑、石窟寺、石刻、雕塑等（包括建筑物的附属物），在进行修缮、保养的时候，必须严格遵守恢复原状或保存现状的原则。” “核定为文物保护单位的纪念建筑物或古建筑，……使用单位要严格遵守不改变原状的原则。”
1961 年	国务院《关于进一步加强文物保护和管理工作的指示》	“保护文物古迹工作的本身，……必须注意尽可能保持文物古迹的原状，不应该……改变文物的原貌，实际上是对文物的破坏。”
1963 年	《革命纪念建筑、历史纪念建筑、古建筑、石窟寺修缮暂行管理办法》	“在保养维护、抢救、加固以及修理修复中，对建筑、石窟寺……都必须根据不同情况贯彻保持现状或恢复原状的原则。”
1982 年	《文物保护法》	“核定为文物保护单位的革命遗址、纪念建筑物、古墓葬、古建筑、石窟寺、石刻等（包括建筑物的附属物），在进行修缮、保养和迁移的时候，必须遵守不改变文物原状的原则。”
1986 年	文化部《纪念建筑、古建筑、石窟寺等修缮工程管理办法》	“‘不改变原状’的原则指始建或历代重修、重建的原状。修缮时应……按照现存法式特征、构造特点进行修缮或采取保护性措施；或……复原到一定历史时期的法式特征、风格手法、构造特点和材料质地等，进行修缮的原则。”
2000 年	《中国文物古迹保护准则》	“真实、全面地保存并延续其历史信息及全部价值。……所有保护措施都必须遵守不改变文物原状的原则。”
	《若干问题的阐释》	“‘不改变文物原状’包括‘保存现状’和‘恢复原状’两方面； ‘原状’的定义：包括实施保护工程以前的状态；历史上经过修缮、改建、重建后留存的有价值的状态，以及能够体现重要历史因素的残毁状态；局部坍塌、掩埋、变形、措置、支撑，但保留原构件和原有结构形制，经过修整后恢复的状态；以及文物古迹价值中所包含的原有环境状态。”
2002 年	《文物保护法》	“对不可移动文物进行修缮、保养、迁移。必须遵守不改变文物原状的原则。”

（二）抢救性保护和预防性保护并重

全面消除重大险情、本体保护与安全是石窟寺工作的重中之重，是开展研究和利用工作的基础和前提。目前，国内大型石窟已经建成抢救性科学保护体系，保护工作从抢救性保护转变为与预防性保护并重，可以对石窟文物和区域环境通过现代物联网技术构建的监测预警体系进行实时、长久的安全监控，以便及时感知风险，防患于未然，将风险问题控制在先，云冈石窟将洞窟日常保养与维护工作也纳入预防性保护。预防性保护近年来外延不断扩展，主要思路可简述为“主动阻止和消除各种不利因素”，加强石窟寺预防性保护，将推动石窟寺安全防范纳入全国自然灾害综合风险体系。

由于预防性保护理念切合上述我国石窟保存现状与保护工作实际情况，石窟的预防性保护研究与探索性实践逐渐得到越来越多文物保护领域专家学者的重视，作为预防性保护研究与实践的重要组成部分，风险监测与分析是我国石窟寺预防性保护实践中起步较早的工作内容，云冈石窟在20世纪60、70年代已开始文物环境监测实践，并为保护措施的合理制定提供了一定的数据支撑。

（三）以传承弘扬为价值引领

《威尼斯宪章》呼吁将文化遗产以“完整的真实性”传给后代，《奈良真实性文件》将文化多样性定义为真实性的一个主要方面。《中国文物古迹保护准则》结合西方的保护理念，结合我国“不改变文物现状”的标准，构建出现代保护价值观，反映出关注文化多样性下真实性和价值的趋势。2000年以后，遗产保护观与价值观趋势表现在三个方面：一是由早期传统的古建筑群、村落或石窟寺遗产，转向更关注多样化综合价值的文化景观；二是由传统的价值评估转向更侧重于文化演进、交流与文化特质表达方面的价值；三是由单纯对物质层面的关注转向对遗产地精神、非物质遗产、物质与非物质之间联系的综合关注。

2020年5月11日，习近平总书记到云冈石窟考察时强调，要深入挖掘云冈石窟蕴含的各民族交往交流交融的历史内涵，增强中华民族共同体意识。这深刻揭示了云冈石窟的历史意义和现实价值。云冈石窟记载着鲜卑族的发展，述说着北魏的历史，汇聚着地方文化，传承着人类文明，促进着友好交往，云冈石窟作为绵延千年的中华文明和闻名世界的文化遗产，不仅具有中国意义，而且具有世界意义。社会各界在对云冈石窟加强精细化保护的基础上，深挖云冈文化艺术内涵，在文物、宗教、考古、美术、音乐、舞蹈、建筑、历史、地理、民族、民俗、地质、岩石及维修保护和生态保护等方面逐步开展全方位的研究，持续推动“云冈学”向纵深发展，将文化遗产精心守护好，让历史文脉更好地传承下去。

（四）传统工艺与现代科技相结合

文物保护和修复技术是利用自然科学手段和方法应用于文物保护上的研究与技术，在分析和确定残损、腐蚀原因、机理和环境要素的基础上，采用相应的技术措施和适宜的保护材料，最大限度地减缓文物变质、毁坏、湮灭的速度，最终达到保全和传承人类文明的目的。《中国文物古迹保护准则》对保护技术的使用做出了具体的规定，明确了使用技术的意义和目的，规定了保护技术的原则。

概括起来，石窟保护的技术要求包括四个方面：一、在进行石质文物的保护与修复时，首先应当尽量发掘和继承优良的传统维修技术，逐渐缩小新材料的使用范围；二、实际使用的新材料要具备可逆性，当更好的材料出现时，旧材料能够取出；三、保护技术实施和操作中应用的化学试剂在工作结束后应予以全面剔除，不允许在文物本体上有所残留；四、采用新工艺进行后期技术处理后，新产生的文物附加新生物的，必须是良性的，不能给文物带来威胁。

（五）综合保护与基础设施建设相结合

近年来，我国石窟寺保护以保护条例为保障，以保护规划为指引，以科学监测为依据，文物抢救性保护和预防性保护并重，建立文物本体保护与周边环境整治和基础设施建设相结合的综合保护体系，以促进石窟寺的长久保存和永续利用。

在习近平总书记重要指示精神指引下，文化资源得到深入挖掘，古老的云冈石窟“活”起来，云冈景区走上了全方位、多元化发展之路，历史文化长廊开始构建和延伸。通往云冈石窟景区的云冈峪沿线，有着众多的文化遗存，如青瓷窑、鹿野苑、吴官屯等小型石窟，以及成片成线的城堡、烽燧、墓葬，形成了国内少有的文物旅游资源带。2022 年，《云冈历史文化长廊旅游规划》通过验收，未来将打造云冈峪约 120 平方千米的云冈历史文化长廊，中长期将形成连接右玉西口文化、内蒙古昭君文化，长约 250 千米的边塞文化旅游带。

（六）分类施策与加强管理相结合

为深入贯彻习近平总书记关于石窟寺保护利用工作的重要指示批示精神，落实国务院办公厅《关于加强石窟寺保护利用工作的指导意见》，做好“十四五”时期石窟寺保护利用工作，2012 年 12 月，国家文物局印发《“十四五”石窟寺保护利用专项规划》（以下简称《规划》）。2022 年，石窟寺管理体制机制创新取得重要进展，石窟寺重大险情全面消除，重点石窟寺安防设施全覆盖，风险防控水平和应急处理能力显著提升。

《规划》提出，到 2025 年，石窟寺保存状况明显改善，安全防范能力持续提升。石窟寺研究基础不断夯实，考古工作持续深化，保护技术集成供给能力全面提升。石窟寺展示形式丰富多样，价值阐释、艺术弘扬、文化传承深入人心。国家和区域两级石窟寺协调保护研究机制基本健全，中心辐射效应持续增强，技术服务水平大幅提升。人才教育培养体系基本完善，保护管理机构和队伍更加健全。中国石窟寺品牌效应不断提升，走出一条具有示范意义的石窟寺保护利用之路。到 2035 年，建立完善的石窟寺保护体系，建成国际一流的石窟寺保护和研究机构，培养一批具有国际影响力的保护研究人才，石窟寺保护利用成果惠及民众，石窟寺保护利用水平处于世界领先地位，中国石窟寺的国际影响力全面提升。石窟寺保护利用工作在铸牢中华民族共同体意识、坚定文化自信、促进经济社会发展、高质量共建“一带一路”、增进文明交流互鉴等方面的重要作用得到充分发挥。

三、云冈石窟的保护策略

文物是历史的喉舌，保护文物就是要保护历史不被破坏，文化不被泯灭。2020 年 5 月，习近平总书记在云冈石窟考察时强调，云冈石窟是世界文化遗产，保护好云冈石窟，不仅具有中国意义，而且具有世界意义。历史文化遗产是不可再生、不可替代的宝贵资源，要始终把保护放在第一位。

云冈资源的保护是一个系统课题。随着我国抢救性保护体系的建立和预防性保护理念的日益发展，云冈资源的保护须以上述原则为指引，基于文物保存环境的“洁净”“稳定”和文物本体的“安全”“健康”，在预设的水灾、火灾和地震等灾害条件下，做好文物的安全保障工作，同时兼顾风险防范、管理决策、公众意识等多方面内容，根据对文物保存环境的监测（检测）结果，适时采取相应的治理调控手段。

（一）云冈整体保护策略

云冈资源的整体保护重在保护规划的制定、保障体系的构建和保护措施的落实，在深刻理解石窟寺保护原则和文化遗产保护内涵的基础上,始终坚持以可持续发展理念为指引,兼顾云冈文物本体和保存环境两方面内容。

1. 坚持规划先行

2021 年 12 月 7 日,国家文物局发布了《"十四五"石窟寺保护利用专项规划》,为"十四五"期间石窟寺的保护、管理、研究和展示利用制定了远景目标,对进一步健全和完善云冈文化遗产保障体系具有重要意义,也为云冈石窟的生态保护、环境治理、服务工作机制全面形成,推进历史文脉得以精心呵护奠定基础,正所谓规划先行,谋定后动。云冈石窟的保护,不仅要注重"纪念物""场所"和"环境"的保护,还要关注其多重价值,将文化遗产的原真性保护纳入城市规划,在有效保护文化遗产的同时,使文化遗产为城市发展和人民生活服务,注重云冈文化生态和人文精神的和谐统一。

2. 加快立法进程

1996 年国家文物局首次批复了《云冈石窟规划》, 1997 年 9 月山西省八届人大常委会第三十次会议批准公布《大同市云冈石窟保护管理条例》,标志着云冈石窟的保护进入到有理可依,有法可据的阶段。2000 年,《中国文物古迹保护准则》为中国文化遗产保护提供了权威性的法律阐释,从保护理论、工作程序、保护原则以及保护工程类型与技术方法等方面为中国文化遗产保护工作提供了评价标准和指导性行业规则。为了适应新形势, 2011 年实施了新的《云冈石窟保护总体规划(2008—2025 年)》, 2018 年 5 月山西省第十三届人民代表大会常务委员会第三次会议批准公布《云冈石窟保护条例》,明确了云冈石窟的保护范围、建设控制地带、环境协调区的四至范围,规定了云冈石窟保护管理机构的相关工作职责,使文物本体和"场所""环境"的保护得到进一步加强,而文化遗产的"原真性"保护却不够重视。因此,用立法的形式给文化遗产保护加筑一道安全防护栏,把对云冈石窟文化遗产"原真性"的挖掘与保护纳入法治化的轨道是立法的重中之重。在规划布点、保护项目和发展文化产品上,各级政府要建立必要的配套措施,给予必要的政策与资金支持,为云冈文化遗产的全面保护创造良好宽松的政策环境。

3. 合力构筑支撑体系

文化遗产保护是一个系统工程,文物、环境的保护与遗产价值的传承创新,既需要各级政府的正确引领,也离不开人民群众的齐心合力。兄弟城市的政府扶持、市场主导、企业运作、文化支撑、实业推动的发展模式给我们做出了榜样。云冈文化遗产保护要想成功,必须合力构建云冈文化团队,即在政府有关部门的指导下,建立省级云冈文化创新指导中心,向文化企业提供一切与云冈文化相关的优惠政策、经济、市场等信息,邀集有关部门进行顶层设计,包括投资、人才、创意、管理等,鼓励和支持文化企业快速打造属于自己的核心竞争力。

(二)本体环境保护策略

云冈石窟历经千年,除人为破坏外,自然侵蚀、岩壁坍塌、佛像石化等日益威胁着这座世界文化遗产的安全。加强石窟的抢救性保护和预防性保护工作已刻不容缓,除了采取岩体加固和防止风化等技术措施,还应当考虑将开凿过程中的各种信息纳入整体保护的视野之中,坚持科技引领,优化场所环境,落实保护措施,加强云冈资源的硬件保护。

1. 创新关键技术

中华人民共和国成立以来，针对我国科技发展与进步存在的共性关键技术问题，从国家发展、安全战略层面，实施了一系列重大科技专项研究工作，大幅提升了我国科技保护水平。其中在文化遗产保护的科技攻关专项上，石窟寺保护关键技术研究是重点支持领域之一，如《1963—1972 年科学技术发展规划》中，为石窟寺保护专项研究计划设置的 10 项研究项目；“十一五”国家科技支撑计划项目的“石质文物保护关键技术研究”（以云冈石窟为例）设置的 6 项研究项目；“十三五”期间，聚焦石窟寺岩体结构失稳、水侵蚀、风化破坏三大突出病害，以探测、评估与治理共性关键技术为重点，设置了三大专项研究项目等，旨在从石窟寺保护领域存在的共性关键技术问题入手，聚集优势科学研究资源，凝练关键科学问题，夯实科学研究基础，在关键技术领域取得突破，推进我国石窟寺保护科学进步。然而，我国各大石窟寺地质、气候条件、病害类型及特征不一，病害形成机制极其复杂，共性问题虽总体具有普遍性，但个性病害的差异性巨大。因此，根据石窟寺存在的问题与病害形成机制的差异，石窟治理技术需更加具有针对性，从具体问题研究入手，以存在突出问题、区域代表性问题的示范研究为重点方向，才是破解我国石窟寺保护关键技术瓶颈的途径之一。

2. 优化场所环境

近年来，来自世界各地的信息表明，文物周边环境的飞速改变正在对它们的文化价值及存在状态构成巨大的威胁。随着经济的进步和大同市旅游业的蓬勃发展，文化遗产旅游的地位逐年提高，文化遗产周边环境改善的力度也在大幅推进。21 世纪以来，借助大同市政府古城改造的东风，将原窟前道路移至后山，使景区面积扩大近 10 倍，开展了大规模绿化工作。云冈石窟的周边环境发生了巨大的改变，全年二级以上天气达到 300 天以上。然而，由于自然环境及地层变化，不仅云冈石窟外立壁岩体和窟内造像都在承受着严重的压力，甚至因道路，村庄，煤窑等分布状况不良，游客的肆意活动等，每一项指标的细微变化都在威胁着云冈石窟的外环境。改善环境状况，优化空气质量，提高城市环境水平，加强环保及人力资源管理的投入，适当控制文物保存环境的微气候条件，消除影响文物的有害气体，改善云冈石窟依托山体的微循环等仍然是从外围保护云冈石窟文物免遭侵蚀的得力措施。

3. 落实保护措施

当前，云冈石窟的稳定性问题已经基本解决，并建成世界文化遗产监测中心，监测指标涵盖气象、环境、文物本体保存状态等全系列，监测点达 300 多个，每年形成监测数据数十万条，为云冈石窟保护管理提供了可靠的决策依据，在以环境监测为基础，以环境控制为手段的预防性保护工作方面迈出了坚实的步伐。同时，根据多年的实践总结，石窟专业保护工作人员制定了“云冈石窟病害调查图示标准”，对云冈石窟的病害分类、病害图示、病害描述、病害分析、病害报告等进行规范约束，陆续开展了 10 余个洞窟的病害调查工作，这些第一手资料的积累，为石窟保护管理决策提供了可靠的依据。窟檐修建也在一定程度上防止了雨水对洞窟外壁面雕刻的直接冲刷和阳光直接照射引起的表面温度剧烈变化，同时缓解洞窟内部环境的剧烈变化，对石窟起到一定的预防保护作用。从 20 世纪 90 年代与美国盖蒂保护研究所合作现场试验，到西部防水试验工程、14 窟防水工程，这些针对裂隙渗水所采取的根本措施，均取得了良好效果。个别洞窟凝结水危害较大，通过科学研究，在第 5、6 窟等处加装除湿机，有效缓解了这些地方的凝结水危害。石雕水害治理后，石雕风化速度得到明显控制，预防性保护作用显著。对于表面雕刻大多存在片状起翘，粉状风化和微小裂隙切割等现象，也通过开展日常保养工作，对小型风化岩石进行加固、黏接，保证了表层雕刻的稳定性，减缓了洞窟岩石劣化程度。而对于游客人为涂写乱画的现象，用可拆卸的玻璃挡墙进行了隔绝。未来，云冈石窟的预防性保护工作应着重开展洞窟微环境研究，努力找到适宜洞窟完好保存的条件，开展相关的模拟和现场试验，减缓风化过程，并开展防风化加固材料相关研究，找到一种副作用小的切实能够保护表层雕刻的办法。

第三节 云冈石窟的保护历程

云冈石窟开凿至今已有 1 500 多年的历史。千余年来，石窟雕刻经历了风霜雪雨和地震等自然灾害，使这座世界闻名的艺术宝库风化、坍塌及受到人为的破坏十分严重。虽然在历史上，尤其是辽金和明清时期，云冈石窟得到了一定程度的修缮和维护，但真正运用现代文物保护技术手段来科学地保护这一全人类共同的瑰宝，是新中国成立以后才展开的。

一、辽金时期的保护

云冈石窟自北魏开凿以来经历了隋、唐、辽、金、元、明、清几个时代，且历代都有修整，其中，云冈石窟最大规模的修整工程在辽代。《大金西京武州山重修大石窟寺碑》明确记载“辽重熙十八年（1049 年），母后重修”，“清宁六年（1060 年）又委刘转运监修”。辽代对云冈石窟的修缮，主要是为了防止风霜雨雪对石窟的侵蚀，故在石窟前修建木结构的寺庙，外面构建木构窟檐，后面是原有的石质窟室，是为“云冈十寺”。也就是现编第 1 号窟至第 20 窟的前接木构阁楼的石窟十寺。由于石窟久经风吹雨打和多种病害，造成造像褪色，故在修葺的工程中，辽代还有一个重要的工作就是泥塑修补和彩绘。有的在剥蚀的石像外面泥塑，有的就在空白石壁上补刻。其中第 11 窟中心塔柱南面下层立佛两侧的 2 尊立姿菩萨和第 13 窟南壁窟门上方七尊佛中东侧的两尊立佛之头像最为明显。第 8 窟中心塔柱南壁下龛，主佛被包泥彩绘，两侧的侍从菩萨补刻，也可以断定为辽代风貌的塑像。

二、明清时期的保护

（一）明朝时期

明代云冈石窟处于边地接壤蒙古而战乱不断，政府无意关注，加之对佛教的限制，客观上对地处偏远的云冈石窟的保护造成消极影响。《明史》记载：“秋七月辛丑，迤北小王子犯大同。癸卯，总兵官许宁御之，败绩。己未，朱永为镇朔大将军，充总兵官，帅京军御之。八月……朱永败寇于大同、宣府。”在此次战役中，云冈石窟成为双方交战的战场。《明实录》载：“虏贼复侵扰大同等边，臣永等督兵击之。初十日，都指挥刘铳等与战于石佛寺。”十月，镇朔大将军朱永上奏请求在当时局势稍稳的闲暇修复边墙，增筑石佛寺等六堡。此时修筑的石佛寺堡主要作用是保护人畜、加强防卫、伏击敌军。

（二）清朝时期

清朝顺治六年（1649 年），清军攻入大同，对大同进行了最野蛮的屠城，为了转移百姓对清廷屠城的不满和仇恨，通过捐资重修云冈石窟，用宗教的手段来麻痹人民。《云中郡志》记载，“总督佟于顺治八年率众捐资，大为修葺。俾殿阁楼台、香积禅林金碧莹煌”。此次修缮完成了云冈石窟以及观音堂大殿的维修工程，石窟维修主要是重修现今第 5、6 窟前的木质窟檐。同时还对佛像进行了“彩绘金装”。据清乾隆三十四年（1769 年）《重修云冈石佛寺碑记》：“金装佛像、移素诸佛、金身重整、御题匾额、丹青两壁、彩画栋梁，其工程详备，更难以枚举。”另据光绪二年（1876 年）所立《蒙文碑记》：“重修云冈堡大佛寺前殿遗址，更建左右禅室，次第仍修补层楼，土木陶绘……迄今佛像通身披金。”民国九年（1920 年）所立《重修云冈石佛寺碑》，记载“光绪十七年，购买民院地点，装彩五佛洞。并修饰东西两楼，金装大佛全身。”

清代云冈石窟的多次修缮也离不开政府的支持，为了支付修缮的大笔资金费用，政府通过官员捐俸禄、寺僧布施化缘等方法来筹集资金，才呈现出金光灿烂的“云中伟观”。云冈石窟金装彩绘的修缮本来是为了防止风化，但传统的打孔、嵌入木栓、缠麻、涂泥、彩绘，却对石雕形成极大的破坏，使原造像遍体鳞伤，泥皮一掉，满目疮痍，也使石窟原有的精绝雕刻技法和佛像神韵被覆盖，对保护石窟艺术起了消极的破坏作用，是违背科学的破坏性保护。

三、新中国成立后的保护

真正对云冈石窟的重视和保护是从新中国成立后的 1950 年开始，此时专家学者对石窟进行勘测调查，1952 年进一步成立了专门机构“大同市古迹保养所”来负责云冈石窟的保护管理工作。也就是现在“云冈石窟研究院”的前身，它承担了新中国成立后云冈石窟科学保护工作的组织和实施任务，书写了云冈石窟新中国成立后的保护历程。

（一）20 世纪 50 年代云冈石窟的保护

1950 年，时任国家文物局博物馆处处长的裴文中受中央文化部、国家文物局的委派，带领“雁北文物勘察团”来到大同云冈、高山、阳高等地的古遗址、墓地和石窟寺等进行测绘、记录和发掘，出版了《雁北文物勘查报告》，也开创了云冈石窟寺在新中国成立以后的调查之先。1955 年为了更好地开展云冈石窟的保护研究和管理工作，专门设置了大同市古迹保养所。在当时工作条件和生活条件都特别困难的情况下，老一辈的工作者不怕困难，先后对第 5、6、7 窟木结构窟檐进行修葺翻新，并平整了窟前道路，同时增设围墙和护栏来保护云冈别墅院。工作者们还将第 5 窟和第 7 窟前的办公室进行改建，修整了东、西厢房，将山门院、第 5 窟院、第 6 窟院以及五华洞的窟前地面重新修补平整，补墁地砖。同时在五华洞的南侧砌起约 80 厘米高的挡土墙，再往南垒砌了高约 2 米的护壁石墙（如图 3-1-3-1）。1958 年，在五华洞的第 9、10、12、13 窟内铺墁砖地；在露天大佛的窟前台地东侧铺设台阶；绘制完成了参观游览路线图；规划制定了云冈石窟保护范围。并且在这一年正式开通了专项投资架设的电路，结束了云冈石窟没有通电的历史。

图 3-1-3-1 五华洞窟前地面平整和围墙修葺

(二)20 世纪 60 年代云冈石窟的保护

1960 年,由中央文化部副部长徐平羽主持的"云冈石窟保护专家会议"在北京召开,以这次会议为标志,应用现代科学技术保护云冈石窟的活动正式拉开了大幕。同年由文博研究所与北京地质学院共同成立的云冈石窟调查组对其地质、病害进行勘测和调查、并认真研究它的保护材料和方法。为了全面了解云冈石窟的渗水途径和洞窟、雕像的风化程度,联合调查组通过在第 18 窟窟顶和 3 窟的东侧开凿 9 米深的观察井和 3 米深的平洞来建立气象观察站进行野外观察作业,通过观察记录获得了大量的信息和一手资料,并撰写了《云冈石窟工程地质问题的报告》。该报告详细记录了云冈石窟面临的坍塌、风化、自然破坏等主要问题和应对这些问题所提供的修整保护意见。特别是对目前石窟窟壁坍塌的修建维护、佛像的雕刻风化、防渗排水等提出了加固保护等综合性的意见。

1961 年,根据前期调查成果,云冈石窟保护委员会决定以云冈石窟的第 1、2 窟作为试点,进行修整试验。该工程在"保护现貌,留有余地,争取达到'有若无'的境界"的修缮原则指导下进行具体设计,该工程包括"隐蔽结构"的土建工程和化学保护工程,最终取得了良好效果。

1963 年,时任中华人民共和国副主席董必武来到大同,视察云冈石窟并对其所处的周边环境给出具体的指示,要进行区内绿化,加大力度植树造林,还云冈石窟一个清洁环境。于是,在大同市领导的支持下,云冈石窟开展了一场轰轰烈烈的植树造林活动,特别是对云冈中西部石窟前的绿化,为石窟增加了一道天然的绿色屏障,既抵御黄土风沙的侵袭,又保护了水土流失,还改善了石窟区小气候的状况。

20 世纪 60 年代云冈石窟保护工作最为突出的是云冈石窟第二期实验工程的启动。这期工程为期两年,从 1964 年开始到 1965 年结束。主要的工作是将第 20 窟露天大佛以西的洞窟通过土建隐蔽结构的钢筋混凝土框架对洞窟前的破损立壁或风化坍塌的危岩进行支撑和加固,针对不同的破坏情况给出不同的修复保护措施,如对第 26、30、34 和 42 窟的窟前壁面采用锚杆牵拉技术,对第 22、23 窟的间墙和顶板的坍塌采用聚甲基丙烯酸酯类材料来黏结，对第 32 窟和第 1 窟的顶板和拱悬石则是用环氧树脂来加固，并取得了良好的效果。也正是从这时起，以环氧树脂作为加固石窟的基本材料的方法在云冈和国内其他石窟被使用，并成为常用措施。

图 3-1-3-2　第 1 窟东壁加固材料洗涤试验

与此同时，为了全面保障云冈石窟的安全，1965 年 2 月，大同市人民政府公布了由文化部、山西省政府批准的《云冈石窟保护范围与安全规则》，将云冈石窟的保护划分为三部分，一是重点保护区，二是安全保护区，三是地下保护安全线，这三部分的划分使云冈石窟形成了全方位远、中、近和多层次上、中、下的网状立体式保护体系。

（三）20 世纪 70 年代云冈石窟的保护

“文化大革命”时期，受极“左”思潮的影响，部分人将文物视为“四旧”。一些过激行为导致部分佛像的肢体、面部等部位受到不同程度的破坏；洞窟内原有的一些辅助设施，如照明设备、讲解牌等也遭到破坏和损坏。由于当时社会秩序混乱，文物保护机构的正常工作受到冲击，云冈石窟的日常维护和监管工作难以有效开展，这使得石窟面临更多潜在的风险。尽管处于特殊时期，但仍有当地群众和一些有识之士认识到云冈石窟的珍贵价值。在有限的条件下尽可能地采取遮盖、简易加固等措施默默守护、努力维护石窟，在一定程度上阻止了一些破坏行为，为后来的修复和全面保护工作保留了一定的基础。

1973 年的 9 月 15 日，对云冈石窟来讲是一个特殊的日子，原因之一是时任法国总统乔治·蓬皮杜的到来，原因之二是云冈进入了全面维修时期。在陪同法国总统参观云冈石窟时，周恩来总理听取了云冈石窟保护规划和有关技术问题的详细汇报，并提出要在三年之内修好石窟。于是，便开启了 1949 年以来的第一次大规模保护的工作。这次保护工程历时三年，从 1974 年到 1976 年，也称为“三年保护工程”，当时的保护原则为“抢险加固、排除险情、保持现状、保护文物”。其保护范围是五华洞、昙曜五窟、第 5、6、51 窟内以及第 7 窟上方危岩局部加固。“三年保护工程”第一次采用化学材料和方法对云冈石窟的主要洞窟和雕像进行加固，并且对残断和脱落的石雕进行黏结复位。此外，在整个修复过程中最为重视的是对文物艺术价值的恢复。

虽然保护工作时间紧、任务重，但在 1976 年 10 月，“三年保护工程”仍如期完成并得到时任国家文物局局长王冶秋和专家组的全面验收。这也标志着云冈石窟的维修保护迈进了日常保护业务阶段。值得一提的是，这次保护工程中的“围岩裂隙灌浆加固技术”获得了“第一次全国科学大会”的科研成果嘉奖。除此之外，保护者们还将化学材料和方法应用在加固风化石窟和剥落的雕像上面，很好地解决了石窟的稳定性问题。这些方法的采用和实施也为日后云冈石窟系统性、科学性的保护奠定了良好的基础。

（四）20 世纪 80 年代云冈石窟的保护

“三年保护工程”的结束并不代表云冈石窟保护工作的结束。反而是真正将云冈石窟的保护纳入日常的加固维修保护之中。因风化严重、酸雨腐蚀、地表水冲刷等原因，石窟中的雕像粗糙不平，壁面风化，甚至面临自然崩塌的险情，本着保留石窟原有历史面貌的修复原则，先后对东部的无名窟、第 5、6、7、8 窟间的因风化造成的岩壁破损进行修复和加固（如图 3-1-3-3）；对第 1、2 窟外佛龛，第 3 窟，第 3 窟前室及顶板（于 1980 年 7 月 7 日、7 月 8 日、8 月 3 日先后三次发生坍塌），第 3 窟外上方立壁面，第 4 窟，第 4、5 窟之间过桥，第 12、13 窟前立壁上方悬石，第 25 至第 29 窟，第 33、35 窟，第 48 窟悬石和第 51 窟悬石崩塌通过灌浆归安胶结进行维修加固。完成了第 1 ~3 窟护坡工程，第 1 窟东围墙工程，第 5、6 窟木结构及附属建筑物，第 5 窟东无名窟清理，第 20~51 窟铺石工程（如图 3-1-3-4），第 50 窟路基工程。第 13、14 窟冲沟蚀空带加固工程，第 5~53 窟崖顶排水渠修整工程，龙王庙沟考古发掘及修整、垂花门修整工程等。同时，建立了气象监测站，对云冈石窟开展常年性的数据监测，如温度、湿度、气压、蒸发、降水、日照时数、风向风速等。并且从 1988 年开始对云冈石窟大气中所包含的二氧化硫、二氧化碳和 TSP 等进行采样分析。这些监测工作和采样数据为今后石窟的风化研究提供了宝贵的一手资料。

图 3-1-3-3　第 8 窟窟檐修缮现场和修缮后的效果

图 3-1-3-4　云冈石窟工程修缮后的窟前地

（五）20 世纪 90 年代云冈石窟的保护

云冈石窟的稳定性问题在“三年保护工程”实施后得到基本解决，这就将石窟的另一大问题——风化侵蚀衬托得更为明显（如图 3-1-3-5），因此，对云冈石窟风化的治理便被提到日程上来。随之而来的一场“云冈石窟风化治理规划”专家论证会在 1990 年于云冈石窟召开。这次会议云集了地质、水文、化学、古建及文物保护等各个领域的专家，就石窟风化的主要原因进行探讨和分析，一致认为石窟风化的主要原因是由地质地貌、大气降水、凝结水、毛细水和环境污染等诸方相互作用造成的结果。因此，开展云冈石窟风化治理工程就必须从改善环境、窟顶防渗和恢复保护性窟檐三方面来综合治理，并根据会议精神对《云冈石窟石雕风化治理方案》做出进一步改善。紧接着在 1992 年，“云冈石窟风化治理工程”便拉开了帷幕。这项工程涉及的内容多，范围大，包括云冈镇的搬迁、省线 399 的改道以及山顶危岩体的加固等 20 多个项目，使得水和环境污染造成的石窟风化得到极大的改善。

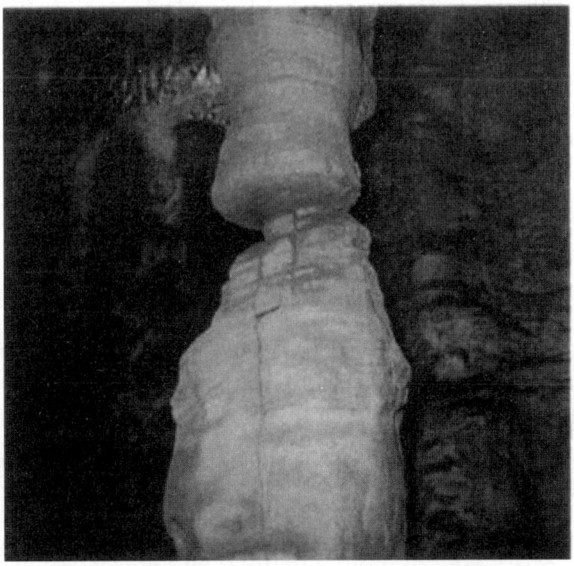

图 3-1-3-5　第 6 窟后室北壁千佛柱风化状况

“云冈石窟风化治理工程”也被称为“八五”维修工程。此工程历时 5 年,从六个方面对云冈石窟的风化进行针对性的综合治理。

1. 降低窟前地面工程

云冈石窟在开凿的过程中,因造像的体量过大,所以故意将洞窟内的地面凿得比洞窟外的地面要低,这就造成了雨水倒灌进入洞窟内,使窟内常年有水,水蚀严重。因此,为防止大量的雨水渗入地下对石窟造成破坏,采取降低硬化地面,疏导大气降水的保护措施来阻止雨水倒灌和毛细水的上升。工程中降低第 7 至第 20 窟前地面 6 318 平方米,降低第 1 至第 4 窟前地面 3 832 平方米。修建排水渠道 206 米。埋设各种线路管道 880 米。

为配合窟前降低硬化地面工程,由专门的考古队伍进行了考古发掘并出土了大量的遗物和遗迹,其中有北魏、唐、辽、金及其他时期的石雕造像、虎头门墩、龙头、狮子等各种建筑雕像和日常生活用品如石磨盘、石盖、钱币、瓦当等 600 余件;有北魏及辽金时期的河坝、供佛台基等。这次考古发掘,不仅对了解云冈石窟的历史地貌、开凿程序和技术提供了实物资料,而且弥补了历史文献的不足,同时又极大地丰富了云冈石窟及其周围文物的历史内涵。国内著名的文物专家、学者均给予了充分的肯定,认为这次考古发掘成绩显著、意义重大。为此,云冈石窟窟前考古发掘被评为“‘93’全国十大考古新发现”之一。之后,遗物遗迹经测绘、摄影、文字记录之后,遗物妥善研究保管,遗迹掩埋,并在硬化的地面条石上,作原址原样大小的标记。

2. 修建保护性窟檐

云冈石窟的大窟在修建之初都是有窟檐的,由于战争或其他因素使得窟檐破损毁坏,现在看到的石窟木结构窟檐是寺庙建筑重要的组成部分。保护者们研究发现窟檐对于石窟可以起到隔离风沙的防风化和阻止酸雨侵蚀的防渗水作用;也能阻止阳光直射导致的洞窟温度和湿度的急剧变化,使窟内保持一个相对稳定的气候环境。因此,按照国家文物局的批复,依据第 7 窟木构建筑形式,在不给崖壁增加任何压力的前提下,修整了第 7 窟木构建筑。同时,分别聘请中国文物研究所、美国盖蒂保护研究所有关专家,对第 9、10、19 窟窟檐进行了设计,其中第 9、10 窟为传统结构,第 19 窟为轻型结构。有窟檐的石窟风化脱落速度与没窟檐的石窟风化脱落速度相比,其风化程度降低了三分之二,证实这些窟檐对云冈石窟起到了预防和保护的作用。

3. 修建保护性围墙

这项工程是为满足文物保护(石窟顶部有明代城堡、烽火台、北魏遗址等)、科学研究设施安全、石窟和游人安全的需要而采取的一项永久性措施。崖顶保护性围墙建造在云冈石窟绝对保护线上。该范围的土地使用权属于当地政府,经工程领导组会议决定,以补偿的方式解决了围墙内外约 30 公顷土地的使用权问题。在此期间,总计修建保护性围墙 3 000 余米。修建保护性围墙为实施封闭式管理创造了良好的条件。

4. 洞窟保护维修加固工程

在 20 世纪 70 年代对云冈石窟进行保护维修时采用的“围岩裂隙灌浆加固”技术通过十几年的应用和完善,已经发展成为一项防止洞窟崩塌的成熟方法,应用在保护和加固石窟、解决石窟稳定性问题上。因此在“八五”维修工程期间同样运用该技术并采用传统的牵拉锚固方法对第 14 窟、无名窟、第 33 至第 35 窟、第 40 至第 45 窟进行维修加固,加固之后发现该方法不但有效地解决了石窟坍塌险情，而且还最大程度地保持了云冈石窟的本来面貌。此外，在对石窟岩体进行加固的同时也将洞窟内的壁画和泥塑进行了加固和修复，充分保持了石窟文物的原状。

5. 窟顶防渗排水试验研究工程

水是云冈石窟石雕腐蚀风化、脱皮掉落的一个最直接原因。这些水有的来自地下毛细水，有的来自空气凝结水，还有的是由于雨水的直接浇灌和山体的渗水。因此，对云冈石窟进行防渗排水的工程迫在眉睫，它同时也是云冈石窟得以长期保存下来的关键要素。据统计，云冈石窟的 21 个大窟中，目前有 8 个洞窟渗水严重，洞窟后壁的山体渗水潮湿更是普遍现象，但鉴于裂隙的分布没有规律，而窟内顶部和后壁的渗水原因也不明确，有的水是补给水，有的水是大气降水并通过中粗粒砂岩的裂隙直接渗进来，进来后由于无规律的岩石裂隙使原本直接下渗的水变成沿石窟岩石表面展开的水平渗透，这些因素直接给治水防渗带来难度，增加了复杂性。这些困难并未阻止保护者们保护石窟的决心，他们在“八五”维修工程期间进行了石窟窟顶防渗排水的现场试验。这项试验是由国家文物局牵头，云冈石窟文物研究所、中国文物研究所及美国盖蒂保护研究所三家单位合作，通过土工布的铺设来解决云冈石窟顶部渗水问题。同时这项实验研究也是对治理大气降水渗入洞窟引起石雕风化的研究。

1995 年通过将地势低洼处垫高来减少蓄水地带，打通了阻水脊梁，把山顶明城堡内的水输送到城堡南面专门为排水做的明渠道中，在保护植被、保护原有自然地形地貌的基础上发现，大气降水绝大部分按预定方向排走，只有个别地方仍有蓄水遗痕。尽管蓄水面积不大，但仍须认真处理，并采取适当的监测方法，取得科学数据以达到试验的目的。

6. 防水保护工程

云冈石窟成功申报世界文化遗产是对过去工作的总结和肯定，也是面向未来的一个新起点。遵照《世界遗产公约》的精神和文物保护法的有关规定，对云冈石窟提出新的任务，就是加强科学保护、科学研究和科学管理。在这一理念的指导下，适时地提出了云冈石窟防水保护工程的建议。2002 年，一篇名为《云冈石窟防渗保护工程亟待启动》的文章通过新华社资深记者在《国内动态清样》第 163 期登载后，中央领导很快作了重要批示，山西省人民政府与国家文物局经过认真讨论，理清了思路，明确了任务，并就有关事项进行了具体安排。决定成立云冈石窟防水保护工程管理委员会，正式启动了云冈石窟防水保护工程。

为了让云冈石窟这一历史文化遗产保护传承下去，工程管理委员会在考虑防水保护的方法上慎之又慎，最终决定采取传统与现代、整体与分段综合治理的方法将水害造成的石窟风化脱落问题控制住、解决掉。为了确保工程的有效实施，专家们在突出重点、全面治理、长远保护的原则下制定了详细的工作方针，使云冈石窟的保护工作大大向前迈进一步。

经过公开招标，建设综合勘察研究设计院中标。建设综合勘察研究设计院在工程重点顶部防渗中采用“铺设土工毯防渗”和“改性黏土防渗”方案，结合地表排水、缘部冲沟防渗处理的方法，具有防渗的完整性和系统性。并在处理过程中提出有效的检测和补强方法，可以保证防渗的质量。设计招标工作的完成，标志着云冈石窟防水保护工程前期工作已经全面启动。

随后，建设综合勘察研究设计院对初步治理思路和勘察方案进行了补充修改，经专家论证通过后实施了云冈石窟防水保护工程勘察工作，并在此基础上提出了顶部防渗排水方案。与此同时，凝结水试验研究和保护性窟檐的设计工作也全面展开。

图 3-1-3-6　窟前地面排水系统修建

（六）21 世纪云冈石窟的保护

2001 年云冈石窟被联合国教科文组织列入世界文化遗产，这是巨大的荣誉，但更多的是责任。因为这伟大的人类财富一旦被破坏将无法挽回。申遗成功只是保护的开始。于是在 2001 年，在中央领导和各部门的重视下，做出了要治理云冈石窟渗水防水的重要的批示，2002 年，云冈石窟防水保护工程启动。该工程设计缜密，一是进行顶部护坡的防渗处理；二是进行前立壁的加固。由于石窟顶部护坡下的岩石破损严重，裂隙纵横交错，工程中，发现顶部护坡之下的基岩是严重的破碎带，裂隙纵横交错，岩层酥松脱落易碎，导致雨水下渗进入洞窟。为了排除水源，通过裂隙灌浆和铺设混凝土防渗层来切断窟顶渗水的所有通道。同时对前立壁裂隙渗水，采取了裂隙灌浆加固和无碱水泥封护处理。2007 年，西部窟群防水试验工程完工，成功解决了对石窟有很大危害的渗水问题。

历经 1 500 多年的云冈石窟洞窟内沉积了较多的尘土，这些沉积物不仅会对石窟石雕造成损害，而且不利于石雕艺术价值的完美展现，针对这种情况，2009 年采用软羊毛刷对第 5 至第 13 窟进行除尘（如图 3-1-3-7），为防止二次扬尘对文物本体的损害，利用纸张将其承接收纳，工作历时一个月，取得的效果非常显著。

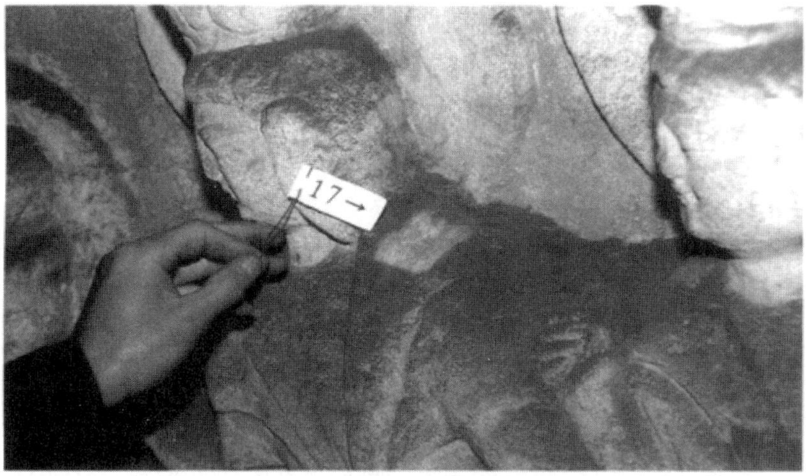

图 3-1-3-7　石雕表面粉尘取样

自“三年保护工程”实施以来，三十多年过去了，云冈石窟许多洞窟岩石裂隙再行发育，破损、坍塌、悬石不断出现，辽代以来的泥塑、壁画也产生了大量病害，维修迫在眉睫。2012年，云冈石窟研究院组织实施了云冈保护史上第一个立足于文物本体的全方位综合性抢救性保护维修工程——“五华洞岩体加固、彩塑壁画修复及保护性窟檐建设工程”，该工程根据文物保护“修旧如旧，不改变文物原状，修复具有可逆性”的原则，对五华洞的危岩体进行了妥善加固，对彩塑壁画进行了修复和保护，并为五华洞设计和建造了保护性窟檐，有效缓解了洞窟造像风化的问题，改善了文物保存状态和保存环境，使云冈石窟得到了妥善保护。修复之后的洞窟，整体上还原了洞窟的本来面貌，同时有效排除坍塌风险，更加整洁稳定。

2020 年 5 月，习近平总书记在考察云冈石窟时强调，云冈石窟体现了中华文化的特色和中外文化交流的历史。这是人类文明的瑰宝，要坚持保护第一，在保护的基础上研究利用好。习近平总书记的指示又赋予了云冈石窟新的使命。由于云冈石窟的保存环境是开放式的，不可能隔绝与外界的水汽交换，因此会不可避免地留下伤痕。由此可见，保护云冈石窟是一项长期的、持久的工作。

近年来，数字化技术的广泛应用不仅为云冈石窟的保护维修提供了强有力的技术支撑，而且让不可移动的文化遗产走上了“云端”，活起来、动起来，以“年轻”的姿态走向世界，让世界了解认识这座千年石窟。数字化技术也是实现云冈石窟的信息精确、永久保存和永续利用的基础性工程。

多年以来，国内外文物保护工作者和相关专家为了“云冈艺术”的传承，不遗余力地对云冈石窟进行研究、保护和维修，解决了威胁云冈石窟的安全隐患，使文物的保存状况得以改观。随着科学技术的发展，新技术、新手段也会不断出现。云冈石窟的保护工作还将得到全面提高。相信这一珍贵的世界文化遗产将永世长存，服务当代，惠及子孙。

第四节　云冈石窟保护特色案例

新中国成立以来，一代又一代云冈人为了保护它的延续做了大量工作。这些工作极大程度地减缓了云冈石窟的劣化过程,并为中国的石窟保护事业积累了大量珍贵的特色案例,为云冈文化的传承做出了卓越贡献。

一、云冈石窟五华洞岩体抢救性加固保护工程

(一)必要性

云冈石窟开凿在侏罗纪砂岩透镜体上,该区域裂隙发育较为复杂,在长期自然引力作用的影响下,渗水构造裂隙和风化卸荷裂隙的切割,降低了石刻岩体的稳定性,造成石窟的崩塌现象十分严重。在“三年工程”和“八五保护工程”期间,管理部门针对石窟存在的危岩体崩塌问题、风化问题、渗水问题等岩体病害,采取了各种治理措施,取得了良好的效果,一定程度上减缓了石窟的劣化。但是在环境作用下,随着时代的变迁,五华洞出现了岩体风化破坏、材质劣化、强度降低等病害。2012 年国家文物局批准了《“五华洞”岩体抢险性加固保护工程设计方案》,对五华洞岩体病害进行处理。

根据调查,五华洞洞窟区岩体的主要病害包括以下方面。

①第 9、10 窟前列柱岩体风化破坏严重,强度降低,经常发生剥落,而且发育多条隐形裂隙,有发生局部或整体垮塌的风险,存在较为严重的安全隐患。

②第 11 窟顶板及崖壁岩体裂隙切割、开裂、变形诱发的不稳定病害。

③该区域崖壁岩体存在大量的小型危岩体或危石,对石窟安全及游人构成威胁。

④第 11 至第 13 窟崖顶挡墙砌体的崩塌垮落破坏。

⑤石窟表面风化现象十分严重,几乎全部存在片状剥离现象,部分已发展成鳞片状剥落,且风化破坏现象有加剧的趋势。

(二)主要措施

1. 裂隙灌浆加固

针对第 9、10 窟前列柱裂隙发育的问题,主要采用裂隙灌浆加固技术。裂隙灌浆加固技术是采取液压或气压方法将能凝固的液体注入岩土体的裂隙或孔隙中的一种加固技术,能够改善工作对象的物理力学性质,达到提高开裂岩体整体性,增强抗滑稳定性,以及封堵填充,阻止水流进一步侵蚀,恶化稳定性能的作用。其关键技术主要包括灌浆浆液材料的选择和灌浆施工技术两方面。该次工程选用了环氧树脂作为灌浆材料,该材料黏度低,黏着力强,抗拉拔能力强,剪切力大并且毛细上升强,适用于各种压力及非压力灌注法。

2. 锚杆加固

针对 11 窟窟顶危岩体的加固,主要采用裂隙灌浆黏结加固和锚杆加固相结合的方式来进行。裂隙灌浆黏结加固的方式同上文所述,主要应用于受近水平方向发育裂隙影响的危岩体。锚杆加固技术则主要应用于坠落垮塌式危岩体。因 11 窟窟顶赋存大量珍贵的雕刻艺术品,如在表面进行垂直向上的锚控施工,必然会对雕刻品带来巨大危害、破坏了石刻艺术品的完整保存。考虑此方面因素,锚杆加固部分放弃自窟内顶板向上进行锚固的方案,进而选择在窟顶危岩体所对应的崖壁面位置,近水平布设(垂直于崖壁面的)锚杆,锚杆横穿危岩体垂直洞窟顶板方向的主控结构面,对危岩体进行悬吊方式的加固。

3. 砌筑支护

针对第 11 至第 13 窟崖顶早期挡墙整体不稳定的问题，主要采取“崖顶挡墙砌体整体综合加固（底部岩体风化凹槽砌筑支护+块体归位黏结加固+空洞灌浆+挡墙砌体加筋锚固）+窟顶坡面截排水及防渗处理”的综合治理措施。在凹槽砌筑支护过程中，考虑凹槽支护加固后下部岩体增加的荷载及其稳定问题，本次风化凹槽支护加固选用质量轻、成型后强度仍能达到要求的“发泡混凝土”材料。该材料具有质轻、整体性能好、低弹减震性好、防水性能强、耐久性能好、环保性能好、生产加工及施工方便等特性，浇筑凝固后质地坚硬，无收缩变形，具有一定强度，抗风化能力较砂岩高，适宜应用于本次窟区内风化凹槽的支撑加固。在块体归位黏结加固和空洞灌浆过程中，主要选用天然水硬性石灰作为加固和灌浆材料。该材料配以一定比例的砂岩岩粉骨料后，具有与岩体性能相近、结构相近、热膨胀系数相近，不存在盐类析出腐蚀等优点，初步固化后具有自我修复特性，非常适宜岩土文物保护加固。

二、云冈石窟防水工程

（一）必要性

岁月变迁，自然风化对云冈石窟造成了极大的破坏，尤其是石窟的外立面和石窟北壁受风雨侵蚀的影响尤其严重。调查勘探显示，造成云冈石窟风化的最直接原因是水。如果是在湿度很低的状态下，那么有害气体（SO_2）、粉尘与盐的影响就会被大幅度降低。可以说，水是云冈石窟各种病害演变发展的基础性要素，是威胁云冈石窟安全最重要的因素。根据调查，云冈石窟防水工程开展之前，云冈石窟中有将近一半的洞窟有不同程度的渗水问题，因此防水一直是云冈石窟保护的重点工作，对石窟实施防水工程是关系云冈石窟存续的关键所在。

云冈石窟中水的来源主要有三个：第一是直接的雨水冲刷，由于许多洞窟的窟檐缺失，自然降水直接冲刷立壁表面，从而造成风化和水蚀；第二是窟顶和窟壁直接渗水，水分从洞窟所在崖壁和窟顶直接渗进洞窟，并沿着岩石孔隙流动，危害石窟安全。由于窟顶和窟壁渗水，第 14 窟至第 19 窟顶板已剥蚀得没有一丝雕刻痕迹，而绝大多数洞窟的后壁的雕刻也已风化殆尽。第三是凝结水，是指水蒸气进入洞窟遇冷凝结成液态。凝结水不仅可在岩石表面凝结，而且水汽可以通过与外界连通的孔隙网络进入岩石内部凝结。这种通过孔隙网络进入岩石内部的凝结水所造成的风化往往更具破坏力，其作用不可忽视。基于此，2002 年 2 月，山西省人民政府和国家文物局共同召开了“大同云冈石窟防渗保护工作”这一专题会议，就云冈石窟的防渗保护工作进行了论证。之后云冈研究院全面开展了云冈石窟防水保护工程。

（二）主要措施

1. 勘探和地质调查

在防渗保护工作前期，云冈研究院针对云冈石窟顶部的地质状况进行了水文地质测绘、水文地质工程地质钻探和地球物理勘探及模拟试验，在此基础上做出了详细的岩土工程勘察报告。该报告详细论述了洞窟渗水机制，即：云冈石窟洞窟渗水的重点区域分布在崖顶大约 0.4 平方千米范围内，该区域的水源来自大气降水的入渗补给和由此形成的暂时性地表径流。由于云冈石窟窟顶地形呈现南低北高的走势，从而导致地表径流在石窟顶部滞留时间较长，降水通过岩层不断向石窟内部渗透，并沿着岩石复杂的裂隙网络渗入石窟内部。在雨水沿砂岩裂隙下渗的过程中，遇到无规则出现的泥岩夹层和透镜体，这些渗水就会改变其渗流方向，从原来的向下渗流转变为沿泥岩层面水平渗流，在一定的情形下甚至会在石窟内部出露。此外，在对石窟渗水的观察中，勘探显示石窟北壁有沿泥岩层面向石窟内部渗水的现象，这是由于石窟北壁处于石窟开挖应力释放区与崖壁应力释放区的叠加区内，加之1500多年自然风化的作用，该区域内岩体沿着裂隙发育，裂隙的张开度较大，透水性与横向连通性均较好，从而将部分上部基岩裂隙带的渗水导入石窟，对石窟渗水有一定的侧向补给作用。

2. 顶部防渗工程

为了减少顶部渗水对云冈石窟的损害，云冈石窟管理部门进行了顶部防渗工程。该工程的目的有二：一是防止山顶渗水，这就需要在崖顶合适的地方铺设防渗层；二是加快排水的速度，将雨水尽可能快地排走，从而防止雨水在山顶的存留渗透。因此，排堵结合是此项工程的原则。该方案计划在崖顶渗水的重点区域建立完善的排水系统，同时采用膨润土防水毯对崖顶进行防渗处理，从而最大程度减少降雨对于石窟的影响。该工程完工后，云冈石窟顶部的渗水问题基本得到解决。

3. 凝结水的治理

云冈石窟通过对第5窟和第9窟中的凝结水的持续监测，在统计测量结果的基础上进行了翔实的分析，从中明确了凝结水的形成的规律：影响最大的是相对湿度的变化，湿度越高，越容易凝结；其次三个因素是气温、风速和石壁表面及内部的温度。根据这个调查结果，云冈研究院在洞窟内安装了除湿机，用以控制相对湿度这个对凝结水影响最大的因素，收到了较明显的效果。

4. 保护性窟檐修建工程

作为北魏皇家寺庙，云冈石窟大部分洞窟当时都有窟檐或楼阁式建筑保护。“山堂水殿，烟寺相望”即是对当时窟檐的描述。随着北魏王朝的消亡，这些建筑多毁于战火。辽代对云冈石窟进行了大规模的重修，修建了“云冈十寺”，虽然这十寺在辽保大二年（1122年）毁于战火，但遗迹尚存。清顺治八年（1651年），时任大同总兵的佟养量主持募集资金修建了第5、6窟的木构阁楼窟檐，之后以此为中心修建了山门、配殿等，形成了较完整的寺庙格局，称“石佛古寺”。到了清中期，双窟形制的第7、8窟也修建了楼阁式窟檐。新中国成立后，除清代修建的楼阁式窟檐尚存外，历史上修建的大多数窟檐均已湮没无存。这就导致云冈石窟的多数洞窟都直接暴露在外部自然环境中，饱受阳光直射、雨水侵蚀、粉尘侵害、风蚀等自然损害，使得洞窟壁画和石雕的风化、腐蚀现象加剧，严重威胁到文物本体的安全。

基于此，2004年云冈石窟文物保护研究所启动了保护性窟檐设计与修建工程，以五华洞（第9至第13窟）和第3窟保护性窟檐修建为第一期，2011年下半年，国家文物局批准了北魏风格的窟檐修建方案。该方案以防止雨水对石窟的直接冲刷为主要目的，在不损害石窟立面和窟前遗址的基础上，统筹考虑窟内的保护工作和窟外的视觉景观效果。窟檐建筑体量根据考古资料确定，与原北魏窟檐较为一致；风貌依照洞窟石雕和前人研究，与北魏原有窟前建筑一致；高度和力量符合历史上窟檐与崖壁的空间关系。窟檐修建完成后，通过对云冈石窟第 9、10 窟的文物本体长达 4 年的监测，云冈数据中心发现窟檐修建后石窟风化速度比修缮前降低七成，达成了预期目标。从视觉景观来看，修缮完成后的窟檐建筑群秉承北魏建筑风格，古朴厚重，和石窟形成了一种和谐的美感，成为云冈石窟新的旅游吸引物。

三、云冈石窟五华洞彩塑壁画抢救性保护

（一）必要性

"五华洞"在清顺治年间进行过包泥彩绘，所以该洞窟呈现出一种色彩斑斓、装饰华美的状态。五华洞内保存有精美的壁画，这些壁画分为有地仗壁画和无地仗壁画，无地仗壁画由于是在窟内岩壁上直接作画，故保存相对较好。而有地仗壁画则是在泥地仗层上进行绘画，由于制作工艺的原因，受自然和人为影响比较大，相对保存较差，出现了各种较为严重的保存问题。根据现场病害调查勘探，五华洞壁画现有病害主要分为两大类，一类为地仗层开裂、剥离脱落、空鼓病害，另一类为颜料层龟裂起甲、酥碱粉化、表面积尘、人为刻画等病害。这些病害的形成原因较为复杂，主要有以下几个方面。一是由于壁画的地仗层较厚，且厚薄极不均匀，受窟内温、湿度的变化影响而导致的地仗层开裂、空鼓脱落、颜料层龟裂、起甲脱落等；二是由于作为支撑体的石窟岩石层和含有麦秆、麻等植物纤维的泥仗层两者的质地差异较大，温度变化所引起的热胀冷缩，导致二者分离，从而形成空鼓和脱落。三是地仗层所依附的岩石在环境作用下风化，从而导致地仗层和岩石层的黏结度降低，在重力作用下大面积脱落。

（二）主要措施

1. 剥离地仗层的回贴加固

首先要清除壁画剥离区域的灰尘，然后用去离子水将剥离开口处的地仗层与支撑体润湿，再在润湿处涂抹用 3%的 Primal AC-33 乳液（水溶性丙烯酸乳液）调制的细泥，用定做好的壁板将刚涂抹完细泥的壁画剥离层压住，待加固好后，将壁板拆除，将边缘缺失处修补整齐。

2. 空鼓地仗层的保护修复

地仗层空鼓和剥离是威胁壁画的主要病害，是云冈石窟五华洞彩塑壁画抢救性保护的重点。在对空鼓地仗层进行保护修复时，要按照自下而上的顺序进行灌浆，对病害面积较大的空鼓地仗层要采用先外围后内部灌浆的方式。对于壁画空鼓后形成的裂缝应自裂缝下端向上端或自裂缝一端向另一端灌浆。在具体操作过程中，以当地黏土、粉砂按照 6.5∶1（重量比）进行配比，并添加 3%的 Primal AC-33 乳液（水溶性丙烯酸乳液）组成灌浆加固材料，其中的粉砂和黏土需要经去离子水漂洗脱盐，然后按照除尘、内窥镜探视、钻注浆孔、支顶壁板、注浆加固、回贴地仗层、更换吸水纸、拆除支顶板、封闭注浆孔补色的顺序进行保护修复。

3. 开裂及裂缝的修补

开裂及裂缝的修补要先用吸耳球等工具将裂隙内的尘土吹洗干净，再在裂缝边缘用注射器注水润湿，然后用配置好的地仗层细泥，壁画专用修复工具将配制好的地仗层细泥填补

裂隙。如裂隙较宽，且两边的地仗翘起脱离墙体，按照上述空鼓壁画病害修复的材料和工艺进行。

4. 脱落地仗层的修补

脱落地仗层的修补要先用岩石加固材料正硅酸乙酯 Remmers 300 对风化岩石进行加固处理，然后按照壁画地仗层制作工艺，采用地仗层修补材料和木栓修补脱落的地仗层，使修补处地仗层与原壁画地仗层连接在一起，保证原壁画地仗层的稳定性。

5. 颜料层起甲和粉化病害的保护修复

首先用毛笔、吸耳球、软毛刷等工具将颜料层起甲翘起及裂隙间的尘土吹洗干净，然后在起甲裂口处注入去离子水，以软化起甲颜料，待软化后，注射 5 %的 Primal AC-33 乳液，并用棉球进行拍压，以排出空气。接着，采用 5%的 Primal AC-33 乳液喷雾加固颜料层，最后进行滚压即可。

四、云冈石窟数字化保护项目

（一）必要性

20 世纪以来，云冈石窟的保护工作者们不断创新石窟的保护机制，对石窟进行加固和修缮。与此同时保护工作者们还采用多种技术手段，如文字、摄影、测绘等来更加精确地记录石窟艺术的实时风貌。但从整体成果来看，以往的记录特别是文字和测绘记录存在着不小的局限性，难以真实地再现云冈石窟的立体图像，难以描绘云冈石窟细小的变化，从而制约了云冈石窟的整体保护工作。近年来，随着三维激光扫描测绘技术的出现与推广，全面而精准地对云冈石窟进行测绘，完整记录石窟艺术信息成为可能。2012 年，云冈石窟研究院成立了“云冈数字中心”，组建了一支 20 多人的专业技术队伍，并配有三维激光扫描仪、无人机、高清摄影机、图形工作站、专业软件等。该团队秉承“科学记录、融合翻译、智慧发展”的理念，瞄准文物尖端科技的发展方向，积极探索石窟信息的永久保存和永续利用的科研途径。

（二）主要措施

1. 石窟寺数字化

为了实现云冈石窟的永续研究利用，对云冈石窟进行数字化采集，建立云冈石窟数字档案是必行之举。云冈研究院先后与浙江大学、北京建筑大学、武汉大学等国内知名高校进行合作，广泛使用数字近景摄影测量技术和三维激光扫描技术来对云冈石窟进行精准测绘，完成数据采集。三维激光扫描技术是利用三维激光扫描仪获取目标物表面点的空间坐标，并根据所获得的测量数据构造出目标物三维模型的一种全自动测量技术。数字近景摄影测量技术则是通过摄影手段来获取目标上点群的三维空间坐标，和这些空间坐标的长度、面积、体积等信息。和之前采用的数据采集技术相对比，这两项技术无须接触石窟本体，且精度高、速度快，所获取的数据易于保存和传输，因此自产生以来，就受到了文物保护领域的青睐，被广泛采用。

为了解决云冈石窟数据采集和处理过程中的困难，云冈研究院从技术上采用激光扫描技术为主、多图像三维重建技术为辅，多元数据相融合，最终实现高精度三维模型重建。在实施过程中，预先搭建脚手架平台，通过大空间扫描仪来进行石窟扫描的整体控制。而对于局部精细数据，则有工作人员采用影像拍摄和手持扫描仪的方式获取进一步的精准数据，从而保证云冈石窟数据的高覆盖率和空间配准。

通过大量的测绘工作，云冈石窟研究院为云冈石窟的外立面和主要洞窟建立了可调整视角、可量测、毫米级精度的洞窟点云数据档案。根据点云数据制作了大量的正射影像图、剖面图、等值线图等一系列数字档案。

2. 资料档案数字化

云冈石窟在历史进程中留下了多种多样的文字图片资料，这些资料受材质所限存在各种保存问题。云冈石窟研究院通过技术手段对研究院收藏的大量珍贵书籍、历史档案、照片和录像等资料进行了数字化处理，现已完成多部学术专著、维修资料、老照片及反转片的数字化，使这些珍贵资料得以永久保存。近年来又对新拍摄的 20 余万张洞窟数码照片进行了科学分类和存储。随着更多洞窟数字化记录工作的开展，这些成果将逐步形成体系完整、内容充实的“云冈石窟资源数据库”，为云冈石窟今后的研究、保护及文化产业的发展奠定坚实的基础。

3. 数字化的科技保护

数字化技术的应用为云冈石窟的保护与研究提供了一条新道路。特别是高精度信息采集，使云冈石窟的保护从“粗犷”走向“精准”。采用三维激光扫描技术对石窟表面风化速度进行定量监测，开创了一种新的石窟风化速度的测量方法，研究数据可靠，研究成果可信，对文物本体零损伤。2017 年，该方法获得国家发明专利。云冈石窟研究院先后采集不同时期的文物三维信息，然后对比不同时期的文物三维信息数据，从而发现石窟雕像的细微损伤和潜在风险，有助于及时进行修复和排除。之后，还将对采集到的高精度数据和信息进行数字化技术处理，在数据库中“还原”云冈石窟，为石窟保护、修复乃至重建提供强大的数据和形象支撑。这一手段为云冈石窟保护提供了高精度高效率的预警监测机制，有力推动了云冈石窟的永续利用。

第二章　云冈文化遗产的传承与利用

2001 年,联合国教科文组织将云冈石窟列入《世界遗产名录》。这是云冈历史上具有划时代意义的一次重大事件。由此,云冈保护成为共识,云冈学研究提升了一个新高度,云冈文化成为世界交流的桥梁,云冈也成为提升文化自信、促进民族团结的载体。申遗成功后的云冈石窟发生了翻天覆地的变化。由于云冈文化遗产具有重要的历史价值、艺术价值、科学价值、经济价值,所以云冈文化遗产传承利用的原则主要为保护为主、科学规划和合理利用、深度挖掘文化内涵。云冈文化遗产传承利用的途径可以归纳为:加强云冈文化遗产的科技保护、推动云冈文化遗产的产品创新、完善云冈文化遗产的商品内涵。由于各级政府、社会各界对云冈学的支持,云冈学的发展在学科建设、学术研究、文化交流、文物保护、学术机构建设等方面皆取得了辉煌成就。

第一节　云冈石窟的申遗

一、世界遗产的界定和类别

联合国教科文组织于 1972 年 11 月在巴黎召开了第 17 届全体会议,会上公布了《保护世界文化和自然遗产公约》(Convention Concerning the Protection of the World Cultural and Natural Heritage),以法定的形式将文化、自然遗产的保护正式公之于众。作为世界遗产保护史上里程碑式的事件,对世界遗产的保护成为全球国家的重要历史使命,这一迄今为止最重要的国际公约影响深远,为世界遗产的保护和管理做出了不可磨灭的贡献。

(一)概念界定

《保护世界文化和自然遗产公约》明确指出,世界遗产是在人类社会中存在的既罕见又无可取代的宝贵财富,是全人类公认的具有突出意义和普遍价值的文物古迹及自然景观。

1972 年 11 月,联合国教科文组织通过了《保护世界文化和自然遗产公约》。1976 年成立了世界遗产委员会,同时,为了提升各国政府和人民对世界遗产的保护意识,在保护中促进互相合作,在合作中建立保护机制,决定建立《世界遗产名录》。由于该名录的权威性和影响力,世界各国在申报世界遗产成功后,不仅获得了国际相关组织对本国世界遗产保护的大力支持,还在国际社会提高了知名度,进而产生可观的经济效益和社会效益。

(二)世界遗产的类别

世界遗产主要由世界文化遗产(包含文化景观)、世界自然遗产、世界文化与自然双重遗产组成。

世界文化遗产是一种特有的文化艺术成就，是人类在发展的长河中创造性的天才杰作，从历史、文化、艺术和科学角度看，都具有突出的普遍价值。世界文化遗产主要包括文物、建筑群、遗址等三方面。如长城。

文化景观遗产是极具代表性的且无法取代的文化景观，是全人类公认的具有突出意义和普遍价值的自然和人类共同的作品。主要有由人类有意设计和建造的文化景观、有机进化的景观、关联性文化景观等分类。如杭州西湖文化景观。

世界自然遗产是国际组织为了保护自然遗产而设立的项目。入选世界自然遗产的景观通常具有地球演化史中不同阶段的显著特征；或是具有进化中的生态和生物和陆地的代表性，水生、海岸、海洋生态系统和动植物社群发展的显著典型性；具有稀有、独特或绝妙的自然景观、地貌或罕见自然美的地带；珍稀或面临濒危的动植物物种的栖息地等条件。如四川九寨沟等。

世界自然与文化双重遗产，即兼具文化遗产和自然遗产两个条件的遗产项目，体现了人类社会在发展的历程中人与自然、人与文化、人与社会和谐统一、相辅相成的发展观和价值观。如泰山、黄山等。

此外，已被联合国教科文组织列入《世界遗产名录》的世界遗产，一旦受到诸如军事冲突及战争、自然灾害及其他人为因素的影响而面临严重威胁时，经过联合国教科文组织的调查和审议，将被列入《濒危世界遗产名录》，以备未来采取紧急措施，挽救将受到威胁的遗产项目。

（三）中国的世界遗产数量

中国幅员辽阔的地理环境和悠久绵长的人文历史，留下了绚烂多姿且独一无二的文化和自然遗产，这不仅是中国的宝贵遗产，也是全人类共同的珍贵遗产。我国自 1985 年加入世界遗产公约，从 1987 年首次申遗成功至今，截至 2022 年底，共有 56 项世界自然和文化遗产被列入《世界遗产名录》，列入遗产名录的数量位居世界第二。其中，世界文化遗产 38 处，世界自然遗产 14 处，世界文化和自然遗产 4 处。

二、云冈石窟的申遗历程

（一）云冈石窟申遗的前期准备

申请列入《世界遗产名录》需要向联合国教科文组织递交申请，所以首先要按联合国教科文组织的要求做好前期准备工作。

1987 年，中国首次向联合国教科文组织世界遗产中心申报世界遗产，标志着中国正式启动自然和文化遗产的申报工作。云冈石窟与敦煌莫高窟作为首批全国重点文物保护单位，被国家文物局列入首批申报名单。1996 年，在中国城市规划设计研究院和云冈石窟文物研究所的共同努力和合作下编制完成《云冈石窟规划》，成功获得国家文物局批准。这部规划为申遗工作做了必要的准备。1997 年 1 月 10 日，“109 国道云冈段改线工程环境影响报告书技术评审会”在云冈召开，会议决定：为避免污染，减少危害，保护文物，决定将 109 国道改线，从云冈石窟群以北经过。当年 11 月，工程奠基仪式举行。1997 年 10 月 31 日，

《大同市云冈石窟保护管理条例》公布,并于同年实施。条例的公布使得云冈石窟基本具备了申报《世界遗产名录》的条件。1998 年 4 月 10 日,云冈石窟 109 国道改线工程正式开工,1999 年 9 月竣工,涉及公路里程 26 千米,投资共 2.3 亿元人民币。国道改线工程有效地解决了云冈石窟的煤尘污染问题,为继续申报遗产工作奠定了又一项基础。

(二)申遗启动及实施

1999 年 10 月,大同市政府启动云冈石窟申遗工作。11 月,成立专门的工作班子按规定编制和完善各种资料及文本的制作,同时对石窟内外环境进行综合整治。2000 年 1 月 11 日,山西省政府向联合国中国教科文组织致函,拟申请云冈石窟进入《《世界文化遗产名录》》名单。

2000 年 4 月 25 日,由大同市政府牵头,组织各相关部门召开申报工作全体会议,申报工作正式拉开帷幕。为保障申遗工作的顺利进行,邀请五位中国科学院、中国工程院院士赴云冈石窟实地调研考察,指导申遗工作。期间与地方文物部门就申遗工作的重点和难点及面临的现实问题进行了深入的探讨和指导。同年,全面展开云冈石窟窟前环境治理工作。涉及区域北至云冈石窟南墙、南至云冈村旧公路北、西至 109 国道、东至园林处,此区域内的所有影响云冈石窟外围环境的建筑物全部拆除,关联到的面积约 8 万平方米。同年底,第一批拆除的影响环境的构筑物达 5.8 万多平方米,新建了窟前广场、停车场和大片绿地。2001 年 3 月 3 日,国际古迹遗址理事会专家拉菲克•姆高博士到云冈石窟实地考察,通过实地查看充分肯定了云冈石窟的价值,并向联合国教科文组织提交了考察的书面报告。这是申报审查程序中最重要的一环。2001 年 6 月 23 日,云冈石窟申报列入《世界文化遗产名录》中英文文本印制完成,包括石窟艺术的语言文字表达、石窟保护和维修的历史记录、文本照片、录像、洞窟实地测量图的绘制、文献资料的梳理等,并呈送联合国教科文组织世界文化遗产中心。该文本在 2001 年度山西省百部工程奖的评选中,获一等奖。2001 年 6 月 27 日,联合国教科文组织世界遗产委员会会议在巴黎如期召开,会议提名云冈石窟进入本届文化遗产候选名单。

2001 年 12 月 12 日,联合国教科文组织世界遗产委员会全体会议召开,全会一致同意将中国的云冈石窟列入《世界遗产名录》。

云冈石窟成为中国第 28 处世界遗产。这是云冈历史上具有划时代意义的重大事件,标志着云冈石窟的文物保护、学术研究以及遗产管理工作进入了一个新时期。为云冈的发展注入了强大内生动力,让云冈石窟自信地走向世界。

三、云冈石窟申遗成功的意义

(一)保护云冈成为国人的共识

云冈石窟申遗的成功让云冈石窟从此走上了国际化的大舞台,不仅在国际上的知名度不断提高,对其的保护和修缮也得到了国际社会的高度支持,伴随而来的还有国内各界对云冈石窟的研究和保护工作也得到了提升。这在云冈石窟的发展和保护历程中具有十分深远的意义。作为文化遗产的云冈石窟,记录着中华民族的历史,承载着中华民族的文脉,保护好云冈石窟就是传承和弘扬中华文明，就是面向未来展示中华民族的生生不息。

（二）云冈学研究提升到一个新高度

云冈石窟申遗的成功让世人对云冈石窟的价值有了更加全面深刻的认识，学界开始从多维度、多学科视角对云冈石窟的艺术、历史、考古、社会、遗产、科学、文化等方面展开细致入微的研究。其多元的、丰富的内在价值成为云冈学的系统支撑，在今天传承和弘扬文化自信，建设社会主义现代化有着积极的影响。

（三）云冈文化成为世界交流的桥梁

云冈石窟成功申遗为中国与世界上其他国家和地区的文化交流提供了沟通的桥梁。在全球化的时代，跨文化的交流愈加频繁，如何在保留自身文化特色的同时，突显世界文化的多元性，促进世界和平与可持续发展成为时代发展的主流。世界文化遗产能够促进跨文化交流，增强社会凝聚力，并成为国家软实力的见证，在文化的交流互鉴中，秉承和平、发展、公平、正义、民主、自由的共同价值观，汇聚世界各民族的物质遗存和精神力量，来积极应对未来时代的发展。

（四）云冈成为提升文化自信、促进民族团结的载体

云冈石窟是非常珍贵的文化资源，是中华民族在长久的发展中所积淀下来的物质遗存和文化精髓，为世界人类文明的多样性和复杂性提供了补充，是世界人民了解中国、感受中国的一个重要窗口。云冈石窟承载着历史的发展脉络，是不可再生、不可替代的中华优秀文明资源，其创造性、民族性、融合性及工匠精神，对于呈现中国智慧、增强民族文化自信、增进人类文明互鉴，具有重要的历史意义和现实意义。

四、申遗成功后云冈石窟的巨变

2001 年 12 月云冈石窟申报世界文化遗产成功，至今走过 20 多年的历程，与申报世界文化遗产成功之前相比，变化可谓天翻地覆：从最初的修缮维护，到今天的科学保护；从致力于云冈文化的普及传承，到深入开展“云冈学”的科学研究，云冈石窟兑现了对世界文化遗产的承诺，交上了诚意满满的成绩单。

2002 年，云冈防水保护工程正式启动。

2005 年，云冈召开国际学术研讨会，共谋保护与发展之路。

2006 年，《云冈石窟编年史》出版发行，山西云冈石窟研究所更名云冈石窟研究院。

2007 年，云冈石窟成为首批国家 5 A 级旅游景区。

2008 年，启动了石窟周边环境综合治理工程，对云冈峪进行整体绿化，对十里河进行河道治理，将 339 省道云冈段再度改线，重建云冈旅游专线，在原有基础上继续完善景区旅游设施建设，核心景区面积扩大 10 倍。同年，北京奥运圣火传递仪式在云冈石窟举行。西部窟顶遗址开启考古发掘，发现两处北魏至辽金的佛教寺院遗址和铸造工场遗址。

2010 年，经过几代云冈人不懈的努力，云冈大景区建设竣工，初步形成了如今我们参观云冈石窟的游览环境。同年 11 月“云冈石窟凝结水监测研究”项目获得“2009 年度文物保

护科学和技术创新奖”二等奖，项目岩石表面凝结水水量测量装置，在世界上尚属首创。

2012年，石窟窟顶北魏辽金佛教寺院遗址，被评为“2011年度全国十大考古新发现”；云冈石窟“五华洞”保护性工程开工；此后，云冈石窟研究院专门成立了文物数字化研究中心、云冈美术馆、云冈院史馆，让更多人了解云冈、走近云冈；10月，“石质文物保护关键技术研究”项目通过“十一五”国家科技支撑计划验收。

2014年，第9、10窟，第11至第13窟和无名窟三组保护性窟檐修建工程年底完成主体工程，极大地缓解了五华洞受雨水冲蚀而风化严重的现状；4月，与敦煌研究院联合建设的“国家古代壁画与土遗址保护工程技术研究中心山西工作站”在云冈石窟挂牌。

2017年，云冈第3窟原比例3D打印复制窟在山东青岛正式落成。

2018年，世界文化遗产监测中心建成。

2019年，《云冈石窟全集》被中宣部授予“第五届中国出版政府奖图书奖”。

2020年5月11日，习近平总书记来到云冈，并作出重要指示。同年，云冈第12窟音乐窟全球首例可移动3D打印复制洞窟，在浙江大学艺术与考古博物馆正式亮相。让久居云冈的石窟造像离开千年旧址，开启了可移动可拆装的全球“云”游。

2020年9月，云冈研究院与北京大学、山西大学联合培养云冈学方向的硕士、博士研究生，建立产学研基地。山西大同大学云冈学学院与云冈文化生态研究院挂牌成立。

2021年2月19日，云冈研究院挂牌成立，按照“三部一所六中心”完成架构。作为省政府直属厅级事业单位，承担着云冈石窟保护、监测、研究、展示的重任，同时统筹云冈学建设发展和区域性石窟保护的职责。云冈数字化扫录工作已完成近一半，兼配全国文物系统排名第一的核心机房，让云冈石窟艺术从实体走向数字化，从逐渐消亡走向数字重生。

在原有保护修复技术的基础上，云冈石窟又先后建设了云冈数字中心和彩塑壁画修复中心。云冈数字中心对云冈石窟所有资料进行数字化采集、数字化转换，同时将三维激光扫描技术运用于石窟考古研究、洞窟保护维修和文物展示等领域，为石窟的科学保护和传承奠定了基础。

3D打印行走世界。3D打印第3窟项目在青岛城市传媒广场落户，第18窟在北京建筑大学永久展示，第12窟先后在浙江大学、上海宝龙美术馆等地展出。

不断增添景区文化景观与设施。云冈博物馆、云冈美术馆、石兵美术馆、陈云岗雕塑馆、云冈院史馆、云冈书屋、孝义皮影木偶表演院、西天梵音乐舞表演等项目。利用废弃石材、石雕、木料和煤矿工厂淘汰机具等打造各式景观，为国家节约资金近2亿元。

完成云冈文保实验室基础设施建设，建成省级石窟寺文物保护科研基地，建立了“山西省文化遗产保护院士科技创新中心”，召开“文物保护与科技创新院士论坛”。投资2 300万元，建设了数字云冈先进计算中心，可提供高性能计算、大数据存储和人工智能等服务。

完成《云冈石窟山顶佛寺遗址考古发掘报告》的编写，加快《云冈石窟窟前遗址考古发掘报告》的整理，推进《云冈石窟分类全集》《云冈纹饰全集》《云冈石窟内容总录》《圣地重新·云冈百年复兴展》《云林寺》等学术著作的编撰工作。

云冈文创一枝独秀。云冈元素、云冈纹饰、云冈雕塑艺术正以不同形式走向世界。

第二节　云冈文化遗产的传承与利用

一、云冈文化遗产的价值

(一)云冈文化遗产的历史价值

不同时代、民族、地区宝贵的文化遗产,都是经过人类社会生活实践检验的历史产物,都可以直观反映出当时国家或民族的社会文化生活和经济发展状况。云冈石窟是中国和世界文化遗产中不可或缺的一部分,它以独特的多重历史价值和文化价值,展示着中国古人民的聪明才智、中华民族深厚的文化底蕴,也成为当前中国推进文化遗产保护与传承的重要范例。

公元398年,拓跋珪在平城建都之后,就开始了以鲜卑文化为主体的北方游牧民族文化和中原汉民族农耕文化的融合与发展,是当时中华文明发展的缩影和体现。云冈石窟的开凿,见证了中国古代佛教思想和文化的发展历程,是对中国古代社会历史、文化、艺术、宗教等多方面的反映。云冈石窟曾是佛教活动的重要场所之一,同时也是政治、经济、文化交流的中心,因此在中国古代历史研究上有着重要的价值。在云冈石窟,上可溯源拓跋远祖,下可延至北魏末期,呈现了当时社会内在的思想意识,显现了独特的风土人情,使得北魏政治、经济发展和文化艺术皆有了生动形象的记录。

云冈石窟不仅是系统了解、全面研究我国古代历史文化、雕刻、建筑、音乐、艺术以及宗教信仰等方面的重要史实资料,还蕴含了各民族交往交流交融的历史内涵,体现了中华民族的共同体意识。云冈石窟是中国早期佛教艺术的代表之一,它见证了中国佛教思想和文化的发展历程。石窟内的壁画、塑像等都反映了当时佛教的信仰、思想及宇宙观等内容,对于研究历史发展、文化交流等具有重要价值。云冈石窟作为一个建筑群,它的设计、布局、装饰等都反映出当时的社会制度、政治经济、文化信仰等,因此可以为中国社会史、城市规划、建筑史等领域的研究提供重要的资料和参考。

云冈石窟作为世界文化遗产,具有多方面的历史价值和文化价值,对于推动中外文化的交流与发展、弘扬中华文明等方面皆有着重要的作用,促使大同围绕着地方特色文化不断传承创新、融合发展。

(二)云冈文化遗产的艺术价值

云冈石窟代表了中国古代壁画艺术和雕塑艺术的高峰。云冈石窟内保存的大量精美的壁画和雕塑,以其高超的技巧和细致的表现力,展示了中国古代艺术家的创造力和智慧,具有极高的艺术价值。

云冈石窟壁画、雕塑等艺术品融合了中原文化、北方民族文化和犍陀罗文化的特点,呈现出高度独特的美学风格,对于中外艺术的发展皆有着深远的影响。云冈石窟集宗教、政治、历史、哲学、音乐、舞蹈、雕塑等为一体,是鲜卑族文化、汉文化历史发展演变的缩影,是西方文化、宗教文化精华的生动呈现。云冈石窟的壁画作品不仅在形式上反映了中国佛教艺术的风格特点,在内容上也表现了中国佛教文化的精髓和深厚的艺术渊源。云冈石窟中一些题材和造型受到了印度和中亚等地文化的影响,并结合了中国传统文化元素,形成了独特的艺术风格,反映了东西方文化交流的历史背景和艺术成就。

梁思成曾说:在云冈石窟中可以清晰地看到,在中国艺术固有的血脉中,忽然渗杂旺盛而有力的外来影响,为可重视。它们的渊源可以追溯到古代的希腊、波斯、印度,它们通过南北两路,经西域各族和中国西藏到达内地。这种不同民族文化的大交流,赋予我国文化以旺盛的生命力。这是历史上最有趣的现象,也是近代史学者最重视研究的问题。

(三)云冈文化遗产的科学价值

文化遗产作为历史信息和文化信息的珍贵史料,提供了当时历史时期社会经济发展水平、科学技术水平和人类活动能力的历史佐证。

石窟寺的选址、修建与社会经济、自然地理变化条件以及人文历史积淀等多种因素皆有着密切的关系,相互联系、相互影响。云冈石窟整体开凿的规划与武州山石质的结构、特性有着内在的联系,根据武州山地理环境因地制宜,进行规划布置,体现了认识世界、把握世界、追求真理的科学精神与科学思想。武州山的地质构造基本属于侏罗纪厚层砂岩,岩石的主要成分为长石和石英。云冈石窟均雕凿在侏罗纪云冈统透镜体砂岩上。这层砂岩上部较坚硬,下部较疏松,宜于开凿。根据优越的地质条件,石窟雕刻大师巧妙地利用这层砂岩的水平和垂直分布规律,精心安排窟室布局和雕像选形。凡是岩石坚固的地方,则精雕主件,凡是岩石较为疏松的地方,则雕以支、撑、坐、台等次要部件。

云冈石窟的开凿具有时代性,是当时科技水平的集中体现。云冈石窟的石窟、壁画等都具有较高的科学价值,可以为考古、美术、人类学、宗教学等领域的研究提供重要的资料和参考。

(四)云冈文化遗产的经济价值

文化遗产的保护和利用,可以丰富人们的精神文化生活,全面提高人们的科学文化素质。并且,随着人们对精神文化生活需求的快速增长,文化遗产的经济价值和功能也在提升。文化遗产本体蕴含的历史文化、艺术审美、科技价值特点鲜明、形式多样,而遗产本体通过作用于周边环境所产生的环境价值,把遗产本体与周围环境紧密相连,外延范围不断扩展。

云冈文化遗产不仅是中国文化和艺术的重要组成部分,也是中国文化和经济发展的重要驱动力。在云冈石窟的保护利用过程中,不仅可以保护和传承好这一重要文化遗产,而且还能够带动周边地区的经济开发和文化创意产业的发展,促进当地居民的就业和生活水平提高。云冈石窟作为著名的旅游景点,每年都吸引大量国内外游客前来观赏和学习。不仅带动了周边地区旅游业的发展,而且为推动文化交流和旅游文化产业提升做出了贡献。

云冈文化遗产具有多重价值,不仅代表了中国传统文化、历史、艺术和宗教信仰的精髓,而且为新时期的社会和经济发展提供了重要的智力支持。积极采取措施保护和利用好云冈文化遗产的同时,也要推动中国文化的传承和创新,促进中外文化交流与合作。

二、云冈文化遗产传承利用的原则

（一）保护为主

文化遗产的传承利用，必须以保护为主，以文化遗产的存在为前提，不能毁坏文化遗产、减少或降低其价值。云冈石窟作为中国和世界文化遗产中的重要组成部分，其保护与传承应该始终摆在首位。在发展利用云冈文化遗产的过程中，必须坚持文物保护至上的原则，保证云冈石窟内的文物财富得以完好保存和延续，并确保新开发的项目不会对已有文物造成损害。

作为著名的旅游景点，云冈石窟吸引了大量的游客前来观光和旅游。然而，过度旅游开发可能会对文物造成损害，给文物保护带来压力。因此，在推进旅游经济发展的同时，必须重视文物保护和管理工作，通过科学规划和合理利用等方式，实现旅游经济与文物保护之间的平衡。坚持以文化遗产保护为先导，加强文物保护和管理，提高游客素质和文化素养，促进旅游业可持续发展，使云冈石窟能够长期稳健发展，不仅造福于当地人民，也为世界人类的文化多样性做出贡献。

云冈文化传承利用需要实现可持续发展，避免对当地环境和社会造成不可逆转的影响。文化遗产传承利用时，应有主有次、有先有后，不可本末倒置、先后颠倒。必须遵循保护为主的原则，在利用文化遗产时首先做好保护工作，在对文化遗产原真性和完整性、传承性做好有效保护的前提下进行开发利用。

（二）科学规划和合理利用

通过前期的调查研究，制定出符合云冈石窟当地实际条件的规划方案，并在合法合规的情况下推进开发利用工作。同时，在利用云冈文化资源的过程中，要充分考虑当地自然环境、文化特色和社会需求等多方面因素，既要满足人们的观光需求，也要尽可能地减小对环境和社会的影响。

随着社会经济的发展，云冈文化传承利用也面临着新的挑战。传承利用过程中，需要不断完善科学规划体系，创新开发模式，合理利用文化遗产资源，实现文化遗产资源价值的最大化，确保云冈文化的传承和发展不会被短期的利益所冲击。更好地实现对云冈文化的继承和发展，让云冈文化遗产得以永续传承，为人类文明的发展作出更加重要的贡献。

（三）深度挖掘文化内涵

随着社会经济的不断发展，云冈文化传承利用不局限于作为旅游资源的开发和利用，而应该深度挖掘其丰富的文化内涵。加强云冈文化的专项研究，进行广泛深入的探索，充分挖掘云冈文化的历史、人文、宗教、艺术等多方面的价值，并将其融入当地社会建设和文化创意产业的发展中，形成多元化的云冈文化产业链。

通过云冈文化的普及教育和科普推广，提高公众对云冈文化的认知和理解，引导人们树立正确的历史观念和文化价值观，为促进中国和世界文化多样性的维护和发展做出积极的贡献。在云冈文化传承利用的过程中，应该注重推动多元文化交流与融合，建立中外文化机构间的长期合作机制，推动云冈石窟与世界各地文化的交流与融合，增进不同文化之间的相互理解和认知。

在云冈文化传承利用过程中，需要注重平衡历史和现实、文物保护和经济利益、传承和创新等多方面因素，需要多层面共同协作。功在当代，利在千秋，为云冈文化的传承和发展做出积极的贡献。

三、云冈文化遗产传承利用的途径

（一）云冈文化遗产利用与产业发展

1. 文化遗产利用与文化产业

文化遗产既是人类文明发展的见证，也是文化认同和文化特性的体现。文化遗产是文化产业发展的珍贵资源和重要依托。通过对文化遗产的保护、开发和利用，可以促进文化产业的繁荣和发展。首先，文化遗产作为独特的文化产品，可以吸引更多的游客和观众，推动旅游、文艺表演、文化展览等业态的快速发展。其次，文化遗产的挖掘和传承可以推动相关产业的发展，例如传统手工业、文物鉴定、博物馆建设等。最后，对文化遗产的保护和管理也需要大量的专业人才和技术支持，因此可在一定程度上提高文化领域的就业率。总之，文化遗产是文化产业发展不可或缺的珍贵资源。保护和传承好文化遗产，对于推动文化创新、促进文化产业持续发展具有重要的意义。

云冈文化遗产与文化产业的结合，旨在将古代艺术与现代文化产业相结合，通过创意设计、数字化技术、影视制作等手段，将云冈石窟文化内容转化为有商业价值的产品，推动云冈文化遗产的保护与传承，同时也满足人们对文化消费的新需求。

2. 文化遗产利用与文化旅游

文化旅游是通过文化感知、文化体验，深入了解异地文化的旅游活动。促使旅游者参观文化事物、参与文化活动、获得文化体验，进一步了解当地的历史、社会、艺术等内容，开阔文化视野、丰富文化知识、提高文化素养、陶冶文化情操。

云冈文化遗产的传承利用为旅游产业的发展提供了强大的支撑。云冈石窟集中体现了石窟艺术的奇迹，是游客前来参观的重要目的地。这不仅可以吸引国内外各地游客前来观光和旅游，增加旅游收入和就业机会，也可以推动当地饮食、住宿、交通等服务业的发展，形成完整的旅游产业链条。云冈文化遗产作为文化创意产品的原始素材，可以被赋予全新的艺术价值，在合适的场合和市场中进行推广，促进大同文化产业的发展。

云冈文化遗产的传承利用与旅游产业发展的内容紧密相连。在旅游经济的带动下，云冈文化遗产的保护、研究、展示和推广工作不断深化和丰富。同时，旅游开发也促进了人才培养、科技创新等方面的不断提升。例如，在传统的景区体验之外，云冈石窟的数字化展示、虚拟现实技术等科技手段的运用，将为游客提供更加丰富、多样化的旅游体验。

3. 文化遗产利用与旅游商品

文化遗产和旅游商品是旅游业中不可或缺的两个元素。文化遗产具有历史、人类学、考古、艺术、建筑、民俗等方面的价值，是了解一个地区文化历史的最佳途径。旅游商品是通过对文化遗产的开发和利用，制成的纪念品、特色美食、手工艺品、文创产品等。旅游商品的推广和销售，不仅能提高旅游目的地的经济效益，还能促使更多人了解并认识到不同地区的文化差异和特色，增进彼此之间的了解。此外，旅游商品的创作和生产可以吸纳当地的劳动力，提供更多的就业机会和收入来源，促进当地经济的发展。因此，对文化遗产和旅游商品的可持续经营，既要注重保护文化遗产的原始性和独特性，不能为了商业利益而过度开发和削弱其本身的价值，还要开发多元化、具有长期竞争力和市场潜力的旅游商品，避免单一的、低水平的文化产品占据市场，实现文化遗产与旅游商品双赢。

云冈石窟承载着深厚的北魏文化，云冈文创产品通过内涵式发展，目前采用内外结合的方式大力推动云冈文创产业的发展。一部分是云冈石窟研究院的专业美术人员设计的文创产品，如云冈纪念邮票、明信片、油画印刷品等；另一部分是引进外地优秀文创企业，举办文创比赛进行文创产业发展；还通过对非物质文化遗产的保护与扶持，由手工艺人协助进行文创产品设计和创新。

（二）云冈文化遗产传承利用的具体措施

1. 加强云冈文化遗产的科技保护

政府牵头动员各行业专家、高校研究机构、志愿者参与，在线上建立云冈文化遗产的存档系统，收集文物资料、策划活动、记录访客数据等，完善云冈数字档案。运用现代科技手段，如激光扫描、三维重建等，对云冈石窟进行数字化保护和修复，以及实现石窟内部结构、画面等的多角度呈现，保持云冈文化遗产的完整性和真实性。建立专门的博物馆，展示丰富的云冈文化遗产，包括壁画、雕塑、书法等，同时运用现代科技手段，如数字化展示、虚拟现实技术等，使游客更好地了解云冈石窟的历史和文化内涵。

2. 推动云冈文化遗产的产品创新

通过不同程度的深入挖掘和开发云冈文化遗产，可以形成各种具有特色的旅游产品，如主题游览线路、文化体验营、特色美食等，满足不同游客的需求。通过开展多种教育活动，如文化体验营、课外学习、义务讲解等，让更多的公众了解云冈文化遗产的历史渊源、艺术价值和社会意义，培养对文化遗产的保护和传承意识。结合互联网和新媒体技术，开发互动式旅游产品。例如，设计针对不同年龄、兴趣群体的互动游戏、AR 导览等产品，激发游客的参与度和互动性，让游客能够在玩乐中感受到丰富的文化内涵和历史价值。

整合周边旅游资源，成为旅游经济开发的重要组成部分。在旅游规划上进行综合考虑，充分发掘和整合云冈及其周边的各类旅游资源，打造更为完善的旅游产品体系，丰富产品组合。

3. 完善云冈文化遗产的商品内涵

大同云冈旅游商品设计和创新以游客需求为导向，以云冈文化遗产作为文化创意产品的原始素材，挖掘并发掘当地的文化和历史资源，赋予新的艺术价值，提高商品的质量和文化含量，使云冈旅游商品更好地服务于旅游产业和当地经济的发展。可以结合当地特色美食、手工艺品等元素，打造具有云冈石窟特色的旅游创意产品。例如，通过挖掘当地民俗文化，制作出以云冈石窟为主题的剪纸、绣品等手工艺品；或者利用当地的食材和烹饪技术，开发出具有当地特色和云冈元素的美食，如云冈石窟糕点、云冈菜等，满足游客对当地美食和手工艺品需求的同时，增加旅游商品的文化内涵和旅游记忆感。

注重云冈文创商品的内涵，提高云冈文创商品的质量，增加产品的附加值，优化旅游商品消费环境，通过多种形式和途径，例如社交媒体、广告宣传、展览等，广泛引起公众对云冈文化遗产的关注和重视，增强顾客的旅游消费意愿，把云冈文创打造成一张亮丽的名片，为云冈文化遗产传承和旅游发展增光添彩。

第三节　云冈文化的建设成就

为了贯彻习近平总书记视察云冈石窟重要指示精神，山西省委和大同市委高度重视云冈文化，明确提出加强云冈学研究的任务要求。山西大学、太原理工大学、山西大同大学以及云冈研究院积极响应，展开行动。山西大同大学充分发挥地域和学科优势，制定“两院双刊”一体化推进云冈学发展规划，成立“云冈学学院”和“云冈文化生态研究院”，创办《云冈研究》学术期刊，加之学校原有的《北朝研究》杂志，形成良好架构，有效推动了云冈学建设，在此作为个案着重叙述。

一、政府决策支持

（一）政策支持

2020年，山西省委常委会审议通过了《关于贯彻落实习近平总书记视察云冈石窟重要指示设立云冈学和加强云冈文物保护的实施意见》和《关于云冈文物保护、考古研究与展示利用专项工作实施方案》，提出在全省大力开展云冈学研究的重要任务，大同市委高度重视，出台了《关于加强云冈文化遗产保护和创建云冈学的实施意见》，云冈学建设被提到新的文化战略高度，迎来了时代发展机遇。

（二）科研平台支持

山西省委和大同市委对云冈学建设给予大力支持。帮助山西大同大学先后成立了云冈学学院、云冈文化生态研究院、山西省委宣传部重点智库云冈文化研究中心、山西省文物局北魏文化科研基地、山西省教育厅云冈学研究与文化遗产传承保护哲学社会科学实验室、山西省云冈乐舞传承基地、山西省云冈雕塑传承基地等科研创新和文化发展平台，为汇聚云冈学人才，打造科研高地提供了良好条件和保障。

（三）学术阵地支持

山西省委宣传部和国家新闻出版广电总局批准山西大同大学创办《云冈研究》杂志，这也是国内外首个以“云冈”命名的正式学术刊物。2022年底，杂志被中国社会科学院评价研究院评为核心期刊，吸引了学术界特别是北朝史学者的关注，壮大了云冈学研究的队伍和力量，提升了云冈学在学术界的知名度和影响力。山西大同大学还建成了富有特色的“云冈文献资料中心”，藏书丰富，利用数字化技术将纸质图书电子化，电子文献纸质化，为学术研究提供了极大便利和前提基础。

二、学科建设

云冈学属于新兴冷门绝学，具有特殊的学科属性和地位。目前已经建立起较为完整的学科体系，包括云冈石窟的考古发掘、艺术造型、文物保护等方面的研究，同时，也涉及了与云冈学相关的历史、宗教、地理、民族、文学等方面的研究。山西大同大学在推进云冈学学科建设的过程中，通过明确学科范畴、建立研究梯队和人才培养体系、打造科研平台、推动跨学科研究、加强国际交流与合作等举措，取得了较好的成效。

（一）确立学科体系

云冈学是以云冈石窟现有文物为依托，集宗教、考古、美术、音乐舞蹈、建筑、历史、地理、民族、文学及文物保护等诸多学科在内的综合性学科。这一综合学科性质，使得学者们可以从多个角度和领域去展开研究，在更加广泛多样的视角关照下，形成良好的交叉学科研究态势。山西大同大学发挥学科门类齐全的办学优势，成立“云冈学学科交叉融合建设委员会”统筹指导学科发展，组织中国语言文学、历史学、新闻传播学、美术、音乐、外国语言文学、法学、物理、化学、资源与环境等学科力量全面推进学术研究，实现了立体交叉研究。

（二）建立研究梯队和人才培养体系

学科建设离不开人才和团队。山西大同大学引进来自北京大学、中国人民大学、中央民族大学、故宫博物院、北京画院、山西省考古研究所、山西画院的一批云冈学研究专家和艺术家作为特聘教授，来校从事云冈学研究和创作实践，发挥了学术带头人引领作用，也帮助建立了学科团队，培养了一批年轻学者，形成了一支稳定的研究队伍。2020 年，云冈学学院获批中国史一级学科、旅游管理专业硕士学位授权资格，开始培养涉及“云冈学”特色方向的硕士研究生，研究生学子的加入，为云冈学的进一步发展提供了新鲜血液和科研力量。在本科生和研究生的课程当中，从必修课和选修课中，特别增加了云冈学研究相关的特色课程，为学生从事云冈学研究奠定基础。上述各级各类人才在云冈学的学术研究和发展中发挥着重要的作用，为云冈学的未来可持续深化发展提供了重要的人才储备和保障。

学科建设需要科研平台和研究方向。云冈文化生态研究院在山西省原高校人文社科重点研究基地云冈文化研究中心基础上成立，设置云冈学文献资料整理、历史文化研究、民族融合与文化交流、文物保护修复、文旅产业开发等五个研究方向，进一步明确了新时代云冈学研究的核心任务和方向；云冈学研究与文化遗产传承保护哲学社会科学实验室，侧重文、理、工学科交叉融合，致力于文物遗产保护和云冈文化数字化传播；云冈学文化研究中心智库则发挥顶层设计和战略规划作用。这些都成为云冈学学科交流和发展的重要平台。

（三）推动跨学科研究

云冈学研究需要进行跨学科研究，只有通过跨学科的研究方式，才能为云冈学的学科建设提供更加广阔的思路和方法，才能更好地挖掘和阐释云冈石窟的深刻文化内涵和价值意义。因此，山西大同大学组建了多支跨学科研究团队，如云冈乐舞研究与创作团队、云冈雕塑与文创研究制作团队、石质文物保护研究团队，云冈学研究与文化遗产传承保护哲学社会科学实验室致力于数字化展示和数字化传播，在保护的基础上，通过制作视频的方式，努力讲好云冈故事，传播好云冈文化，建设成效显著。

（四）加强国际交流与合作

云冈学建设特别注重学术交流与合作，努力营造良好的学术氛围。例如，举办北魏文化论坛、青年考古学者论坛、古建筑文化遗产保护论坛等大型学术会议，开设云冈石窟文化艺术专门研修班，极大促进了学术交流与互鉴。云冈学研究具有世界意义，应该走向世界。通过与国外学者和机构的合作，引进先进的理念和经验，组织国际化的学术会议，举办美术创作、云冈乐舞的展览、展演，让云冈学的国际传播力和影响力日益扩大。通过数字化技术和虚拟现实手段制作云冈数字化作品，并进行国际巡演，以及美术创作的国际巡展，将是未来主要的发展方向。

三、科学研究

科学研究在云冈学中占有重要地位，高水平高质量的学术成果始终是山西大同大学学者努力追求的目标，从科研项目到学术论文、论著以及文化艺术实践各个方面，都展现出较好成绩，值得一提的是，大同市文博单位的研究者们也产出了许多重要成果。

（一）学术成果

山西大同大学专家学者围绕云冈学研究获批国家社科基金特别委托项目 1 项——“云冈石窟多元一体中华民族交融研究”、国家社会科学基金冷门绝学研究专项 1 项——“山西北朝石刻遗存文献抢救性整理研究”，实现国家重大课题零的突破。获批教育部人文社会科学研究一般项目、山西省哲学社会科学规划项目、山西省高校哲学社会科学研究项目、山西省高校人文社科重点研究基地项目等省部级项目 100 多项。山西大同大学设立年度“云冈学专项基金”，共支持校级立项近 200 多项，出版《云冈十看》《高僧昙曜》《云冈舞教程》等著作和教程，2022 年《云冈研究》杂志被社科院评价研究院评为核心期刊，为学校赢得了重要声誉。

云冈研究院与北京大学、浙江大学、武汉大学、北京建筑大学、山西大学、敦煌研究院、龙门石窟研究院、中国文化遗产研究院、山西大同大学等建立合作关系，在文物保护、石窟雕刻、考古发掘、艺术源流探讨等诸多方面展开深入研究，产出一批重要成果，主要包括：对云冈石窟进行了系统的分期研究，并围绕《大金西京武州山重修大石窟寺碑》对云冈进行了分期。先后出版了《云冈编年史》《云冈词典》等一系列书籍，特别是用了 7 年时间出版了《云冈石窟全集》，这套书集系统性、科学性、学术性于一体，改变了“云冈石窟在中国，云冈研究在日本”的旧有不佳印象和状况，《云冈石窟全集》被中宣部授予“第五届中国出版政府奖图书奖”。申报的“圣地重新——云冈百年复兴展”被国家文物局列为 2021 年度“弘扬中华优秀传统文化、培育社会主义核心价值观”主题展览重点推介项目。

此外，各研究单位还积极联合开展北魏民族学、云冈图像学、丝路文化与民族融合等方面研究，编撰出版了《云冈石窟窟顶遗址考古发掘报告》《看见中国文物里的上下五千年》《不可错过的云冈》《云林寺》。《云冈石窟窟前遗址考古发掘报告》《云冈石窟分类全集》

《云冈纹饰全集》和《云冈石窟内容总录》《云冈石窟昙曜五窟考古报告》《云冈石窟第1、2窟考古报告》《鲁班窑石窟考古报告》《吴官屯石窟考古报告》《焦山寺石窟考古报告》等一批学术著作正在整理编写出版当中。发表《辽墓壁画里的奉经图》《宿白先生与永乐宫研究》《科技引领传承经典——云冈石窟的开凿与保护》等100多篇论文。

这些学术研究成就是对云冈学的深度探索和系统总结，也为保护和利用宝贵文化遗产提供了科学依据，对于推动云冈学的进一步发展具有重要的意义，标志着云冈学研究已经进入一个新的阶段。当前，云冈学研究已得到国内外学界的广泛关注，研究的重点已从探究云冈石窟在佛教史、艺术史上的重要性发展到了深入挖掘造像艺术和造像背后蕴含的民族融合和文化交流等深层次问题，后续一系列研究计划和成果还将不断问世。

（二）艺术实践

山西大同大学音乐学院师生以云冈石窟乐舞图像为灵感，在深入研究云冈文化的基础上进行再度创作，完成了《云冈长袖飞天舞》《云冈六臂神舞》《云冈力士舞》《云冈伎乐天》《云冈鼓乐飞天》《云冈团莲舞》《云冈散花飞天》《云冈束腰鼓舞》等乐舞剧目，为云冈艺术注入了新的活力。其中，《云冈长袖飞天舞》获得以色列第十九届国际民间艺术节最高奖“舞蹈节日杯”、第六届中国民间艺术节金奖。《云冈莲珠纹舞》获第九届华北五省市（区）舞蹈大赛创作一等奖。《云冈束腰鼓舞》获第十一届华北五省市（区）舞蹈大赛“园丁奖”。《云冈六臂神舞》受邀参加山西省第十二届残运会开幕式演出、山西省第六届文博会主舞台演出。《云冈束腰鼓舞》参加山西省委宣传部2024年度重点宣传项目《首席体验官》第三季的录制。

美术学院师生围绕云冈石窟独特资源，以精美造像和窟龛为灵感，制作出各式各样的文化创意产品，将云冈石窟的艺术魅力以新的形式呈现出来，实现了文化的传承与创新。创作种类有绘画、设计、雕塑作品，共计上百余件（套）。其中，在第十一届中国陶瓷产品设计大赛中，以云冈为主题的陶瓷设计作品共获得一等奖1项、二等奖1项。作品《保护传承云冈文化，增强中华文化自信》在山西省第六届大学生艺术展演活动高校美育改革创新优秀案例。组建云冈雕塑艺术名师工作坊，进行文创设计，《云冈雕塑艺术传承与创新》获得2021年全国第六届大学生艺术展演活动二等奖。学生雕塑作品《多彩云冈》作品入围曾竹韶雕塑艺术奖学金评审，教师油画作品《云冈回想》入围国家画院展览。成功举办“盛世云冈·同大云冈文创作品展”，获得社会文创企业的高度关注，反响极大。

文学院师生原创的《石破奏清音——云冈诗文集》共收集师生作品659篇，是一份响应国家号召，弘扬云冈文化、树立文化自信、共建人类命运共同体的实践答卷，诗文集以一种生动形象的方式述说了云冈的过去、现在和未来，是领悟与传承、学习与升华云冈文化的原创读本。外国语学院将云冈学相关论文翻译成英文，推动云冈学研究走向世界。

四、文化交流

云冈学建设极大促进了文化交流与合作，反之，文化交流为云冈学的学术研究和发展提供了更加广阔的视野和更加丰富的资源。山西大同大学与山西大学、云冈研究院加强省内学术合作，与敦煌研究院、龙门石窟研究院、中国文化遗产研究院、北京大学、浙江大学、北京建筑大学等文物单位和文化遗产数字化保护走在前沿的高校也都建立起合作关系，共同举办云冈文化推介活动、云冈学学术研讨会、云冈石窟佛教绘画展览等活动，这些活动从多角度增强了公众对云冈学的了解和认识，也为云冈学的进一步发展提供了支持和动力，促进了学者之间的文化互鉴。

云冈学建设不仅在学术界产生了较大影响，也在社会上产生了广泛反响。通过各种形式的宣传和推广，越来越多的人开始关注和了解云冈石窟，增强了社会上人们对云冈石窟文化遗产的认同度和保护利用意识。在云冈学建设的影响带动下，大同本土以云冈石窟为元素的文化创意产业得到了快速发展，以云冈石窟为主题的各种文创产品和产业化活动不断涌现，为当地的经济发展提供了新的动力，例如，文创产品"佛小伴"在大同热卖，产生了极好的社会效益和文化经济效益，间接促进了文旅产业发展。

五、文物保护发展成就

文物保护研究是云冈学建设的一个重要维度和前提基础。通过建立完善的保护管理制度、开展修复工作、加强预防性保护等方面的工作，有效保护了云冈石窟的历史文化价值，为世界文化遗产的保护做出了重要贡献。

云冈研究院与山西省文物局文物保护处、大同市文物局等部门紧密合作，制定了一系列保护云冈石窟的规章制度，确保了保护工作的科学性和规范性。同时，成立了专门的保护管理机构，配备专业人员对云冈石窟进行日常监测和维护，及时发现和处理各种问题，确保石窟的保存状况良好。云冈学专家团队特别重视文物保护修复工作，针对云冈石窟的病害和破损进行了大量的研究和修复。他们采用传统工艺和现代科技相结合的方法，对石窟进行了全面的保护和修复。例如，针对石窟的裂隙和风化问题，采用注浆、喷涂等措施进行加固和修复；针对破损的造像和壁画，采用传统材料和技艺进行修复和还原。这些修复工作不仅保护了云冈石窟的历史文化价值，也为后续的保护工作提供了宝贵的经验和借鉴。预防性保护是文物保护的重要一环，可以有效降低文物受损的风险。云冈学专家团队定期对云冈石窟进行监测和维护，及时发现和处理各种潜在问题。山西大同大学学者着重从太赫兹石质文物无损检测和数字化文物修复等方面参与到云冈石窟文物保护和修复工作中，发表了一系列科研成果。

六、云冈学的未来发展

（一）继续加强学科体系建设

云冈学作为一门综合性学科，涉及多个领域的知识。未来，应该继续加强学科体系建设，完善各个领域的理论框架和研究方法，提高云冈学建设的整体水平。

（二）深入开展多学科交叉融合研究

云冈学的发展需要不同学科之间的交叉融合，以形成新的研究思路和方法。未来，应该鼓励多学科交叉融合的研究，挖掘和揭示出云冈石窟更深层次的文化内涵和价值。

（三）加强关键技术研发和应用

随着科技的发展，越来越多的新技术被应用于文化遗产保护和研究领域。未来，应该加强关键技术的研发和应用，提高云冈石窟保护和修复的科技含量，为云冈学的深入研究提供技术支持。

（四）强化国际交流与合作

云冈学作为世界文化遗产保护领域的一门学科，具有国际性特点。未来，应该加强与国际学术界的交流与合作，引进先进的理念和经验，推动云冈学的国际化发展扩大云冈学的国际影响力和知名度，从而推动世界文化遗产保护和传承的更进一步发展。

（五）加强人才培养和队伍建设

云冈学的发展需要一支高水平的研究队伍。未来，应该加强人才培养和队伍建设，吸引更多的优秀人才加入云冈学研究领域，提高研究队伍的整体素质和水平。

总之，未来云冈学的发展需要在学科体系建设、多学科交叉融合研究、关键技术研发和应用、国际交流与合作、人才培养和队伍建设等方面持续努力。通过这些措施的实施，推动云冈学的深入发展，为世界文化遗产的保护和传承做出更大的贡献。

参考文献

一、古籍文献

1. 范晔. 后汉书[M]. 北京：中华书局，1974.
2. 魏收. 魏书[M]. 北京：中华书局，1974.
3. 吉迦夜、昙曜. 付法藏因缘传[M]//高丽大藏经 54. 北京：线装书局，2004.
4. 郦道元. 水经注校证[M]. 陈桥驿，校证. 北京：中华书局，2007.
5. 慧皎. 高僧传[M]. 北京：中华书局，1992.
6. 僧佑. 出三藏记集[M]. 北京：中华书局，2017.
7. 葛洪著. 抱朴子内篇[M]. 张松辉，译注. 北京：中华书局，2011.
8. 李延寿. 北史[M]. 北京：中华书局，1974.
9. 僧佑，道宣. 弘明集·广弘明集[M]. 上海：上海古籍出版社，1991.
10. 司马光. 资治通鉴[M]. 北京：中华书局，1956.

二、著作

1. 陈垣. 记大同武州山石窟寺[C]//云冈石窟百年论文集. 北京：文物出版社，2005.
2. 方广锠. 中国佛教文化大观[M]. 北京：北京大学出版社，2001.
3. 王建舜. 北魏云冈[M]. 太原：山西古籍出版社，2004.
4. 汤用彤. 汉魏两晋南北朝佛教史[M]//汤用彤全集：第一卷. 石家庄：河北人民出版社，2000.
5. 赵一德. 云冈石窟文化[M]. 山西：北岳文艺出版社，1998.
6. 蒋维乔. 中国佛教史[M]. 北京：商务印书馆，2017.
7. 云冈石窟文物研究所. 云冈石窟大事记[M]. 北京：文物出版社，2005.
8. 张焯. 云冈石窟编年史[M]. 北京：文物出版社，2006.
9. 王恒编. 云冈石窟辞典[M]. 南京：江苏美术出版社，2012.
10. 毛志喜. 云冈石窟线描集[M]. 北京：人民美术出版社，2008
11. 冯骥才编. 中国大同雕塑全集：云冈石窟雕刻卷[M]. 北京：中华书局，2010.
12. 王晨. 云冈石窟装饰图案集[M]. 天津：天津人民美术出版社，2011.
13. 张焯主编. 云冈石窟全集[M]. 青岛：青岛出版社，2017
14. 彭明浩. 云冈石窟的营造工程[M]. 北京：文物出版社，2017.
15. 王建舜. 云冈石窟双窟论[M]. 北京：中央文献出版社，2003.
16. 云冈石窟文物保管所. 中国石窟·云冈石窟[M]. 北京：文物出版社，1991.
17. 张庆捷. 山西大同云冈石窟窟顶北魏寺庙遗址[M]//中国考古新发现年度记录 2010. 北京：中国文物报社，2011.

18. 宿白. 中国石窟寺研究[M]. 北京：生活·读书·新知三联书店，2019.
19. 赵昆雨. 云冈石窟佛教故事雕刻艺术[M]. 南京：江苏美术出版社，2010.
20. 方广锠. 渊源与流变：印度初期佛教研究[M]. 北京：中国社会科学出版社，2004.
21. 王建舜. 云冈石窟艺术审美论[M]. 山西出版传媒集团 • 山西经济出版社，2017.
22. 梁思成，费慰梅. 图像中国建筑史[M]. 天津：百花文艺出版社，2001.
23. 梁思成. 中国建筑史[M]. 北京：生活·读书·新知三联书店，2011.
24. 李裕群，李钢. 天龙山石窟[M]. 北京：科学出版社，2003.
25. 殷宪. 北魏平城书迹二十品[M]. 太原：山西人民出版社，2007.
26. 韦正. 将毋同：魏晋南北朝图像与历史[M]. 上海：上海古籍出版社，2019.
27. 李崇峰. 佛教考古：从印度到中国：上册[M]. 上海古籍出版社，2014.
28. 水野清一，长广敏雄. 云冈石窟：西历五世纪における中国北部佛教窟院の考古学的调查报告[M]. 京都大学人文科学研究所云冈刊行会，1951-1956.
29. 长广敏雄. 云冈と竜门：中国の石窟美术[M]. 中央公论美术出版，1964.
30. 八木春生. 云冈石窟文様论[M]. 法藏馆，2000.
31. 石松日奈子. 北魏仏教造像史の研究[M]. ブリュッケ，2005.
32. 冈村秀典，下垣仁志，向井佑介. シルクロード発掘 70 年：云冈石窟からガンダーラまで [M]. 临川书店，2008.
33. 水野清一. 中国の仏教美术[M]. 东京：平凡社，1968.
34. 冢本善隆. 支那仏教史研究（北魏篇）[M]. 东京：清水弘文堂书房，1942.
35. 松元荣一. 敦煌画研究[M]，东京：东方文化学院东京研究所，1937.

三、期刊文献

1. 杨泓. 从穹庐到殿堂：漫谈云冈石窟洞窟形制变迁和有关问题[J]. 文物 2021（8）.
2. 赵昆雨. 云冈石窟造像服饰雕刻特征及其演变[J]. 文物世界，2003（5）.
3. 张希. 再论法华思想在云冈石窟早期洞窟的图像表现[J]. 湖北美术学院学报，2020（4）.
4. 宿白. 凉州石窟遗迹与“凉州模式”[J]. 考古学报，1986（4）.
5. 杨泓. 从穹庐到殿堂：漫谈云冈石窟洞窟形制变迁和有关问题[J]. 文物，2021（8）.
6. 梁思成，林徽因，刘敦桢. 云冈石窟中所表现的北魏建筑[J]. 中国营造学社汇刊，1933，4（3、4）.
7. 徐苹芳. 中国石窟寺考古学的创建历程：读宿白先生《中国石窟寺研究》[J]. 文物，1998（2）.
8. 宿白. 石窟寺考古的回顾[J]. 文物，1979（10）.
9. 宿白.《大金西京武州山重修大石窟寺碑》校注：新发现的大同云冈石窟寺历史材料的初步整理[J]. 北京大学学报（人文科学），1956（1）.
10. 宿白. 云冈石窟分期试论[J]. 考古学报，1978（1）.
11. 杨泓. 试论南北朝前期佛像服饰的主要变化[J]. 考古，1963（6）.
12. 刘慧达. 北魏石窟与禅[J]. 考古学报，1978（3）.

13. 杭侃. 云冈第 20 窟西壁坍塌的时间与昙曜五窟最初的布局设计[J]. 文物,1994(10).

14. 云冈石窟研究院,山西省考古研究所,大同市考古研究所. 云冈石窟窟顶西区北魏佛教寺院遗址[J]. 考古学报,2016(4).

15. 山西省考古研究所,云冈石窟研究院,大同市考古研究所. 云冈石窟窟顶二区北魏辽金佛教寺院遗址[J]. 考古学报,2019(1).

16. 张庆捷. 云冈石窟山顶佛教寺院遗址考古收获[J]. 云冈研究,2021(1).

17. 云冈石窟文物研究所,山西省考古研究所,大同市博物馆. 云冈石窟第 3 窟遗址发掘简报[J]. 文物,2004(6).

18. 郭静娜. 昙曜译经与早期云冈石窟建造:以《杂宝藏经》为例[J]. 中国宗教,2020(8).

19. 韦正. 昙曜五窟的营造次序和理念[J]. 敦煌研究,2020(6).

20. 吴娇. 云冈石窟中期洞窟建筑空间探讨[J]. 云冈研究,2022(4).

21. 杨泓. 从穹庐到殿堂:漫谈云冈石窟洞窟形制变迁和有关问题[J]. 文物,2021(8).

22. 王雁卿. 云冈石窟早期圆拱龛的认定:昙曜五窟早期圆拱龛探讨之一[J]. 云冈研究,2021(1).

23. 韦正. 云冈石窟核心题材探源:云冈与犍陀罗之一[J]. 云冈研究,2021(1).

24. 谭浩源. 北朝维摩诘经变与南朝因素:从云冈第 6 窟胡服维摩变谈起[J]. 故宫学刊,2020(1).

25. 陈悦新. 云冈石窟佛衣类型[J]. 故宫博物院院刊,2008(3).

26. 项阳. 佛教戒律下的音声理念:云冈石窟伎乐雕塑引发的思考[J]. 中国音乐, 2013(2).

27. 吴巧云. 从云冈第 11 窟乐伎图像看北魏平城时期佛教音声伎乐供养[J]. 中国音乐,2020(1).

四、报纸文献

1. 石凤珍. 担负新的文化使命 谱写云冈学时代华章[N]. 山西日报,2024-10-15(10).

扫描二维码查看该文章

后　记

经过3年多时间的筹划努力，我倾注了大量心血的《云冈学概论》幸即付梓，此时此刻，我无比激动与感激，回顾此书的编纂历程，过去工作的一幕幕浮现在眼前。

此书的编写，缘起于习近平总书记2020年5月11日视察山西大同的云冈石窟。习近平总书记强调："云冈石窟是世界文化遗产，保护好云冈石窟，不仅具有中国意义，而且具有世界意义。……要深入挖掘云冈石窟蕴含的各民族交往交流交融的历史内涵，增强中华民族共同体意识。"[①] 随着越来越多的人学习、研究云冈石窟，云冈学热潮日益兴起。

山西大同大学是省内最早系统开展云冈学研究的高校，云冈学学院也是国内第一家以"云冈"命名的高等学校二级学院。学院自2020年9月9日揭牌成立以来，受到了省、市各级政府，校党委以及社会各界群体的广泛关注与支持。随着云冈学热潮的日益高涨，云冈学学院逐渐凝聚了一支科研素质高、写作能力强的人才队伍，为《云冈学概论》的编纂打下了坚实的基础。

"学科建设，教材先行"，教材是最能够系统反映学科内容的教学用书，是一门课程的核心教学材料，更是高水平人才培养体系的重要组成部分，一流课程、一流专业，都要靠一流教材来支撑。故此，云冈学学院挂牌成立之后，我就开始酝酿组织编纂《云冈学概论》的重要任务，并将其列入学院"十四五"发展规划之中。

2021年5月，学院组织召开《云冈学概论》编写工作论证会，山西省教育厅原副厅长级巡视员郑湘晋、复旦大学安介生、山西省考古研究所原所长张庆捷等嘉宾受邀参会。与会专家学者围绕《云冈学概论》的编写意义、内容、价值等进行了充分论证，并就书稿的内容结构、编写体例、编写视角、文献搜集、研究突破点等提出了一系列可行性建议。随后，我多次组织召开学院教师大会，就《云冈学概论》的编纂做了一系列安排，鼓励全院教师（包括外聘的专家）主动积极参与到书稿的编写中，争取产出高质量的学术成果，2022年11月，《云冈学概论》编纂的序幕正式拉开。

匠心筑梦，育梦前行。站在大同这片充满文化底蕴与教育活力的沃土上，广大参编教师都感受到了这份特殊而光荣的使命。云冈和北魏的历史虽然悠久，但云冈学热潮毕竟才刚刚兴起，作为一门与历史、宗教、建筑、艺术等多学科有交叉的新型的综合学科，就不能只聚焦于一个方向，必须对云冈学的研究对象从纵到横、从宏观到微观、从主体到客体、从艺术到审美、从宗教到民俗等，进行多视角、多层次、多因素、多功能的综合研究，作为一项系统工程，其撰写难度可想而知。

全体编纂人员坚持思想性、科学性、实践性原则，力求做到科学严谨，既要突出学术性，又要贴合本科生的实际教学需要，仅仅是初期关于撰写体例的敲定，就开了不下三次论证会议，章节目录的修改更是多达十几稿，外聘专家王建舜、张庆捷、魏坚，青年教师高泽康、周翔

---

① 光明日报调研组：《守护艺术瑰宝 增强文化自信——山西加强云冈石窟保护的实践与启示》，《光明日报》，2024年7月19日，第5版。

等贡献了诸多智慧。《云冈学概论》的编纂可以说汇聚了全院教师的心血和力量。

2023 年后半年至 2024 年前半年，学院的工作例会几乎都成了《云冈学概论》的推进会，每次会议都会抽出一定的时间，大家就各自修改的进程、发现的问题进行集中汇报、探讨、交流并改进。与此同时，学院不仅增设“云冈学概论”为各专业学生的必修课，还面向全校学生开设了“云冈学概论”公选课，运用编写的书稿进行试教，及时发现并解决问题。回首往昔，那段为了同一个目标携手并进的时光，真是充实、温暖，令人难忘。

回顾数年来的编写历程，全体参编教师披星戴月，从体系体例的确定、上中下三篇框架的构建，到细致内容的分析和编写，再到最后的试教反馈，每一个环节都是全体编纂人员思维与智慧碰撞的结果。

如今，该书即将面世，作为主编，我内心充满了感激。感谢全体编纂老师的辛勤工作，感谢王建舜、张庆捷、魏坚等云冈学专家的反复指导；感谢学院前后两任党委书记高鹏、解廷月的高度重视和大力支持；感谢马向东、雷麒锋、张藤、钱宇航、史仙林等青年才俊的认真校对，最后，感谢所有关心和支持该书编纂工作的领导、专家和师生们。

牢记领袖嘱托，书写优秀答卷。编纂《云冈学概论》是深入贯彻习近平文化思想，奋力开创文化工作新局面，建构“云冈学”这一新兴学科体系的重要举措；是依托于山西大同大学这座历史厚重的本科高校的必然选择；是“兴文科”背景下云冈学学院适应新形势、新任务的客观要求。《云冈学概论》的编纂，努力做到了既彰显云冈学学科特色，又服务山西区域社会发展；既考虑专业学科实际，又把牢主战场、主阵地、主渠道；既重视历史、做好当下、还要面向未来等工作。《云冈学概论》全体编纂者砥砺前行，共同托举出了这座云冈学学术史上的里程碑！

本书虽然条分缕析、包罗万象，但因云冈学博大精深，涵盖内容丰富，研究对象多元，如汪洋大海，难以穷尽，加上编者水平有限，不足甚至错误之处在所难免，恳请各位读者能及时指出，不吝赐教。同时也期冀与从事云冈学研究的社会各界建立起共进共荣的关系，因为只有这样，云冈学研究才会焕发活力，云冈文化才会薪火相传。

李珍梅
2024 年 10 月 8 日
于山西大同大学文德楼